영재탐구

Robert J. Sternberg,
Linda Jarvin,
Elena L. Grigorenko 지음
박경빈, 문정화, 류지영 옮김

Σ 시그마프레스

영재탐구

발행일 | 2015년 4월 10일 1쇄 발행

저자 | Robert J. Sternberg, Linda Jarvin, Elena L. Grigorenko

역자 | 박경빈, 문정화, 류지영

발행인 | 강학경

발행처 | (주)시그마프레스

디자인 | 우주연

편집 | 안은찬

등록번호 | 제10-2642호

주소 | 서울시 영등포구 양평로 22길 21 선유도코오롱디지털타워 A401~403호

전자우편 | sigma@spress.co.kr

홈페이지 | http://www.sigmapress.co.kr

전화 | (02)323-4845, (02)2062-5184~8

팩스 | (02)323-4197

ISBN | 978-89-6866-488-5

Explorations in Giftedness

이 도서의 국립중앙도서관 출판예정도서목록(CIP)은 서지정보유통지원시스템 홈페이지(http://seoji.nl.go.kr)와 국가자료공동목록시스템(http://www.nl.go.kr/kolisnet)에서 이용하실 수 있습니다.(CIP제어번호 : CIP2015010244)

역자 서문

> "'좋은 학생'에 대한 좁은 개념을 강조해 오면서 우리는 개인과 사회에 큰 변화를 만들 수 있는 개념은 무시해 왔다. 단지 우리가 무엇을 아는가가 아니라, 그것을 어떻게 사용해야 하는가가 우리 사회와 사람들의 운명을 결정할 것이다. 우리의 지식이 모두가 원하는 긍정적인 결과를 만드는 데 사용되기 위해서는 학생들에게 지혜, 지능, 창의성, 통합을 가르쳐야 한다."

스턴버그 교수는 영재교육에서 '지혜'의 중요성을 언급하며 가르쳐야 할 것을 위와 같이 주장한다. 그는 지혜를 얻는 길에는 지름길이 없으며, 지혜는 말로 하는 것이 아니라 직접 실천으로 보여 주어야 하는 것이라고 설명한다.

영재교육이 성공하기 위해서는 진정한 영재를 선발해서 그들의 잠재 능력이 무엇인지를 확인하여 개인의 특성에 맞게 교육해야 한다. 하지만 그 교육에서 무엇을 어떻게 가르쳐야 하는가에 대한 문제는 또 하나의 영재교육의 성패를 가르는 핵심적인 요소일 것이다. 특별히 최고만을 추구하고, 사회적 · 경제적 성취가 성공의 잣대가 되어가는 현 사회에서 영재들에게 무엇을 가르쳐야 할까? 개인의 영재성 발휘를 위해 그리고 이 사회 각 분야의 지도자 역할을 위해서는 지식만이 아닌 지혜를 터득하게 해주는 교육이 중요하다.

이 책은 '성공 지능' 개념을 만들며 영재교육 전문가로서 세계적으로 널리 알려진 스턴버그 교수와 그의 동료들이 저술한 *Explorations in Giftedness*를 번역한 것이다. 영재교육 분야의 핵심 주제를 선택해 그에 따른 광범위한 연구 문헌을 잘 통합하고 명료하게 분석하면서 저자들의 견해를 제시한다. 모두 11개의 장으로 구성된 이 책은 다양한 이론들과 연구 결과들을 학문적으로 개괄하면서 영재 판별과 영재교육 방법의 중요성을 강조한다.

1장에서 5장까지는 영재성의 정의, 영재성에 대한 학자들의 주요 이론, 영재성에서 지능과 창의성의 역할 등에 대해 과거와 현재의 흐름을 개괄하면서 영재성 모델로서 WISC(Wisdom, Intelligence, Synthesis, Creativity)를 제시한다. 6장에서는 지금까지 영재교육에서 잘 다루어지지 않았던 영재성과 지혜를 심층 분석하면서 미래 사회 지도자로서 필요한 지혜의 중요성을 일깨우고 있다. 7장은 잠재성 개발에 대한 관심, 8장은 영재성에서 문화의 역할에 대해 소개하고 있다. 9장에서는 영재들이 경험할 수도 있는 학습 부진의 문제를, 10장에서는 영재 판별의 구체적인 모델들을 제시하고 있으며, 마지막으로 11장에서는 영재 교수법과 더불어 교과목에서 성공 지능 교수법의 예와 지혜를 가르칠 다양한 방법을 소개하고 있다.

이 책은 영재교육으로의 여행을 떠나는 사람들을 위한 여행 안내서와 같다. 누가 영재이며, 어떻게 판별하여 어떻게 키워야 하는지, 그 과정에서 고려해야 할 것들은 무엇인지를 종합적으로 밝혀 준다. 영재교육에 관한 역사적인 맥락과 학자들 간의 다양한 관점들을 체계적으로 분석하고 통합하면서 실제로 영재교육 학자들에게는 학문적인 역사를 보여주고, 대학원생들에게는 토론 거리와 장을 만들어 준다. 교사들에게는 어떻게 영재를 찾아서 어떻게 키우라고 안내서를 손에 쥐어 주고 있다. 우리가 간과하기 쉽고 학교에서는 가르쳐 주지 못하는 '지혜'에 대한 언급은 그 어느 영재교육 책에서도 찾아볼 수 없는 보물이다. 요즘처럼 영재들이 지식에 매몰되어 지혜의 영역으로 성장치 못하는 데서 오는 문제로 비난받는 시기에 더더욱 영재에게 필요한 덕목이라는 점에서 그렇다. 또한 소외 계층 영재에 대한 언급은 다문화 사회의 모습이 짙어가는 우리나라 현실에서 주목하고 관심을 가져야 하는 부분이라는 점에서 교사들과 영재교육 행정가들에게 소중한 자료가 될 것이다.

스턴버그 교수가 자신이 직접 서명한 이 책을 번역자들에게 선물할 때는 이 책이 세상에 나온 지 며칠도 채 안 되었을 때였다. 설레는 마음으로 목차를 훑어보면서 곧바로 번역을 약속했었는데 몇 년이 지난 지금에야 겨우 약속을 지키게 되었다. 역자들은 영재교육이 우리나라에 뿌리 내리기 시작할 때부터 영재교육 틀이 잡혀 가고 있는 현재까지의 과정에서 영재교육진흥법 제정이나, 영재교육 프로그램 제작, 영재아 교육, 세계적인 학자들과의 공동 연구, 그리고 한국영재학회 운영 등을 통해 우리나라 영재교육 발전에 작은 힘이나마 보태면서 여러 문제를 발견하고 공유해 온 사람들이다. 비록 번역에서 저자들의 의도를 제대로 전달하는 데 한계를 느꼈지만 그동안의 경험이 번역에 도움이 되었다고 믿으며, 이 책이 영재교육에 관심을 갖는 모든 이들에게 의미 있는 도움이 될 것을 기대해 본다.

끝으로 이 책의 번역을 기꺼이 허락하신 스턴버그 교수님께 감사한 마음과 숙제를 늦게 제출하는 죄송한 마음을 동시에 전한다. 무엇보다도 좋은 책을 출판하고자 신뢰와 열정을 바탕으로 최선을 다하는 시그마프레스 사장님과 길어지는 번역 기간을 인내심으로 기다리며 좋은 책으로 만들어 주신 안은찬 씨께 진심으로 감사드린다.

2015년 3월
역자 일동

윌리엄 제임스(William James)와 윌리엄 제임스 시디스(William James Sidis)는 이름은 비슷하나 완전히 다른 생을 산 사람들이다. 윌리엄 제임스는 당대의 지도급 철학자이자 심리학자가 된 최고의 인재였다. 어떤 이는 그를 미국 최고의 심리학자라고도 한다. 윌리엄 제임스 시디스는 어렸을 때부터 신동으로 두각을 나타냈으나 건강이 악화되어 젊은 나이에 요절하고 말았다. 제임스는 영재아동으로 시작하여 영재성인으로 기억되고 있고, 시디스는 그의 이름에 걸맞는 영광을 누리지는 못했지만 어린 나이에 신동으로 두각을 나타낸 전형적 예로 기억되고 있다.

영재아동은 영재성인이 되기도 하고, 영재아동에서 영재성인으로의 전환을 하지 못하기도 하는데, 도대체 무엇이 그렇게 만드는 걸까? 단지 어린 시절에서 성인으로의 변화뿐만 아니라 아동의 한 단계에서 다른 단계로, 성인의 한 단계에서 보다 상위단계로 나아갈 때 어떻게 하면 이러한 개인들이 영재로 칭해질 수 있도록 전문성을 개발할 수 있을까? 또한 어떤 민족은 다른 민족보다 더 많이 영재로 판별되는데 왜 이런 일이 발생할까?

영재로 판별되지 않았던 아동이 커서 어떤 분야에 중요한 공헌을 할 수 있는 재능과 소질을 가지는 것이 가능할까? 영재로 판별된 어린이들이 재능을 덜 가질 수도 있을까? 특히 어떤 영역에서 매우 뛰어난 잠재력을 가지고 있는 소외계층의 학생들은 학교 교육 체제가 그들의 재능을 인식하지 못하여 이러한 재능을 나타낼 기회를 전혀 가지지 못하게 될 수도 있을까? 이 책에서는 영재성에 대한 세 가지의 주요 문제들을 고려해 보기로 한다.

첫째, 판별의 문제이다. 영재교육의 목적은 사회에 중요한 공헌을 할 사람을 판별하는 것이다. 아이들이 가지고 있는 잠재력은 사회에 중요한 공헌을 하는 데 필요한 전문성으로 개발되고 꽃을 피워 전문가가 되는 데 필요한 재능을 개발한다.

이런 관점에서 우리는 영재성이 무엇이며, 일생을 통해 영재성이 어떤 전이과정을 거쳐야 하는지를 이해하여야 한다. 이러한 이해 없이는 사회에 공헌할 잠재력이 약한 사람을 영재로 판별할 수도 있다. 예를 들어, 어떤 학생은 시험점수는 좋지만 사회에 공헌을 하지 못할 수도 있다. 특히 미래에 직장에서 뛰어난 역량을 발휘할 가능성이 있는 학생이라도, 영재판별에 사용되는 전통적인 방식으로는 소외계층 학생들의 우수성을 찾아내지 못하기 때문에 그들을 영재로 판별하지 못하고 있다.

둘째, 수업에 관한 문제를 생각해보자. 영재성은 부분적으로 전문성 개발의 문제이며, 교육자들은 어린 학생들이 전문성을 가질 수 있는 분야를 결정했을 때 그 전문성을 기를 수 있도록 장기적으로 도와주어야 한다. 교육자들이 수업을 통해 개발하려는 전문성이 명확하지 않으면 무엇을 어떻게 가르쳐야 할지 적절하게 결정할 수가 없다. 또한 소외계층 아동들은 전통적인 방식이 아닌 수업을 실시할 때 가장 잘 배우는데, 그렇지 않을 경우 이러한 학생들은 그들의 잠재력을 발휘할 기회조차 가지지 못할 수도 있다. 수업은 영재로 판별된 학생들이 자신의 장점을 부각시키고 약점은 보완하거나 수정하는 방식으로 가르쳐 질 수 있어야 하며, 이를 위해 영재판별과 수업이 매치되어야 한다.

셋째, 평가의 문제를 생각해보자. 아동 수행결과들, 예를 들면 숙제, 시험, 작문, 프로젝트 등은 중요하게 개발되는 전문성에 의해 평가되어야 한다. 이러한 평가를 위해 어떤 종류의 전문성이 중요한지를 판별하여야 한다. 그렇지 않으면 우리는 잘못된 준거로 학생을 판별하고 엉뚱한 학생에게 상을 주게 될지도 모른다 (어른도 마찬가지이다). 중요한 것은 이러한 준거들이 학교 내에서는 중요하게 보이지만 실제 직업사회에 나가면 그렇지도 않다는 것이다. 평가와 판별, 수업은 반드시 함께 매치되어야 한다. 소외계층 아동들은 판별과 수업과정을 통하여 능력을 개발하는 것이 가능할 수 있지만, 성취에 대한 평가가 그들이 배운 것과 일치하지 않는다면 그들은 성취에 대한 학점을 얻을 수 없게 되기 때문이다.

따라서 우리가 지금까지 해온 연구의 목적은 여러 발달 단계들에 걸쳐 영재성이 성공적으로 전환될 수 있게 하고, 특히 소외받고 있는 계층의 사람들에게도 공정하게 적용될 수 있는 판별과 수업, 평가를 위한 기초를 발견하는 것이다. 문제는 우리의 소중한 국가자원인 청년들의 재능을 어떻게 이용하느냐는 것이다. 최근에 전통적인 기억과 분석 능력이 영재교육 프로그램을 위한 아동 판별에서 강조되고 있다. 하지만 우리의 연구는 삶의 성공에 있어 분석 능력만이 중요한 것이 아니라, 창의적이고 실용적인 기술 또한 중요하다고 제안하고 있다. 우리는 분석적·창의적으로 매우 뛰어난 사람이라 할지라도 어른이 되었을 때 반드시 그 뛰어난 능력이 발휘되지는 않는다는 것을 알았다. 예를 들면, 그들은 창의적인 예술 작품을 생산할 수는 있지만 그것을 어떻게 전시하여야 하는지는 모를 수 있다. 혹은 창의적인 이야기를 쓸 수는 있지만 그것을 어떻게 출판해야 하는지를 모르기도 하고, 창의적인 창업 아이디어가 있지만 투자자를 어떻게 모으는지 모를 수 있으며, 창의적인 작곡을 할 수도 있지만 그것을 어떻게 연주하는지 모를 수도 있다. 그들은 자신들의 아이디어를 실현하는 데 비효과적이기 때문에 자신의 영재성을 전환시키는 데 실패할 수도 있다.

이 책은 예일대학교에서 터프츠대학교로 옮긴 PACE 센터(Psychology of Abilities, Competencies, and Expertise)의 Robert J. Sternberg 교수 및 그의 동료들이 연구한 영재의 판별과 교육에 관한 중요 연구와 주제들을 함께 엮은 것이다. 이 책은 약 12년간 미국을 비롯한 외국에서의 연구를 담고 있다. PACE 팀 외에도 수년 동안 우리와 협력한 모든 사람들에게 감사이 말을 전하고 싶다. 우선 PACE 센터의 방문연구원으로 제1장의 '영재성의 오각형 이론'을 함께 저술해 준 Li-Fang Zhang에게 감사한다. 터프츠대학교에 센터를 두던 시절 수고해 준 Lee Coffin과 Tzur Karelitz, 국립영재센터에서 부원장과 집필진으로 일해 왔던 지난 수년간 소중한 동료이자 친구가 되어 주었던 국립영재센터 원장인 Joseph Renzulli에게도 감사한다.

이 책의 발간에 깊이 관여한 PACE의 모든 구성원들에게 매우 감사하며, 그 모두에게 감사의 말을 전하고 싶다.

Damian Birney, Mark Bluemling, Derrick Carpenter, Hillary Chart, Tona Donlon, Niamh Doyle, Sarah Duman, Nancy Fredine, Carol Gordon, Lesley Hart, Jonna Kwiatkowski, Donna Macomber, Nefeli Misuraca, Erik Moga, Alexei Nalayev, Tina Newman, Paul O'keefe, Carolyn Parish, Judi Randi, Morgen Reynolds, Robyn Rissman, Emma Seppala, Gregory Snortheim, Steven Stemler, Olga Stepanossova, and Mei Tan.

이 책의 준비와 이 책에 실린 연구들은 다음의 기관에서 연구비 지원을 받았다. 국립과학재단(National Science Foundation)의 REC-9979843, REC-0710915, REC-0633952 지원과 칼리지보드와 Educational Testing Service(ETS)의 PO#0000004411, 미국교육부 교육과학연구소(템플대학교의 학생성공연구소 주관)의 연구 31-1992-701과 미국교육부의 교육연구개선국 주관 Javits Act Program 연구 R206R950001, 그리고 W.T. 연구재단.

이러한 프로젝트들을 실행할 수 있었던 것은 자유로이 연구를 할 수 있도록 격려해준 그들의 전문적인 판단 덕분이며, 이 책은 국립과학재단, 칼리지보드, Educational Testing Services(ETS), 미국교육부, W.T. 재단의 정책이나 의견을 대변하지는 않는다.

RJS, LJ, ELG

2010년 6월

차례

제4장 지능과 영재성 / 51

제5장 창의성과 영재성 / 77

제6장 지혜와 영재성 / 103

제7장 전문성 계발로서의 영재성 / 139

제8장 영재성과 문화 / 155

 제9장 학습장애, 영재, 학습장애 영재 / 183

 제10장 영재의 판별 / 193

 제11장 영재를 위한 교육 / 233

제1장

영재성이란 무엇인가?

메리랜드 주에 있는 몽고메리 카운티의 공립 학교들은 2008년 12월, 영재라는 명칭을 삭제하기로 했다(De Vise, 2008; Stabley, 2008). 학교 관계자들에 따르면 영재라는 명칭이 없어진다 해도 영재교육은 학교 내 모든 학생들을 대상으로 제공될 것이라고 했다. 이러한 정책에 대하여 모든 학부형들이 만족하지는 않았다. 한 학부모는 영재교육을 지지하는 메일에 "몽고메리 학교 관계자들이 영재라는 명칭을 삭제하면 영재학생들의 존재를 인정하지 않아도 되니까요."라고 썼다.

그 이유가 얼마나 타당한지에 대해서는 토론의 여지가 있겠으나 학교 당국이 이렇게 결정하는 데는 이유가 있었을 것이다.

첫째, 몽고메리 카운티에 사는 학부모들은 대부분 자기 자식이 평균 이상이라고 생각한다. 그래서 자신의 자녀가 영재로 뽑히지 않은 것에 기분이 상했다.

둘째, 몽고메리 카운티의 학교들은 매우 경쟁적이다. 그 지역 학교들은 국내외에서 유명하고 학생들은 이런 압력 속에서 살아남기 위해 굉장히 열심히 공부한다. '영재'라는 명칭을 없앰으로써 경쟁적이고 분리된 분위기를 완화하려 했는지도 모른다.

셋째, 몽고메리 카운티는 모든 학생들이 영재를 위한 교육을 받아야 한다는 교육 철학을 가지고 있는 것으로 보인다. 모든 학생이 같은 교육을 받는다면 따로 명명을 할 필요가 없을 것이다.

진정 '영재'라는 명칭이 필요한가? '영재'란 무엇을 뜻하는가? 웩슬러 아동지능 검사(Wechsler Intelligence Scale for Children, WISC)에서 상위 1% 안에 든 학생이 100m 달리기에서 상위 1% 안에 든 학생보다 '영재'라고 불릴 확률이 높은 것은 무엇 때문인가? 국가 제일로 손꼽히는 물리학자는 영재이고, 최고의 은행 강도로 FBI 리스트에 오른 사람은 영재로 보지 않은 이유는 무엇인가?

어떤 문화권에서는 사냥을 잘하는 사람이 영재이고, 다른 문화권에서는 북 치는 사람, 또 다른 문화권에서는 학생이 영재로 인식될 수 있다. 처음의 두 문화권에서는 정식 교육이라는 게 없을 수도 있을 것이고, 세 번째 문화권에서는 사냥하는 기술을 가르치지 않을 수도 있다. 그러므로 영재를 지칭하기 위해서는 기본적인 공감대를 형성해야 할 필요가 있다.

영재 선별을 위한 펜타고날 이론

우리는 영재성을 이해하기 위한 다섯 가지 기준이 있다고 제안한다. 이를 '펜타고날(pentagonal)' 이론이라고 한다(Sternberg, 1993; Sternberg & Zhang, 1995). 펜타고날 이론을 자세히 보기로 한다.

탁월성 기준

탁월성 기준은 개인이 또래와 비교해서 한 분야 혹은 여러 분야에서 탁월성을 보이는 것을 뜻한다. 영재라고 하기 위해서는 어떤 분야에서 탁월해야 한다. 얼마나 탁월한가에는 차이가 있을 수 있으나 '영재'는 무엇인가라고 생각해 보는 기준에서는 창의성, 지혜 혹은 다른 기술이나 구인에서 능력이 풍부하거나 뛰어난 것으로 본다. 현재의 개념에서 또래에 비해 탁월한 것은 필요조건이지만 충분조건은 아니다.

'또래에 비해'라는 제한이 필요한 것은 10살 된 아동의 지능검사 결과가 다른 10살 아동들에 비해서는 월등히 높지만 5살 많은 아동들에 비해서는 평범할 수 있기 때문이다. 또한 4세부터 음악 학교에서 특별 교육을 받아 온 8세 아동과 학교 음악 시간에 재능을 보이는 8세 아동은 비교할 수 없다.

그래서 '영재'라는 말 자체를 쓰지 않으려는 사람들도 있다. 몽고메리 카운티의 학교 관계자들이 말하듯 모든 학생이 좋은 교육을 받아야 한다는 논지에는 동의한다. 그러나 탁월성에 있어 개인차가 없다는 논지에는 동의할 수가 없다. 키, 몸무게, 음악적 기술, 운동 재능 등 모든 것에는 개인차가 있다. 이러한 개인차는 무엇을 뜻하는가?

첫째, 개인차가 있다고 해서 변동될 수 없는 것은 아니다. 거의 모든 개인차는 변동이 가능하다(Sternberg, 1997a). 영재교육이라 해서 모든 학생들이 한 번 정해진 수준에 머물 것이라고 보는 것은 아니다. 영재를 포함한 모든 학생들은 자신의 지식과 능력을 향상시킬 수 있다.

둘째, 학생들은 학습을 하면서 개인적인 발전 패턴이 변한다(Sternberg & Grigorenko, 2001a, 2002a). 그러므로 영재를 선발할 때는 어떤 과제를 어떤 상황에서 해결하는가에 따라 결과가 달라질 수도 있다는 것을 염두에 둬야 할 것이다. 사냥을 잘하는 사람이 수학도 잘하는 것은 아니다. 아직 아무도 개인차를 제거하는 방법을 알아내지 못했다.

셋째, 개인 내적 그리고 개인 간 편차도 있다. 어린 나이에 어떤 분야에 탁월한 능력을 보인다고 해서 나이가 다른 그 분야의 일인자와 같을 수는 없다는 뜻이다. 예를 들어 6학년 때 수학 왕이었어도 삼각법을 배울 때쯤에는 수그러들 수 있다. 또한 삼각법을 잘하던 사람이 복잡한 수학 증명을 할 때는 평범한 수준만을 보일 수도 있다.

끝으로, 탁월성이란 우리가 명명을 하든 하지 않든 그 개념과 현상이 존재한다. '영재'라는 명칭을 없애더라도 영재성은 계속 존재할 것이다. 오웰의 1984나 클라크의 도시와 별과 같은 반유토피아 소설에서는 정치인들이 대중을 균일화하려고 하였다. 하지만 징지인, 교육사, 혹은 그 누군가의 어떠한 노력에도 불구하고 사람들에게는 개인차가 있을 것이다. 따라서 교육적 요구도 다를 것이다. 단어나 언어를 바꾸어도 학교 현장에서는 학생들 각 개인의 교육 요구를 충족해 줘야 할 것이다.

희소성의 기준

희소성의 기준에서 볼 때, 영재라고 하기 위해서는 또래들에게 흔하게 나타나지 않는 특성이 있어야 한다. 희소성의 기준은 탁월성의 기준을 지원해 주는 것으로서,

어떤 영역에서 뛰어나다 해도 그 영역에 희소성이 없으면 영재로 인정받기 어렵다는 뜻이다. 예를 들어 일류 대학 졸업반 학생들에게 영어 시험을 치게 하면 아마도 거의 다 만점을 받을 것이다. 그렇다고 그 학생들이 다 영재라고 볼 수도 없다. 그러므로 탁월성을 보인다 하더라도 그 영역에 희소성이 없으면 영재라고 할 수 없다.

Flynn(1987)은 IQ 검사 점수가 계속 올라가는 것을 발견했다. 그래서 출판사들은 계속 IQ 100이 평균이 되도록 표준화 작업을 하고 있다. 평균 수준이 높아진다 해도 여전히 상대적으로 높거나 낮은 수준은 있을 것이다. 이렇게 높거나 낮은 수준의 사람들은 평균 수준의 사람들과는 다른 교육적 요구가 있는 것이 당연하다. 누구든지 너무 쉬운 내용이라 지겨웠거나, 너무 어려워서 알아듣지 못한 채 교실에 앉아 있어야 했던 경험이 있을 것이다. 결국 '영재'의 수준은 시대나 상황에 따라 다를 수 있지만, 상대적으로 소수의 탁월한 자가 있을 것이라는 사실은 변하지 않는다.

학점 인플레이션은 어찌 보면 차이가 있다는 것을 인정하지 않으려는 시도일 수도 있다. 혹은 학점 인플레이션이 진정한 의미로 학생들의 수준이 높아졌다는 점을 반영하는 것일 수도 있다. 더불어 교사들이 개인차를 구별해내는 책임에서 벗어나려는 것일 수도 있을 것이다. 그러나 모두에게 A학점을 주고, 모두에게 IQ 180을 준다 해도 그 분포의 최상위권에 영재가 존재한다는 사실을 부인할 수는 없다.

생산성의 기준

생산성의 기준은 탁월하다고 평가받은 분야에서 생산적인 활동 혹은 산출물로 이어져야 한다는 것이다. 미인 대회를 예로 들어 보자. 미인 대회 참가자들이 외모로만 평가받는 것이 아니고 일반 시사나 재능에 대한 질문들까지 답해야 하는 이유가 무엇일까? 외모가 가장 큰 요인인데 그것으로 충분하지 않을까? 대회가 미(美)를 보는 것이지만 아름다움 자체가 생산적인 것으로 인식되지는 않는 것이다. 모든 참가자는 자신이 무엇인가 할 수 있다는 것을 보여줘야 한다. 대조적으로 과학 대회 참가자들은 다른 측면(예 : 외모)은 보여 주지 않아도 된다. 왜냐하면 과학적 업적 자체가 생산적인 것이기 때문이다.

이 생산적 기준은 누가 영재로 정의되어야 하는지에 대해 의견이 갈리기도 한다. 예를 들어 어떤 학자들은 지능지수(IQ)가 높은 것만으로는 영재라고 정의될 수 없다고 한다. 지능검사에서 높은 점수를 받은 사람이 무엇을 잘할 수 있는지 보여주지 않으면 그 검사는 의미 없다고 본다(Gardner, 1983). 하지만 다른 사람들은 지능검사에서 높은 점수를 받은 것 자체가 성취를 보인 것이라고 인정한다. 적어도 잠재력을 보였다고 보는 시각도 있다.

아동기에는 산출물이 없어도 영재라고 불릴 수 있다. 실제로 아동은 산출물보다는 잠재성으로 선별된다. 그러나 성장해 가면서 잠재력보다는 실제 산출물에 무게가 실린다. 많은 영재 아동들이 특출하지 않은 어른으로 성장한다. Renzulli(1984)는 이러한 사람들을 '학교 안의 영재'라고 부른다. 자신의 잠재력을 발휘하지 못하고 산출물도 없는 사람들을 가리켜 재능을 꽃피우지 못한 영재라고 부를 수도 있다. 하지만 '영재'라는 명칭을 얻기 위해서는 무엇인가를 성취한 사람이어야 한다.

이 책에서 우리는 산출물, 적어도 잠재적 산출물을 영재의 기준으로 봐야 한다고 주장하고 있다. 단지 지능검사에서 높은 점수를 받은 것만으로 영재라고 하기에는 영재라는 개념을 너무 축소시키는 것이라 보는 입장이다. 높은 IQ 점수를 받은 것만으로 모인 집단을 보면, 세상에 의미 있는 일을 하는 사람도 있지만 세상에 내놓을 게 높은 IQ 점수밖에 없는 사람들도 있다는 것이다. 그래서 저자들은 IQ만으로 영재라 하는 것은 매우 협소하다는 생각이다. 진정한 영재는 지적이고 생산적이어야 한다. 바깥세상과 소통하지 않고 단지 추상적인 의미로 지적이기만 한 것은 소용없다.

증명 가능성 기준

증명 가능성 기준이란 어느 한 분야에서 탁월한 능력을 보이는 사람은 신뢰도 있는 검사에서 그 능력이 증명되어야 한다는 것이다. 즉, 그 사람이 영재로 선별된 것이 타당하다는 것을 보여줄 수 있어야 한다는 것이다. 단지 영재라고 주장하는 것만으로는 부족하다. 따라서 여러 검사에서 낮은 점수를 받거나 특별한 능력이 있다는 것을 나타내지 못한다면 그 사람은 영재로 보기 어렵다.

이때 사용되는 검사 도구(들)도 물론 타당도가 있어야 한다. 타당하다는 것은 각 검사 도구가 측정하고자 하는 것을 실제로 측정하고 있는가를 뜻한다. 만일 어떤 지능검사에서 i의 점을 잘 찍었는가를 보고 높은 점수를 준다면 그 검사의 결과는 타당성이 매우 낮은 것이다. i에서 점을 잘 찍는 것은 지능을 측정하는 것이 아니다. 또 다른 예로 취업 인터뷰를 할 때 지원자가 매우 설득력 있게 자신의 연구 능력에 대하여 피력하였다 하더라도 대화 중에 아주 간단한 질문에도 대답을 못한다면, 그 지원자는 자신의 생각보다는 지도 교수나 학원 등에서 가르쳐준 대로 외워서 제시한 것에 불과하다고 비춰질 것이다. 이때의 취업 인터뷰는 지원자의 진정한 실력을 알아보는 데 타당한 수단이 되지 못한 것이다.

최근 들어 선별 방법의 타당도에 대한 논쟁이 중요한 화두로 떠올랐다. 과거에는 많은 학교들이 표준화된 지능검사나 학교 성적만으로 지적인 영재를 선별하는 데 만족했었다. 그러나 산출물이나 성과를 보는 것으로 초점이 옮겨지면서 전통적인 검사만으로 영재를 선별하는 방법에 의문을 제기하는 학자들도 생겼다(Gardner, 1983; Renzulli, 1986). 과거에 지능검사 결과만으로 영재로 판별되었던 사람이 현재는 그렇지 않을 수 있다. 사람들이 인식하는 영재의 개념은 그대로일 수 있겠으나 타당하게 증명된 영재성의 개념은 변한 것이다.

가치의 기준

가치의 기준이란 어느 사회에서 가치를 두는 분야(영역)에 탁월한 능력을 보이는 사람을 영재라고 인식하는 것을 뜻한다. FBI에서 지명수배 1위인 사람은 하나 혹은 여러 측면에서 매우 특출하고 생산적이라고 볼 수 있을 것이다. 그러나 그가 잘하는 일들이 사회에서 가치 있게 받아들여지는 것이 아니므로 그 사회에서는 그를 영재라고 부르지는 않는다. 물론 도둑 집단에서는 그를 영재라고 부를 수도 있다. 펜타고날 이론에서는 다른 문화권, 혹은 하위 문화권에서 가치를 두는 요인이 다를 수 있다는 것을 인정하고 있다.

그렇다면 도대체 누가 영재성을 판단할 자격이 있는걸까? 판단은 누구나 할 수 있겠지만 모든 암묵적 이론이 다 훌륭한 것은 아닐 것이다. 펜타고날 이론은 다른 장소나 다른 시대의 사람들이 영재성에 대해 잘못 평가했다는 것을 인정한다. 암묵적 이론은 상대적인 것이 특성이다. 사람들의 가치는 시간과 장소에 따라 차이가 날 수 있기 때문이다. 그럼에도 불구하고 암묵적 이론은 영재를 판별하는 데 가장 적절한 구조를 제공한다.

지능에 대한 암묵적 이론의 근간이 되는 가치의 기준에 대해 생각해보자. 많은 학교들이 1세기 전에 썼던 기준을 지금도 쓰고 있다. 예를 들어 수리적 계산 능력은 2010년보다는 계산기나 컴퓨터가 보급되기 전인 1960년대에 더 중요했다. 우리가 영재성을 측정하는 기술도 바뀌었다. 2장에서는 오늘날 영재성을 판별하는 데 유용한 모델을 제시하도록 한다.

펜타고날 이론의 시험

펜타고날 이론은 영재성에 대한 사람들의 암묵적인 이론을 정리해보려고 한 것이다. 그래서 그 목적이 달성되는지 알아보기 위한 연구를 하였다(Sternberg & Zhang, 1995). 대학생과 영재의 부모들에게 아동에 대해 묘사한 정보를 주었다. 그 정보를 보고 그들에게 1. 이 아이가 영재 같은지, 2. 학교가 이 아이를 영재라고 인정할 것인지에 대해 판단하도록 했다. 제시된 정보는 가상의 학생과 가상의 검사를 고안한 것이다.

1. 지현이의 베이더 창의성 검사 점수가 좋았다.
2. 그 점수는 학교에서 상위 20% 이내에 든 것이다.
3. 베이더 창의성 검사는 학생들의 40%에게서 영재 수행 능력을 예측했더니 정확했다.
4. 학교는 베이더 창의성 검사가 영재성을 측정하는 데 정확성을 보통 정도로 인식하고 있다.
5. 지현이는 4개의 개인 프로젝트를 제출했다.
6. 학교는 개인 프로젝트가 영재성을 측정하는 데 탁월한 방법이라고 생각했다.

이 묘사는 소년, 소녀 모두에게 동일하였고, 단지 이름만 바꾸어 절반에게는 지현, 나머지 절반에게는 지훈이라고 제시됐다. 또한 60개의 묘사를 3개의 다른 순서로 조합하여 제시된 순서의 영향을 최소화하도록 하였다.

물론 모든 문항이 베이더 창의성 검사에 관한 것은 아니었고 각각 다른 검사와 관계가 있었다. 각 검사의 명칭은 달랐지만 창의성, 지능, 사회성, 동기, 성취의 다섯 가지 요인을 다루고 있었다.

두 집단의 결과는 꽤 명료했다. 다중회귀분석이라는 통계 방법을 써서 분석한 결과 모든 기준이 개인적 판단과 학교의 판단에 영향을 미치는 것을 알 수 있었다. 예외적으로 논증 가능성만 개인적 판단에 영향을 주고 학교 판단에는 영향을 미치치 않는 것으로 나타났다. 즉 논증 가능성은 중요하지만 학교에서는 그렇게 받아들이지 않을 것으로 보았다. 그러나 개인적인 관점에서는 5개의 기준 모두 중요하다고 판단되었다.

펜타고날 이론의 함의

영재교육 분야에서 나올 법한 질문에 대하여 펜타고날 이론의 함의를 생각해보자.

1. 아동 중 몇 퍼센트를 영재로 선발해야 하나?

우리는 마치 정답이 있을 것처럼 이 질문을 많이 받는다. 정답은 없지만 펜타고날 이론은 이 질문에 혼재되어 있는 개념들 두 가지로 분리하여 생각을 정리하는 데에 도움을 준다.

우리는 상대평가를 하면서 희귀성과 탁월성을 혼동해서 쓰고 있다. 교사들은 알 것이다. 거의 모든 학생들이 높은 수준의 성취를 보이는 학년이 있는가 하면 전반적으로 학생들의 수행이 낮은 학년도 있다는 것을. 절대평가는 우리가 탁월성과 희귀성을 혼동하는 것을 피할 수 있게 해준다. 그러므로 영재를 선발하는 문제에 대해서는 절대평가의 원리로 생각해야 한다.

펜타고날 이론을 활용하면 탁월함에 대해 적정 기준으로 성취하고, 우리가 특별한 교육을 제공해줄 수 있는 정도의 퍼센트로만 영재를 선별하는 것을 제안할 수 있다. 그럼으로써 학생들의 능력 한계뿐만 아니라 특별한 교육을 제공할 수 있는 우리 능력의 한계도 인정하는 것이 된다. 우리는 탁월성과 희귀성을 독립적으로 생각해야 하며, 특별한 잠재력을 가진 모든 학생들에게 특별한 교육을 제공하지 못하기 때문에 희귀성을 눈여겨봐야 한다는 것을 인지해야 한다.

2. 영재를 선별하기 위해 어떤 구인이나 방법을 활용해야 하는가?

펜타고날 이론에서는 영재를 선별하기 위해 정해진 하나의 구인이나 측정 방법은 없다는 입장을 취하고 있다. 어디에 가치를 두고 왜 그런 방법을 사용하는지 정확하게 정의하고 책임을 져야 한다. 우리가, 한 개인이, 자기 자신 혹은 사회에 기여할 잠재력에 대해 가치를 둔다면 그러한 잠재력을 어떻게 측정하고 선별할 것인지 제시할 수 있어야 한다.

영재를 위한 프로그램은 적절성에 있어서 여러 단계를 거치게 된다. 가장 낮은 단계는 단순히 기존에 하던 방식으로 선별하는 것이다. 이것을 1단계라고 하자. 2단계에서는 좀 더 현대적인 이론이나 학자를 인용하며 권위를 세운다. 이 단계에서는 적어도 몇 가지 대안적인 입장을 고려하긴 했다. 3단계에서는 조금 더 나아가 기존에 하던 방식이 비록 이론에 기반을 두지 않았음에도 왜 그 방법을 써야 하는지 명확하게 설명할 수가 있다. 4단계에서는 무엇에 가치를 둘 것인지 정확하게 알고 그것을 설명해 줄 수 있는 이론을 찾아내서 체계화시킨다. 4단계에서는 어떤 이론을 기준으로 할 때 그 이론이 강조하는 요인이 자동적으로 부각이 되고(예 : 그것이 지능이나 창의성인지), 그로 인해서 어떤 학생이 영재로 뽑힐 것인지에 영향을 준다는 것을 안다. 과거에는 영재를 선발할 때 '무엇을 찾고 있는가?'라는 질문에 제대로 답을 하지 못했던 것이다.

3. 영재에게 이상적인 교육 프로그램은 어떤 것인가?

펜타고날 이론의 관점에서 비추어 보면 영재들에게 최선의 프로그램이 무엇인가에 대한 논제는 여러 가지 다른 특성을 갖게 된다. 하나의 정답이 없는 것이다. 이때도 우리는 '무엇을 위한 최선인가?'라는 가치에 대한 판단을 해야 한다. 만일 빠른 학습 속도가 중요하고, 사회에 공헌할 것이라고 믿는다면 속진이 해답이 될 것이다. 또는 학습하는 것의 깊이와 관심이 중요하다고 믿는다면 심화가 더 적절할 것이다. 둘 다 중요하다고 믿으면 적절히 섞어서 계획해야 할 것이다. 어떤 판단을 하더라도 프로그램에 대해 가지고 있는 가치와 선별할 때의 가치는 동일하여야 할 것이다. 만일 속진할 학생을 선발한다면 프로그램도 속진을 해야 한다. 무엇에 가치를 둘 것인가를 정하면 그것에 맞추어서 후속 행동을 해야 할 것이다. 영재를 어떻게 가르칠 것인가에 대한 토론이 끊임없이 지속되는 것은 정답이 없기 때문이다.

결국 펜타고날 이론은 사람들이 어떤 학생을 '영재'로 보는가에 기본 틀을 제공해준다. 그리고 전문가들이 제안하는 명시적 이론들이 그 틀을 채워나가는 것이다.

여전히 '영재'라는 명칭이 필요한가?

'영재'라는 명칭은 사회에서 어떤 가치적인 기능을 한다. 그러나 그런 명칭의 활용에 대해서는 회의를 가진다. 한 사람의 IQ 점수나 시험 성적만을 보고 영재라고 부르는 것에 동의하지 않는다는 뜻이다.

기존의 영재라는 개념을 보면 단 한 가지 측면만을 고려한 것을 볼 수 있다. 즉, 학업적인 측면이다. 학교를 다니는 동안 학업 관련 능력은 분명히 중요하다. 그런데 학교를 졸업하고 사회생활을 할 때도 단지 시험 성적만이 중요한 것일까? 학교를 졸업한 후에 사회에서 살아가는 데 IQ 검사나 성취도 검사, 성적을 다시 보는 사람은 매우 적다. 그것보다는 급변하는 환경에 적응하고, 다른 사람들과 팀원으로도 활동하고, 동료와 가족 간의 갈등을 해소하면서, 건강도 유지해야 한다. 학업적 성취도가 이때에도 중요할까? 분명 중요한 부분은 있다. 처방전을 읽어야 하고, 광고나 정치인의 진위를 판단하고, 경제적인 관리도 해야 한다. 그러나 학업 성취는 영재의 잠재력을 꽃피우는 일부분에 지나지 않는다. 그러므로 이 책에서는 다른 기술들에 대해 알아본다.

영재에 대한 잘못된 신화

2009년도, *Gifted Child Quarterly*라는 권위 있는 저널에 영재교육의 신화에 대한 기사가 실렸다. 이 장에서 그 신화들을 들추어낸 사람과 신화의 잘못된 개념을 수정하고 정리해보도록 한다. 더 자세한 것은 원 기사를 참조하기를 바란다. 그들의 생각이 우리의 것과 같으므로 이 책의 나머지 부분에 대한 도입으로 그 내용을 소개한다. 원본에서 중복되는 부분은 합쳤음을 미리 말해둔다.

1. 영재성이란 긴 시간동안 지속되는 비교적 동일한 특성이다(Reis & Renzulli, 2009a).

정정 : '영재성'은 한 가지가 아니며 시간이 지남에 따라 변할 수 있다.

2. 영재는 상위 3%~5%에 속하고 높은 IQ와 동일하다(Borland, 2009b).

정정 : 영재성은 단지 IQ로만 볼 수도 없다. 또한 인구 대비 정해진 백분율도 없다. '영재성'이란 사회적인 구인으로 시대와 장소에 따라 변할 수 있다.

3. 영재 선발에 '확실한' 방법이 있다(Callahan, 2009; Friedman-Nimz, 2009; Worrell, 2009).

정정 : 영재 선발에 있어서 모두가 동의하는 '정답'인 방법은 없다. 그리고 모든 것을 알려주는 검사 결과는 없으며 다중 기준이 필요하다.

4. 창의성은 측정할 수 없다(Treffinger, 2009).

정정 : 창의성을 측정할 수 있는 다양한 방법들이 있다. 어떤 것도 완벽하지는 않으나 한 개인의 창의적 기술에 대해서 정보를 제공할 수 있다.

5. 영재를 가르치는 데 하나의 올바른 방법이 있다(Hertzberg-Davis; 2009; Kaplan, 2009; Sisk, 2009).

정정 : 영재를 위한 교육 방법은 개별화되어야 한다. 학생들은 각기 학습 스타일이 다르다.

6. 영재교육은 일반교육에 덧붙여질 수 있다(Adams, 2009; Tomlinson, 2009).

정정 : 영재교육은 체계적으로 계획하고 실행되어야 한다.

7. 영재교육은 별로 신경 쓰지 않아도 된다. 왜냐하면 영재들은 어차피 학습을 잘하기 때문이다(Gently, 2009; Moon, 2009; Robinson, 2009; Van Tassel-Baska, 2009).

정정 : 영재를 위한 교육과정도 일반 교육과정과 마찬가지로 신중하고 체계적으로 짜야 한다. 영재들의 학습 욕구가 복잡하고 다양하므로 특별교육과 같은 비중을 두어야 한다.

8. 많이 활용되고 있는 검사를 통해 영재들의 성취를 알 수 있다(T.Moon, 2009).

정정 : 검사 도구는 측정하는 요인이 한정되어 있고 그 결과만으로는 영재들의 성취나 학습 정도를 알아내기에 부족하다.

9. 영재들의 사회 · 정서적 욕구는 같은 또래의 일반 아동들과 유사하다. (Peterson,2009)

정정 : 영재들은 그들 특유의 사회 · 정서적 도전과 욕구가 있다.

10. 대학과목선이수(Advanced Placement, AP) 제도는 영재 고등학생들이 적절한 도전을 받게 하는 데 충분하다(Gallagher, 2009).

정정 : AP 제도는 영재학생들이 자신들의 잠재력과 재능을 발달시키는 데 충분하지 않다. 특히 창의적인 특성을 충족시켜 주지 못한다.

위에 언급한 것들이 영재에 관한 잘못된 신념들이다. 이제 영재교육에 관해 좀 더 긍정적인 측면을 알아보도록 한다.

제2장

영재 관련 이론들

영재 관련 이론들은 다양하다. 이 장에서는 영재에 관한 주된 이론들을 알아보도록 한다(Renzulli, Gubbins, McMillen, Eckert, & Little, 2009; Sternberg & Davidson, 1986, 2005; Phillipson & McCann, 2007 참고).

무개념

무개념이 영재의 개념이라고 하면 이상하고 모순적이라고 생각할 수 있을 것이다. 그러나 Borland(2005, 2009a)는 우리가 영재성을 'chimera(키메라, 환상)'라고 보는 것이 영재교육 발달에 더 도움이 될 것이라고 주장한다.

먼저 영재성은 사회적 구인으로써 타당성이 모호하다. "누가 영재다."라고 말할 수 있는 절대적이고 정확한 정의가 없다. 각 사회가 그리는 영재의 개념은 다 다르다. Borland에 의하면 19세기에는 '영재아'가 존재하지도 않았다.

그러나 우리는 그의 주장에 동의하지 않는다. 첫째, 지능검사의 역사는 고대 중국으로 거슬러 올라갈 수 있다(Thomasom & Qiong, 2008). 중국은 그 당시 국가 공무원을 뽑기 위해 시험을 치렀었다. Sir Francis Galton은 1800년대에 뛰어난 재능을 가진 사람들에 대해 글을 썼고, 현재에 와서는 영재교육운동의 시조로 인식되고 있다(Galton, 1869). 또한 **영재**라는 용어가 쓰이지는 않았어도 그 개념은 존재했다. 미켈란젤로나 다빈치 같은 화가들, 바흐와 베토벤 같은 음악가, 갈릴레오나 뉴턴과 같은 과학자들은 늘 일반 사람들과는 다른 시각으로 인식되어져 왔다.

　Borland는 이어서 Gallagher(1996)가 제시한 '영재아'란 개념이 사회적 구인이라는 점도 반대 입장을 보이며, 만일 그렇다면 '오페라 가수'와 '야구 선수'도 마찬가지로 사회적 구인이라고 주장한다. Borland는 오페라 가수 없는 오페라는 있을 수 없고, 야구선수 없이는 야구도 없지만, 학교는 영재학생이 없어도 존재한다고 주장한다. 맞는 말이다. 그러나 이때 더 적합한 비유는 영재학생이 없는 '영재를 위한 학교'가 있을 수 있는가 하는 것이다. 대답은 '아니오.'이다. 물론 학교는 있을 수 있다. 마찬가지로 오페라나 야구도 재능 있는 오페라 가수나 재능 있는 야구 선수 없이도 존재할 수는 있다. 그러나 재능 있는, 영재성 있는 성취자들이 없는 세상은 매우 다른 곳이 될 것이다. 만일 모든 사람들이 이 책의 저자인 우리들처럼 노래를 부르고 야구를 한다면 이 세상은 참으로 재미가 없을 것이다.

　두 번째로 Borland에 의하면 영재들을 위한 교육은 효과가 없다고 한다. 그 증거로 20년 이상 된 연구들을 거론하고 있다. 그러나 영재교육 관련 출판물들을 찾아보면 ─ *Gifted Child Quarterly, Roeper Review, High ability Studies* ─ 영재교육이 실제로 효과가 있다는 결론을 내린 연구들을 많이 접하게 될 것이다. 최근 20년 동안 많은 발전이 있었다는 것도 알게 될 것이다. 물론 더 많은 연구와 노력이 필요한 것도 사실이다. 그러나 Slavin(1990)의 연구와 같은 것에 무게를 과하게 싣는 것은 조심할 필요가 있다. 1990년 이후 20년 이상 되는 기간 동안 상당한 변화가 있었기 때문이다.

　우리가 알고 있는 영재교육이란 비교적 최근의 발명품이다. 물론 특별한 학생들을 위한 특별한 교육은 오래전부터 있었다. 우리가 잘 알고 잇는 하버드와 예일과 같이 유능한 학생들이 다니는 대학은 오랜 역사를 가지고 있다. 의학 분야에서 심장질환에 대한 연구는 매우 긴 역사를 지니고 있다. 그러나 아직까지 명료한 치료법이나 예방법은 없다. 그렇다고 앞으로도 더 좋은 치료법이 개발되지 않을 거라고 누구도 생각하지 않는다. 영재교육은 이보다 훨씬 더 짧은 기간 동안 연구되어졌다. 앞으로 더 많은 발전을 기대할 수 있는 것이다. 미국에서는 평균 수명이 1900년대에 49세였던 것이 1998년에는 77세, 2005년에는 78세로 되었다. 시간이 지날수록 향상되는 속도는 빨라지고, 과거의 성공이 미래를 예측할 수 없는 상황이 되었다. 특히 페니실린 같은 항생제나 영재들을 가르치는 새로운 교육 과정처럼 발달이 불연속적이면 더욱 그렇다.

　세 번째로 영재라는 개념은 교육 자원의 불평등을 더욱 악화시킨다고 한다. 미국의 경우 특수교육에 투입되는 자원의 1%도 안 되는 자원만이 영재교육에 할애되는 상황이기 때문에 이러한 관점은 저자들 입장으로서는 매우 놀랍다. 더욱이 각 주별로, 지역별로 교육 예산이 줄어들면 항상 영재교육 관련 프로그램이 제일 먼저 타격을 받게 된다. 그럼에도 불구하고 어떤 사람들은 아무리 적은 액수라도 영재교육에 투입하는 것을 반대하기도 한다.

　그렇다고 미국이 철학적으로 영재 프로그램에 반대하는 것은 아니다. 경제사회에서 국가의 영재학생들을 돌보지 않는 나라는 뒤처질 위험에 처하게 된다. 각 나라마다 문학, 과학, 예술, 음악이나 다른 분야 등 주력하는 것이 다 다르다. 어떤 나라는 제자리걸음인 경우도 허다하다. 이런 나라에서 영재들을 가르치면 각 맡은 분야에서 두각을 나타낼 것이라는 것에 의심의 여지가 없을 것이다. 뛰어난 과학적 기여를 하기 위해서는 그 분야에서 뛰어난 교육을 받아야 한다. 뿐만 아니라 첨단에서 연구하는 경험도 쌓아야 한다. 이러한 경험은 평범하고 일반적인 교육으로는 충족되지 못한다. 그럼에도 사회를 가장 잘 이끌어갈 수 있는 인재들에게 적절한 교육을 제공하는 것이 자원의 낭비일까? 우리는 그렇게 생각하지 않는다. 그리고 수준이 너무 낮아서 지루하게 학교생활을 하는 학생들도 우리와 같은 생각일 것이다. 지적 장애를 가진 학생들을 위한 특수교육이 '민주주의에 입각한 교육'에서 벗어난 것이 아니듯이 영재교육도 지극히 민주주의적인 교육이다. 민주주의는 모든 사람에게 공평하게 기회를 주되, 누구나 똑같은 결과를 낼 수는 없다는 것을 염두에 두어야 한다.

　끝으로 Borland는 영재라는 개념을 버리고, 다양한 학생들을 가르치기 위한 차별화된 교과과정을 목표로 삼고자 한다. 그러나 우리는 Borland가 잘못된 이분법을 세웠다고 본다. 우리도 아동의 요구에 맞는 차별화된 교육을 제공하는 것에 찬성하지만 그렇다고 영재라는 개념을 버려야 한다고는 생각하지 않는다. 단, 영재라는 고정된 집단과 그렇지 않은 집단이 있다는 개념에는 동의하지 않는다. 그러한 개념은 IQ라는 단일 측정 결과에 의한 것이고, 그러한 정의는 이미 구식이 되었기 때문이다. 그러나 앞으로 보게 될 영재라는 개념은 더욱 복잡하고 세련되어

져서 영재성, 재능, 그리고 교육 방법에 대하여 더욱 세분화되고 차별화된 개념들을 발전시키게 될 것이다.

IQ와 관련된 변인들

역사적으로 IQ라는 개념은 영재성과 영재 선발에 매우 중요한 역할을 해왔다. 이러한 접근 방법은 터먼 연구(Terman, 1925; Terman & Oden, 1959)의 기초가 되었고, IQ는 지금도 여러 개념의 기본이 되고 있다(Gallagher & Courtright, 1986; Rovinson, 2005).

SAT 점수와 같이 관련된 구인들도 영재의 개념이나 선발에 많이 쓰이고 있다(Brody & Stanley, 2005; Stanley & Benbow, 1986). 이런 경우 'g'나 일반적인 지적 능력을 보는 점수로 영재성을 측정한다. 이런 점수는 수학 같은 과목에서 속진할 수 있는 학생을 선발하는 데 유용하다.

IQ나 이와 유사한 측정 도구들이 선발 과정에 크게 적용된 사실을 이해하기는 어렵지 않다. 오늘날에도 'g'나 IQ는 많은 영재 프로그램에서 선발 방법으로 쓰이고 있다. 왜 측정학적인 요인들이 선발에 이토록 큰 역할을 하는 것일까?

여기에는 몇 가지 이유가 있다. 본서에서는 IQ라고 지칭하지만 그 안에는 'g'나 SAT(학업적성시험)나 ACT(학업성취도검사)와 같은 시험 점수도 포함되어 있다.

1. IQ는 수치화할 수 있다. 숫자로 구분할 수 있다는 것은 선별에 있어 큰 도움이 된다. 시험 혹은 검사는 학생 능력을 정확하게 나타내는 것과 같다. 소비자들은 이렇게 정확한 측정법에 매료된다. 문제는 각 검사들의 타당도가 표면적으로 보이는 것보다 매우 낮다는 것이다. 일반적으로 교사 추천이나 특별 활동과 같은 주관적인 정보보다는 숫자를 보고 결정하기가 훨씬 더 용이하다. 그러므로 유능한 행정가들은 전인적인 평가를 위해 객관적인 정보뿐만 아니라 주관적인 정보도 참고하여 각 지원자를 평가한다. 숫자만 보고 간단히 결정하는 쉬운 방법을 지양한다.

2. IQ를 측정하는 검사는 객관적이다.
많은 사람들이 다음과 같은 이야기를 들어보았을 것이다. 어떤 남자가 어둠 속에서 열쇠를 찾고 있었다. 빛이라고는 근처에 있는 가로등 불빛밖에 없는데 그것마

저도 희미하다. 경찰이 지나가다가 그 남자를 본다. "뭐 하고 있습니까?" 경찰이 물어본다. "열쇠를 찾고 있어요." 남자가 대답한다. "도와드리지요." 경찰이 대답한다. 둘이 열심히 찾는데도 열쇠가 나타나지 않는다. "여기서 열쇠를 잃어버린 게 맞습니까?" 경찰이 물어본다. "아니요. 열쇠는 저쪽에서 잃어버렸습니다." 남자는 멀리 있는 곳을 가리키며 말했다. "그런데 왜 여기서 열쇠를 찾고 있는 겁니까?" 경찰이 물어본다. "왜냐하면 이쪽이 더 밝으니까요."

이 일화는 현대사회에서의 검사나 다른 측정 도구의 문제를 여실히 나타낸다. 사람들은 측정하기 쉬운 기술을 사용한다. 물론 이것이 완전히 엉뚱한 것은 아니지만 전체를 보는 것은 아닌 것이다. 다른 요인들, 예컨대 동기, 창의성, 탄력성, 열정과 같은 요인은 측정하기 어렵기 때문에 검사자들은 이러한 요인을 멀리한다. 이런 요인들은 객관적으로 측정하기가 용이하지 않다.

우리 경험으로 창의성을 측정하기 위한 객관적 검사도 의도와는 달리 결론은 'g' 요인을 측정하는 문항으로 바뀌는 경우가 많았다. 다른 종류의 검사들이 마련되어야 할 것이다.

3. IQ는 익숙하다. 영재교육 프로그램 운영자들은 IQ가 무엇인지 알고 편안하게 생각한다.

익숙하다는 것은 이점이 있다. 그러나 익숙하다가 구태에 빠져 새로운 것에 저항하게 된다. 검사들의 겉모습은 바뀌었지만 그 속의 구조는 그대로이다.

익숙하고 편하다고 그 자리에만 있으면 발전은 있을 수 없다. 먼저 것을 존중해야 하지만 새로운 것을 시도할 필요가 있다. 검사 도구 기술은 최근 100년간 거의 변하지 않았다. 이는 다른 기술들(컴퓨터, DVD 등)과 대조적이다. 이제는 조금은 불편하고 낯선 상황에 노선하여 새로운 방법을 모색할 때다.

그러나 공평하게 보자면 현재 많은 영재교육 프로그램들은 영재를 선발할 때 다른 방법들을 활용하고 있다. 여전히 IQ 점수만을 보는 곳도 있다. 그리고 이런 경우 커트라인의 점수가 임의적인 잣대일 수 있다. 만일 어떤 프로그램에서 커트라인이 IQ 130이라면 IQ 129는 절대 영재가 아니라고 확신할 수 있을까? 측정의 오차를 고려하면 아무도 확신할 수 없을 것이다.

컴퓨터가 처음으로 가정에 보급되었을 때 많은 사람들은 주저했다. 이 새로운 기술에 익숙하지 않아서 기존의 계산기나 타이프라이터보다 얼마나 더 효율적인지 알 수 없었기 때문이다. 이제는 오래되고 익숙해서 편안한 것만 고집할 때가 아닌 것이다.

4. IQ는 영재성 판별을 성공적으로 했다는 역사가 있다(Gallagher & Courtright, 1986; Robinson, 2005; Terman, 1925; Terman & Merrill, 1937, 1973).

과거에 IQ는 영재성 판별을 성공적으로 했으며, IQ 관련 기술은 많은 종류의 성공과도 연관이 있다는 것에 우리는 동의한다. 동시에 그러한 상관관계는 그다지 높지 않다는 데에 주목해야 한다. 지능의 다른 측면들도 중요하다는 결과들이 속출하고 있다(Cantor & Kihlstron, 1987; Gardner, 2006; Mayer, Salovey, & Caruso, 2000; Wagner, 2000). 이러한 지능의 다른 측면들은 IQ나 g와 같이 타당화되지는 않았으나 이제 IQ나 g가 말해줄 수 있는 것의 한계에 도달한 것은 분명하므로 한 개인의 능력을 나타내는 데에 전통적인 심리측정 방법 이외에 다른 방법들이 보충되어야 할 것이다.

5. IQ 측정은 신뢰성이 있다. 내적 합치도와 검사 재검사 합치도에서 높은 신뢰도를 보인다.

신뢰도는 영재를 판별할 때 필요조건이지만 충분조건은 아니다. 그것은 어떤 구인이 일관성 있게 측정될 수 있다는 것을 뜻하는 것으로 코의 높이나 손가락의 길이를 재는 것과 같으며 영재를 판별하는 데 적절한 방법이 아닐 수가 있기 때문이다. 지능의 다양한 측면들을 측정하는 탐구를 계속하지 않으면 신뢰할 만한 측정 방법이 있는지 알아내지 못할 것이다. 초기의 지능검사는 지금과 같이 신뢰도가 높지는 않았다. 신뢰도는 연구를 거쳐서 더욱 정교해질 수 있다.

신뢰도는 양날의 칼일 수도 있다. 다음의 두 가지 경우를 보도록 한다.

내적 합치도는 측정학적 검사에서 요구되는 특성이다. 내적 합치도가 높을수록 그 검사가 단일 요인을 잘 측정하고 있는 것이다. 검사를 통하여 복잡하고 다양한 능력을 측정하고자 하는 경우 이러한 단일 요인만을 잘 측정하는 검사는 적절하지 않다. 만일 지능이 다면적이라고 한다면 신뢰도가 높은 검사는 여러 요인을 측정하는 데 부적절할 수도 있다.

검사-재검사 신뢰도 또한 측정학적인 관점에서 바람직한 공식이다. 재검사 신뢰도는 반복해서 검사한 결과가 동일하게 나오는 정도를 의미하며, 검사 결과들이 다르게 나타나는 것은 부정적으로 인식된다. 그러나 지능이 발전 가능하다고 볼 때 검사 결과들이 어느 정도 차이가 나는 것은 당연한 결과이다. 그러므로 재검사 신뢰도가 높은 검사를 요구하면 출판사들이 변동하지 않은 요인들만으로 검사 도구를 만들도록 강요하는 결과를 초래할 것이다.

6. IQ는 학업성취를 예측한다. 많은 불평에도 불구하고 이 상관관계는 반복적으로 나타나고 있다.

IQ가 학업성취를 예측한다는 데에는 동의한다. 그러나 다른 측정들도 비슷한 결과를 보인다(Gardner, Feldman, Krechevsky, & Chen, 1998; Mayer. Brackett, & Salovey, 2004; Sternberg & the Rainbow Project Collaborators, 2006; Williams et al., 2002). 그러므로 측정 도구들이 IQ 검사를 뛰어넘어 다차원적인 접근으로 영재성을 나타낼 수 있느냐가 관건이다. 우리는 다른 종류의 측정이 더 전통적인 측정 방법을 보완해 줄 수도 있다고 생각한다. 많은 연구자들은 이것이 가능하다고 믿는다.

7. IQ는 인생 성취와도 상관관계가 양호하다. 이 점은 터먼과 이후의 학자들에 의해서도 증명되었듯이 건강, 수명, 업적 등과 같은 요인들과 연관이 있다(Deary, Whalley, & Starr, 2008).

이와 같이 IQ는 많은 것을 예측한다. 우리는 IQ가 다른 것으로 대치되어야 한다는 입장이 아니라 보충되어야 한다고 주장하고 싶다. 예를 들어, 꼼꼼함은 인지적인 요인과 더불어 직업 관련 성공과 연관이 높은 것으로 나타났다(Postlethwaite, Robbins, Rickerson, & Mckinniss, 2009). 이렇듯 꼼꼼함 외에도 실제 삶에서 영향을 주는 요인들이 또 있을 것이다.

8. IQ 검사는 영아부터 노인까지 실시할 수 있다.

IQ는 다른 도구들과는 달리 넓은 연령층에 대하여 검사할 수가 있다. 다른 도구들이 IQ와 같이 유용하게 활용되기 위해서는 적용 연령층이 넓어져야 할 것이다.

9. IQ는 문화와 국경을 뛰어넘어 규준화되어 있다.

IQ가 국가 간 규준화된 것은 매우 큰 장점으로 작용한다. 어느 나라의 누구에게나 IQ 검사를 실시하고 점수를 낼 수가 있다. 문제는 그 점수가 무엇을 의미하는

가이다. 우리는 8장에서 이러한 문제에 대해 다루었다. 각 나라에서의 IQ 점수는 그 의미가 다를 수 있어 해석하는 데 주의가 필요하다.

10. 학교에서 성취하는 데 필요한 능력들을 보기 때문에 많은 사람들에게 IQ는 안면타당도가 있다.

안면타당도는 검사를 실시하는 집단에 따라 달라질 수 있다. IQ 검사에서 쓰이는 문항들은 학습 능력을 강조하는 문화에서 더욱 적절하게 보일 것이다. 이런 점을 의식해서 McClelland(1973)은 IQ보다는 다양한 적성이나 역량을 알아보는 것이 더 적절하다고 제안했다. 많은 학자들이 이에 동의한다.

11. IQ 검사는 비교적 비용 대비 효율적이다. 특히 첫 검사 때는 집단검사를 한 후 점수가 높은 학생만을 대상으로 개별검사를 하면 된다.

현재 알려진 검사들 중에서 지능검사만큼 비용 대비 효과가 높은 검사가 없으므로 앞으로의 측정 방법은 비용의 문제를 잘 극복해야 할 것이다.

12. IQ 검사는 매우 철저하게 연구되어서 검사의 다양한 특성들이 잘 알려져 있다. 다른 검사들 중에도 비교적 잘 연구된 것들이 있다.

예를 들면 5요인 검사, 토란스 창의력 사고 검사(Torrance Tests of Creative Thinking)(Torrance & Wu, 1981)와 같은 창의성 검사들(Plucker of Makel, in press)이 있다. 이 외에도 더 넓은 범위의 능력을 알아보는 검사들도 연구되고 있다(Sternberg & the Rainbow Project Collaborators, 2006).

13. 영재를 선발하려는 학교나 기관들이 사용할 수 있는 검사 도구들은 꽤 많이 있다.

선택의 여지가 많은 것은 분명히 좋은 점이다. 그러나 이러한 선택의 폭은 마치 GM상표 중에서 자동차를 고르는 것과 유사하다. 겉으로는 다양한 모델이 있으나 속은 거의 같다는 것이다.

14. IQ 검사는 신체적, 정신적 장애가 있는 특수 집단을 위해 적용될 수 있다.

IQ 검사는 특수 집단을 위해 적용될 수 있는데 이때 가장 큰 문제는 결과를 해석하는 것이다. 예를 들어 읽기 장애가 있는 집단을 생각해보자. 이 집단의 IQ를 어떻게 알 수 있을까? 한 가지 방법은 비언어적 검사를 실시하는 것이다. 그러나 IQ는 언어적 요소도 포함되어 있으므로 비언어적 검사를 통해서 유동적 지능을 알

수는 있겠지만 결정적 지능은 알기가 어렵다. 다른 방법으로 언어적 검사를 실시하되 시간을 많이 허락하는 방법이 있다. 그러나 이 결과를 정상적인 시간 안에 검사받은 사람들의 결과와 비교할 수가 없다. 또 다른 대안은 같은 검사를 같은 시간 안에 실시하는 것이다. 그러나 이런 경우 난독증이 있는 학생들이 실력을 발휘하는 데 어려움이 있다. 방법이 전혀 없는 것은 아니지만 이러한 어려움에 대하여 인지하고 있을 필요가 있다.

15. IQ 검사는 출판사에 의해 과대 포장될 수가 있다.

영재 선발에 IQ 검사가 많이 쓰이는 이유는 이 밖에도 있을 수 있으나 IQ 검사를 쓰는 이유가 전례와 측정학적 타당도에 의한 것이라는 것은 명백하다. IQ에 대해 약점을 제시하기는 쉽고 우리(Sternberg, 1985a, 1997a)와 다른 학자들(Gardner, 2006; Renzulli, 2005)은 그러한 입장을 표명했다. 그러나 앞에 제시한 15가지 이유 외에도 IQ가 지금까지 영재 선발에 있어 큰 기여를 했다는 점을 인정해야 한다. 결론적으로 IQ는 영재를 선발하는 데 많이 활용되고 있으나 검사만이 아닌 이를 보충해 주는 다른 방법을 생각해야 할 것이다.

IQ와 다른 능력들

세 번째 모델은 IQ와 다른 능력들이다. 이 모델이 아마도 가장 많은 주의를 받았을 것이다. 여러 학자들이 이러한 입장에서 모델을 제안했다. 여기에서 대표적인 모델들을 알아보기로 한다.

Renzulli

영재에 대해 가장 잘 알려진 모델 중의 하나는 Renzulli 모델(Reis & Renzulli, in press; Renzulli, 1984, 2005, 2009)이다. Renzulli는 영재성에는 두 종류가 있다고 주장한다. 즉 학교 안 **영재성**과 창의-산출 **영재성**이다. 학교 안 영재성이란 좋은 성적과 좋은 점수를 의미한다. 이 종류의 영재성은 교사도 잘 알아본다. 이런 종류의 학생이 바로 '영재'로 선발된다. IQ도 중요하지만 유일한 잣대는 아니다. 예를 들어 어떤 학생은 IQ가 높지만 학교 안 성취가 높지 않아 영재로 선발되지 않을 수 있다. 창의-산출 영재성은 어른들이 작곡, 그림, 소설, 과학 실험, 광고 카피 등의 작업을 할 때 나타나는 능력이다. 이러한 능력은 어른들에게서 보이나 간혹 산출물을 만드는 프로젝트 작업을 하는 학생에게서도 나타난다. 어른에게는 학교 안 영재성이 덜 나타나는데 이것은 어른들이 높은 성적과 관계되는 기억이나 과제를 하지 않아도 되기 때문이다.

문제는 어른이 되면 창의-산출 영재성으로 영재로 불리는 데 비해, 어린이들은 학교 안 영재성으로 영재로 불린다는 데 있다. 이 두 가지 영재성은 똑같은 것이 아니므로 어떤 사람들은 어렸을 때 영재로 선발되지 못하고 어른이 되어서야 인정받게 되고, 그 반대의 경우도 있을 수 있다.

Renzulli는 또한 3고리 모형의 영재성도 제안했다. 이 모델은 보통 이상의 능력, 과제 집착력, 창의성의 교차 부분을 영재성이라고 한다. 이 모델에서 영재성은 IQ만 중요한 것이 아니다. 최근 연구에서(Renzulli, 2005) Renzulli는 좀 특이한 이름의 'Operation Houndstooth'를 제시하고 자신의 영재 모델을 보완했다. 그는 더 넓은 범위의 특성들, 예를 들면 긍정적 사고, 용기, 어떤 분야에 대한 애정, 인간에 대한 관심, 신체적·정신적 에너지, 그리고 운명에 대한 비전이나 감성 등 특성의 중요성을 강조했다.

Renzulli(2009)는 영재 또는 일반 학생들에게 가르쳐야 하는 지식의 종류에 대한 이론을 제시했다. 사실, 관행, 경향, 절차, 분류, 기준, 원칙, 일반화, 이론, 구조 등에 관한 지식이다. Reis와 Renzulli(2009)는 영재들에게 도움이 되는 심화지도법에 3가지가 있다고 제안했다. (1) 심화, 일반 탐색 활동은 학생들에게 새로운 것에 대한 관심을 자극하는 목적이 있다. (2) 심화, 집단 훈련 활동은 비판적, 창의적 사고와 학습기술을 훈련한다. (3) 심화, 실제 문제에 대한 개별 혹은 소그룹 탐색은 상위 수준의 창의성과 연구 기술을 발달시킨다.

Tannenbaum

Tannenbaum(1986)은 영재성에 대하여 '심리사회적 접근 방법'을 제안했다. 그는 사회가 어떻게 '영재성'을 규정하는가에 특별히 관심을 가졌다. 그는 재능에 네 가지 종류가 있다고 한다.

희소성 재능은 재능이 흔하게 보이지 않는 것을 의미한다. 이런 재능은 조너스

소크가 소아마비 접종약을 개발하거나 아브라함 링컨이 정치적 능숙함을 발휘하는 것과 같은 예로 볼 수가 있다. 과잉 재능은 사람들의 감성을 한층 높여주는 것을 뜻한다. 예를 들면 미켈란젤로나 단테가 있을 것이다. 희소성과 과잉성에 어떤 가치 판단이 포함될 수는 있으나 Tannenbaum은 본인이 그런 것을 만들지는 않을 것이라고 선언한다. 희소성 재능은 사회가 필요로 하는 문제에 대한 답을 구하는 데 도움이 된다. 과잉 재능은 사회를 한 단계 올려놓는 데 기여한다. 쿼터 재능은 제한된 범위만 있어 쿼터 안에 들어야만 그 영역의 영재라고 인정된다. 예를 들면, 한 사회에서 필요로 하는 의사, 변호사, 사업가, 엔지니어의 숫자는 한정되어 있다. 그 숫자 안에 들어야만 하는 것이다. 이 숫자는 시간과 장소에 따라 달라질 수 있다. 끝으로 예외적인 재능은 쉽게 정의할 수 없는 재능을 뜻한다. 예를 들면, 기네스 세계 기록에 수록되는 사람들이나 속독, 곡예 예술가 등이 있다.

이러한 분류를 기반으로 Tannenbaum(1986)은 아동의 영재성에 대해 인간 삶에 있어서 윤리적, 신체적, 정서적, 사회적, 지적 그리고 미적 영역에 뛰어난 산출물이나 실천을 할 가능성이 있는 아동이라고 정의했다. 이러한 이론은 Renzulli의 이론에서 볼 때 창의-산출 영재성이라고 할 수 있다.

Sternberg & Zhang

Sternberg(1993)와 Sternberg & Zhang(1995)는 암묵적인 5요인 이론을 제안했다. 이 이론에서 영재성은 다섯 가지 기준이 있고 이 다섯 가지를 다 충족해야만 영재라 할 수 있다고 한다.

첫 번째로 탁월성 기준이 있다. 영재는 또래에 비해 한 가지 또는 한 영역에서 뛰어나야 한다. 두 번째로 희소성 기준이다. 또래들한테서 쉽게 보이지 않는 영역에서 특출나야 한다. 세 번째로 생산성 기준이다. 탁월함을 보이는 영역에서 산출물이 있어야 한다. 네 번째로 실증의 기준이다. 타당한 검사 등을 통해 탁월성이 증명되어야 한다. 다섯 번째로 가치 기준이다. 탁월성을 보이는 능력이 그가 속한 문화나 집단 내에서 가치 있게 여겨져야 한다. 예를 들면, 수배자 명단에서 첫 번째를 차지하고 있을 경우 그는 분명히 범죄 세계에서 탁월성을 발휘하겠지만 영재라고 판별되지는 않는다. 이런 관점에서 본다면 Tannenbaum이 제안하는 몇 가지 예외적인 재능은 영재라고 불리기 어려울 것이다.

Feldhusen

Feldhusen(1986, 2005)는 매우 탁월한 성인 영재들을 연구한 결과, 영재들은 어린 나이에서부터 아래와 같은 몇 가지 특징을 보인다고 했다.

1. 특정 영역이나 예술 분야에 대해 일찍부터 지식이나 기술을 습득한다.
2. 어릴 때부터 높은 수준의 지능, 합리적 능력, 기억력을 보인다.
3. 성장하면서 학업이나 일에 높은 활동성, 동기, 책임감이 생긴다.
4. 강한 독립심, 혼자 작업하기, 개인주의적인 성향이 생긴다.
5. 내적 통제 소재와 창의성을 보인다.
6. 다른 영재들에게서 자극을 받는다.
7. 물리적 영역에서 패턴, 현상, 세부 사항까지 뛰어난 관찰력을 보인다.
8. 어렸을 때 접한 수준 높은 지적이나 미적 경험이 도움이 된다.

Feldhusen은 이러한 능력들을 요약해서 창의성, 정보에 대한 지식, 동기, 자아개념, 일반 지능 그리고 특수 재능이라고 정리하였다.

Haensly, Reynolds와 Nash

Haensly(1986)은 영재성이란 매우 복합적인 요인이라는 관점을 취했다. 영재들은 (a) 다른 사람이 볼 수 없는 가능성을 보고, (b) 이러한 가능성에 대하여 특이한 방법 또는 특이한 기술로 반응하고, (c) 방해가 되는 요인들을 극복할 만큼 열정을 가지고 있으며, (d) 물리적이든 세속적이든 결과를 내고, (e) 그 결과물을 사회와 의미 있는 방법으로 공유한다. 또한 영재는 특정 상황에 맞춰 모든 능력을 융합해서 반응한다고 한다. 이러한 반응의 가치는 그 영재가 사는 환경에 따라 달라진다. 영재들은 과거에 했던 방식에는 만족하지 못하고 스스로의 방법을 구현하려 하고 그 새로운 방식에 대해 전념한다.

Csikszentmihalyi

Csikszentmihalyi(Csikszentmihalyi, 1996; Csikszentmihalyi & Robinson, 1986)는 앞

서 살펴본 Haensly와 동료들(1986)과 마찬가지로 영재성에 있어서 상황의 중요성을 강조한다. 그는 "영재성이란 한 문화에서 요구하는 기대를 벗어나서는 관찰될 수 없다."고 믿었다(Csikszentmihalyi & Robinson, 1986). 영재성이란 단지 한 사람의 특성이 아니라 그 개인과 환경의 상호작용에서 나타나는 것이라고 한다. 탁월한 작가가 될 수 있는 잠재적 재능을 가진 사람도 문자를 갖지 않은 사회에서는 작가가 될 수 없다. 또한 훌륭한 음악가가 될 소질이 있어도 종교적인 이유로 음악을 금지하는 사회에서는 탁월한 음악가가 될 수 없다.

Csikszentmihalyi는 또한 문화적 요구가 변하는 것과 같이 사람의 재능이 평생 동안 불변하는 것은 아니라고 한다. 이러한 예는 대중음악가들에게서 볼 수 있다. 대부분의 가수들은 몇 개의 인기곡으로 계속 활동한다. 유사한 예는 과학 분야에서도 찾아볼 수 있다. 과학자들도 어느 기간 동안 많은 산출물을 내놓은 후에는 연구의 창의력이 떨어지는 것을 볼 수 있다(Simonton, 1988b, 1994). 이러한 현상에는 여러 가지 이유가 있겠으나 그중 하나는 시간이 가면서 그들이 제공할 수 있는 것과 그 분야에서 요구되는 접점이 감소하기 때문일 것이다.

Csikszentmihalyi(1996)은 영역과 분야를 구분했다. 영역이란 음악, 수학, 문학과 같이 활동하는 범위이다. 분야란 그 영역의 사회적 조직을 의미한다. 분야가 영역에 요구하는 것은 시간이 흐름에 따라 변한다. 마찬가지로 분야가 요구하는 것을 충족시킬 수 있는 재능도 변하는 것이다. 영재라 해도 비교적 소수만이 이러한 변화를 따라갈 수 있다. 많은 경우, 시대에 뒤떨어지고 만다.

Feldman(1986; Feldman & Goldsmith, 1991)이 지적하였듯이 영재들은 각 분야에서 발전하는 단계들을 거친다. 사람마다 성공하는 정도는 다르다. 어떤 사람은 초등학교 때는 영재라 불리다가 중학교에 가면 능력 발휘가 안 될 수도 있다. 또 이딴 사람은 대학에서 빛났지만 대학원에서 스스로 아이디어를 내어 연구해야 할 때는 당황할 수 있다. 또 일터에서 초기에는 창의적이었는데 분야의 요구가 변하면서 뒤처지게 될 수도 있고, 처음에는 평범하게 보였는데 시간이 지나면서 그 분야가 요구하는 것에 뛰어난 능력을 발휘할 수도 있다. 결국 Csikszentmihalyi는 항상 영재라는 것은 없고 다만 어느 정도, 어느 시점에서 영재라고 불리느냐만 있다고 한다.

Winner

Winner(Von karolyu & Winner, 2005; Winner, 1996)는 Haensly, Csikszentmihalyi의 관점과 연관된 견해를 피력했다. Winner는 영재란 다른 또래들과 4가지 점에서 차이가 나타난다고 했다.

첫 번째로 영재의 시간은 다르다. 그들은 다른 또래보다 훨씬 빠른 발달을 보이며 지식도 빠르고 깊게 습득한다. Winner는 Ericsson, Krampe, Tesch-Roemer(1993)가 주장하듯이 신중한 연습이 중요하다는 데 동의한다. 그러나 이러한 연습이 충분조건은 아니며 이렇게 연습할 수 있는 것 자체가 내재적 능력에서 오는 것이라고 한다.

두 번째로 영재는 추진력이 남다르다. 영재들은 '미친 듯이 배우는' 특성이 있다. 그들은 지칠 줄 모르고 배우려고 한다.

세 번째로 영재는 일반적 관례를 따르지 않는다. 그들은 남들보다 더 빨리, 잘한다. 또 많은 경우 남들이 하지 않는 방법으로 문제를 해결하기도 한다.

마지막으로 영재는 다르게 느낀다. 그들은 자신이 남들과 다르고, 또 다르게 대우받는다는 것도 안다. 이러한 것이 긍정적일 수도 있으나 소외되거나 거부되고 있다는 느낌으로 발전할 수도 있다.

Gruber

Howard Gruber는 창의성에서의 대가이다. 그가 쓴 다윈의 전기(Gruber, 1981)는 최고의 작품으로, 그가 주장하는 창의성의 '진화 체계'를 잘 보여준다. 이 '진화 체계'라 함은 창의적인 사람들이 살아가면서 하나의 과제에서 발생하는 또 다른 과제들을 접하게 되며 점점 규모가 커지고 근원적인 물음에 접근하게 된다는 것이다.

Gruber(1986)에 의하면 창의적인 인재들은 공통된 특성이 있다. 그 특성 중 하나는 관심 있는 문제에 기꺼이 시간을 투자한다는 것이다. Gruber는 영재에게 '아하!' 하는 순간의 통찰력이 있다는 고정관념에 반대했다. 오히려 영재들은 시간과 노력을 투자하여 성과를 낸다고 주장했다. Gruber는 또한 하나의 정해진 창의성 경로란 없다는 입장을 취했다. Galton(1869)과 Roe(1953)는 또래보다 일찍 재능을 보이는 조숙성에 대해 몰두했다. 그러나 모든 영재가 조숙한 것은 아니다. Gruber 는 일찍이 재능을 보이지 않은 예로 프로이트를 들었다.

Gruber가 보기에 영재가 특별한 것은 그들의 자아기동력과 자신이 남들과 다르다고 느끼는 점이다. 그는 르네상스 시대의 과학자 파라켈수스가 한 말 "나는 다릅니다. 이것이 당신을 불편하게 하지 않기를 바랍니다."를 인용하며 설명한다. 영재는 진정으로 이러한 느낌을 가지고 있다. 그리고 영재들의 자아개념 발달에는 적어도 세 가지 측면이 있다. 먼저 영재는 실제와 가능성의 괴리를 알고 있다. 그들은 비전을 가지며 실제보다는 가능성을 더 현실적으로 보고 있다. 두 번째로 그들은 특별한 사명감이 있다. 그들은 자신이 맡은 미션을 수행해 내기 위해 대단한 열정을 불사를 준비가 되어있다. 셋째로 그들은 높은 기준과 위험을 감수하는 모험심이 있다(Gruber, 1986, p.259).

Gruber의 관점은 높은 IQ 관점과 꽤 거리가 있지만 반대되는 입장은 아니다. 어떤 사람들은 높은 기대 수준이 있지만 그것을 실현시킬 수 있는 능력이 뒷받침되지 않을 수도 있다. 영재는 이러한 기대 수준이 있고 또한 그것을 실현시킬 능력도 있는 것이다.

Gardner

Gardner(1983, 2006)의 다중지능 이론은 4장에 설명되어 있으므로 여기서는 다루지 않겠다. 여기서는 Gardner의 결정적 경험(Walters & Gardner, 1986)에 대해 강조해보고자 한다. Walters & Gardner는 많은 영재들은 어린 시절의 어떤 경험에 의해서 인생 항로가 결정되어진다고 주장한다. 그 예로 프랑스의 수학자로서 분투하다가 20살에 죽은 에바리스트 갈루아를 언급한다. 갈루아는 우연히 기하학 책을 보고 수학에 흥미가 생겨 짧은 생애 동안 수학에 몰두했다. 작곡가 드뷔시는 작곡에 흥미를 불어넣어 준 스승을 만나기 전에는 작곡에 관심이 없었다.

결정적 경험이라는 개념은 영재교육에 있어 매우 중요하다. 현재의 영재교육이 이러한 경험을 할 수 있게 제공되고 있는지 살펴봐야 할 것이다. 속진은 이런 경험을 제공해주기 힘들 것이고 심화도 결정적 경험을 할 기회가 주어지지 않을 수도 있다. 이 이론은 영재들에게 다양한 경험을 제공해줘야 하는 중요성을 강조한다. Renzulli의 Type3 심화가 도움이 될 수 있을 것이다. 그리하여 잠재된 능력을 끌어올릴 수 있는 결정적 경험을 가지도록 해줘야 할 것이다.

Gagne

Francois Gagne(2000, 2005)는 Differentiated Model of Giftedness and Talent (DMGT)라는 모델을 제시했다. 이 모델은 영재성에는 6가지 요소가 있는데 이 요소가 3개씩 한 묶음이 되어 2세트가 된다고 말한다. 첫 번째 세트는 재능 계발 과정의 '핵심'이고, 두 번째 세트는 영재성 발달을 촉진하거나 저해하는 촉매 역할을 한다.

Gagne의 모델은 조금 복잡하다. 그는 영재성에 기여하는 자연능력이 4개가 있는데 그것은 지능, 창의성, 사회정서, 감각운동능력이라고 하였다. 뛰어난 예술가는 창의성이 특출하고, 농구선수는 감각운동능력이 뛰어날 것이며, 정치가는 사회정서적 능력, 변호사는 지적능력이 뛰어날 것이다. 이러한 능력들의 발현에 영향을 주는 것은 기회 또는 운이라는 요소로 부모, 성장시대, 환경, 기회 등이 이에 해당될 것이다. 이런 자연적 능력은 발달과정(LP)에서 개인 내(IC)와 환경적(EC) 요소와 만나게 된다. 자신의 재능을 통제하지 못하거나 활용하지 못하는 것은 부정적 촉매가 일어난 것이다. 자신이 가진 재능을 잘 발현시킨다면 긍정적 촉매가 일어난 것이다. 환경 또한 자신의 능력을 발휘하는 기회에 영향을 준다. 결국 자연적인 능력은 촉매의 영향을 받아 학문적, 예술적, 사업이나 스포츠 분야에서 체계적으로 발달될 수 있다. 능력은 가지고 태어난 것이고 재능은 능력과 촉매의 상호작용에 의해서 발전되는 것이다.

Gagne의 모델은 영재성의 역동성을 나타내므로 매우 중요하다. 영재의 특성을 단순하게 나열하는 것이 아니라 각 요인들이 어떻게 역동적으로 상호작용하는지 구체적으로 제시하고 있다.

Vantassel-Baska

지금까지 살펴본 이론가들이 영재성의 영역-일반적인 특성을 강조했다면 Vantassel-Baska(1998, 2005)는 영역-특정적인 관점을 강조했다. 특히 그녀는 영재성을 '어떤 특정 분야에 특별하고 독창적인 발전을 제공할 가능성을 보여주는 일반 지능의 표출'이라고 정의했다. 이러한 관점에서 볼 때 영재성의 하나 또는 그 이상의 영역에서 보여지는 것으로, 단순히 일반적 성향만을 뜻하는 것은 아닌 것이다. 많은 사람들에게 일반적인 성향이 있을 수는 있으나 이것은 특정 분야에서 구체적으로 나타내지 않는 한 실현되지 못한 능력이고, 따라서 영재성은 아닌 것이다. Vantassell-Baska는 또한 영재성은 다차원적인 것으로 유전적, 환경적 요인에 영향을 받으며, 이러한 것이 학교 교육과정을 설계할 때 고려되어서 누가 더 심화된 교육을 받으면 효과가 있는지에 대한 것과 능력과 집중된 노력이 있어야만 성공이 뒤따른다는 것을 알아야 한다고 주장했다.

이 장에서는 영재성을 보는 다양한 관점들을 보았고 이것을 크게 3가지 틀로 정리할 수 있다. 즉 (a) 개념적 틀이 존재하지 않고, (b) IQ에 기초한 개념, (c) IQ 이상을 보는 관점이 있다. 이러한 관점들을 대표하는 사례들을 보고, 특히 IQ 이상을 보는 이론들을 집중해서 보았다. 다음 장에서는 이 책의 저자들의 관점을 더 자세히 보도록 한다.

제3장

WICS, 영재성의 모델

학교에서 영재를 판별할 때 대부분 현재 그 아동이 무엇을 알고 있는지(학업 성취), 또 그 아동이 다른 아동에 비해 얼마나 빨리, 잘 습득할 수 있는지 (학업적성)를 본다. 그러나 성장한 영재들을 보면 이들은 해당 분야에서 얼마나 리더의 역할을 했는가로 평가받는다. 예를 들면 모차르트는 다른 작곡가들이 그의 음악을 모방하고, 연주가들이 그의 곡을 연주하면서 음악계에 우뚝 서게 되었다. 피카소도 모방하는 사람이 많고, 또 그의 작품에 감탄하는 사람도 많다. 훌륭한 정치가는 링컨이나 루스벨트와 같이 더 훌륭한 정치인과 자신의 정치 스타일을 비교해본다.

이 장에서는 영재성이란 많은 부분 아이디어를 생산해내는 창의성, 이런 아이디어를 평가하는 분석적 지능, 또 그 아이디어를 실현시키고 남들을 설득시킬 수 있는 실천적 지능과 관련된 사람들이 그 아이디어가 옳은 것이라고 공동의 선으로 판단할 수 있게 하는 지혜의 결과물이라는 것을 보여주고자 한다. 그것을 함축적으로 나타낼 수 있는 모델을 소개한다. 이 모델은 WICS-Wisdom(지혜), Intelligence(지능), Creativity(창의성), Synthesized(통합)이다. 제시된 순서는 어떠한 의미도 없으며 모델을 발음할 수 있도록 하기 위한 것이다(Sternberg, 2003c, 2003d, 2005d).

창의성, 지능, 지혜는 단순히 타고난 것만은 아니다. 이 요인들은 유전 가능하기는 하나 발전 가능하기도 하다(Sternberg & Grigorenko, 1999a). 누구나 자신의 창의성, 지능, 지혜를 발전시킬 수 있다. 그러므로 영재로 '태어나는 것'은 아니다. 오히려 영재성에서 지혜, 지능, 창의성은 숙련되어지고 전문화되어지는 형태를 지니고(Sternberg, 1998a, 1999a, 2005c, 2005d, 2006a), 유전은 환경과 상호작용한다. 그리고 각자 타고난 유전적 잠재력을 발달시키는 데 있어서 환경이 큰 영향을 미친다(Grigorenko & Sternberg, 2001b; Sternberg & Arroyo, 2006; Sternberg & Grigorenko, 1997b, 2001b).

영재성에는 기술과 태도가 포함되어 있다. 기술이란 숙련과 전문성의 발달을 의미하고, 태도란 습득한 기술을 어떻게 활용하는가 하는 문제와 관련이 있다.

이러한 영재성에 대한 관점은 다른 전통적인 관점과 대조적이다. 전통적으로는 영재를 판별할 때 '정해진' 특성이나 행동이 있는 것으로 강조되어 왔다. 다른 모델들은 내적 특성과 상황적인 요소의 상호작용을 강조했다(Sternberg & Davidson, 1986, 2005).

앞 장에서 보았듯이 일반적으로는 영재성에 대해 세 가지 관점이 있다. 그 첫 번째 관점은 영재성이 불필요하고 시대에 뒤처진 개념이라는 것이다(Borland, 2003, 2005). 이 관점에서 보면 영재성이란 사회 분열을 초래하고 아무런 건설적인 목적도 없는 사회적 창안물이라는 것이다. 물론 필요 없는 대립이 생기기도 했다. 영재교육을 위해 고안된 기술들은 모든 교육에서 모든 학생들의 이익을 위하여 활용되어져야 할 것이다.

두 번째로 영재성은 전통적인 측정 방법들, IQ 검사, SAT, 다른 'g' 관련 능력들을 측정하는 검사들이 잘 측정하고 있다는 관점이다. 예로 Julian Stanley와 동료들(Benbow, Lubinski, & Suchy, 1996; Brody & Stanley, 2005; Stanley & Brody, 2001)은 재능 발견을 위해 SAT와 관련 검사들을 폭넓게 활용했다. Robinson(2005)와 Gallagher(2000)은 영재성 측정에 있어서 이러한 전통적인 검사 도구의 사용을 적극 지지했다. 궁극적으로는 전통적인 검사들이 영재들을 측정하는 데 있어 필요한 정보를 제공해준다는 입장이다.

세 번째로 전통적 검사는 미흡하여 영재성 관련 전반적인 요소를 측정하지 못한다는 관점이다(Feldhusen, 2005; Freeman, 2005; Reis, 2005; Gardner, 1983; Gordon & Bridglall, 2005; Monks & Katzko, 2005; Reis, 2005; Renzulli, 1977,

1986, 2005; Runco, 2005). 이러한 관점에서는 그 상세한 사항이 다른 것을 볼 수 있다. 예를 들어 Renzulli가 그의 모델에서 보통 이상의 능력, 창의성, 과제집착력을 강조했다면, Gardner(1983, 1999a, 1999b)는 언어, 논리-수리, 공간, 음악, 신체-운동, 자연, 개인 내, 개인 간 지능과 같이 8가지 지능을 강조했다. 이번 장에 소개되는 모델은 전통적 지능검사를 넘어선 세 번째 입장에 속한다.

이번 장에서는 창의성, 지능, 지혜를 차례로 검토해보기로 한다. 영재가 발달할수록 이 요소는 상호작용하여 그 순서가 의미 없게 된다. 이 장에서는 이러한 개념들이 교수와 측정에 어떻게 쓰이며 영재 선발에 어떻게 활용될 수 있는지 본다.

창의성

창의성이란 아이디어나 산출물을 생성하기 위해서 필요한 (a) 비교적 새롭고, (b) 질적으로 우수하며, (c) 해결하고자 하는 문제에 적합도가 있어야 한다. 창의성은 영재성에 있어서 중요한 개념이다.

창의적 영재성은 기술과 태도의 합류

창의성의 집합 모델(Sternberg & Lubart, 1995, 1996)에서는 창의적인 사람들은 다양한 특성을 보인다고 한다. 이러한 특성들은 타고난 능력이기보다는 판단에 의한 것이라고 한다(Sternberg, 2000a). 다시 말해 사람들은 창의적이기를 선택한다는 뜻이다.

창의성의 큰 부분은 태도에 있다. 이것은 에디슨이 자신의 발명품에 대해 1%의 영감과 99% 땀의 결과라고 말했던 것과 일맥상통한다. 창의적인 영재이기 위해서는 많은 노력이 필요한 것이다.

창의적 태도에 있어서 필요한 요소는 무엇인가?(Kaufman & Sternberg, 2006; Sternberg, 1999b) 모든 요소를 갖춘 사람은 별로 없다는 것을 염두에 둘 필요가 있다. 잠재적 능력을 실현시키기 위해 활용해야 하는 만큼만 있으면 되는 것이다.

1. 문제를 재정의하다.

창의적인 사람들은 남들이 다들 그렇게 하기 때문에 똑같이 문제를 정의하지

는 않는다. 자기 스스로의 판단에 따라 문제를 돌아본다. 결국 가장 중요한 점
은 대중과 반대되는 경우라도 본인의 시각에 따라 문제를 정의한다는 것이다
(Sternberg, 2002b; Sternberg & Lubart, 1995). 영재들은 문제의 재정의를 잘하며
주저하지 않는다. 예를 들어 미국의 건립 투사들은, 처음에는 영국 왕실에서 강요
하는 부담을 최소화하는 데 주력했었다. 그러다가 여의치 않으니 문제를 재정의
해서 독립을 추진한 것이다.

2. 문제를 분석하다.

창의적인 사람들은 자신의 해결책이 최상의 것인지 분석한다. 그들은 자신의 판
단을 분석하며 장점과 단점을 보려고 한다. 자신이 항상 옳지만은 않다는 것을 인
지하고 스스로에 대해서 자기 비판적 분석을 한다.

3. 해결책을 설득하다.

창의적인 사람들은 창의적인 아이디어가 스스로 받아들여지는 것이 아니므로 사
람들을 설득하는 노력이 필요하다는 것을 알게 된다. 영재는 설득도 잘한다. 그
들은 사람들에게 자신의 아이디어 가치를 설명하고 따르도록 해야 한다. 그러므
로 자신의 아이디어가 얼마나 가치 있고 필요한 것인지 명료하게 설명하고 설득
할 수 있어야 한다. 이러한 능력이 IQ 검사에서 요구하는 능력과 얼마나 다른 것
인지 눈여겨봐야 할 것이다. 피카소, 다윈, 링컨, 간디 같은 사람들도 자신의 능력
을 개발하고 자신의 아이디어를 설파하는 데에 노력을 기울였다. IQ만 높은 사람
은 이러한 능력을 개발하지 못했을 것이다.

  그렇다고 모든 영재가 자신의 아이디어를 잘 전달하는 것은 아니다. 반 고흐와
같은 사람은 사후에나 유명해졌고, 장 피아제 같은 사람은 다른 학자가 그의 이론
을 해석하고 대중들이 이해할 수 있게 전달한 이후에 유명해졌다. 운 또한 크게
작용한다. 전달을 잘해줄 사람이 있는가? 그 시간, 그 장소에 수용적인 관중이 있
는가? 무엇보다도 자신의 생각을 표현할 수 있는 장이 제공되었는가?

4. 지식이 창의성에 도움도, 방해도 될 수 있다는 것을 안다.

창의적인 사람은 지식이 창의적인 사고를 촉진할 수도 있고 방해할 수도 있다는
것을 안다(Frensch & Sternberg, 1989; Sternberg, 1985a). 경우에 따라 사람들은 터

널과 같은 좁은 시야에 갇혀 버릴 수도 있다. 영재들은 이런 경우 조언을 구하거
나 새로운 아이디어를 구하는 등 여러 가지 방법으로 탈출을 시도한다.

5. 적절한 모험을 단행한다.

창의적인 사람은 가끔 실패할 수도 있으나 성공에 이르기 위해서는 모험을 감행
해야 한다는 것을 안다(Lubart & Sternberg, 1995). 영재들은 자신의 목표를 달성
하기 위해 실패하더라도 더 큰 모험을 할 준비가 되어 있다.

6. 장애물을 극복할 의지를 가지고 있다.

창의적인 사람들은 흔히 대중을 거스를 때 부딪히게 되는 장애를 극복할 의지를
가지고 있다. 기존의 틀을 고수하는 사람들은 그 틀을 흔드는 사람에 대해 저항한
다(Kuhn, 1970; Sternberg & Lubart, 1995). 모든 영재는 장애를 만나게 된다. 더욱
이 영재들은 대중이 움직이는 속도보다 더 빠르게, 더 멀리 움직이려고 하기 때문
에 더 빈번하게 장애에 부딪히곤 한다. 그렇기 때문에 영재는 자신의 목표를 달성
하기 위해서 많은 에너지와 탄성이 필요하다.

7. 과제 해결을 위한 능력에의 믿음이 있다.

창의적인 사람은 맡은 일을 해낼 수 있다는 믿음이 있다. 이 믿음은 다른 용어로
자아 효능감이라고 한다(Bandura, 1996). 영재는 자신과 자신의 아이디어에 대한
믿음이 있다.

8. 모호함을 견딜 수 있다.

창의적인 사람은 바른 방향으로 가고 있는지 확신을 가질 수 없는 시간이 길게 늘
어질 수도 있다는 것을 안다. 영재성이 뛰어날수록 이러한 모호성은 기질 수밖에
없다. 왜냐하면 이런 영재들은 큰 변화를 초래하는 아이디어를 실현시키고자 하
기 때문이다.

9. 내적으로 동기 유발된 것에서부터 외적인 보상을 찾아낸다.

창의적인 사람은 자신이 하는 일에 내적인 동기유발이 되어 있다(Amabile, 1983,
1996). 창의적인 사람은 자신이 하고 싶은 일을 하면서 외적인 보상을 받는 환경
을 찾아낸다. 영재 어린이들은 자신이 좋아하는 일을 하면 커서도 영재성을 유

지한다.

10. 지적으로 계속 성장한다.

창의적인 사람들은 가능한 한 어떠한 사고의 틀에 갇히는 것을 피한다. 경험과 전문성이 쌓일수록 사고도 진화한다. 그들은 경험을 단지 지나가는 현상으로 버려두지 않고 그 속에서 학습하므로 고갈되지 않고 변화하는 상황에 따라 적응해간다.

창의적 아이디어의 유형

영재들이 제안하는 창의적인 아이디어에는 다양한 종류가 있다(Sternberg, 1999b; Sternberg, Kaufman, & Pretz, 2002). 다음에서 각 유형에 대해 알아본다(Sternberg, Kaufman, & Pretz, 2003).

개념적인 반향

이 유형은 한 분야나 조직이 그 시간과 장소에 적절하다는 것을 보여주기 위해 노력한다. 반향적으로 사고하는 사람을 비유하자면 고정된 자전거에서 페달을 돌리는 사람이라고 볼 수 있다. 이런 유형의 사고는 제한적이며 창의성은 매우 낮다. 결국 과거의 모델을 가지고 변화하는 환경에 맞춰 적용하는 것을 창의성이라고 보는 것이다.

반향적 사고는 소비자 요구나 경쟁적 위협과 같은 것이 비교적 안정적일 때 가장 성공적일 것이다. 변화가 생기면 이전에 통했던 것이 더 이상 유용하지 않게 될 것이고, 반향적 사고를 하는 사람은 기관이나 패러다임에서 리더 역할의 힘을 잃게 될 수도 있을 것이다.

재정의

이 유형은 그 분야나 조직의 형태가 적절하다는 것을 보여주지만, 그 이유를 기존의 것과 다른 곳에서 찾는다. 결국 기존의 현상을 다른 관점에서 보는 것이다. 이 유형의 사고를 하는 사람은 남의 아이디어를 적용하면서 자기 것으로 포장하곤 한다. 반향적 사고보다 조금 더 창의적이라고 할 수 있겠는데, 이는 결국 다른 사람들의 아이디어를 재정의한 것을 의미하는 것이다.

앞으로 증진하기

이 유형은 분야나 조직이 이미 나아가고 있는 방향으로 더 나가게 하는 것이다. 거의 모든 창의적 사고는 이 유형에 속할 것이다. 잘 되고 있는 과정을 더 알차게 하려는 노력이다. 결국 연속선상에서의 전진인 것이다. 이 유형은 창의성에서 가장 잘 알려진 유형이다. 기존의 개념을 연장하므로 창의적이라고 본다. 기존 개념에 반(反)하지 않으므로 거부되거나 쓸모없다거나 해롭다고 버려지지 않는다. 시대적으로 예측 가능하게 변화해가는 사회에서는 이러한 유형의 사고가 성공적이다. 시대와 사고가 맞아 떨어진 것이다. 그러나 시대가 예측불허하게 변화하는 시기에는 더 이상 이런 사고방식이 유효하지 못하게 된다.

진보하며 증진하기

이 유형은 조직이나 패러다임을 앞으로 증진시키지만 남들이 준비된 이상으로 끌고 가는 것을 뜻한다. 하지만 조직을 빠르게 움직이려는 시도는 장애에 부딪힐 수 있다. 구성원들은 그렇게까지 나갈 준비가 되어 있지 않을 수 있으며 경우에 따라서는 움직임을 저지하기 위해 조직적으로 움직일 수도 있다.

방향 수정

이 유형은 조직이나 분야의 방향을 수정하려는 노력을 한다. 현재 조직이 향해가고 있는 방향이 적절치 않다고 생각하여 다른 방향으로 수정할 때 환경적 상황에 맞추는 것이 필요하다. 이때 운이 큰 비중을 차지할 수 있다.

재건/방향 수정

이 유형은 원래 있던 지점으로 되돌아가 분야나 조직을 새로운 방향으로 진행하게 하는 시도를 의미한다. 재건/방향 수정은 강한 리더에 의해 방향을 잡고 나가다가, 그 다음에 약한 리더에 의해 잘못된 방향으로 가게 되었을 때 성공적으로 실행될 수 있다. 재건/방향 수정 시도는 더 안전한 지대로의 복귀를 의미한다.

재입문

이 유형은 분야나 조직이나 상품을 완전히 다른 시작점으로 옮겨서 새롭게 시작하는 것을 뜻한다. 재입문은 완전하게 하지 않으면 그 분야나 조직이 사라질 위기에 놓여있을 때 적절하게 활용될 수 있다.

종합

이 유형에서는 이전에 전혀 무관하거나 대립적으로 여겨졌던 두 아이디어를 통합하는 것으로 시작한다. 이전에는 독립적으로 보이던 아이디어들이 통합 가능하게 되는 것이다. 과학에서는 통합이 발전의 열쇠로 작용한다. 경우에 따라서는 분야 간 통합도 이루어진다.

이런 창의적 사고가 가능한 것은 다양한 형태의 개념적 추진이 이루어지기 때문이다. 이러한 창의적 사고를 묶어주는 것은 일종의 개념적 공간에서의 추진력으로 볼 수 있을 것이다. 즉 창의적 사고를 하는 사람은 그의 동료들을 고정된 상황에서 색다른 상황으로 이동시키고 싶은 것이다.

창의성이 제한된 반향적 사고를 할 때는 한 공간에서 움직이지 않는다. 재정의 사고를 할 때는 같은 공간에 있지만 새로운 정의를 내린다. 증진하기에서는 이미 가고 있는 방향으로 나아가는 것뿐이다. 방향 수정에서는 공간적으로 새로운 방향으로 옮겨간다. 재건/방향 수정의 경우에는 그 조직이 있었던 자리로 되돌아가서 다시 방향을 잡아 움직인다. 재입문에서는 시작점과 방향을 모두 바꾼다. 그리고 종합에서는 기존 조직과 다른 조직의 공간 움직임을 보고 종합한다.

다양한 형태의 창의적 기여는 다양한 종류의 창의성을 낳는다. 창의적인 사고를 하는 사람들은 그 분야나 조직을 변화시키기도 한다. 그렇다고 꼭 변화가 있어야만 된다는 것은 아니다. 역사적으로 기억에 남는 창의적 사상가들은 아마도 사고하는 방법을 변화시킨 사람들일 것이다.

그렇다면 영재들은 어떤 창의적 사고 유형을 많이 보일까? 아마도 영재들은 기존의 패러다임에 도전장을 내는 리더십 스타일을 보일 것이다. 그러나 이때에는 두 가지 중요한 점을 염두에 두어야 할 것이다.

첫째, 앞서 언급한 창의성의 유형은 질적 수준이 아닌 새로움에 임하는 자세이다. 허나 창의성은 새로움뿐만 아니라 질적인 것도 해당된다. 매우 새로운 아이디어가 전혀 쓸모없을 수도 있다. 예로 테러리스트는 세계무역센터를 승객이 가득 찬 비행기로 파괴했다. 그것은 분명히 색다른 생각이지만 좋은 아이디어는 아니다. 거기에는 지혜의 모든 요소가 배제되어 있었다. 그러므로 그것은 WICS 모델에 입각한 영재의 행동에 해당되지 않는다. 스탈린은 권력 쟁취 면에서 '탁월'하다고 볼 수 있으나 지혜의 결핍으로 WICS에서 뜻하는 영재가 아니다. 그러므로 창의성, 지능, 지혜의 균형이 항상 중요하다.

둘째, 가장 일상적 형태의 창의성도 누군가를 영재라고 불리게 할 수 있다. 예를 들어 바이올린 제작자들은 수 세기 동안 스트라디바리우스 바이올린 소리를 복사하는 데 노력을 쏟았다. 만일 누군가가 이에 성공한다면 그는 영재라고 불릴 것이다. 만일 누군가 르네상스 시기의 창의성을 예술, 문학, 과학에 불어넣을 수 있다면 그는 분명히 영재라고 불릴 것이다. 결국 창의성의 유형보다는 어떤 결과를 보여주는가가 중요하다.

창의성 관련 연구에서 몇 가지 결론을 얻을 수 있다(Lubart & Sternberg, 1995; Sternberg & Lubart, 1995). 먼저 창의성은 일반 군중과는 반대되는 방향으로 간다. 우리는 이것을 아이디어 세상에서 낮게 사고 높게 판다고 표현했다. 창의적인 사람들은 현명하게 투자한다. 그들은 다른 사람이나 여론에 따르지 않고 자신이 해야 할 일을 과감하게 한다. 두 번째로 창의성은 구체적인 영역과 관련이 있다. 세 번째로 창의성은 전통적으로 불리는 지능과는 약한 상관관계가 있지만 이것은 학문적 지능과 같지는 않다. 일반적으로 창의적이기 위해 필요한 IQ의 적절점이 있다고 예상되는데 그것은 아마도 120이나 더 낮을 수도 있다. 이제 영재성에 있어서 지능의 역학을 살펴보기로 한다.

지능

지능이 영재성에 있어 중요하다면 대체 얼마나 중요한가? 여기서 의미하는 지능이란 단지 좁고 전통적인 개념—일반적 'g'요인(Demetriou, 2002; Jensen, 1998, 2002; Speraman, 1927; Sternberg, 2000b; Sternberg & Grigorenko, 2002b)이나 IQ(Binet & Simon, 1905; Kaufman, 2000; Wechsler, 1939)가 아닌 성공지능 이론에서의 지능을 뜻한다(Sternberg, 1997a, 1999c, 2002b). 성공지능이란 사회문화적 환경에서 성공하기 위해 필요한 기술과 태도를 의미한다. 성공지능이 높은 사람은 자신의 강점을 잘 활용하고 약점을 교정하기 위해 환경에 있어 적용, 조형, 선택을 균형 있게 적용한다. 이 장에서는 성공지능에 대해 알아보고 다음 장에서는 지능 이론의 여러 가지 모형을 살펴보기로 한다.

영재라고 해서 모든 것을 잘하는 것은 아니다. 그것보다 그들은 자신의 강점과 약점을 잘 안다. 그래서 강점을 최대한 살리고 약점을 보완할 수 있는 다양한 방법을 찾는다. 성공지능 이론에서 두 가지 측면이 특히 유용하게 적용될 수 있다. 학문적 지능과 실천적 지능이 그것이다.

지능에서 기술적인 측면은 잘 알려져 있다. 그러나 태도적인 측면은 어떤가? 결국 적용하는 판단에 따라 달라진다. 영재들은 판단과 다르게 행동하기도 한다. 머리로 판단한 것보다 세속적인 권력, 명예, 재력과 같은 동력이 작용하여 다른 방향으로 행동하곤 한다. 영재들이 시도한 것에 실패하는 것은 그들이 지능이 떨어져서가 아니라 그것을 활용하지 않는 방향을 선택했기 때문이다.

학문적 지능

학문적 지능이란 기억력, 분석적 능력, 태도와 같이 전통적으로 지능이라 불리는 능력들을 일컫는다. 이러한 능력들은 정보를 기억할 뿐 아니라 분석, 평가, 판단도 한다.

영재 관련 문헌들을 보면 많은 부분이 학문적 지능과 관련 있다. 물론 학문적 지능은 영재성과 영재 리더십에 중요한 개념이다. 그러나 많은 사람들이 지적 영재였으나 영재 지도자가 되지는 못했다. 그들은 WICS에 있는 다른 능력들이 없었기 때문이다.

영재들은 자신이나 다른 사람이 제안한 여러 행동방향들에 대해 분석·평가하고(분석), 어떤 결정을 내릴 때는 적절한 정보를 상기해내야 하므로(기억) 학문적 기술이나 태도가 중요하다.

그러나 오랫동안 영재성과 지능을 연계한 많은 문헌들이 학문적 지능(IQ)에만 치중한 것은 불행이라고 볼 수 있겠다. 최근 학자들은 정서지능(Caruso, Mayer, & Salovey, 2002; Goleman, 1998a, 1998b)이나 다중지능(Gardner, 1995)과 같이 지능의 다른 측면을 강조했다 (Hedlund et al., 2003; Sternberg et al., 2000; Sternberg & Hedlund, 2002). 이것은 정서지능과는 좀 다르며, 실천적 지능은 성공지능의 일부로서 영재성의 핵심요소라고 볼 수 있다. 다음에서 더 자세히 보도록 한다.

실천적 지능

실천적 지능이란 경험에 의해 습득한 지식을 활용하여 환경에 적용, 조성, 선택해 일상생활에서의 문제를 해결하는 것을 뜻한다. 다시 말해 환경에 맞게 자신을 변화시키거나(적용), 자신에게 맞도록 환경을 변화시키거나(조성), 새로운 환경을 찾아가는 것(선택)을 하게 된다. 이러한 기술을 활용함으로써 (a) 스스로를 관리하고, (b) 타인을 관리하고, (c) 과제를 관리한다.

영재는 기억력, 분석력, 실용능력에 있어서 개인차가 있으며, 지적 기술들에 따라 여러 가지 다양한 영재성이 나타난다. 기억력은 좋지만 다른 능력이 별로 뛰어나지 않거나, 지식은 많지만 이를 효율적으로 활용하지 못할 수도 있다. 분석적 능력과 기억력이 뛰어난 사람은 정보를 기억해내고 효과적으로 분석할 수는 있어도 다른 사람들에게 본인의 결론을 설득하지 못할 수 있다. 기억력, 분석력, 실용적 능력이 높은 사람은 다른 사람들을 잘 설득할 수 있을 것이다. 또한 실용적 능력은 뛰어나지만 기억력이나 분석력이 뒤떨어지는 사람도 있을 것이다(Sternberg, 1997a; Sternberg et al., 2000). 그들은 '약삭빠를' 수는 있어도 '똑똑하지'는 못할 것이다. 그들은 다른 사람을 설득해 따라오게 만들 수 있을지 몰라도 결국 잘못된 길로 인도하는 결과를 초래할 수 있다.

영재들은 실천적 지능이 높아야 한다. 그들은 창의적 능력에 의해 멋진 아이디어를 낼 수는 있겠지만 남을 설득하거나 그 아이디어를 실현하는 데는 어려움이 따를 것이다. 창의적인 많은 사람들은 자신의 아이디어를 남들에게 설득하지 못해 답답해하는 경우가 많다. 앞서 언급하였듯이 자신이 못하는 부분을 다른 사람이 잘해준다면 행운일 것이다. 분석적 지능이 뛰어난 사람들도 자신이 낸 아이디어의 가치를 남들에게 설득하지 못해 좌절한 경우가 많다.

Sternberg와 그 동료들(Hedlund et al., 2003; Sternberg et al., 2000; Sternberg & Wagner, 1993; Sternberg, Wagner & Okagaki, 1993; Sternberg, Wagner, Williams, & Horvath, 1995; Wagner & Sternberg, 1985; Wagner, 1987)은 실천적 지능을 이해하기 위해 암묵적 지식기반 접근을 하였다. 사람들은 실제로 문제를 해결하기 위해서 기존에 가지고 있는 많은 지식을 동원한다. 이때 알고 있는 지식이란 교육이나 개인적인 경험을 통하여 얻어진 것들이다. 성공적인 문제 해결 과정에는 암묵적

인 지식이 많이 활용되어 왔다. 암묵적인 지식은 구체적으로 표현되어 있지는 않기 때문에 각 개인마다 각자의 경험을 바탕으로 형성된다. 더 나아가 사람들은 자신이 알고 있는 것을 행동으로 나타낼 수는 있어도 말로 표현하는 데는 어려움을 겪는다. 결국 암묵적 지식을 얼마나 잘 표현하는가, 얼마나 잘 적용하는가 하는 측면이 더 중요한 것이다. 다만 다른 사람들에게 도움을 주기 위해서는 표현을 잘 해주는 것이 매우 효과적일 것이다.

암묵적 지식과 관련된 연구결과는 다음과 같다(Sternberg et al, 2000).

(a) 경험이 축적됨에 따라 암묵적 지식도 증가한다.
(b) 학문적 지능과의 연관성이 낮다.
(c) 성격과 연관성이 없다.
(d) 직업 성취를 잘 예측한다.
(e) 형식적인 학업 지능점수보다 더 예측력이 있다.

지능의 다양한 측면과 창의성의 상대적 중요도의 변화

우리는 WICS 모델의 여러 측면이(예 : 창의성, 학문적 지능, 실천적 지능) 한 개인의 인생이 영재로 선발되는 데 있어서 어느 정도 영향을 미치는가에 대하여 알아보기 위한 연구를 진행하였다. 이러한 연구는 종단적 연구, 또는 횡단적 연구가 가능한데 우리는 다음과 같은 세 가지 이유로 횡단적 연구를 하기로 하였다(Subotnik & Arnold, 1993). 첫째, 종단적 연구는 시간이 지날수록 성공한 사람이 남아 결과에 영향을 미칠 수 있게 탈락자가 생겨난다. 둘째, 우리가 하고자 하는 연구를 종단적으로 하면 50년은 소요될 텐데 그동안 관련된 사람들이 있을 거란 보장도 없고 이 연구 문제에 대한 답이 그렇게 오래 걸리는 것은 바람직하지 않다고 생각했다. 셋째, 연구를 하기 위해 필요한 연구비 지원을 그 시간동안 받아내는 것이 어렵겠다는 판단이다. 그러나 횡단적 연구와 더불어 적은 샘플의 종단적 연구도 병행하기로 하였다.

참여하는 대상은 2개 집단으로, 평가를 하는 집단(교사, 학부모, 대학교수)과 평가를 받는 집단(학생)이 있었다. 첫 번째 집단에게는 매우 높은 수준의 영재, 보통정도의 영재, 영재가 아닌 일반 사람에 대해서 묻는 질문지를 주고 그에 대한

표 3.1 학생 참여 현황

		영재성 "낙인"		
		매우 영재	영재	영재로 선발되지 않음
연령	학령전	언어	언어	언어
	(3~5세)	수리	수리	수리
	중등학생	언어	언어	언어
	(5~6 학년)	수리	수리	수리
	고등학생	언어	언어	언어
	(11~12학년)	수리	수리	수리
	대학생	언어	언어	언어
		수리	수리	수리

답을 작성한 후에 인터뷰를 했다. 두 번째 집단은 각자의 잠재력과 현재 보이는 수행의 정도를 측정하였다.

평가 받은 참여자들(그리고 평가자들)은 네 연령 집단에서 각각 3명을 선출하였으며, 그 내용은 표 3.1과 같다. 여러 다양한 분야에서 재능을 가지고 있는 학생을 연구한다는 것, 그리고 연구를 하기 위해 여러 분야들 속에서도 어느 정도 동질성이 있어야 하므로 우리는 인생의 각 시점에서 연구되어질 수 있는 영재성의 두 영역을 선택하였다. 그 두 영역은 넓게 봐서 인문학과 과학으로 표시했는데 언어적 수행(읽기/쓰기) 집단을 V로, 수리적 수행(수학/과학) 집단을 Q로 표시했다. 우리가 이 분야를 선택한 이유는 이 두 분야가 다 (a) 사회에 도움이 되고, (b) 학교에서도 비중 있게 다루어지며, (c) 기존 표준화 검사에서 측정되고 있고, (d) 이 능력을 측정하는 객관적, 주관적 검사들이 쉽게 있으며 비교적 일찍부터 나타나는 특성(예 : 조각과 같이 늦게야 알 수 있는 능력과 대비됨)이기 때문이다.

우리는 또한 이 연구를 수행하는 데 있어서 소수집단을 포함시키는 것이 중요하다고 판단되어서 (a) 다양한 민족과 지역에 있는 자, (b) 도시와 교외 주거자, (c) 다양한 계층의 사회경제적 지위를 고려하였다. 종단적, 횡단적 연구에서 주 독립변인은 융합 모델 안에서 평가된 것이다. 우리는 피평가자와 평가자를 표 3.2에서와 같이 측정하였다. 그리하여 연구 결과에서 학문적 지능, 실천적 지능, 창의성이 연령과 시간에 따라 어떻게 변하는지 알아보았다.

표 3.2 측정도구

요인 유형 (학문적 지능, 실천적 지능, 창의성 및 기타)	측정	교사	부모	유아	중학교	고등학교	대학교
O	인구학적 정보	X	X		X	X	X
O	학생/부모 교육 양식	X	X		X	X	X
	교수 스타일						
O	학생 행동에 대한 교사 평가(Harter, 1985a)	X	X				
A, C, P	분석적, 창의적, 실용적 평가	X	X				
O(motivation)	과목 선호도				X	X	X
O(motivation)	학생의 미래 목표				X	X	X
A	Bracken School Readiness Assessment(Bracken, 2002)			X			
A	Comprehensive Assessment of Spoken Language(CASL; Carrow-Woolfolk, 2001)			X			
A	Concept About Print(CAP; Clay, 2002)			X			
A	Pre-CTOPP(Comprehensive Test of Phonological Processing; Lonigan et al., 2002)			X			
A	Wechsler Preschool and Primary Scale of Intelligence-III(Wechsler, 2002)			X			
A	Woodcock-Johnson III(WJ-III; Woodcock et al., 2001)			X			

A	Culture Fair Intelligence Test(Cattell & Cattell, 1973)	×	×	×			
A	Mill Hill Vocabulary Scale(Raven et al., 1992)	×	×	×			
P	School/College Life Questionnaire(Sternberg et al., 2006)	×	×	×			
C	Creative Story(Sternberg et al., 2006)	×	×	×			
C	Creative Collage Task(Amabile, 1982; Sternberg et al., 2006)		×	×	×		
O(personality)	Adjective Check List(Gough & Heilbrun, 1983)		×	×		×	
A,C,P	Sternberg Triarchic Abilities Test(STAT; Sternberg et al., 1996)		×	×		×	
P	Thinking Style Questionnaire(Grigorenko & Sternberg, 1995; Sternberg, 1997)		×	×	×	×	
O	Potential Success Factors Questionnaire(Sternberg & Grigorenko, 2007)		×	×	×	×	
O(motivation)	Achievement Motivation Questionnaire(Elliot & McGregor, 2007)		×	×		×	
O(self concept)	Implicit Theories of Intelligence Scale(Dweck, 1999)		×	×	×		
O(self perception)	Self-Perception Profile(Harter 1985b, 1986)		×	×			
A	Standardized achievement test scores(GPA, ACT, SAT, GRE as applicable)	×	×	×	×	×	
A	학업, 비학업영상	×			×		×
O	영재성에 대한 교사의 관점				×		

우리는 영재성에 있어서 창의성과 실천적 지능의 중요성이 증가할 것이고, 반면에 분석적 지능은 계속 유지는 되지만 다른 두 지능에 비해서 그 상대적 유용성이 떨어질 것이라고 가정하였다. 결과를 보면 (a) 분석적, 실용적, 창의성 능력은 아주 어린 시기(유치원~초등 수준)에는 구분하기 어렵다. 그러나 (b) 중등학생의 경우는 잘 구분되고, 5~8학년까지를 보면 우리의 가설처럼 분석적 지능의 중요도가 상대적으로 낮아지는 것을 볼 수가 있었다. (c) 고등학교 수준에서는 창의적 능력이 중요해지는 것을 볼 수 있었다. (d) 그러나 대학교 수준에서는 3종류의 지능이 모두 영재와 일반 학생들과의 차이를 나타냈다.

결국 창의성과 실천적 지능의 중요도가 인생 전반에 있어서 증가할 것이라는 우리의 가설은 일부 확인되었지만, 발달상에 있어 더 많은 연구가 필요하다는 것도 알게 되었다.

우리는 또 자신의 방법대로 하려는 욕구, 즉 창의성과 관련이 있는 입법적 사고의 중요도가 창의적 영재성의 중요도와 더불어 나이가 들어가면서 증가할 것이라는 가설을 세웠었다.

우리는 지시를 받고자 하는 욕구, 즉 행정적 사고는 기억 학습과 연관이 있고 나이가 들어가면서 감소할 것이라고 생각했다. 이러한 가설에 대해 우리는 5~8학년 학생들을 추적 연구한 결과 입법적 사고의 중요도는 행정적 사고에 비해 나이가 들어감에 따라 증가한다는 사실을 확인하였다.

지혜

영재는 위에 언급한 모든 능력이나 성품을 가지고 있어도 궁극적으로 무엇인가 한 가지 모자란다고 느껴지는 것이 있을 수 있다. 이것은 아마도 가장 중요하고, 가장 희귀한 특성, 곧 지혜일 것이다(Baltes & Staudinger, 2000). 여기서 말하는 지혜란 균형 잡힌 지혜의 개념으로(Sternberg, 1998) 성공적 지능, 창의성, 지식을 의미하며, 긍정적인 윤리적 가치에 따라 (a) 공공의 선을 위해, (b) 개인의 영리, 집단의 영리, 조직 내 영리를 적절하고 균형 있게 배분하고, (c) 단기적, 장기적으로 생각할 줄 알며, (d) 환경에 적응, 조성, 선택할 줄 아는 능력을 뜻한다. 결국 지혜란 넓게 봐서 자신의 지능, 창의성, 지식을 공공의 이익을 위해 활용하기로 결정하는 것이다.

지혜로운 사람은 자신의 이익만을 바라보지는 않지만, 그렇다고 그것을 무시하지도 않는다. 오히려 그들은 자신이 속한 조직과, 타인과 자신의 이익을 균형 있게 챙긴다. 그들은 또한 자신이 속한 집단과 타집단과의 개념이 뚜렷하게 구분되어 있다. 단기적으로 이익이 날 것 같은 일이 항상 장기적으로도 이어지지는 않는다는 것도 잘 인식하고 있다. 지혜로운 영재는 모든 것이 균형을 잘 잡는 데에 있다는 것을 안다.

능력 있는 리더가 성공적이지 못한 경우를 보면 한 가지 이상 간과한 것을 볼 수 있다. 예를 들어 리처드 닉슨과 빌 클린턴은 본인의 과오를 덮으려고 할 때 그들이 속해 있는 국가나 본인의 이익을 충족시키지 못했다. 결국 은폐시도는 원하던 결과와는 반대로 스캔들을 키우고 말았다. 프로이트는 심리학과 정신의학에 큰 업적을 남겼지만, 모든 제자에게 그의 정신 분석 체계를 그대로 답습하라고 주장하여 결국 능력 있는 많은 지지자를 잃게 되었다. 그는 이론상에서는 대인 관계에 관하여 전문가였으나 자신의 삶에는 이 능력을 적용하지 못하였다. 나폴레옹은 진정 그의 조국을 위하는 일을 깨닫지 못하여 러시아를 침략하였고, 성공적인 군인이라는 명예를 잃은 채 결국 사향길로 접어들게 되었다.

영재는 다양한 방면으로 지식이나 창의성을 발현한다. 그렇다고 이들이 다 지혜롭다고 할 수는 없을 것이다. 아마도 지혜로운 영재는 그렇게 많지는 않을 것이다. 그러나 넬슨 만델라, 마틴 루터 킹, 마하트마 간디, 윈스턴 처칠, 마더 테레사와 같은 지혜로운 영재는 많은 사람들과 역사에 분명한 업적을 남겼다. 지혜로운 사람들, 특히 지혜로운 리더들은 대체로 카리스마가 있다. 물론 모든 카리스마 있는 리더가 다 지혜로운 건 아니다. 그 예로 히틀러, 스탈린과 같은 카리스마 있는 리더들을 우리는 기억하고 있다.

지혜에 대한 자료는 Paul Baltes와 동료들에 의해 많이 수집됐다. 그들은(Baltes, smith, & Staudinger, 1992; Baltes & Staudinger, 1993) 지혜와 영재 수행에 대한 자료를 많이 축적했다. 그 예로 Staudinger, Lopez, Baltes(1997)은 지능과 성격은 교차점이 많은 것에 비해 지혜와는 구별된다는 점을, 또(1992) 서비스 업종에 있는 전문가들이 통제집단보다 지혜 관련 과제를 더 잘해낸다는 것을 보여줬다. 이들은 통제집단보다 삶에 대해 더 문맥상으로 사고하였다. 그들은 또 리더의 위치에 있고 지혜로운 행동으로 추천받은 사람들은 지혜 관련 과제에서 임상 심리학자들과 유사한 수준임을 보여줬다. 또한 80세까지는 젊은 성인들과 비슷할 정도로 잘 수행했다. 이러한 결과는 지혜로운 리더십이란 앞서간 리더의 사고를 그 다음 세대에 강요하는 것이 아니라 생각의 교류를 성취하는 것임을 보여준다.

통합

20세기 가장 뛰어난 영재 중 한 사람은 넬슨 만델라이다. 그는 억압된 인종차별주의 나라였던 남아프리카를 민주주의의 대표적 모델로 탈바꿈시켜 놨다. 물론 남아프리카가 아무 문제가 없는 나라가 된 것은 아니다. 그러나 로버트 무가비가 짐바브웨에서 어떻게 실패했는가를 보면 한 사람의 리더가 경제적, 정치적, 도덕적으로 얼마나 나쁜 영향을 행할 수 있었는지 알 수 있다.

무엇이 만델라를 그렇게 성공할 수 있게 한 것일까? 그는 남아프리카가 대다수 시민의 기본적인 인권을 억압하던 나라에서, 모든 사람들, 억압하던 사람들의 인권까지도 존중하는 사회로 탈바꿈하는 비젼을 가질 수 있는 창의력을 지니고 있었던 것이다. 그는 자신의 계획을 수립하고 수정하고 평가할 수 있는 분석적 지능을 가지고 있었다. 그는 자신의 계획을 성공적으로 수행할 수 있도록 많은 사람들을 설득하고, 장애를 극복할 수 있는 실천적 지능을 가지고 있었다. 이것은 분명 쉽지 않은 일이었다. 특히 대다수 백인의 대이동을 막고, 흑인들에게 복수 대신 화해가 민주주의로 가는 성공적인 열쇠라는 것을 인식시키기에는 큰 어려움이 있었다. 그는 또한 자신이 감옥에 있을 때 가해진 그 많던 부당하고 인권 유린적인 학대를 놓아버리는 지혜도 있었던 것이다.

영재의 리더십에는 WICS의 모든 요소가 필요하다. 창의성이 없으면 진정한 리더가 될 수 없다. 리더는 항상 새로운 과제와 상황에 직면한다. 그들이 이 모든 장애에 부딪혔을 때 효율적으로 대처하지 못하면 실패할 것이다. 무가비는 새로운 비전을 창조해내지 못하고 스탈린과 같은 다른 독재자를 모방해서 집단 간 불화를 조장하고 나라의 전반적인 하락을 초래하였다. 높은 수준의 지능 없이는 좋은 리더가 될 수 없다. 어떤 리더라도 창의적인 아이디어는 있을 수 있지만 그 아이디어는 오류가 있거나 실행할 수 없는 경우가 있다. 리더는 좋은 아이디어와 나쁜 아이디어를 구별하고, 사람들이 자신을 따르게 할 수 있는 능력이 있어야 한다. 그리고 지혜가 없으면 자신의 소수의 측근만을 위하는, 소위 무가비나 사담 후세인과 같은 경우를 초래하게 된다. 결국 훌륭한 리더는 WICS가 요구되는 것이다.

영재를 구성하는 모든 요소들—내적인 요소와 외적인 요소—을 다 다룰 수 있는 모델은 아마도 없을 것이다. 그러나 중요한 요소들을 반영하는 것에는 WICS 모델이 가장 근접하게 접근했다고 볼 수 있을 것이다. WICS 모델에서는 영재를 이상적으로 지혜, 지능, 창의성을 통합하려는 사람으로 정의하고 있다. 훌륭한 리더십은 이처럼 통합하는 능력을 필요로 한다.

훌륭한 리더는 좋은 아이디어를 내기 위해서 특별한 창의적 기술과 성품이 있어야 한다. 또한 좋은 아이디어인지 아닌지를 걸러낼 수 있는 학문적 능력도 있어야 하며, 그 아이디어가 가치 있다는 것을 설득할 수 있는 실용적 기술도 필요하고, 그 아이디어가 모두의 이익을 위해 좋은 것이라는 것을 판단할 수 있는 지혜도 필요하다. 창의력이 결여된 리더는 새롭거나 어려운 환경에 처하게 되면 기능을 하지 못하게 된다. 학문적 지능이 낮은 리더는 그 아이디어가 실현 가능한지 아닌지 판단을 못한다. 실천적 지능이 낮은 리더는 아이디어를 효율적으로 실행하지 못할 것이다. 지혜롭지 못한 리더는 선하지 않은 방향으로 군중을 이끌어 갈 수 있다.

우리는 WICS를 어른만을 위한 모델로 생각할 수 있다. 그러나 그것은 잘못된 인식이다. WICS 모델은 유년기의 영재성을 보는 인식을 넓혀야 한다고 제시한다. 영재성이란 단지 능력을 알아보는 검사의 점수가 아니다. 우리가 사는 세상에서 분명한 것은, **훌륭한** 리더—즉, 긍정적이고 의미 있고 지속 가능한 변화를 세상에 줄 수 있는 사람 는 단지 **좋은** 성직을 받거나 좋은 대학에 들어가서 많은 돈을 버는 그런 사람이 아니라는 것이다. 미국은 매우 개인적인 가치가 강한 나라이므로 자기의 이익에만 관심을 두는 세대를 길러낼 위험이 도사리고 있다. 우리는 리더가 필요하고 WICS는 이러한 요구를 충족해 줄 수 있는 모델로서, 새로운 리더십을 길러내는 데 잘 활용될 수 있을 것이다.

제4장

지능과 영재성

지금까지는 WICS 모델 관점에서 지능에 대해 논하였다. 이번 장에서는 지능에 대한 다양한 관점과 이론들에 대해 더 자세히 보도록 한다. 지능이란 무엇이며 또 무엇을 예측하는가? 본 장에서는 지능의 속성과 지능이 영재성과 어떤 관련이 있는지 알아보도록 한다. 지능이란 영재를 선발할 때뿐만 아니라 학교에서나 인생에서의 성취와도 관련이 있어서 중요하다(Barnett, Rindermann, Williams, & Ceci, in press; Deary & Batty, in press; Mayer, in press). 또한 지능이 단지 잠재력으로만 남아 있을 것인지, 활용 가능한 전문적인 능력으로 개발될 것인지를 가늠해볼 수 있게 한다(Ackerman, in press). 본 장은 몇 개의 주제로 나누어져 있다. 첫 번째는 사람들이 지능을 어떻게 생각하는가를 다루었다. 이것을 암묵적 지능 이론이라고도 한다. 두 번째는 지능검사에 대해 고찰해보았다. 세 번째는 지능을 이해하기 위한 접근 방법들을 소개한다. 네 번째는 지능이 어떻게 향상될 수 있는지 알아본다. 그리고 마지막으로 간략하게 맺어보도록 한다. 본 장에서는 인공지능, 컴퓨터 시뮬레이션, 뇌신경회로는 다루지 않는다. 더 많은 자료는 Sternberg(2000b)와 Sternberg & Kaufman(in press)에 나와 있다. 지능 이론의 역사에 대한 좋은 자료는 Mackintosh(in press)에 나와 있다.

암묵적 지능 이론

사람들은 지능을 무엇이라고 뭐라고 생각하는가? 이 질문을 1921년, **교육심리학저** **널**(*Journal of Educational Psychology*) 편집위원들이 14인의 유명한 심리학자들에게 물어봤을 때, 대답은 다양했으나 크게 2개의 주제가 있는 것을 알 수 있었다. 지능이란 경험으로부터 학습할 수 있는 능력과 주위 환경에 적응할 수 있는 능력으로 보는 것이다. 65년 후에 Sternberg와 Detterman(1986)이 지능연구 전문가 24인과 인지 심리학자들에게 같은 질문을 하였다. 그들도 경험에서의 학습과 환경 적응을 강조했다. 그 학자들은 또한 지능의 정의에 대한 범위를 한층 넓혀서 초인지─사람들이 자신의 사고과정을 이해하고 조절하는 과정─에 대해서도 강조했다. 현대 학자들은 또 문화의 역할에 대해서도 강조한다. 즉, 한 문화 환경에서 똑똑하다는 것이 다른 문화권에서는 멍청하다고 평가받을 수도 있다는 점을 지적하는 것이다 (Ang & Van Dyne, in press; Serpell, 2000).

결국 지능이란 경험으로부터 학습하고, 초인지 과정을 활용하여 학습을 강화하며, 서로 다른 사회문화적 환경에 적절하게 적응할 수 있는 능력이다. 지능이 뛰어난 사람들은 이런 요인들이 특출하다고 볼 수 있을 것이다.

옥스포드 영어사전에서 보면 **지능**이라는 단어는 약 12세기경에 추가된 것으로 나온다. 오늘날 무수히 많은 사전에서 지능이라는 단어를 찾아볼 수 있지만 우리는 지능 고유의 암묵적 개념으로 '똑똑하다', '영재다'와 같은 개념을 가지고 있기도 하다. 결국 지능에 대한 암묵적 이론을 소유하고 있는 것이다. 우리는 이러한 암묵적 이론을 사람들을 만날 때, 아는 사람을 묘사할 때와 같이 다양한 사회적 상황에 적용하면서 살아간다. 또한 지능이란 단어가 여러 상황에서 다르게 쓰일 수도 있다는 것을 안다. 뛰어난 영업사원은 뛰어난 신경외과 의사나 뛰어난 회계사와는 다른 능력을 보일 것이며, 안무가나 작곡가, 운동선수나 조각가와도 다른 능력의 소유자들이다. 우리는 흔히 우리가 가지고 있는 암묵적, 정의된 지능 이론으로 판단을 하곤 한다. 자동차 정비공은 고장난 부위를 찾아서 고칠 수 있을 만큼 똑똑한가? 담당 의사는 나의 건강을 지켜줄 수 있을 정도의 능력이 있는가? 서구의 지능이론을 다른 문화권에서는 동의하지 않는 경우도 있다(Sternberg & Kaufman, 1998). 예를 들면 서구에서는 생각의 속도를 중요시한다(Sternberg et al., 1981). 그러나 또 그 문화권에서는 너무 빨리 진행하는 과제에 대해 질적으로 의심을 품기도 한다. 그 문화권에서는 속도보다는 깊이를 더 강조하기 때문이다.

또한 서구에서는 주요 학자들이 문제 해결의 깊이뿐만 아니라 전 요인적 중요성에 대해 지적하기도 한다(Craik & Lockhart, 1972). 미국 내에서도 많은 사람들이 지능의 인지적인 요소뿐만 아니라 정서적인 요소에 대해 중요하게 생각하기 시작했다. Mayor, Salovey와 Caruso(2000, p. 396)는 정서지능을 '정서를 알고 표현하는 능력, 생각에 정서를 동화할 수 있는 능력, 정서를 이해하고 사고할 줄 알며 자신과 남의 정서를 조절할 수 있는 능력'이라고 정의했다. 정서지능의 존재 여부에 대한 증거가 많이 나오고 있으며(Ciarrochi, Forgas, & Mayer, 2001; Mayer & Salovey, 1997; Mayer, Salovery, & Caruso, 2000; Salovey & Sluyter, 1997) 다른 관점의 결과도 물론 있다(Davies, Stankov, & Roberts, 1998). 이와 관련된 개념으로 사회적 지능이 있는데 이는 다른 사람들을 이해하고 상호작용할 수 있는 능력을 뜻한다(Kihlstrom & Cantor, 2000). 연구 결과를 보면 성격적인 요인도 지능과 관계가 있는 것으로 나타난다(Ackerman, 1996).

지능에 대한 명시적인 정의는 측정과 밀접한 관계를 가지고 있는 것으로 나타난다. 심지어 Edwin Boring(1923) 시대의 몇몇 학자들은 '지능이란 지능검사가 측정하는 모든 것'이라고까지 정의 내렸었다. 그러나 이 정의는 순환적이고 각각 다른 검사 도구가 측정하는 능력이 다르므로(Daniel, 1997, 2000; Embretson & McCollam, 2000; Kaufman, 2000; Kaufman & Lichtenberger, 1998), 모든 지능검사가 똑같은 것을 측정하는 것처럼 전제하여 지능을 정의하는 것은 바람직하지 않다. 그 정도는 아니지만 대부분의 인지 심리학자들이 다양한 측정결과를 통해 지능을 이해하려고 했던 역사는 실로 길게 이어서 내려오고 있다(Brody, 2000).

지능검사

역사

당대의 지능 측정은 두 가지 주류를 거슬러 올라가 볼 수 있다. 한 주류는 낮은 단계, 즉 정신 물리적인 능력(감각적 예민함, 신체적 강함, 운동 조절 능력 등)이고,

다른 한쪽은 높은 단계, 즉 판단능력(전통적 사고능력)으로 볼 수 있다.

　　Francis Galton(1822~1911)은 지능이 정신 물리적인 능력의 작용이라고 생각하고 여러 해 동안 방문자들이 스스로 여러 가지 정신 물리적인 기능을 측정할 수 있도록 잘 정비된 실험실을 두었었다. 여기서는 넓은 범위의 정신 물리적인 기능들과 감각의 민감성을 측정할 수 있었는데, 예를 들면 무게 판별, 음의 민감성과 신체적 강인함 등과 같은 것이었다. Galton을 따르던 무리 중에서도 열렬한 지지자였던 Wissler(1901)는 이 여러 가지 측정 결과들을 연결해서 지능을 정의해보고자 했다. 그러나 실망스럽게도 어떠한 일체화된 연관성도 찾지 못했다. 이에 더해 정신 물리적인 측정 결과는 대학 성적과도 연관성이 없는 것으로 드러났다. 결국 정신 물리학적 접근은 사라졌다가 여러 해 후에 다시 나타나게 된다.

　　정신 물리학적 접근과 다른 접근은 Alfred Binet(1857~1911)에 의해 창시되었다. 그와 그의 동료였던 Theodore Simon 역시 지능을 측정하고자 하였는데, 그들의 목적은 훨씬 더 실질적인 것으로부터 출발했다. Binet은 일반 학습 환경에서 정상적인 아동과 특수 아동을 분별하는 방법을 의뢰받았던 것이다(Binet & Simon, 1916). Binet는 지능에 있어 정신 물리적인 민감성이나 강함보다는 판단력이 지능을 측정하는 데 열쇠가 될 것이라고 생각했다. Binet은 지적인 사고나 심리적 판단은 3가지 요소, 즉 방향성, 적응성, 비판적 능력을 내포한다고 생각했다. 방향성과 적응성은 현대 지능이론과도 일치하고, 비판적 능력은 현재 초인지 과정을 지능의 핵심으로 인정하는 추세에 비추어 볼 때 선견지명이라고 볼 수 있겠다. Binet는 지능을 인지능력과 다른 능력들의 복합체로서 수정 가능한 요인이라고 인지하고 있었던 것이다.

주요 지능 측정 도구

스탠퍼드대학의 교수인 Lewis Terman은 유럽에서의 Binet과 Simon의 연구를 가져다가 최초의 스탠퍼드－비네(Stanford-Binet) 지능검사를 만들었다(Roid, 2003; Terman & Merrill, 1937, 1973; Thorndike, Hagen, & Sattler, 1986). 가장 최신 버전(SB-V)은 5개의 하위 점수를 보여준다. 여러 해 동안 스탠퍼드－비네 검사는 지능검사 중 표준이었고 널리 사용되었으며 웩슬러(Wechsler) 검사와 어깨를 나란히 하고 있다(Wechsler, 1939, 2003).

웩슬러 검사는 원래 언어점수, 수행점수, 전체점수로 3개의 하위 점수가 있었다. 언어점수는 단어나 피검자가 두 가지 단어의 유사성을 말해야 하는 언어유사성으로 구성되어 있다. 수행점수는 빠진 부분을 알아내는 그림 완성, 순서가 섞여 있는 만화판을 순서대로 놓는 그림 정렬과 같은 과제로 구성되어 있다. 전체점수는 언어와 수행점수의 조합이다. 가장 최신판 웩슬러 아동지능검사(Wechsler Intelligence Scale For Children, WICS-IV)은 네 가지 점수로 구성되어 있다. 언어이해(VCI), 지각 이해(PRI), 처리 속도(PSI) 그리고 작업 기억(WMI)이나. 가상 최신의 웩슬러 성인지능검사(Wechsler Adult Intelligence Scale, WAIS-IV)도 WISC-IV와 같은 점수로 구성되어 있다.

Wechsler는 지능을 측정하는 노력에 주력했지만 지능이 검사 점수에 국한된다고는 생각하지 않았다. Wechsler는 지능이란 지능검사의 점수나 학교에서 배우는 것에 국한되는 것이 아니라, 사람들과 상호작용하고 일을 효율적으로 처리하는 것과 같이 우리 인생을 잘 경영해 나가는 것 그 자체라고 생각했다.

측정학적 접근으로 보는 지능

지능 구조에 관심 있는 심리학자들은 요인분석에 크게 의존하며 연구했다(Willis, Dumont, & Kaufman, in press). 요인분석이란 통계학적인 방법으로 구인을 분리해서(이 경우에는 지능) 개인 차이를 알아보는 방법이다. 여기서 나타나는 구인은 물론 어떤 질문을 하고 어떻게 평가하는지에 좌우될 수 있다. 요인분석은 상관관계 연구에 기초를 두고 있다. 두 검사의 상관관계가 높으면 그 검사들은 같은 것을 측정하고 있다고 보는 것이다. 지능 관련 연구에서 요인분석은 다음과 같은 과정을 거친다. (a) 많은 사람들에게 여러 가지 다른 능력을 측정하는 검사를 실시한다. (b) 그 검사 결과들 간의 상관관계를 알아본다. (c) 통계적인 방법으로 그 상관관계들이 비교적 적은 수의 요인들로 모여지도록 한다. 요인분석 방법을 쓰는 연구자들은 이런 과정에 대해 대체적으로 합의를 보고 있는데 Spearman, Thurstone, Guilford, Cattell, Vernon, Carroll과 같은 연구자는 지능 구조에 대한 이론이 다르게 나타났다.

Spearman : 'g' 이론

Charles Spearman은 요인분석의 창시자로 칭송받는다(Spearman, 1927). 요인분석 연구를 통해 Spearman은 지능에는 모든 정신적 능력에 영향을 미치고 있는 일반적 요인과 한 가지 정신능력에만 관여하는 특수요인이 있다고 결론 내렸다. Spearman은 특수 요인에는 한정된 적용 범위 때문에 크게 관심을 두지 않았다. Spearman은 'g'라고 명명한 일반요인이 지능을 이해하는 열쇠라고 생각하고 'g'가 '정신적 에너지'라고 생각했다. 많은 심리학자들은 아직도 Spearman의 'g'이론이 기본적으로 맞다고 생각하고 있다(Jensen, 1998; Sternberg & Grigorenko, 2002b). 'g' 이론은 학교나 직장에서의 수행을 5~40%까지 설명하기 때문에 매우 유용하다(Jensen, 1998). Spearman(1923)은 지능에 관한 인지이론을 제공해줬다. 그는 지능이란 경험에 대한 자극(자극 부호화), 관계에 대한 교육(관계추론), 상관관계에 대한 교육(학습적용)이 관련되어 있다고 제안했다. 그는 아마도 최초로 지능에 대해 인지 이론적 접근을 한 학자일 것이다.

Spearman의 이론을 받아들인다면 영재란 일반 지능이 뛰어난 사람이라고 정의 내릴 수 있을 것이다. 역사적으로 볼 때 이 간단한 정의는 가장 많이 쓰여진 정의이기도 하다. 사람들은 개별 지능검사를 받고 종합 지능지수를 받는다. 그 점수가 어느 수준을 넘으면 그는 영재라고 불려졌다. Lewis Terman(1925)의 영재 연구에서는 일반적으로 IQ 140을 한계점으로 봤다. 다른 연구들은 다른 한계점을 두었다.

어느 한 점수가 절대로 맞다고는 할 수 없다. 본 저자 중 한 사람은 최근에 영재를 선발하는 위원회의 자문으로 갔는데 거기서는 IQ 130을 한계점으로 썼다. 왜 130이냐는 질문에 그것은 학교가 정한 것이 아니고 검사 도구를 출판한 출판사에서 정한 것이라는 답변을 들었다. 한계점에 마술적인 변별능력이 있는 것은 아니다. 만일 Spearman의 모델을 활용해서 한계점을 정하고자 한다면 그 학교나 지역에서 몇 %의 학생들에게 영재교육을 제공할 수 있는지를 고려한 후에 한계점을 잡는 것이 바람직할 것이다.

Thurstone : 기본정신능력

Spearman과는 대조적으로 Louis Thurstone(1887-1955)는 핵심 지능요인이 하나가

아니라 7개라고 결론 내렸다(Thurstone, 1938). 그는 이것을 **기본정신능력**(Primary Mental Abilities)이라고 불렀다. **언어 이해** : 단어 검사로 측정, **언어 유창성** : 주어진 시간에 많은 단어 생각해내기, **귀납적 추리** : 유추나 숫자 완성 검사로 측정, **공간 시각화** : 도형 변형으로 측정, **수 개념** : 계산, 수학 문제 풀기로 측정, **기억** : 그림이나 단어 기억하기, **지각 속도** : 그림의 작은 차이 알아내기 및 글씨 속에서 주어진 철자 찾아내기 등과 같이 정의하였다.

영재를 선별할 때 Thurstone의 모델은 Spearman의 모델을 썼을 때와는 매우 다른 양상을 보인다. 이번에는 정도가 각기 다른 여러 개의 정보를 어떻게든 조합해서 결정을 내려야 한다. 예를 들면 많은 지역에서는 영재를 선발할 때 언어 이해력에 시각적 속도보다 더 비중을 둔다는 사실 등이다.

Thurstone의 모델이 활용될 수 있는 방법에는 몇 가지가 있다. 하나는 여러 다른 요인들의 결과를 동등하게 합하여 종합 IQ 점수와 같은 결과로 한계점에 적용하는 것이다. 또는 각 요인들의 비중에 차이를 두고 계산하는 방법이나, 다중 한계점을 두고 요인별로 최소한의 한계점을 제시하는 방법도 있다. 마지막은 혼합 모델로서 하나 또는 두 개의 요인에서는 높은 한계점이 있고, 나머지 요인들에서는 최소한의 한계점을 통과해야 하는 조건이 있을 수 있다.

Guilford : 지능 구조 이론

Spearman의 'g' 이론의 극단적인 반대편에 J.P.Guilford(1967, 1982, 1988)의 지능 구조 모델 이론이 있다. 이 모델에서는 150개의 요인이 존재한다. Guilford는 지능이 3개의 차원-조작, 내용, 산출로 이루어진 입방체 형태로 이해될 수 있다고 주장했다. 조작이란 단순 정신 작용들로서 기억이나 평가가 포함된다. 내용은 문제 상황에 나타나는 유형으로 의미론적이거나 시각적인 유형이 있을 수 있다. 산출물은 반응 형태를 나타내는 개념으로 단순한 단어부터 분류나 함축까지도 생각해 볼 수 있다. 여기서 Guilford 이론 역시 Spearman의 이론과 마찬가지로 인지적인 요소가 있는 것을 알 수 있다.

Guilford 이론은 결함이 있는 것으로 나타나 현재는 별로 인기가 없다(Horn & Knapp, 1973). 그러나 영재 선별에 활용되었던 적이 있으므로 적어도 그 의미에 대해서는 생각해볼 여지가 있겠다. 각 개인으로부터 150개의 다른 점수를 받아내는 것은 실용적이지 않다. 설사 그 많은 결과를 얻었다 할지라도 그 점수들의 타당도나 신뢰도가 높을 확률은 별로 없을 것이고, 변별력 또한 문제가 될 수 있다. 그렇다면 몇 개의 능력만을 선별해서 측정하는 방법으로 Thurstone 모델에서 검토했던 방법과 유사한 방향으로 나가야 할 것이다. 그럴 경우 모든 요인들을 다 검토했을 때와 차이가 있을 수도 있다는 단점을 간과할 수 없게 된다.

Cattel, Vernon과 Carroll : 위계 모형

사고의 요인들에 대해 더 간결하게 접근하는 방법으로 지능의 위계모형을 생각해 볼 수 있겠다. Raymond Cattell(1971)이 발전시킨 모델에서는 일반 지능이 2개의 큰 요인들−유동성 능력(추상적 사고에서의 속도와 정확도)과 결정적 능력(축적된 지식이나 어휘)으로 포함되어 있다. 이 두 개의 큰 요인 속에는 더 구체적인 요인들이 포함되어 있다. 유사한 관점을 Philip E. Vernon(1971)도 제안하였는데 그는 실용−기능적 요인과 언어−교육적 요인으로 구분하였다.

　최근에는 John B. Carroll(1993)이 1927∼1987년 사이에 수집한 460개가 넘는 데이터 집합군을 분석하여 지능의 위계적 모델을 제시했다. 그는 직업, 출생국 등이 다양한 130,000명 이상의 대상들로부터 데이터를 수집하여 3단계 이론을 제시했다. 첫 번째 단계는 구체적인 능력들(예 : 철자법, 사고 속도)이고, 두 번째 단계는 좀 더 넓은 범위의 능력들(예 : 유동적 지능, 결정적 지능)이 포함되어 있으며, 세 번째 단계는 하나의 일반적 지능(예 : Spearman의 'g'와 같음)이 있다고 보았다. Carroll은 유동적 지능, 결정적 지능과 함께 중간 단계인 두 번째 단계에 학습과 기억 과정, 시각적 지각, 청각적 지각, 아이디어 생성과 속도도 포함시키고 있다. Carroll이 완전히 새로운 지평을 개척한 것은 아니지만 요인분석과 관련된 연구 결과들을 잘 통합하여 자신의 모델에 무게를 실은 것은 사실이다.

　실제로 영재 선발에 있어서 위계형 모델들은 'g'이론 모델과 유사한 결론에 도달한다. 그 이유는 요인들이 위계적으로 구성되어 있어 개념적으로나 통계적으로 'g' 아래에 있기 때문이다. 사용되어지는 검사 도구는 다요인적인 요소가 더 있겠으나 결국은 IQ나 그와 유사한 점수로 선발에 영향을 줄 것이다.

심리측정학 모델의 적용

아마도 영재에 대해 가장 잘 알려진 심리측정학적 모델은 Lewis Terman의 연구일 것이다. 그는 인생여정을 조사한 종단 연구를 했다(Terman, 1925; Terman & Oden, 1959). 그 연구는 Terman 사후에도 이어졌다. 그는 영재 집단으로 캘리포니아주에 거주하고 있는 11세 이하 IQ 140 이상인 어린이들과 IQ 140보다 조금 낮은 11~14세 사이의 어린이들을 연구했다. 연구 대상 643명의 평균 IQ는 151이었다. 이 중 IQ가 140 이하인 아동은 22명밖에 없었다.

이 집단의 이후 성취는 어떤 기준으로 봐도 뛰어났다. 예를 들어 31명의 남성들은 후즈 후 인 아메리카(*Who's Who in America*)에 수록되었고, 무수히 많은 사업가와 다른 분야에 성공한 전문가들도 많았다. 그러나 성차별은 현저했다. 대부분의 여성들은 가정주부로 남았다. 모든 상관관계 연구에서와 마찬가지로 IQ가 성공의 원인이라고 단정 지을 수는 없다. IQ 이외의 다양한 요인이 작용했을 수도 있다. 그 중 가장 중요한 요인으로 가족의 사회 경제적 지위와 최종 학력을 꼽을 수 있을 것이다.

3장에서 논의된 바와 같이 오늘날에는 많은 심리학자들이 영재를 선발할 때 IQ뿐만 아니라 그 이외의 요인들도 고려하려고 한다. 지능이 영재성의 기본 조건이라고 생각하는 학자들조차도 IQ 이상의 요인들까지 보려고 하는 것이다.

지능의 인지적 접근

인지 이론가들은 사람들(혹은 다른 생명체들)(Zentall, 2000)이 세상에 대해 배우는 과정에 대해 관심을 가지고 있다. 인지 이론가들이 지능을 연구하는 방법은 그 복잡성의 정도에 따라 차이가 난다. 인지 이론가들을 보자면 Ted Nettelbeck, Arthur Jensen, Earl Hunt, Herbert Simon, 그리고 본서의 저자 중 한명인 Robert Sternberg가 있다. 이 학자들은 정보처리의 속도와 정확성이 지능에 있어 중요한 요인이라고 생각한다. 정보처리과정에 있어서의 속도와 정확도, 심지어 Hunt는 언어와 공간 능력, 그리고 주의력도 고려 대상으로 보고 있다.

검토 시간

Nettlebeck(e.g., 1987, in press; Nettelbeck & Lally, 1976; Nettelbeck & Rabbitt, 1992; Deary, 2000, 2002; Deary & Stough, 1996 참고)은 지능에 있어 속도와 관련된 요인을 언급했다. 그는 정보가 작업기억에 저장될 때 시각적 정보가 부호화되기까지 걸리는 시간에 무게를 두었다. 즉 반응 속도보다는 자극을 지각하고 작업기억에 저장하는 시간이 짧을수록 기억 과제에 대한 점수가 높다는 것을 발견한 것이다. Nettlebeck은 검토 시간에 대해 조작적 정의를 하였는데, 어떠한 자극을 보고 90%의 정확도로 반응할 수 있는 시간으로 정의하였다. Nettlebeck(1987)은 검토 시간이 짧을수록 지능검사에서 높은 점수와 상관관계가 높게 나왔고, 이것은 다른 유형의 참가자들에게 똑같이 나타났다고 보고했다. 다른 연구자들도 같은 연구 결과를 얻었다(Deary & Stough, 1996).

검토 시간에 대한 강조는 다른 기존 이론들과는 또 다른 관점을 선사한다. 영재는 어떤 장면을 보고 일반 사람보다 더 많은 정보를 획득할 수 있다는 것이다. 그러나 이러한 관점의 측정은 학교 관련 과제와는 동떨어져 있는 능력이므로 학교에서는 별로 쓰이지 않을 것이다.

반응 시간

Arthur Jensen(1979, 1998, 2002)은 또 다른 관점에서 정보처리 속도를 강조했다. 그는 지능이란 신경전도 속도로 이해될 수 있다고 주장한다. 즉 똑똑한 사람은 신경회로에서 정보를 더 빨리 전달한다는 것이다. Jensen이 이 개념을 처음 제안했을 때는 신경전도 속도를 직접 측정하는 방법이 없었다. 그래서 여러 답들 중에 한 가지 답을 선택하는 데 걸리는 반응 시간을 대리 속도로 측정하였다. 예를 들어 당신이 Jensen의 실험 대상이라고 가정해보자. 당신은 전등이 여러 개 부착된 선반 앞에 앉아서, 전등 중 하나에 불이 들어오면 그 전등 스위치를 최대한 빨리 눌러서 꺼야 하는 과제를 수행하게 된다. 그리고 실험자는 당신이 이 과제를 하는 데 걸리는 시간을 측정한다. Jensen(1982b)은 이 과제를 하는 데 IQ가 높은 참가자들이 IQ가 더 낮은 참가자들보다 더 반응 속도가 빠르다는 것을 발견했다. 어떤 연구에서는 전구에 빛이 들어오면 시작점에 있던 손가락이 움직이기 시작하는 시점도 IQ가 높은 집단이 더 빠른 것으로 드러났다. 이런 실험들을 바탕으로 Reed

와 Jensen(1991, 1993)은 중앙 신경전달 속도가 증가되는 것이라고 제안했는데 현재로써는 아직 증명된 것이 아니다.

다른 연구자들은 선택 반응 시간에 대한 연구 결과들에 대해 선택의 개수나 Jensen이 고안한 기계에서 시각적 검토를 요구하는 범위에 따라 다른 반응이 나타났을 수도 있다고 제안한다(Bors, MacLeod, & Forrin, 1993). 특히 Bors와 그의 동료들은 선택해야 하는 스위치의 개수와 시각 자극의 크기, 각도를 조작하는 것에 따라 IQ와 반응 시간의 상관관계가 줄어든 것을 발견했다. 결국 지능과 반응 시간과의 관계는 명확하지 않은 것으로 나타났다.

이러한 반응 시간에 대한 관점은 일반 사람들이 가지고 있는 '똑똑하다=빠르다'라는 개념과 유사하다. 이러한 생각은 지능검사에 제한 시간을 두고, 누구든지 문제를 빨리 풀지 못하면 그 사람의 지적능력과 관계없이 문제를 빨리 푸는 사람보다 못하다는 생각에 무게를 실어준다. 이런 확신은 생각의 속도뿐만 아니라 충동성도 보상을 해주는 위험이 뒤따른다. 또 한 가지 단점은 생각의 깊이가 무시될 수 있다는 것이다.

어휘 접근 속도와 동시 처리 속도

Jensen과 마찬가지로 Eart Hunt(1978)도 지능을 속도로 측정하는 것을 제안했다. 그러나 Hunt는 언어적 지능, 특히 어휘 속도―단어에 대한 정보를 장기 기억에서 회상해 내는 속도―에 관심이 있었다. 이 속도를 측정하기 위해 Hunt는 글자 맞추기 반응 시간 과제를 제안했다(Posner & Mitchall, 1967). 예를 들어 AA나 Aa 혹은 Ab와 같은 글자를 보고 그 글자들의 이름이 같은지(Aa가 Ab는 아님), 모습이 같은지(AA는 같고 Aa는 아님) 맞혀 보도록 하는 것이다. Hunt는 처음 과제, 즉 이름을 보는 과제와 모습을 보는 과제를 하는 데 걸리는 반응 시간의 차이에 관심을 두었다. 그는 모습을 보는 과제에는 관심이 없었고 글자의 이름을 구별하는 데 걸리는 반응 시간에 관심이 있었다. 그와 동료들은 언어적 능력이 낮은 학생들은 높은 학생들보다 어휘적 정보에 접근하는 시간이 더 오래 걸리는 것을 알아냈다.

Eart Hunt와 Marcy Lauswan(1982)는 지능의 일환으로 주의를 분산시키는 능력을 연구했다. 그 예로 수학 문제를 풀면서 동시에 어떤 음이 나오면 단추를 눌러야 하는 과제를 생각해 볼 수 있다. 일반적으로 두 가지 과제를 다 잘할 것이라 생각할 수 있을 것이다. Hunt와 Lanswan에 의하면 지능이 높은 사람들은 시간 분할을 더 잘한다. 결국 시간 처리 이론들은 지능의 차이를 정보 처리, 검토 시간, 선택적 반응 시간, 어휘 접근 시간 등에서 찾아보려고 했다. 이 결과들은 높은 지능은 여러 가지 정보 처리 능력, 즉 작업 기억, 장기 기억 등의 차이에서 오는 것으로 나타내고 있다.

　Hunt와 Lauswan의 관점은 영재성에 대한 흥미로운 시사점을 보여 준다. 즉 정보를 처리하는 능력뿐만 아니라 불필요한 정보는 무시하는 능력도 중요한 것이다. 사람들은 항상 정보의 홍수 속에서 지내지만 똑똑한 이들은 중요한 것과 중요하지 않은 것을 잘 가려낼 수 있는 것이다.

　이 문제는 보기보다 복잡한데, 어떤 정보가 장차 필요하게 될지 판단하기 어렵기 때문이다. 창의적인 사람들은 남들이 버리는 신호를 잘 포착한다. 그러므로 추후에 쓰일 정보를 가려내는 것이야말로 중요하다고 볼 수 있다.

　그렇다면 애초에 왜 입력, 회상, 반응 속도가 일반적으로 지능검사 점수와 관련이 있는 것일까? 정보 처리 속도가 빠른 사람이 더 학습을 많이 할까? 나이 든 사람의 연구에서 정보 처리 속도가 느려짐에 따라 처음 정보를 입력하고 회상하는 것과 장기 기억에 대해 알아보았다(Nettelbeck et al, 1996, Bor Forrin, 1995). 결과는 검토 시간과 지능은 학습과 별로 관련이 없을 수 있다는 것이었다. 특히 Nettelbeck 등은 초기 회상과 실제 장기적으로 학습되는 것에는 차이가 있다고 보았다. 초기 회상은 처리 속도와 관련이 있고(나이 든 사람은 더 못함), 새로운 정보를 오랫동안 기억하는 것은 처리 속도 이외의 — 연습 전략과 같은 — 인지 과정이 매개 효과를 한다는 것이다. 결국 정보 처리 속도는 초기 회상에 영향을 줄 수 있으나 속도는 장기적인 학습과는 별로 상관이 없다는 것이다. 빠른 정보 처리 속도는 수행을 보여주는 지능검사 결과에는 도움을 줄 수 있겠지만 실제 학습과 지능과는 관련성이 별로 없다. 그러므로 정보 처리 속도가 지능과 어떤 관계가 있는지 더 많은 연구가 수행되어야 할 것이다.

작업기억

연구를 하다보면 지능의 주요 부분이 작업기억이라는 것을 보여주는 연구들이 있다(Conway, Getz, Macnamara, & Engel, in press). Kyllonen(2002)과 Kyllonen,

Christal(1990)은 지능이란 작업기억이 조금 확장된 것이라는 주장도 했다. Daneman과 Carpenter(1983)는 사람들에게 여러 개의 문단을 읽게 하고, 다 읽은 후에 각 문단의 마지막 단어를 기억해보도록 했다. 이때의 기억력과 언어적 능력과의 상관관계가 높게 나타났다. Turner와 Engle(1989)는 또 다른 연구에서 단순 산수 문제 앞이나 뒤에 단어를 넣은 것을 풀어보게 했다. 예를 들면 'Does(3×5)− 6＝7?'과 같은 문제였다. 문제들을 풀고 나서 거기에 포함되었던 단어를 기억해 보도록 했을 때 기억한 단어의 수와 지능은 높은 상관관계가 있었다. 이러한 결과 들을 볼 때 작업기억에 정보를 저장하고 조작하는 능력은 지능에 있어서 중요한 요소로 보인다. 그러나 이것이 지능의 전부는 아닐 것이다.

요소 이론과 복합 문제 해결

지능에 대한 초기 연구에서 Sternberg(1977)는 비유, 수열 문제, 3단 논법 등 복잡 한 인지 과제를 통해 정보처리과정을 알아보았다(Sternberg, 1977, 1983, 1985a). 이 연구의 목적은 왜 어떤 사람들은 남들보다 더 정보처리를 지능적으로 잘하는 지 알아보기 위함이었다. 그래서 일반 지능검사에서 쓰는 과제를 가지고 지능 요 소를 추출하여, 이런 과제를 수행할 때 사용되는 정신적 과정을 보는 것이다. 그 이후 다른 학자들도 유사한 방법을 활용하고 있다(Lohman, 2000).

　구성 요소 분석은 문제를 해결하는 사람들의 반응 시간과 오답률을 분석 가능 하다. 이런 분석을 통하여 사람들이 비유나 다른 유사한 과제를 해결할 때 몇 개 의 과정을 거치는 것을 알 수 있었다. 그 과정은 부호화 과정, 추론화 과정, 연결 과정과 새로운 상황에 적용하는 과정이다. 다음과 같은 비유를 보자. 변호사 : 의 뢰인 : 의사 : (a. 흰지, b. 약). 이 문제를 해결하기 위해 각 단어를 부호화해야 하 고, 변호사와 의뢰인의 관계를 추론하며, 처음 단어들의 관계와 다음 단어와의 유 사한 관계를 생각하고, 마지막으로 그 관계를 새로운 단어에 적용하는 것이다. 이 렇게 정보처리의 각 부분을 연구하는 것은 정신속도만을 보는 것보다 더 많은 정 보를 제공해준다.

　속도만을 보았을 때는 이러한 과정을 수행하는 속도가 다른 지능검사에서의 결 과와 상관관계가 높은 것을 보였다. 그러나 더 흥미로운 발견은 지능검사에서 높 은 점수를 보이는 사람들은 문제를 부호화하는 단계에서 시간을 할애하는 대신,

나머지 단계를 훨씬 더 빨리 수행해서 결국 지능이 상대적으로 낮은 사람들보다 빨리 문제를 해결한다는 것이다. 일반적으로 더 지적인 사람은 넓게 봐서 계획단계, 즉 부호화하고 문제 해결 전략을 세우는 데 더 시간을 할애하고, 세부사항을 마무리하는 데는 시간을 덜 쓰고 있다. 계획 단계에 오래 머물러 있으면 문제 해결 결과가 맞을 확률이 높아지는 이점이 있다. 그러므로 똑똑한 사람은 그것이 이로울 경우 시간을 더 오래 끌 수도 있다. 예를 들어 우수 학생은 리포트를 쓸 때 계획과 자료 찾는 데 시간을 더 오래 잡는 대신 실제로 쓰는 시간이 짧게 걸린다. 이러한 시간 활용 경향성은 다른 분야에도 적용된다(물리 문제 풀기 : Larkin et al., 1980; Sternberg, 1979, 1985a). 결국 더 지능이 높은 사람은 문제를 부호화 하고 계획을 세우는 데 시간을 더 투자한다는 것이다. 지능은 인지적인 과제를 해결하는 데 시간이 얼마나 드는가보다는 시간을 어떻게 분배하는가가 더 중요할 수 있다는 것을 보여준다.

　비슷한 맥락으로 Simon은 사람들이 복잡한 문제 해결 과제(체스나 논리적 유도)를 할 때의 정보처리과정을 연구했다(Newell & Simon, 1972; Simon, 1976). 쉽고 간단한 문제는 수학이나 기하학 과정을 보고, 바탕이 되는 원리를 생각해서 그 다음 숫자나 도형을 생각해 내게 된다. 예를 들면, 더 복잡한 과제는 문제 해결 과제(물통 문제 : Estes, 1982)를 포함하고 있다. 이런 문제는 지능검사에 나오는 문항과 유사하다.

　Lohman과 Lakin(in press)은 지식과 추론이 지능검사와 상관관계가 높다는 것을 발견했다. 이것은 지능검사가 추론 능력에 많이 의존하고 있기 때문이다. 또한 지식, 특히 추론적 사고가 이러한 상관관계에 중요한 역할을 하는 것을 알 수 있다.

지능의 생물학적 접근

사람의 지능은 머리에서 시작되지만 초기 지능이나 다른 심리적 과정으로 생물학적인 근거를 찾는 데는 실패했다. 그러나 뇌 연구를 하기 위한 기구들이 발전함에 따라 지능의 생리학적인 근거를 찾아보는 것이 가능해지고 있다. 어떤 연구자들(Matarazzo, 1992)은 현 세대에서 지능을 임상적으로 보여주는 데 유용하게 쓰일 수 있는 심리생리학적인 지표가 나올 거라는 신념을 가지고 있다. 현재로서는 생물학적 연구의 대부분이 상관관계로 주를 이루고 있다. 앞으로는 뇌의 특정 부위와 지적 행동의 연관성을 보여주는 연구 등 많은 가능성이 열려있다.

뇌의 크기

뇌의 크기와 지능의 관계를 보는 연구가 있다(Jerison, 2000; Vernon et al., 2000 참고). 인간의 경우 작지만 유의미하게 뇌 크기와 지능 간에 관계가 있는 것으로 나타난다. 그러나 이러한 관계를 어떻게 해석할 것인가는 아직 미지수이다. 그리고 뇌의 크기보다 더 중요한 것은 뇌를 어떻게 사용하는가 하는 문제일 것이다. 평균적으로 남성이 여성보다 뇌의 크기가 크지만, 반면에 여성은 뇌간을 통한 뇌의 좌우반구의 연결이 더 잘 되어 있다. 그러므로 어느 성별이 더 유리한지는 결론 내릴 수가 없을 것이다. 뇌의 크기와 지능의 관계는 종에 따라 다르다(Jerison, 2000). 오히려 그 생물체의 몸의 크기 대비 뇌의 크기와 지능이 관계가 있는 것으로 보인다.

뇌전도 속도

특정 자극에 의해 유발되는 뇌에서의 복잡한 전기적 활동은 IQ 검사와 관계가 있는 것으로 나타난다(Barret & Eysenk, 1992). 여러 연구들(McGarry-Rpberts, Stelmack, & Campbell, 1992; Vernon & Mori, 1992)은 초기에 신경 자극들의 전도 속도가 IQ검사로 측정된 지능과 관계 깊다고 생각했으나, 후기의 연구에서는 (Wickett & Vernon, 1994) 이러한 연관성을 찾지 못했다. 놀랍게도 신경 전달 속도와 IQ의 관계는 여성보다 남성에게서 더 현저하게 나타나 성차가 결과의 차이에 영향을 미쳤을 가능성이 있다고 보여졌다(Wickett & Vernon, 1994). 결국 남성과 여성에 대한 연구가 더 요구되는 바이다.

PET와 FMRI

뇌 연구를 다른 방법으로 연구했을 때 신경효율성이 지능과 관계가 있는 것으로 나타났는데 이는 뇌가 포도당을 대사시킨다는 연구들의 결과이다. Richard Haier와 동료들(Haier et al., 1992)은 지능이 높은 사람들은 문제 해결 과제 시 포도당 대사를 덜 한다고, 다시 말해 똑똑한 뇌는 덜 똑똑한 뇌보다 같은 일을 할 때 포도당(쉽게 말해서 노력)을 덜 소비한다고 했다. 또한 시공간적 조작을 요하는(예 : 컴퓨터 게임 테트리스) 비교적 복잡한 과제에서도 학습을 한 결과 대뇌 효율성이 증가한다는 것을 발견했다. 높은 지능의 소유자는 연습을 통해서 대뇌 포도당 대사가 낮아지는 것뿐만 아니라 뇌의 특정 부위에서 더 높은 포도당 대사가 나타난다. 이러한 결과를 통해 지능이 높은 사람들은 뇌를 더 효율적으로 집중해서 활용하고 있다는 것을 알 수 있다.

최근의 연구 중에는 포도당 대사와 지능의 관계가 더 복잡할 수도 있다는 결과가 있다(Haier et al., 1995; Larson et al., 1995). Haier(1995) 연구진은 지능이 높지 않은 집단이 더 많은 포도당 대사를 보인다는 선행연구와 같은 결과를 얻은 반면, Larson 등(1995)의 연구에서는 지능이 높은 집단이 더 높은 대사량을 보인다는 결과를 얻었다.

선행 연구들의 문제 중 하나로 지적되는 것은 지능이 높은 집단과 낮은 집단에게 주는 과제의 난이도가 조절되지 않았다는 것이다. Larson 등의 연구는 지적 수준과 과제 난이도 수준을 맞추어서 실시되었고, 그 결과 지능 수준이 높은 집단이 포도당 대사량이 더 높다는 것을 발견했다. 더 구체적으로 보면 지능 수준이 높은 집단이 어려운 과제를 풀 때 우측반구가 가장 활성화되는 것을 볼 수 있었다. 이 현상은 곧 뇌 영역의 선택적 활용을 의미하는 것이다. 무엇이 이런 포도당 대사량의 증가를 촉진하는 것인가? 현재로서는 주요 요인이 과제의 난이도인 것 같다. 과제 난이도와 대상자의 능력을 맞추어볼 때 지능이 높은 집단은 과제를 해결하기 위해 필요시 포도당 대사량이 증가하는 것을 나타낸다. 이 영역에서 결론을 내리기 위해서는 더 많은 연구가 선행되어야 할 것이다.

신경심리학적 연구를 보면(Dempster, 1991) 지능검사 결과는 지능의 핵심적 부분, 즉 목표를 세우고, 계획을 하고, 실천하는 그러한 능력을 측정해내지는 못한다고 한다. 그 예로 전두엽에 상해를 입은 사람이 표준 지능검사에서는 꽤 높은 점수를 받는 것을 볼 수가 있다. 이것은 지능검사에서 구조화된 상황에서의 문제만 있고 목표나 계획 세우기와 같은 능력은 요구하지 않기 때문이다. 만일 지능이라는 것이 경험에서 배우고 환경에 적응하는 능력이라면, 목표를 세워서 그것을 실천하고 계획을 수립하는 능력을 무시해서는 안 될 것이다. 목표 세우기와 계획

수립하기와 같은 능력은 적절한 자극에 주의를 기울이고 필요 없는 자극은 무시할 수 있는 능력이 필수적이다.

진화론적 이론

어떤 학자들은 수세기 동안의 진화 과정을 통해 지능을 이해하려는 노력을 기울였다(Bjorklund & Kipp, 2002; Brasshaw, 2002; Byrne, 2002; Calvin, 2002; Corballis, 2002; Cosmides & Tooby, 2002; Flanagan, Hardcastle, & Nahmias, 2002; Grossman & Kaufman, 2002; Pinker, 1997). 이 관점에서는 지금의 우리가 가지고 있는 능력들에 대해, 우리 조상들이 생존을 위해 습득해야 했던 기술들이 진화된 것이라고 생각한다. 예를 들어 Cosmides와 Tooby(2002)에 의하면 우리는 특히 속임수를 알아차리는 데 민감한데, 이것은 예로부터 속임을 당한 사람들은 생존해서 자손을 남기지 못했기 때문이라고 한다. 진화론적 입장에서는 긴 시간 동안 일정한 능력이 지속되는 것을 강조한다. 그러나 진화과정에서 전두엽이 커지면서 지능의 발전이 신체적인 변화에서 오는 것인지 그 반대인지는 알기가 어려워진 실정이다.

지능의 맥락적 접근

맥락적 접근을 하는 이론가들에 의하면 지능이란 그 사회, 문화적 맥락 밖에서 이해될 수는 없다고 한다. 지능은 여러 수준에서 분석될 수 있다. 예를 들면 집이나 가족 환경과 같이 좁거나 문화와 같이 넓은 맥락에서 볼 수노 있다. 심지어 도시와 시골, 성인과 청소년의 비율, 사회경제적 지위와 같이 지역 사회 간의 차이도 지능검사의 차이와 관계 지어 분석되기도 했다(Coon, Carey & Fulker, 1992). 맥락주의 이론가들은 특히 문화적 맥락이 지능에 미치는 영향에 관심을 갖는다. 이들은 지능이 문화와 매우 얽혀 있다며 적응하는 능력이나 개인차를 설명하는 데 문화의 역할을 부각시킨다(Sternberg, 1985b). 그러면 이러한 맥락적인 관점을 유발한 자극에 무엇이 있는지 알아보도록 하자.

여러 다른 문화권에 있는 사람들은 '똑똑하다'는 것이 무엇을 지칭하는지 각기 다른 시각을 가지고 있을 것이다. 이와 관련하여 Michael Cole과 동료들의 흥미로운 연구가 있다(Cole et al., 1971). 이들은 서부 아프리카의 크펠레족 성인들에게 개념들을 분류하도록 하였다. 서양 문화에서는 성인들에게 분류하는 과제가 주어지면 일반적으로 조직화하는 것을 볼 수 있다. 예를 들어 물고기 종류를 분류하고 이것들을 포함한 상위 개념으로 물고기를 두고, 물고기와 새를 포함한 상위 개념으로 동물이라고 하는 식이다. 반면에 지능이 낮은 사람들은 기능적으로 분류한다. 예를 들어 '물고기'와 '먹다', '옷'과 '입다'라고 분류한다. 실험자들이 조직화를 유도했음에도 불구하고 크펠레족의 성인들은 기능적으로 분류했다. 이때 실험자 중 한 사람이 크펠레족에게 어리석은 사람이 분류하는 방식으로 해보라고 하니 즉시 조직화하는 방법으로 분류하는 것을 볼 수 있었다. 결국 크펠레족은 조직화 방법을 할 수 없었던 것이 아니라 그것은 어리석은 방법이라고 생각하여 하지 않았던 것이다. 그들은 아마도 이런 어리석은 방법을 물어보는 실험자들의 지능이 떨어진다고 생각했을지도 모른다.

크펠레족뿐만 아니라 다른 문화권의 사람들도 서양식의 지능 이해 방식에 의문을 가질 수 있을 것이다. 태평양 섬에 있는 플루왓(Puluwat) 문화에서는 뱃사공들이 현대 서구문명에서 사용하는 도구들을 전혀 사용하지 않으면서 매우 먼 거리를 항해하는 것을 볼 수 있다(Gladwin, 1970). 만일 플루왓 항해사들이 미국인을 위한 지능검사를 만든다면, 아마도 미국인들은 지능이 별로 높게 나오지 않을 것이다. 마찬가지로 매우 유능한 플루왓 항해사들은 미국이 만든 지능검사에서 좋은 점수를 낼 수 없을 것이다. 이러한 관찰 결과를 통해 여러 이론가들은 지능을 측정하는 데 있어서 문화의 중요성을 감지한 것이다.

그런데 문화적으로 공평한 검사를 만들기는 왜 그렇게 어려운 것일까? 서로 다른 문화권에 있는 사람들에게 지능이 높다는 것에 대한 개념이 다르다면, 한 문화권에서 똑똑하다고 생각되는 사람이 다른 문화권에서는 지능이 낮은 것으로 보여질 수도 있다. 예를 들어 지적 기민성에 대해 생각해보자. 미국에서는 '빠르다'라는 것과 지능과의 관계가 깊은 것으로 여겨진다. 누군가 '빠르다'고 하는 것은 그 사람이 똑똑하다는 것과 일맥상통하고, 많은 경우의 지능검사도 시간이 정해져 있다. 개별 지능검사 때도 반응시간을 기록하는 경우가 많다. 정보처리 이론가들이나 심리생리학 이론가들은 지능을 지적 속도의 작용으로 보고 있다.

그러나 또 다른 문화권에서는 더 똑똑한 사람들이 급하게 행동하지 않는다고 믿는다. 결혼 상대나 직장 또는 거주지를 결정하는 데 지능검사를 할 때와 같이 20~30초 정도만 할애한다고 해도 그를 똑똑하다고 보지는 않을 것이다. 완벽하게 문화적으로 공평한 지능검사가 존재하지 않는다는 것을 아는 지금, 지능을 이해하고 측정하는 데 있어서의 맥락을 어떻게 생각해야 할 것인가?

몇몇 학자들은 문화적으로 타당한 검사(즉 검사자의 문화권에서 타당한 지식, 경험, 기술 등을 알아보는 검사)가 가능하다고 제시한다(Baltes, Dittmann-Kohli, & Dixon, 1984; Jerkins, 1979; Keating, 1984). Baltes와 동료들은 일상생활의 실용적인 측면을 다루는 검사 도구를 구상했다. 문화적으로 타당한 검사를 제작하는 것은 창의성과 노력이 필요하지만 불가능한 것은 아니다. Daniel Wagner(1978)의 연구에서는 우리 문화권에서 지능의 한 요인으로 여겨지는 기억능력을 모로코 문화권과 비교해보았다. 그 결과 회상의 수준이 어떤 내용인가에 따라 달라진다는 것을 알아냈다. 즉 자신의 문화와 관련된 내용은 그렇지 않은 내용에 비해 더 효율적으로 기억한다는 것이다(예 : 서양 사람들에 비해 모로코 상인들은 지각적으로 흑백의 복잡한 양탄자 무늬를 더 잘 기억했다). 더 나아가 검사 문항이 문화적 차이를 고려하지 않았다면, 기억의 차이는 기존 지식 과 메타 기억의 영향이지, 실제 기억의 구조적 차이에서 오는 것은 아닐 것이라고 제안한다.

케냐의 학생들은 자연 치유 약초에 대한 지식이 상당한 것으로 조사됐다. 하지만 서양 학생들은 이러한 약초를 전혀 모를 것이다(Sternberg et al., 2001a; Sternberg & Grigorenko, 1997a). 결국 문화적으로 적절한 검사를 제작한다는 것은 단지 언어적 차이만을 고려해서는 안 되는 것이다. Stephen Ceci(Ceci & Roazzi, 1994)는 어른과 어린이들이 다양한 과제를 수행하는 것에 있어서 문화적인 영향이 있다는 것을 발견했다. Ceci는 사회적 맥락(예 : 남성적인지 여성적인지), 정신적 맥락(예 : 집을 구매한다거나 도둑질을 한다거나 하는 시공간적 과제), 그리고 신체적 맥락(예 : 바닷가든 실험실이든) 모두 수행에 영향을 준다고 한다. 예를 들어 14살 소년들은 케이크 만드는 상황에서는 문제를 잘 풀지 못했으나, 배터리를 충전하는 상황으로 문제를 구성했을 때는 잘 해결하는 것을 볼 수 있었다(Ceci & Bronfenbrenner, 1985). 브라질의 가정부들은 비율적인 사고를 할 때 시장 보는 상황에서의 문제는 잘 풀었지만, 의약용 약초를 구매하는 상황으로 제시된 문제는 잘 풀지 못했다(Schlimann & Magalhues, 1990). 빈곤으로 길에 내몰린 어린이들은 매매를 위해 수학적 계산을 하는 것은 전혀 문제없이 잘 해내지만 교실에서 유사한 계산을 해결하는 것에는 어려움을 겪는다(Carraher, Carraher, & Schliemann, 1985). 결국 어떤 맥락에서 그 문제가 제시되는가에 따라 수행결과가 달라질 수 있는 것이다.

지능의 체계적 접근

Gardner : 다중 지능

Howard Gardner(Davis, Christodoulou, Seider, & Gardner, in press; Gardner, 1983, 1993)는 지능이 단지 하나의 통합된 요인이 아닌, 여러 개의 지능으로 구성되어 있다는 이론을 제시했다. 지능을 구성하는 여러 개의 능력을 주장하는 것이 아니다(Thurstone, 1938). Gardner(1999a)는 비교적 독립적인 8개의 서로 다른 지능에 대해 주장하고 있다. 각 지능은 독립된 체계로 기능하지만 간혹 지적인 수행을 하기 위해 상호작용을 할 수도 있다. 어떤 측면에서 보면 Gardner의 이론이 요인분석적인 연구로 생각 될 수도 있을 것이다. 그러나 그는 각 능력을 별개의 지능으로 볼 뿐, 큰 전체의 일부분으로 보지는 않았다. 무엇보다 Gardner의 이론과 요인분석의 차이는 Gardner가 여덟 가지 지능을 선별하기 위해 내놓는 증거 과정이다. Gardner는 다양한 출처와 데이터를 가지고 수렴적 과정을 통해 각 지능을 추출하는 방법을 사용했다. Gardner가 제시하는 지능의 모델은 모듈이다. 현재도 그렇지만 미래에서도 지능 연구의 큰 부분은 뇌 영역과 특정 지능과의 연관성을 알아내는 것이 차지할 것이다. Gardner는 적어도 뇌의 지점 몇 군데를 추려내었는데, 아직 구체적인 증거를 확립할 필요는 있다. 또한 Nettelbeck과 Young(1996)은 Gardner 이론의 모듈성에 대해 의문을 제기하고 있다. 특히 자폐적 서번트(autistic savants) 현상을 모듈형의 증거로 제시하는 것에 한계가 있다고 했다. Nettelbeck과 Young에 의하면 좁은 서번트의 장기기억과 특정 적성은 진정한 지능이 아니라고 보았다. 결국 경직된 모듈 모형에 대해 검토가 더 필요하다는 것이다.

Sternberg : 성공 지능의 삼두 이론

Gardner는 지능의 개별성을 강조한 반면 Sternberg(2003d)는 성공 지능의 삼두 이론에서 함께 협조하는 경향에 대해 강조한다(Sternberg, 1985a, 1988b, 1966d, 1999c, 2005b). 삼두 이론에 의하면 지능은 3개의 측면으로 (a) 그 사람의 내적세계, (b) 경험, (c) 외적세계로 구성되어 있다.

지능의 내적세계와의 관계

이 부분은 정보처리와 관련된 것이며 세 가지 구성 요소로 이루어져 있다. (a) 메타요소 : 집행과정(예 : 메타 인지)로 문제 해결 시 계획, 모니터, 평가하는 과정, (b) 수행요소 : 하위 규제과정으로 명령받은 일을 수행하는 단계, (c) 지식 습득 요소 : 문제 해결하는 방법을 학습하는 단계로 구성되어 있다. 이 요소들은 매우 상호의존적이다.

지능과 경험의 관계

이 이론은 경험이 세 가지 요소와 어떻게 상호작용하는지에 대해 생각한다. 우리 각자는 모두 다양한 수준으로 다양한 종류의 경험을 한다. 그 경험이 익숙해질수록 많은 과제들이 자동적으로 수행될 수 있으며 노력을 점점 덜 해도 되게 된다. 반면에 새로운 과제는 지능 요구가 부과된다.

삼두 이론에 의하면 비교적 새로운 과제—외국 방문이나 새 과목을 학습한다거나 외국어의 습득과 같은—를 할 때는 지능에 더 많은 부화가 걸린다. 새로운 과제는 너무 많은 부화에 오히려 압도당할 수도 있다.

지능과 외적 세계와의 관계

삼두 이론에서는 지능의 다양한 구성 요소가 실제 경험에 적용되어지는 것이라고 주장한다. 구체적으로 실제 상황에서 세 가지 기능을 하는데, 그것은 기존 환경에 적응하는 것, 기존 환경을 조형해서 새로운 환경을 창조하는 것, 그리고 새로운 환경을 선택하는 것이라고 한다. 삼두 이론에서는 사람들이 그들의 지능을 매우 다양한 문제를 해결하는 데 활용할 수 있다. 예를 들어 어떤 사람은 추상적이고 학문적인 문제를 더 지적으로 해결하고, 어떤 사람은 구체적이고 실용적인 문제를 더 잘 해결하곤 한다. 이 이론은 지적인 사람이 꼭 모든 측면에서 뛰어나야 한다고 단정하지는 않는다. 그보다는 지적인 사람들이 그들의 강점과 약점을 깨달아서 강점은 살리고 약점을 보완할 수 있는 방법을 안다는 것을 의미한다.

진정한 지능

Perkins(1995)는 진정한 지능이라고 명명하는 이론을 제시했다. 그는 이 이론에서 전통적인 견해와 새로운 견해를 통합했다고 믿었다. Perkins에 의하면 지능에는 세 가지 기본적인 요소가 있는데 이것은 신경, 경험, 그리고 사유적인 요소이다. 신경 관련 지능에서 Perkins는 어떤 사람들의 뇌신경 체계는 다른 이들보다 기능을 더 잘하기도 한다고 믿었다. 그는 '더 세심하게 조율된 전압', 또는 '더 정교하게 적응된 화학적 촉매', 그리고 '뉴런의 미로 속에서 패턴이 더 잘 짜여진'(Perkins, 1995) 경우라고 피력한다. Perkins는 지능의 이러한 측면에 대해 대부분 유전적인 영향이 크고, 학습되는 것은 아니라고 믿었다. 이런 종류의 지능은 Cattell(1971)이 주장한 유동적 지능과 유사하다.

지능의 경험적 측면은 경험을 통해 학습한 것을 의미한다. 그것은 지능이 어떻게 조직되어 있는지를 보는 것으로 Cattell(1971)의 결정적 지능과 흡사하다. 지능의 사유적인 측면은 기억이나 문제 해결에 있어 전략의 역할을 의미하며, 메타 인지나 인지 추적과 유사하다(Brown & Deloache, 1978; Flavell, 1981).

진정한 지능과 관련하여 실험적인 연구가 발표된 것은 없으므로 현 시점에서는 이 이론을 평가하기가 어렵다. Gardner(1983)의 이론과 마찬가지로 Perkins의 이론은 문헌 조사에 기반을 두고 있으며, 먼저 언급되었듯이 이러한 문헌 연구는 선별적이고 해석에 있어 이견의 여지가 있다.

지능 향상시키기

인공 지능 이론가들이 지식을 자극하고 기술 습득을 위한 프로그램을 고안하는 데 큰 발전을 하였음에도 불구하고, 현존하는 프로그램은 인간의 두뇌의 지능 향상 능력을 따라가지 못하고 있다. 인간의 지능은 매우 순응성이 있어 다양한 중재에 의해 조형되거나 향상될 수 있다(Detterman & Sternberg, 1982; Grotzer & Perkins, 2000; Perkins & Grotzer, 1997; Stern-berg et al., 1996; Sternberg et al.,

1997; Ritchhart & Perkins, 2005 참고). 지능의 순응성은 지능의 유전적 성격과 전혀 상관이 없다(Sternberg, 1997a). 어떠한 특성, 예를 들면 키와 같은 특성은 부분적으로 유전에 영향을 받지만 동시에 환경적 영향도 받는다.

헤드 스타트(Head Start) 프로그램은 1960년대에 학령 전 어린이들에게 지적 능력을 향상시켜 주기 위해 시작되었다. 종단적 추적 연구 결과 청소년기에 이르러 이 프로그램에 참여한 학생들은 그렇지 않은 학생에 비해 한 학년 이상 앞서 있다는 것을 알 수 있었다(Lazar & Darlington, 1982; Zigler & Berman, 1983). 이 프로그램을 받은 학생들은 또한 다양한 학업 능력 검사에서도 더 높은 점수를 받았으며, 보충 학습이 덜 필요했고, 문제 행동도 덜 나타나는 것으로 조사되었다. 이 모든 것이 지능을 측정한 것은 아니지만 지능검사와도 강한 정적 상관관계를 나타내고 있다.

가정 밖에서 지적인 자극을 풍부하게 제공하는 것 못지않게 가정 내에서의 환경도 중요하다. 성공적인 프로젝트로 손꼽히는 것이 Abecedarian 프로젝트이며 이는 잘 계획되고 실천된 중개 프로그램으로 저소득층 어린이들의 인지 기술과 성취도가 향상된 것을 보여주었다(Ramey & Ramey, 2000). Bradley와 Caldwell(1984)도 유아들의 지능발달에 있어 가정환경의 중요성을 강조하는 연구 결과를 발표했다. 이들은 학령 전에 지능과 상관관계가 높은 환경적 요인들을 찾아냈는데 그것은 주 양육자가 정서적으로나 언어적으로 반응적일 때, 제한과 체벌이 없을 때, 놀이감을 적절하게 제공해줄 때, 그리고 매일매일 다양한 자극을 접할 수 있는 기회가 주어질 때 였다. 그러나 Bradley와 Caldwell의 연구는 상관관계를 나타내는 것일 뿐 인과관계를 보여주는 것은 아니다. 무엇보다도 이들의 연구는 학령 전 유아들을 대상으로 한 경우인데 아동의 IQ 점수는 4세 이후가 되어야 어른의 IQ 점수와 관계가 있는 것으로 나타난다는 점을 염두에 두어야 할 것이다. 무엇보다도 7세 이전의 IQ 점수는 매우 불안정하다(Bloom, 1964). 더 최근의 연구를 보면(Pianta & Egeland, 1994) 어머니의 사회적 지지와 상호적인 행동이 아동 연령 2세에서 8세까지의 지능 점수에 영향을 미친다고 한다. Bradley와 Caldwell의 데이터를 IQ에 인구학적 요인이 영향이 별로 없다는 것으로 받아들이면 안 될 것이다. 그와 반대로 우리는 역사 속에서 수많은 집단의 사람들이 사회에서 열등한 민족으로 취급당하는 것을 보아왔다(예 : 원주민, 유럽 출신 뉴질랜드인). 이런 민족들은 지능검사나 성취 검사에서 차이를 보였다(Steele, 1990; Zeinder, 1990). 다른 예로 Ogbu(1986)은 일본의 부라쿠민 무두장이가 1871년 해방은 되었지만 일본 사회에 완전히 수용되지 못한 사례를 들었다. 그들은 일본에서 낮은 지위와 낮은 수행을 보였지만 미국으로 이민 간 사람들은 미국 사회에서 다른 일본인들과 같은 대우를 받았고 미국 학교에서는 다른 일본인들과 같은 성취 수준을 보였다. 지구 반대쪽에서도 유사한 예를 들면 이스라엘에서는 유럽 쪽 유태인이 아랍 쪽 유태인보다 지능검사에서 월등히 높은 점수를 받았다. 그런데 모든 어린이들이 키브츠에서 공동 양육을 받은 경우에는 조상이나 출신 지역과 상관없는 결과를 보여줬다.

현재 환경의 중요성을 피력하는 연구가 많이 있는데(Ceci, Nightingale, & Baker, 1992; Reed, 1993; Sternberg & Wagner, 1994; Wagner, 2000), 동기(Collier, 1994; Sternberg & Ruzgis, 1994), 훈육(Feuerstein, 1980; Sternberg, 1987)도 지적인 발달에 매우 큰 영향을 미칠 수 있다. 그런 뜻에서 Herrnstein과 Murray(1994)의 저서 *The Bell Curve*에 나오는 중재 프로그램이 효과가 없다는 주장은 근거가 없다고 볼 수 있다. 또한 그들이 내세우는 민족의 인지적 유전 요인에서의 차이(Herrnstein & Murray, 1994)는 잘못된 관점이다. 유전적인 요소는 분명히 지적인 면에서의 개인차에 영향을 주지만(Loehlin, 2000; Loehlin, Horn, & Willerman, 1997; Plomin, 1997) 환경 또한 영향을 미치는 것은 확실하다(Grigorenko, 2000, 2002; Mandelman & Grigorenko, in press; Sternberg & Grigorenko, 1999a; Wahlsten & Gottlieb, 1997).

유전적인 유산에 상한선을 결정할 수는 있겠으나 어떠한 유전적인 특성에서도 반작용의 여지는 있다. 즉 어떠한 특성도 가능한 한계 내에서는 다양한 통로로 표현될 수 있다는 것이다. 그러므로 한 개인의 지능은 이러한 넓은 가능성의 범위 내에서는 얼마든지 개발될 수 있다(Grigorenko, 2000). 현재 어떤 인간이 자신의 지적인 상한선까지 능력을 개발했다고 생각할 수 있는 근거는 없다. 오히려 우리는 사람들이 더 지적으로 발달할 수 있도록 도움을 줄 수 있다는 증거는 확보한 상태이다(Mayer, 2000; Neisser et al., 1996).

지적장애 역시 유전적인 요인과 환경적인 요인이 기여한다고 볼 수 있다(Grigorenko, 2000; Sternberg & Grigorenko, 1997b). 어머니의 부적절한 영양 상태나 중독과 같이 태내에서의 환경이 영구적 장애를 초래할 수 있다(Grantham-McGregor, Ani, & Fernald, 2002; Mayes & Fahy, 2001; Olson, 1994). 지능에 부정적인 영향을 줄 수 있는 환경적인 요인으로는 낮은 사회·경제적 지위 (Ogbu & Stern, 2001; Seifer, 2001), 환경오염(Bellinger & Bundy, 2001), 가족 해체나 이혼(Fiese, 2001; Guidubaldi & Duckworth, 2001), 전염병(Alcock & Bundy, 2001), 높은 수치의 방사선 노출(Grigorenko, 2001), 불충분한 학업(Christian, Bachnan, & Morrison, 2001) 같은 것들이 있다. 이와 더불어 신체적 충격은 뇌를 손상시켜 지적 장애를 초래할 수도 있다.

한 가지 궁금한 점은 요즘 영재들이 많아지고 있는가 하는 것이다. Flynn(1987)은 20세기 동안 IQ 원점수가 평균 10년에 3점씩 높아진 것을 알아냈다. 그렇다면 시간이 지날수록 영재의 수가 늘어나는가 하는 의문을 가질 수 있을 것이다. IQ 원점수를 보면 그렇다고 볼 수 있겠으나, 표준점수를 보면 그것이 답은 아니다. WICS의 관점에서 볼 때 IQ는 지능과 동일하지 않으므로 단지 IQ만 보고 대답할 수는 없는 것이다.

결국 지능이라는 현상에 대한 이해를 높이기 위해 다양한 접근 방법들이 생겼다. 지능이라는 구인을 정교화하는 데에는 발전이 있었으나 정확한 정의나 세계적으로 통일된 이론은 아직 없다. 현재 활발하게 토론되고 있는 것은 지능이라는 구인이 무엇이고 그것이 다른 구인들, 즉 기억이나 추리능력과 어떤 관계인가를 알아보려는 것이다. 지능은 어느 정도 측정 가능하고 향상시킬 수도 있다. 그러나 개인차를 줄일 수는 없다. 왜냐하면 지능을 개발시키려는 시도는 여러 계층의 사람들에게 다양한 형태로 작용할 수 있기 때문이다. 아무리 지능이 높다 해도 더 향상될 여지는 있으며, 아무리 지능이 낮다 해도 이 또한 향상시킬 방법들이 있기 때문이다.

제5장

창의성과 영재성

3장에서 언급했듯이, 창의성은 독창적이며 예상 밖으로 새롭고 양질이면서 효용성 있고 주어진 과제의 조건에 부합하는 적절한 결과를 생산할 수 있는 능력을 말한다(Cropley & Cropley, in press; Lubart, 1994; Ochse, 1990; Sternberg, 1988b, 1999b; Sternberg & Lubart, 1995, 1996). 창의성은 광범위한 과제 영역에서 개인적으로나 사회적으로 중요한 의미를 갖는 넓은 범위의 주제이다. 개인적 차원에서 보자면 창의성은 학교에서 문제를 풀 때(Beghetto, in press; Smith & Smith, in press), 직장이나 일상생활에서 과제를 수행할 때 널리 적용된다. 사회적 차원에서는 새로운 과학적 발견, 예술에서의 새로운 사조, 새로운 발명품 그리고 새로운 사회적 프로그램을 끌어낼 수 있다. 새로운 상품이나 서비스는 직업을 창출하기 때문에 창의성은 경제적인 면에서도 매우 중요하다. 더욱이 개인과 조직 그리고 사회가 경쟁력을 유지하기 위해서는 변화하는 과제에 맞게 기존의 자원을 변형하여 적용해야 한다. 사회에 가장 중요한 공헌을 하는 사람들은 일반적으로 가장 창의적인 사람들이다(Simonton, in press). 본 5장의 목표는 창의성의 기존 연구에 대한 독자들의 기본적인 이해를 돕는 것이다. 우선 창의성을 이해하는 방법들을 알아보고, 이어서 창의적 활동의 종류를 이해하는 여러 가지 접근방식에 대해서도 살펴본 후 몇 가지 결론을 제시한다. 창의성에 대한 이론과 관점들에 대해 좀 더 심도 있는 이해를 하기 위해서는 Kaufman과 Sternberg의 연구(in press), 특히 Kozbelt와 Beghetto, Runco의 연구(in press)를 참고할 수 있다.

창의성은 단순히 피카소, 톨스토이, 아인슈타인과 같이 위대한 업적을 이룬 사람들이 보이는 특징이 아니다. 이는 새로운 경제적 상황에 놓이거나 중요한 사람과 처음 관계를 맺게 될 때 또는 아이를 출산했을 때처럼 환경의 변화에 적응할 때 발현되는 자질이다. 사람들이 이전과는 다르게 살아갈 새로운 방법을 찾아야 할 때 창의성이 필요하다(Moran, in press). 창의적 영재들은 새로운 아이디어나 환경에 적응하는 방법을 찾는 능력이 특출하다. 이들은 개인이나 집단의 일원으로서 새로운 환경에 대한 적응 과정을 거치게 된다(Sawyer, in press).

창의성은 개인과 개인이 처한 환경과의 상호작용 안에서 일어나는 것으로 생각할 수 있다(Amabile, 1996; Csikszentmihalyi, 1996, 1999; Feldman, Csikszentmihalyi, & Gardner, 1994; Sternberg, 1985a; Sternberg & Lubart, 1995). 이 관점에 따르면 창의성의 본질은 단순히 개인 내적인 변수로 파악할 수 없다. 따라서 창의적인 사람은 인지과정이 어느 정도 창의적이라고 하거나(Finke, Ward, & Smith, 1992; Rubenson & Runco, 1992; Ward & Kolomyts, in press; Weisberg, 1986), 또는 어느 정도 창의적 성향을 갖고 있는 사람이라고 표현한다(Barron, 1988; Feist, 1999, in press). 나아가 그 사람이 창의적인 사람에게서 공통적으로 나타나는 동기적 성향을 가지고 있다고 할 수도 있고(Hennessey & Amabile, 1988) 또는 창의적인 사고를 하는 데에 어느 정도 뒷받침이 되는 배경적 요소를 가지고 있다고 말할 수도 있다(Simonton, 1984, 1994). 하지만 한 사람의 창의성은 그 사람이 일하는 분야나 시간적 맥락에 대한 고려를 배제하고서는 그 전모를 파악할 수 없다. 예를 들어, 현대 예술작가들 중 사고방식, 성향, 동기 그리고 배경 요소까지 모네와 비슷한 사람이 있을 수 있다. 하지만 그 사람이 지금 모네의 인상주의 양식으로 그림을 그린다면 모네에 대해 사람들이 일반적으로 인정하는 만큼의 창의성을 발현했다고는 평가받지 못할 것이다. 모네를 포함한 일련의 예술가들이 인상주의를 실험했을 당시 그들의 작품들은 이전의 회화양식과는 판이한 차이를 보였다. 만약 앞에 가정한 현대 작가가 모네의 인상주의 양식을 따르면서 자신만의 독특한 변화를 가미하지도 않은 작품을 제출하면 창의적이라기보다는 모방적이라고 간주될 것이다.

맥락의 중요성은 일반적으로 창조적 발견과 재발견의 차이에서 가장 두드러지게 나타난다. 예를 들어 Lagley, Simon, Bradshaw, Zytkow가 운영한 '베이컨 (BACON)'과 관련 프로그램들에서는(1987)(더 자세한 설명은 5장 후반부의 '인지적 접근' 부분 참고) 당대에 창조적 발견이라고 여겨졌던 중요한 과학적 원리들을 재발견한다. 이 재발견 작업에 동원되는 컴퓨터 시뮬레이션 과정은 아마 그 원리들을 발견할 당시 학자들이 사용한 방법은 아닐 것이다. 차이점 중의 하나는 해당 원리를 발견한 과거의 과학자들은 할 수 없었던 방식으로 현대 프로그래머들이 자료를 표상·구성하여 컴퓨터 시뮬레이션에 입력할 수 있다는 점이다. 하지만 (그 과정이 동일한가의 문제는 별개로 치더라도) 재발견을 한 당사자에게는 창의적인 성과라고 할 수 있을지 몰라도 재발견이 이루어진 시점의 관련 학문 분야전체 안에서 볼 때는 창의적이라고 평가되지 않을 것이다. 유명한 인도인 수학자 라마누잔이 그러한 재발견을 여러 번 이루었다. 뛰어난 학자인 그는 젊은 시절 수학 분야의 최신 연구 결과를 접할 기회가 없었기 때문에 의도하지 않게 여러 번다른 학자들이 이미 발견한 내용들을 재생산했던 것이다.

Sternberg와 Lubart의 연구를 기반으로 창의성 연구에 대한 몇 가지 주요 연구 방향들을 살펴보자(1996). 이 연구 방향들에 대한 더 자세한 설명은 Kaufman과 Sternberg의 연구(in press)에서 찾아볼 수 있다.

창의성 연구에 대한 신비주의적 접근

창의성 연구는 언제나 약간은 신비주의적 믿음의 요소를 포함하고 있다. 이 점이 일부 학자들에게는 불만의 요소가 될 수도 있다. 창의성에 대한 가장 초기의 언급은 신성개입과 관련해 이루어졌다. 창의적인 사람은 신적인 존재가 영감을 불어넣어주는 빈 그릇과 같은 것으로 여겨졌다. 그 사람은 영감을 받은 생각들을 발현해 이 세계의 것이라고 믿어지지 않을 정도로 특별한 결과를 이루어낸다고 믿었던 것이다. 이러한 맥락에서 플라톤은 시인만이 뮤즈가 영감을 준 내용을 표현할 수 있다고 주장했으며, 심지어 오늘날에도 사람들은 종종 자신들이 받은 영감의 근원을 자신들만의 뮤즈에서 찾기도 한다. 플라톤은 또한 어떤 이는 합창곡을 작곡하도록 영감을 받는가 하면, 또 다른 이는 서사시를 쓰도록 영감을 받기도 한다고 보았다(Rothenberg & Hausman, 1976). 종종 이러한 창조물을 이루어낸 사람들은 자성적인 글을 통해 신비한 영감의 근원에 대해 언급하기도 했다(Ghiselin, 1985). 예를 들어, 러디어드 키플링은 작가의 펜 안에 사는 '데몬(Daemon)'의 존재에 대해 언급했다. "나의 데몬은 정글북, 킴, 푸크 언덕의 요정 퍽을 쓰는 동안 내내 나와 함께 했다. 나는 데몬이 행여 사라지지 않도록 조심스럽게 나아가는 노력을 게을리 하지 않았다. … 당신의 데몬이 주도권을 잡을 때면 의식적으로 생각하려고 하지 않아야 한다. 오직 흐름을 타고, 기다리고, 따라야 한다."(Kipling, 1985, p.162).

아마도 이러한 신비주의적 접근이 창의성 연구에 대한 과학자들의 관심을 지연시키는 데 일조했을 것이다. 많은 사람들은 창의성이 사랑과 마찬가지로(Sternberg, 1988a, 1988d 참고) 과학적 연구의 대상이 되기에는 알맞지 않은, 조금 더 영적인 과정이라고 여긴다. 그동안의 과학적 연구들은 창의성 연구가 과학자들의 관심 영역을 벗어난다는 일부의 오래된 믿음을 흔들기에는 역부족이었던 것으로 보인다.

신비주의적 접근은 창의적 영재성의 본질을 파악하는 데에는 큰 도움이 되지 않는다. 영재성은 종종 신, 신의 섭리, 또는 사람들이 믿는 어떤 신비적인 존재가 준 선물로 여겨지곤 했다. 이러한 관점은 영재성의 본질은 물론 어떻게 영재성의 정도를 평가할지, 또는 어떻게 영재성을 계발할지와 같은 논의에 전혀 도움이 되지 않는다는 단점이 있다.

실용주의적 접근

창의성의 과학적 연구에 신비주의적 접근만큼이나 악영향을 미친 것은 실용주의적 접근법을 사용한 창의성 연구가 주도권을 잡았다는 것이다. 실용주의적 접근법은 주로 창의성 계발에 주력하며, 창의성을 이해하는 것을 이차적인 과제로 간주하고, 창의성에 대한 자신들의 이해가 타당한지 검증하는 노력은 거의 하지 않았다. 이러한 접근법을 쓴 가장 대표적인 학자가 Edward De Bono일 것이다. De Bono는 사물을 광범위한 관점에서 바라보는 **수평적 사고방식**과 창의성의 여러 측면에 관한 연구들로 상당한 상업적 성공을 거두었다(De Bono, 1971, 1985, 1992). De Bono의 관심은 이론이 아닌 실행에 있다. 예를 들어 그는 어떤 생각의 장점, 단점, 그리고 흥미로운 점에 주목하는 것을 돕는 'PMI 사고기법(Positive Minus Interesting, PMI)과 같은 도구들을 제시한다. 또 '가정(hypothesis)', '가정하다(suppose)', '가능한(possible)', 그리고 '시(poetry)'와 같은 단어들이 공통으로 가지고 있는 '포(po)'라는 단어를 아이디어 판정이 아닌 새로운 아이디어 생산을 자극하는 도구로 쓸 것을 권한다. 그가 제시하는 또 다른 도구인 '생각하는 모자' 기법은 의사결정을 해야할 때 여러 다른 색깔의 모자를 쓰는 상상을 할 것을 요구한다. 예를 들어 흰 모자를 썼을 때는 자료에 입각한 사고, 빨간 모자를 썼을 때는 직관적 사고, 그리고 검은 모자를 썼을 때는 비판적 사고, 초록 모자를 썼을 때는 아이디어 생성에 집중하는 것이다. De Bono는 의사결정에 임하는 당사자들이 대상을 여러 다른 각도에서 보도록 돕는 도구로 이 기법을 권한다.

창의성 연구에 실용주의적 접근법을 택한 인물은 De Bono뿐이 아니다. Osborn(1953)은 광고회사에서 일한 경험을 바탕으로 브레인스토밍 기술을 개발했다. 브레인스토밍은 사람들로 하여금 비판적이고 억제적인 것이 아닌 건설적인 분위기에서 여러 가능한 해결책을 모색해 창의적으로 문제를 해결할 수 있도록 돕는 기술이다. Gordon(1961)은 '시넥틱스'라는 기법을 개발했는데, 이는 주로 유사점 파악을 통해 창의적 사고를 촉진하는 기법이다.

Adams(1974, 1986)와 von Oech(1983)와 같은 학자들은 사람들이 종종 창의적 수행을 방해하는 일련의 잘못된 믿음들을 만들어낸다고 설명했다. 예를 들어 어떤 이들은 문제에 단 하나의 정답만이 존재할 뿐이고, 어떤 경우에도 애매한 여지를 남겨서는 안 된다고 믿는다. 이들은 사람들이 이러한 정신적 장애물을 발견하고 제거할 때에야 창의적이 될 수 있다고 주장한다. Von Oech(1986)는 창의적이 되기 위해서는 탐험가, 예술가, 판사 그리고 전사의 역할에 동하됨으로써 스스로의 창의적 생산성을 높여야 한다고 설명한다.

창의성에 대한 이러한 실용주의적 접근법들은 일반 대중들 사이에서 상당한 인지도를 얻었고 나름대로 쓸모도 있었다. 하지만 심리학자의 관점에서 보았을 때 이러한 접근법들 중 대다수는 제대로 된 심리학 이론을 기반으로 하지도 않고, 그 타당성을 실증적으로 보여주는 노력이 수반되지도 않았다. 물론 기법들은 심리학 이론에 기반을 두지 않고도, 또 타당성이 굳이 확인되지 않은 경우에도 효과를 가질 수 있다. 하지만 이런 접근법들은 사람들이 어떤 현상을 바로 상업화와 연결시키게 되어도 그것을 심각한 심리학적 연구 결과로 여기지 않게 되는 현상을 야기한다.

지금까지 제기된 많은 영재 교육 방법들이 실용주의적 접근법에 기초해 왔다. 이 방법들은 어떤 이론적 기반도 없었지만, 어떤 이유에서인지 효과 있는 도구로 여겨져 왔다. 위에 언급한 방법들 중 일부는 영재의 창의성을 개발해주는 방법, 또는 영재 수준의 수행 능력을 보이지 않았던 사람들을 영재로 만드는 수단으로 사용되어 왔다.

심리역동적 접근

심리역동적 접근은 20세기 창의성 연구의 첫 이론적 접근법이라 할 수 있다. 프로이트(Freud, 1908, 1959)는 창의성이란 의식적 현실과 무의식적인 욕구 사이의 긴장에서 비롯되며, 작가와 예술가들은 자신의 무의식적 욕구들을 사회가 받아들일 수 있는 방식으로 표현하면서 창조 작업에 임한다고 설명했다. 이러한 무의식적 욕구들은 권력, 부, 명성, 명예 그리고 사랑을 그 대상으로 하고 있다(Vernon, 1970). 레오나르도 다빈치와 같은 뛰어난 창조자들에 대한 사례 연구들이 이 입장을 뒷받침해 준다(Freud, 1910, 1964).

심리분석적 접근법을 사용한 연구들은 후에 창의성 논의를 위해 적응적 퇴행과 정교화라는 개념을 도입했다(Kris, 1952). 적응적 퇴행이란 1차 과정으로 조율되지 않은 생각이 의식을 침범하는 것을 말한다. 조율되지 않은 생각은 주체적으로 문제 해결을 하고 있을 때에도 일어날 수 있지만, 수면 중이나 약물에 취해 있을 때, 환상이나 공상에 빠져있을 때, 또는 정신질환을 앓고 있을 때 떠오른다. 2차 과정인 정교화는 1차 과정에서 떠오른 생각들을 현실에 맞게 자아에 의해 통제된 사고를 통해 재구성하고 변형시키는 것을 말한다. 다른 이론가들은(Kubie, 1958) 의식적 현재와 암호화된 무의식 사이 영역인 전의식이 창조성의 진정한 근원이라고 강조하였는데, 이는 전의식 내의 생각들이 결집되지 않고 애매하지만 해석이 가능한 형태로 존재하기 때문이다. 프로이트와 대조적으로 큐비(Kubie)는 무의식적 갈등들은 고착되고 반복적인 생각들을 낳기 때문에 창의성에 부정적인 영향을 미친다고 주장했다. 더 최근의 연구들은 1차 과정과 2차 과정 모두 중요한 역할을 한다고 설명한다(Noy, 1969; Rothenberg, 1979; Suler, 1980; Werner & Kaplan, 1963).

비록 심리역동적 접근이 창의성을 이해하는 데에 도움을 주었다고 하더라도, 이 접근이 20세기 초 기틀을 잡아가고 있던 과학적 심리학의 중심을 이루고 있었던 것은 아니다. 구조주의, 기능주의, 행동주의와 같은 20세기 초기 심리학파들은 창의성 연구에 아무런 노력을 기울이지 않았다. 게슈탈트 학파 연구자들은 직관이라는 창의성의 한 부분을 연구하기는 했지만, 이들의 연구는 명칭화 작업에서 크게 벗어나지 못해 직관의 본질이 가지는 특징을 설명하지 못하였다. 창의성 연구가 더 고립화된 것은 심리역동적 접근방식을 비롯한 여타 초기 창의성 연구가 뛰어난 창조자들에 대한 사례연구에 의존했기 때문이었다. 사례연구방법론은 1차 과정에서의 생각들과 같이 제시된 이론적 모델들을 측정하는 것이 어렵다는 점, 그리고 하나의 사례연구에 많은 선별과 해석이 일어날 수 있다는 점을 이유로 역사적 비판을 받아왔다(Weisberg, 1993). 사례연구방법이 무조건 잘못되었다고 말할 수는 없지만, 초기 과학적 심리학에서는 변수가 제한된 조건 내에서 실험을 통해 진행하는 연구방식에 가치를 두었다. 이러한 이론적 · 방법론적 문제들로 인해 창의성 연구는 심리학의 주류에 합류하지 못했다.

심리측정적 접근

창의성이라고 하면 곧 미켈란젤로나 아인슈타인과 같은 뛰어난 예술가 또는 과학자들을 생각하게 된다. 그러나 이와 같이 특출하게 창조적인 인물들은 드물 뿐 아니라 심리학 실험실에서 연구하기 힘든 대상이다. Guilford(1950)는 미국심리학회(APA) 연설에서 고도로 창의적인 사람은 소수이므로 실험실에서 연구하기 어렵다는 점 때문에 창의성 연구가 제약을 받아왔다는 점을 지적했다. 때문에 그는 일반인을 대상으로 한 지필과제를 통해 창의성 연구를 진행할 수 있다고 제안했다. 그가 제안한 지필과제 중 하나인 '특이용도검사'는 벽돌과 같이 주변에서 흔히 볼 수 있는 사물에 대해 검사 대상자가 최대한 많은 쓰임새를 생각해내도록 하는 검사이다. 많은 연구자들이 Guilford의 제안을 받아들였고, 그가 제시한 '확산적 사고' 과제들은 창의적 사고를 측정하는 주요 도구로 빠르게 자리 잡았다. 이 검사들은 표준화된 '창의성' 척도에 사람들을 자리매김할 수 있는 편리한 방법이었다. 확산적 사고는 지금도 창의성의 중요한 측면으로 여겨지고 있다(Runco, in press).

Guilford의 연구를 발전시켜서 Torrance(1974)는 '토란스 창의적 사고 검사(the Torrance Tests of Creative Thinking)'를 개발하였다. 이 검사들은 확산적 사고 및 여타 문제 해결기술과 관련된 몇 가지 비교적 간단한 언어 과제와 도형 과제들로 이루어져 있다. 검사 결과는 유창성(적절한 답변의 총 개수), 융통성(적절한 답변들이 해당하는 영역의 개수), 독창성(답변의 통계적 희소성), 정교성(답변이 얼마나 구체적인지) 등 4개 항목에 대한 점수로 나타난다. Torrance가 개발한 다른 하위검사들에는 다음과 같은 것들이 있다. (a) 질문하기 : 어떤 한 장면에 대한 그림을 보고 떠올릴 수 있는 모든 질문을 적는다. (b) 상품 개량 : 주어진 장난감 원숭이의 어떤 점들을 고치면 아이들이 더 재미있게 가지고 놀 수 있을지 그 방법들을 목록으로 작성한다. (c) 특이 용도 : 종이상자가 가지는 흥미롭고 범상하지 않은 쓰임새들을 생각해 열거한다. (d) 원 : 안이 빈 여러 개의 원들을 바탕으로 여러 다른 그림들을 그리고 각각의 그림에 제목을 붙인다.

여러 연구자들이 창의성과 지능 — 적어도 IQ 검사를 통해 측정한 지능 — 사이의 관계를 연구하였다. 창의성과 지능에 대해서는 세 가지 기본적인 발견들이 정설로 받아들여지고 있다(Barron & Harrington, 1981; Kim, Cramond, & VanTassel-Baska, in press; Lubart, 1994 참고). 첫째, 창의적인 사람들은 대체로 평균 이상의 IQ를 가지고 있고, 120 이상의 IQ를 가지는 경우도 종종 있다(Renzulli, 1986). 이 수치는 창의적인 사람과 창의적이지 못한 사람을 나누는 기준선이 아니라, 평균 미만은 물론 평균 IQ를 가진 사람들도 고도로 창의적인 사람들의 집단에는 포함되지 않는다는 점을 시사한다. Cox(1926)가 연구한 천재들은 평균 165의 IQ를 가지고 있었다. Barron은 그가 연구한 창작 작가들이 터만 개념 파악 검사(the Terman Concept Mastery Test)에서 얻은 점수를 바탕으로 그들의 평균 IQ가 140 이상이라고 측정했다(Barron, 1963, p.242). 여기서 개념 이해 검사(the Concept Mastery Test)는 전적으로 언어적 검사이며 다소 편향된 IQ 측정 방법임을 알아둘 필요가 있다. 인성검사연구소(the Institute for Personality Assessment, IPAR)에서 시행한 연구의 또 다른 집단에 속한 수학자들과 연구 과학자들 역시 평균 이상의 지능을 가지고 있었다. 인성검사연구소의 연구가 이루어지기 전에 저명한 과학자들을 대상으로 그와 비슷하게 철저한 평가를 한 Anne Roe(1953, 1972)는 IQ 검사에서 언어적 · 공간적 · 수학적 평가 중 어느 것을 검사하는가에 따라 참가자들의 IQ가 121에서 194 사이에 분포했다고 측정했다.

둘째로 120 이상의 IQ를 가진 사람들의 경우에는 120 이하의 IQ를 가진 사람들보다 IQ가 창의성에 미치는 영향이 상대적으로 적은 것으로 보인다. 다시 말해, 120 이하의 IQ를 가진 사람들의 경우 창의성은 IQ와 더 긴밀한 상관관계를 가지는 반면, 120 이상의 IQ를 가진 사람들의 경우에는 IQ와 창의성 사이의 상관관계는 약하거나 전무한 것으로 보인다는 것이다. 이 관계는 종종 역치이론이라고 불리는데, 고도의 창의성은 일정 수준 이상의 IQ를 가진 사람에게서만 나타날 수 있음을 의미한다. 평균 IQ가 130인 건축가들을 대상으로 한 연구에서 지능과 창의성 사이의 상관지수는 −.08로, 0과 그리 다르지 않은 수치를 보였다(Barron, 1969, p.42). 하지만 평균 수준의 지능을 가진 군인들을 대상으로 한 연구에서 창의성과 지능 사이의 상관지수는 .33이었다(Barron, 1963, p.219). 이러한 연구 결과들은 창의성이 매우 높은 사람들은 IQ가 높은 경우가 많지만, IQ가 높은 사람이 꼭 극도로 창의적인 것은 아니라는 점을 의미한다(Getzels & Jackson, 1962 참고). 일부 연구자들은(Simonton, 1994; Sternberg, 1996b) 매우 높은 IQ는 실제로 창의성 발현을 방해한다는 의견을 내놓기도 했다. IQ가 높은 사람들이 IQ와 관련된 분석적인 기술에 대해 워낙 높은 수준의 보상을 받은 결과, 자기 내부의 창의적 가능성을 개발하지 않게 되며 자신의 창의적 가능성은 잠재 상태로 남겨 두기도 한다.

셋째로 IQ와 창의성 사이의 상관성은 가변적으로 미미한 정도와 보통 정도 사이에 분포한다(Flescher, 1963; Getzels & Jackson, 1962; Guilford, 1967; Herr, Moore, & Hasen, 1965; Plucker & Makel, in press; Torrance, 1962; Wallach & Kogan, 1965; Yamamoto, 1964). 창의성과 IQ의 상관성은 부분적으로는 창의성과 지능의 어떤 측면을 측정하는지, 어떻게 측정하는지, 그리고 창의성이 발현되는 분야가 어떤 분야인지에 따라 결정된다. 예를 들어 예술과 음악 활동에서 지능이 미치는 영향은 수학과 과학 활동에서의 역할과는 다르다(McNemar, 1964). 종이클립의 기발한 쓰임새를 묻는 검사와 측정의 단점은 시행하는 데에 시간과 비용이 든다는 점과 채점이 주관적으로 이루어진다는 점이다. 이와 대조적으로

Mednick(1962)은 '원격결합능력검사(the Remote Associates Test, RAT)'를 개발하였는데, 이 검사는 40분 동안 30문항을 평가해 객관적 채점법으로 결과를 산출한다. 이 검사는 창의적 사고 과정이란 연결 가능한 요소들을 새로운 방식으로 조합하는 과정이라는 Mednick의 이론을 기반으로 한다. 이 관점에서는 연결된 요소들이 동떨어진 것일수록 더 창의적이라고 볼 수 있다(Mednick, 1962). 한 사람이 이러한 조합을 이루어내고 창의적 해결점에 도달하기 위해서는 그 조합들이 그 사람의 지식 기반에 이미 존재하고 있어야 한다. 또한 그 사람이 창의적인 해결책을 구할 수 있는지, 있다면 얼마나 신속하게 구할 수 있는지도 그 사람이 연결을 구성해내는 능력에 따라 좌우된다. 따라서 Mednick의 이론은 창의성과 지능 사이에는 매우 긴밀한 연관이 있으며 겹치는 요소 또한 있다고 시사한다. RAT 검사와 다른 검사들 사이의 상관지수를 살펴보면, 웩슬러 아동지능검사(Wechsler Intelligence Scale for Children, WISC)와는 .55, 미국 수학능력시험 언어영역(the SAT verbal)과는 .43, 로지-손다이크 언어적 지능검사(the Lorge-Thorndike Verbal intelligence measures)와는 .41의 보통 수준의 상관지수를 보였다(Mednick & Andrews, 1967). RAT 검사는 양적 지능검사들과는 더 낮은 상관지수를 보였고(r =.20, .34), 여타 창의적 수행 능력 평가 방법들과는 더 다양한 상관지수를 보였다(Andrews, 1975).

창의성 측정에 대한 심리측정적 접근은 창의성 연구에 긍정적·부정적 영향을 동시에 미쳤다. 긍정적 영향은 이 검사들이 간단하고 실행에 용이하며 객관적 채점이 가능한 평가 도구를 제공해 연구의 편의를 증진시켰다는 점이다. 또한 창의성 연구가 특별히 뛰어나지 않은 '보통' 사람들을 대상으로 이루어질 수 있게 되었다는 점도 거론할 수 있다.

하지만 이러한 검사들은 창의성 연구에 부정적인 영향도 미쳤다. 첫째로, 간단한 지필검사는 창의성을 측정하기에 너무 단순하고 비적절한 도구라는 비판이다. 따라서 일부 연구자들은 대상자에게 그림이나 작문과 같이 대단위의 산출물을 요구해 이를 분석하는 검사를 활용해야 한다고 주장한다. 둘째, 심리측정적 창의성 검사에 비판적인 또 다른 부류의 연구자들은 기존의 유창성·융통성·독창성·정교성 수치 중 어떤 것도 창의성의 개념을 제대로 파악하지 못했다는 의견을 제시했다. 사실 창의성의 정의와 기준은 계속 논란의 대상이 되고 있으며 검사 대상

집단의 모든 답변 중에서 한 답변이 가지는, 객관적으로 정의된 통계적 희소성이라는 기준도 창의성의 여러 가능한 기준 중 하나일 뿐이다. 창의성을 평가하는 또다른 방법에는 판정자들 간의 사회적 합의를 이용하는 것이 있다(Amabile, 1983 참고). 셋째로, 일부 연구자들은 특별히 창의적이지 않은 사람들을 대상으로 하는 연구를 통해 특별한 수준의 창의성을 이해할 수 있다는 가설에 유보적인 태도를 보였는데, 결국 특별한 수준의 창의성을 이해하는 것이 창의성 연구의 궁극적인 목표라고 여겼기 때문이다(Simonton, 1984, in press). 이런 이유로 연구자들 사이에는 지필검사를 통한 창의성 평가에 대해 회의적인 분위기가 생겨났다. 이런 분위기는 지금까지도 이어지고 있어 일부 심리학자들은 논란이 분분한 측정 분야 대신 상대적으로 문제가 적은 연구 주제를 채택했다.

인지주의적 접근

창의성에 대한 인지주의적 접근법은 창의적 사고의 기저에 있는 정신적 재현과 과정 연구를 목표로 한다. 이 접근법을 택한 연구자들은 인식이나 기억을 연구함으로써 이미 창의성의 기반을 연구하고 있다고 여겨진다. 따라서 창의성 연구는 이미 다른 이름으로 이루어지고 있는 연구를 확장한 것일 뿐이고, 그 확장의 정도가 큰 것도 아니라고 생각한다. 예를 들어, 인지 영역에서 창의성은 종종 지능 연구 영역으로 포함된다. 창의성과 지능이 서로 관련이 있다는 생각에는 이의를 제기하지 않는다(Lubart, 2003; Sternberg & O'Hara, 1999). 하지만 이 접근법에서 창의성을 지능의 일부로 생각하는 관례는 매우 견고해, Wallach과 Kogan(1965)을 비롯한 일군의 연구자들은 왜 창의성과 지능을 각자 독립적 실체로 보아야 하는지에 대해서는 긴 설명을 해야 할 정도이다. 최근의 인지주의적 연구 중 Weisberg(1986, 1988, 1993, 1999)는 창의성 발현이란 평범한 인지과정으로부터 비범한 결과가 나오는 것을 일컫는다는 의견을 제시했고, Perkins(1981) 역시 비슷한 설명을 피력했다. Weisberg는 사람의 기억 속에 저장된 지식에 유추적 전이와 같은 관습적인 인지 과정이 적용되는 과정에서 직관이 일어난다는 점을 보여주고 있다. 이를 위해 Weisberg는 뛰어난 창조가들의 사례연구와 Duncker의 촛불 문제(1945)를 이용한 연구를 동원했다. Duncker의 촛불 문제는 연구 참가자들에게 양초, 압정 한 상자, 성냥 한 갑 등 그림 속에 있는 사물들만을 가지고 양초를 벽에 붙이게 하는 과제이다(힌트 : 이 과제 수행을 위해서는 녹은 촛농이 필요하다). Langley와 동료 연구자들 역시 창의적 사고의 본질은 평범하다는 주장을 펼쳤다 (1987).

이러한 접근법의 뚜렷한 예로, Weisberg와 Alba(1981)는 사람들에게 유명한 9개의 점 문제를 풀도록 했다. 이 문제는 한 줄에 3개씩 세 줄에 배열되어 전체가 사각형 모양을 이루는 9개의 점을, 어느 한 점도 두 번 지나지 않고, 도중에 종이에서 펜을 떼지도 않은 채, 4개 이하의 직선을 사용해 모든 점을 연결하는 문제이다. 이 문제는 사용하는 직선 중 일부가 점들의 외곽선 바깥으로 나가야만 풀 수 있다. 이 과제의 해결은 의례적으로, 문제 해결을 위해서는 '주어진 틀을 벗어나야' 한다는 통찰과 맞물리는 것으로 여겨져 왔다. 하지만 Weisberg와 Alba는 틀을 벗어나야 한다는 조언을 들은 사람들도 여전히 이 문제를 쉽사리 풀지 못했음을 보여준다. 즉, 아홉 개의 점 문제를 풀기 위해 필요한 요건이 무엇이든지 간에, 그 것이 단순히 어떤 특별한 통찰에 국한되는 것이 아니라는 것이다.

창의적 사고에 관해서 인간 대상 연구와 컴퓨터 시뮬레이션 연구 모두 진행되어 왔다. 인간 대상 연구에 바탕을 둔 접근법을 전형적으로 보여주는 것은 아마도 Finke, Ward, Smith의 연구(1992)일 것이다(Smith, Ward, & Finke, 1995에 수록된 다른 연구들; Sternberg & Davidson, 1994; Ward & Kolomyts, in press; Ward, Smith, & Finke, 1999 참고). Finke와 동료 연구자들은 창의적 사고과정을 설명하는 한 모형으로 생성-탐색 모형을 제시했다. 이 모형에 따르면 창의적 사고는 생성 단계와 탐색 단계라는 두 가지 주요한 처리 단계를 통해 이루어진다.

생성 단계에서 개인은 창의적 발견을 돕는 속성의 '전발명구조'라는 정신적 표상들을 구축한다. 그 다음 탐색 단계에서 개인은 전발명구조에 내재된 창의적 발견을 돕는 속성들을 이용하여 창의적 아이디어를 만들어낸다. 창의적 발견을 이루는 이 두 가지 단계에는 인출, 연합, 종합, 변형, 유추적 전이 그리고 범주 간 환원(정신적 활동을 통해 사물이나 요소를 더 근본적인 범주의 기술 형태로 환원하는 것) 등 여러 정신적 과정들이 개입될 수 있다.

전형적인 생성-탐색 모형에 기반을 둔 실험적 검사에서는(Finke & Slayton, 1988) 참가자들에게 원이나 정육면체, 평행사변형 또는 원통형과 같은 대상의 일부분을 제시한다. 실험이 시작되면 그러한 도형의 일부분들이 세 가지 제시되고, 참가자들은 이 세 부분을 조합하여 실용성이 있는 사물이나 도구를 만드는 상상을 하도록 지시받는다. 예를 들어 참가자들은 어떤 도구, 무기 또는 가구 부속을 만드는 것을 상상할 수 있고 심사위원들은 그 사물들을 실용성과 독창성에 기준을 두고 점수를 매긴다. Morrison과 Wallace(2002)는 이런 과제를 통해 판정된 참가자의 창의성이 그 사람이 지각한 이미지의 선명도와 매우 긴밀한 상관관계가 있음을 발견했다.

Sternberg 또한 수렴적인 창의적 사고에 대해 연구를 수행하였는데, 이 연구는 참가자들에게 일상적이지 않은 방식으로 사고할 것을 요구했다. 이 실험에 참가한 여든 명의 사람들에게 기존에 없던 단 하나의 가장 적절한 답이 있는 새로운 추론 문제들을 제시하였다. 예를 들어 참가자들은 어떤 물체들은 녹색이고, 다른 것들은 파란색이며, 또 다른 물체들은 2000년까지는 녹색이고 그 후에는 파란색으로 변하는 '녹란색'이거나, 아니면 2000년까지는 파란색이고 그 후에 녹색으로 변하는 '파녹색'일 수도 있다는 제시문을 듣는다. 또는 카이론 행성에 네 종류의 사람들이 있다는 내용의 제시문을 들을 수도 있다. 이 네 종류의 사람들은 젊은이로 태어나서 젊은이로 죽는 블렌(blens) 부류, 늙은이로 태어나서 늙은이로 죽는 크웨프(kwefs) 부류, 젊은이로 태어나서 늙은이로 죽는 볼트(balts) 부류 그리고 늙은이로 태어나서 젊은이로 죽는 프로스(prosses) 부류라는 것이다(Sternberg, 1981, 1982; Tetewsky & Sternberg, 1986). 참가자들에게 주어진 과제는 불완전한 정보를 가지고 과거 상태로부터 미래의 상태를 예측하는 것이다. 예를 들어, 몸집이 큰 사람의 사진을 보여주고, 1년 후 같은 사람이 몸집이 작아진 사진을 보여주며 그 사람은 네 부류 중 어느 부류에 속하는지를 묻는 식이다(이 경우 답은 '프로스 부류'이다). 다른 세트의 연구에서는 60명의 대상자에게 유추, 패턴 완성, 분류와 같은 조금 더 전통적인 귀납 추론 문제들을 제시했다. 하지만 이 문제들 앞에 주어진 전제 중에는 관습적인 것(무용수들은 신을 신는다)과 새로운 것(무용수들은 신을 먹는다)이 혼재해 있다. 참가자들은 사실이 아닌 내용도 참인 것으로 가정하고 문제를 풀어야 했다(Sternberg & Gastel, 1989a, 1989b).

이 연구들을 통해 전통적 형태의 검사들과의 상관관계는 그 전통적 검사들이 얼마나 참신한지 또는 얼마나 고착화되지 않았는지에 좌우된다는 사실이 밝혀졌다. 문항이 참신할수록 시행한 검사와 뒤로 갈수록 점점 더 참신해지는 관습적 검사에서 나온 점수 사이의 상관관계가 더 높게 나왔다. 따라서 상대적으로 새로운 문항에 국한된 요소들은, 결정적 능력 검사보다 평범하지 않은 축에 속하는 유동적 능력 검사와의 사이에서 더 긴밀한 상관관계를 보였다. 연구자들은 또한 비교적 참신한 문제에 대한 답변 시간을 요소별로 분석했을 때, 특정 요소들이 다른 요소들보다 지능의 창의적인 측면을 더 잘 측정한다는 것을 발견했다. 예를 들어 앞서 언급한 '녹란색-파녹색' 과제의 경우, 시험대상자로 하여금 '녹색-파란색'이라는 일반적 사고에서 '녹란색-파녹색' 사고로 전환하고, 다시 '녹색-파란색' 사고로 되돌아오도록 하는 정보처리 성분이 새로운 것에 어떻게 대응하는지의 능력을 측정하는 데에 특히 효과적이었다.

Boden(1992, 1999)이 검토한 컴퓨터 시뮬레이션 접근법은 사람이 창의적 생각을 해내는 것과 같은 방식으로 컴퓨터를 통해 창의적 생각을 하는 것을 목표로 한다. 한 예로 Langley와 동료 연구자들(1987)은 창의성과 영재성에 관해 이 장의 서론에서 언급한 바와 같이 기본 과학법칙들을 재발견하는 일련의 프로그램을 개발하였다. 이 계산 모델들은 데이터 집합이나 개념 공간을 탐색하고 입력 변수들 간의 숨은 관계를 찾기 위한 발견법 또는 문제 해결 지침에 의존한다. 이런 방법에서 최초의 프로그램인 베이컨은 자료 안에서 패턴을 찾기 위해 "두 가지 숫자의 값이 함께 증가하면, 둘의 증가비율을 고려하라."와 같은 발견법을 사용한다. 베이컨 프로그램이 이룬 성취 중 하나는 행성의 궤도에 대해 케플러가 입수할 수 있었던 관측 자료를 검토해 케플러의 행성운동 제3법칙을 재발견한 것이다. 하지만 이런 프로그램들은 창의적 기능과는 차이가 있다. 이 경우에는 문제가 구조화된 형태로 주어지는 반면 창의적 기능은 대체로 문제가 무엇인지를 파악하는 기능이기 때문이다(Runco, 1994 참고). 이후 개발된 프로그램들은 탐색에 사용할 발견법, 데이터 집합 변환 능력, 그리고 질적 자료와 과학적 개념을 가지고 사고하는 능력을 확장시켰다. 예술영역에서의 창의적 사고과정을 재연할 목적으로 만들어진 프로그램도 있다(Locher, in press 참고). 한 예로 Johnson-Laird(1988)는 재즈 즉흥연주 프로그램을 개발하였는데 이 프로그램에서는 몇 가지 방향으로 즉흥연주가 가능할 경우, 기본 재즈 코드 시퀀스에서 벗어난 선율은 화음 구성상의 제약조건(또는 재즈 내의 암묵적 원칙)과 무작위 선택에 의해 그 방향이 결정된다.

사회-성격 접근법과 사회-인지 접근법

인지적 접근법과 함께 발전한 사회-성격 접근법의 연구들은 성격변인, 동기변인 그리고 사회문화적 환경 등을 창의성의 원천으로 보고 있다. Amabile(1983), Barron(1968, 1969), Eysenck(1993), Gough(1979), MacKinnon(1965)을 비롯한 여타 연구자들은 창의적인 사람에게서 자주 보이는 특정한 성격 요소들이 있음을 지적했다. 연구자들은 상관연구, 그리고 고도의 창의력을 가진 대상과 낮은 수준의 창의력을 가진 대상을 탁월한 수준 및 일상적 수준에서 각각 비교한 연구를 통해, 창의성과 관련이 있을 수 있는 성격 요소를 대규모로 찾아내었다(Barron & Harrington, 1981 ; Feist, 1999, in press). 이들이 찾아낸 성격 요소에는 판단의 독립성, 자신감, 복잡한 것을 좋아하는 경향, 미적 지향성, 경험에 대한 개방적 태도, 위험 감수 등이 포함된다. 자아실현과 창의성에 관한 연구도 창의성에 관한 성격 접근 전통을 따르고 있는 것으로 간주된다. Maslow(1968)에 따르면, 대담함, 용기, 자유, 자발성, 자기인정 그리고 여타의 요소들을 통해 개인은 모든 가능성을 실현할 수 있다.

Rogers(1954)는 자아실현을 이루려는 경향은 동기로서의 힘을 가지며, 고무적이고 어떤 행동도 평가의 대상이 되지 않는 환경에서 증진된다고 설명했다. 하지만 이러한 Rogers의 생각은 창의성과 정신질환을 연결시킨 많은 연구와는 어긋나는 것으로 보인다(Kaufman, 2001a, 2001b; Kaufman & Baer, 2002; Ludwig, 1995). 만약 창의적 가능성을 발현할 수 있는 조건이 자기인정과 여타 긍정적 성격 요소와 연관이 있다면, 뛰어난 창의력을 가진 그 많은 사람들이 환경에 제대로 대처하지 못하는 일은 벌어지지 않을 것이다(Kaufman, 2002; Kaufman & Sternberg, 2000).

창의성을 발현시키는 동기를 찾기 위해 일련의 이론가들은 내적 동기(Amabile, 1983, 1996; Crutchfield, 1962; Golann, 1962), 질서에 대한 욕구(Barron, 1963), 성취 욕구(McClelland, Atkinson, Clark, & Lowell, 1953)를 비롯한 여러 다른 동기들의 관련성에 대한 가설을 세웠다. Amabile(1983, 1996; Hennessey & Amabile, 1988)과 동료 연구자들의 내적 동기와 외적 동기에 관한 연구는 이 분야 연구에 중요한 영향을 미쳤다. 동기 훈련을 비롯한 여러 기술들을 사용한 연구들에서는 이러한 내적 · 외적 동기들을 조작하며 그것이 시 쓰기나 콜라주 만들기와 같은 창의적 수행과제에 미치는 영향을 관찰했다. 마지막으로 사회 환경과 창의성 사이의 관련성 역시 연구가 활발하게 진행된 분야이다. 사회적 차원에서 Simonton(1984, 1988a, 1994, 1999, in press)이 수행한 연구는 여러 문화권에서 긴 시간에 걸쳐 나타난 높은 수준의 창의성이 통계적으로 환경요인과 연관되었다는 점을 밝혔다. 이러한 환경요인에는 문화적 다양성, 전쟁, 역할모델 가용성, 자원 가용성(예 : 경제적 지원), 그리고 영역 내 경쟁자 수 등이 포함된다. 비교문화적 연구(Lubart, 1990)나 인류학적 사례 연구(Maduro, 1976; Silver, 1981)들은 문화권에 따라 창의성의 표현이 다르게 나타나는 양상을 명시했다. 이들 연구는 또한 문화권마다 창의적 활동에 부여하는 가치의 정도에 차이가 있음을 보여주었다.

사회-인지 접근법과 사회-성격 접근법은 각각 창의성 연구에 가치 있는 공헌을 했다. 하지만 사회-인지 변인과 사회-성격 변인 모두를 동시에 조사하는 연구의 수는 많지 않다. 창의성에 대한 인지적 연구에서는 성격과 사회 시스템이 무시되는 경향이 있었고, 사회-성격 접근법을 쓴 연구들은 창의성의 기저에 있는 정신적 표상화와 처리 과정들에 대해 거의 또는 전혀 언급하지 않았다.

Wehner, Csikszentmihalyi, Magyari-Beck(1991)은 심리학 영역 밖으로 눈을 돌려 창의성에 대한 100권의 최근 박사 학위 논문을 검토하는 과정에서 창의성 관련의 다양한 연구들이 '편협한 고립 상태'에 있다는 사실을 발견했다. 창의성에 관련된 논문은 심리학, 교육학, 경영학, 역사학, 과학역사학, 그리고 사회학과 정치학 분야에서도 찾을 수 있었다. 하지만 이 연구들은 속한 분야에 따라 같은 용어, 같은 기본 현상에 대해서도 다르게 주목했다. 예를 들어 경영학 논문은 혁신이라는 용어를 사용하며 조직 차원에 주목하는 반면, 심리학 논문은 창의성이라는 용어를 쓰며 개개인을 연구하는 데에 힘을 쏟았다. Wehner, Csikszentmihalyi, Magyari-Beck(1991)은 이러한 창의성 연구의 상황을 '장님과 코끼리' 우화에 빗대었다. "동일한 짐승의 서로 다른 부분을 만져보고는 각자가 아는 것으로부터 그 짐승의 전모에 대해 왜곡된 그림을 이끌어낸다. 짐승의 꼬리만 잡아본 사람은 '코끼리는 뱀과 같이 생겼다'고 하고, 옆구리를 만져본 사람은 '코끼리는 벽과 같이 생겼다'고 말하게 되는 것이다"(p. 270).

창의성에 관한 진화론적 접근

창의성에 대한 진화론적 접근에 불을 당긴 것은 Donald Campbell(1960)이었다. Campbell은 유기체 진화 연구에 사용된 것과 같은 연구기제를 아이디어 진화 연구에도 적용할 수 있다는 의견을 제시했고 여러 연구자들이 Campbell의 이 발상을 적극적으로 받아들였다(Gabora & Kaufman, in press; Simonton, 1995, 1998, 1999). Simonton의 접근법 기저에는 창의적 생각의 생성과 유포에 두 가지 기본 단계가 있다는 생각이 자리한다. 첫 단계인 **무계획적인 변화** 단계에서 창조자는 어떤 생각을 해내되 그 과정에서 자신이 생각해낸 아이디어가 이 세상에 존재하는 여러 아이디어들 사이에서 경쟁력이 있을지에 대해서는 어떤 예상도 하지 못한다. 실제로 Dean Simonton(1996)은 창조자들은 자신들이 고안해낸 아이디어들 중 어떤 것이 성공적일지에 대해 전혀 예상하지 못한다고 주장한다. 따라서 효용이 오랫동안 지속될 생각을 해내기 위한 가장 확실한 방법은 다량의 아이디어를 지속적으로 제시하는 것이다. 자신의 아이디어가 성공적일 확률은 그 사람의 경력 전반에 걸쳐 비교적 고르게 유지되기 때문이다. 다시 말해 새로운 아이디어를 고안해내는 사람들이 성공적인 아이디어를 고안해낼 확률이 고정적이라는 것이다. 더 많은 아이디어를 낼수록 성공적인 아이디어의 수도 늘어난다. 두 번째 단계는 선택적 유지 단계이다. 이 단계에서는 아이디어를 낸 사람이 속한 분야에서 미래에 이 아이디어를 계속 사용하거나 아니면 그냥 소멸시킬 것이다. 이때 선택적으로 유지되는 아이디어들은 참신하거나 가치 있다고 판단된 아이디어들, 즉 창의적인 아이디어들이다. 무계획적인 변화와 선택적 유지 두 단계는 Cziko(1998)의 연구에 더 자세히 설명되어 있다.

진화론적 모델이 성발 창의성을 적절하게 설명해주는 것일까? Robert Sternberg (1997a, 2003d)는 그렇지 않다고 주장했고, David Perkins(1998) 역시 진화론적 설명모델에서 미심쩍은 부분을 발견한다. Sternberg는 모차르트, 아인슈타인, 피카소와 같은 위대한 창조자들이 단지 무계획적인 변화의 단계만을 거쳐 위대한 생각들을 떠올렸다고는 도저히 생각할 수 없다고 반박했다. 어떤 분야의 전문가와 같은 훌륭한 창조자들이 해낸 생각은 다른 사람들의 생각보다 그 수가 많을 수도 있고 아닐 수도 있지만, 질적인 면에서는 그들의 생각이 범인(凡人)의 생각보다 훨씬 낮고 선택적으로 유지될 가능성이 더 높은데, 그것은 그 생각들이 무계획적으로 창출된 것이 아니기 때문이라는 것이다. 이에 대한 논쟁은 아직 진행 중이고 앞으로도 한동안 이어질 전망이다. Perkins(1995, 1998)는 진화론적 모델에서 생물학적 진화와 창의성 사이의 유사관계를 너무 단순하게 상정한다고 주장했다. 특히(Perkins, 1998) 생물학적 진화는 변종을 찾기 위한 대대적인 병행 검색(예 : 매초 수백만 개의 박테리아가 변이를 일으키고 있다)을 통해 이루어지는 반면 인간은 그렇지 않다.

하지만 인간 역시 새로운 항생제를 찾으려는 노력에서 볼 수 있듯이 상당히 광범위한 탐색을 실행할 수 있는 것도 사실이다. 창의성 이해를 위해 학제적 접근이 필요한데 단일영역 접근법을 사용할 경우에는 그 결과 중 한 부분으로 전체를 이해하는 상황에 놓이게 될 것이다. 그 경우 우리가 설명하고자 하는 현상에 대해 불완전한 설명만을 하게 될 것이고, 그 설명이 택하고 있는 학문영역의 연구방법에 동의하지 않는 사람들은 자연히 불만을 가지게 될 것이다. 이러한 상황은 창의성 연구에서 전통적으로 벌어졌던 것으로 여겨진다. 최근 이론가들은 통합적 접근법을 개발하기 시작했는데, 이 통합적 접근법에 대해 알아보기로 하자.

창의성 연구에 대한 통합적 접근법

최근의 많은 창의성 연구들은 창의성 발현을 위해서 여러 요소들을 결합해야 한다고 가정한다(Amabile, 1983; Csiksentmihalyi, 1988; Gardner, 1993; Gruber, 1989; Gruber & Wallace, 1999; Lubart, 1994, 1999; Lubart, Mouchiroud, Tordjman, & Zenasni, 2003; Mumford & Gustafson, 1988; Perkins, 1981; Simonton, 1988b; Sternberg, 1985b; Sternberg & Lubart, 1991, 1995, 1996; Weisberg, 1993; Woodman & Schoenfeldt, 1989). 한 예로 Sternberg(1985b)는 창의적인 사람에 대해 일반인들의 생각과 전문가들의 생각을 검토하였다. 사람들이 마음속에 가지고 있는 창의적 인간에 대한 이론은 '아이디어들을 연결한다', '유사점과 차이점을 발견한다', '융통성이 있다', '미적 감각이 있다', '관습에 얽매이지 않는다', '동기화되어 있다', '알고자 하는 욕구가 강하다', '사회적 규범이 옳은지를 따진다'와 같이 인지적 요소와 성격적 요소의 조합으로 이루어져 있다. 명시된 이론들을 살펴보자면,

Amabile(1983, 1996; Collins & Amabile, 1999)은 창의성을 내적 동기, 영역 관련 지식과 기능, 그리고 창의성 관련 기술이 합쳐진 결과라고 설명했다. 창의성 관련 기술에는 (a) 복잡한 상황이나 대상에 대처할 수 있고 문제 해결 시 스스로의 정신 구조를 깰 수 있는 인지 성향, (b) 반직관적인 접근을 시도해보는 등 새로운 아이디어 생성에 필요한 발견법들에 대한 지식, (c) 집중적인 노력, 문제들을 차치(且置)할 수 있는 능력 및 강한 활력 등의 특징을 보이는 업무 성향 등이 포함된다.

Gruber(1981, 1989)와 Gruber, Davis(1988)는 창의성 이해를 위해 발달적 **변화체계모델**을 제안했다. 한 사람의 지식, 목적, 감성은 시간이 지남에 따라 성장하고, 더 많은 이례적인 경우와 맞닥뜨리면서 창의적 산물 생성으로 이어진다. 한 사람의 지식체계 내에서 일어나는 발달적 변화는 찰스 다윈의 진화에 대한 생각의 변화과정과 같은 경우들에서 입증되어 왔다. 목적은 일단의 상호 연관된 목표들을 일컫는데, 이 목적 또한 개인의 행동을 발전시키고 이끈다. 마지막으로 감정 또는 기분체계는 기쁨이나 좌절감이 과제 수행에 미치는 영향을 말한다.

Csikszentmihalyi(1988, 1996; Feldman, Csikszentmihalyi, & Gardner, 1994)는 또 다른 '체계' 접근법을 제시했는데, 이 접근법에서 그는 개인, 영역, 장소 사이의 상호작용을 강조했다. 개인은 영역 내에서 얻은 정보를 인지과정, 성격 요소, 동기 등을 통해 변형하고 확장한다. 예술평론가나 화랑 주인처럼 한 영역에서 통제력, 영향력을 가지고 있는 사람들로 이루어지는 '장'에서 새로운 아이디어를 평가하고 선택한다. 영역은 알파벳 글자, 수학이나 음악에서의 표기법과 같이 문화적으로 규정된 상징체계를 말하며, 창의적 산물을 보존하고 다른 사람들이나 다음 세대들에게 전해주는 역할을 한다. Gardner(1993; Policastro & Gardner, 1999 참고)는 사례 연구들을 통해서 창의적 프로젝트가 어떤 체계 내의 이변이나 개인, 영역, 장 등 세 요소 사이에서 약간의 어긋남이 있을 때 발달하게 된다는 의견을 제시했다. 예를 들자면, 어떤 장 내에서 이견을 보이는 평론가들이 긴장상태를 이룰 때, 또는 어떤 영역에서 흔히 볼 수 없는 능력을 가진 개인이 출현했을 때 발달하게 된다는 것이다. 특히 Gardner(1993)는 20세기에 고도로 창의적인 공헌을 한 일곱 인물의 삶을 분석하였는데, 이 인물들은 Gardner의 연구에서 각각 다중지능에 속하는 지능들 중 한 가지 지능의 대표 사례 역할을 한다. 지그문트 프로이트는 자기이해 지능, 알버트 아인슈타인은 논리-수학적 지능, 파블로 피카소는 공간적 지능, 이고르 스트라빈스키는 음악적 지능, T.S. 엘리어트는 언어적 지능, 마사 그레이엄은 신체-운동적 지능, 모한다스 간디는 대인 관계 지능을 대표하는 예로 분석 대상이 되었다. 찰스 다윈은 고도의 자연탐구 지능을 지닌 예로 들수 있을 것이다. 하지만 Gardner는 이 사람들 중 대부분이 실제로 두 가지 이상의 강한 지능을 가졌으며, 그 지능들 외의 지능은 눈에 띄게 약하기도 했다는 점을 지적했다. 예를 들어 프로이트는 공간적 지능이나 음악적 지능이 약했을 수도 있다는 것이다.

비록 다중지능을 이용하여 창의성을 새롭거나 때로는 가히 혁신적인 아이디어를 생산하는 활동으로 설명할 수도 있지만, Gardner(1993)의 분석은 지적인 영역을 훨씬 벗어난다. 예를 들어 Gardner는 이 창의성 대가들의 행동에서 두 가지 중요한 주제를 찾아내었다. 첫째, 이들은 각자의 획기적인 창의적 업적을 이룰 당시 일종의 지원체계를 가지고 있었다. 둘째, 이들은 대개 자신들이 일하는 분야에서 탁월한 성공을 거두기 위해 사람들이 일반적으로 누리는 인생의 즐거움 중 많은 부분을 포기하는 일종의 '파우스트적 거래'를 했다. 하지만 이런 속성들이 창의성의 본질에 내재된 것인지는 확실하지 않다. 그보다 위의 두 가지 속성은 스스로 자신의 창의적 재능을 사용해 탁월한 성취를 이루기 위하여 노력하는 사람들과 연관된 것으로 보인다. 이외에도 Gardner(1993)는 Csikszentmihalyi(1988, 1996)의 이론을 따라 영역(특정한 주제 분야에 대한 지식의 총체)의 중요성과 장[그러한 지식의 총체가 연구되고 정교화되는 맥락을 일컫는데, 평론가, 출판업자, 여타 '수문장들'과 같이 그 영역에서 일하는 사람들도 이에 포함된다(Baer, in press)]의 중요성을 구분하였다. 영역과 장은 모두 창의성 개발, 궁극적으로는 창의성 인식에 중요한 역할을 한다.

마지막으로 살펴볼 통합적 이론은 Sternberg와 Lubart(1991, 1995)의 창의성 투자 이론이다. 이 이론에 따르면, 창의적인 사람들은 아이디어 영역에서 '저가 매입·고가 판매'를 이룰 의지와 능력이 있는 사람들이다(경제학 이론에서 차용한 개념들에 대해서는 Lubart & Runco, 1999; Rubenson & Runco, 1992 참고). 여기서 저가 매입, 즉 낮은 가격에 산다는 것은 잘 알려지지 않았거나 인기가 떨어졌지만 성장 가능성이 있는 아이디어를 찾는 노력을 말한다. 이러한 아이디어들은 처음 소개될 때에 종종 저항을 받게 된다. 창의적 개인들은 이런 저항에도 불구하고 꾸준히 그 아이디어를 제시하여 결국에는 고가에 판매하고 또 다른, 새로운, 또는 인기가 떨어진 아이디어로 관심을 옮긴다.

투자 이론 관점에서 이루어진 선행연구가 이 모델을 뒷받침한다(Lubart & Sternberg, 1995). 이 연구에서는 (a) 특이한 제목으로 짧은 이야기 쓰기(예 : 문어의 스니커즈 운동화), (b) 특이한 주제로 그림 그리기(예 : 곤충의 관점에서 본 지구), (c) 큰 흥미를 일으키지 않는 제품에 대해 창의적 광고 고안하기(예 : 소매 단추), (d) 특이한 과학 문제 풀기(예 : 한 딜 전부터 지금까지 누가 달에 착륙했는지를 어떻게 알 수 있을까?) 등의 과제들이 동원되었다. 이 연구 결과는 창의적 수행 능력이 어느 정도 영역 특수적이고, 지적 능력, 지식, 사고방식, 성격, 동기, 환경 등 여섯 가지로 구분되지만 상호 연관성이 있는 자원의 조합을 통해 예측할 수 있음을 보여주었다. 이러한 요소들 사이의 통합에 대해 이 연구에서는 한 개인의 창의성은 단순히 각각의 요소에서 그 사람이 보이는 수준의 총합이 아니라고 가정한다. 첫째, 상기의 여섯 가지 요소 중 몇몇(예 : 지식)에 대해서는 역치가 존재해서, 다른 요소들에서 높은 수준을 보이는 사람도 어떤 요소에서 역치 값 미만의 수준을 보일 때 창의성을 발현할 수 없는 경우를 생각할 수 있다. 둘째, 한 요소(예 : 동기)에서 나타나는 강세가 다른 요소(예 : 환경)에서의 약세를 부분적으로 보상할 수도 있다. 셋째, 지능과 동기 사이처럼 높은 수준을 보이는 두 요소들 사이의 상호작용이 창의성을 배로 증진시킬 수도 있다. 대체로 창의성에 대한 통합 이론들은 창의성의 다양한 측면을 설명해준다(Lubart, 1994). 과학과 예술 영역에서의 성취 분석을 예로 들어 보자. 어느 한 영역의 작업을 보면 창의성의 중앙값은 전체 분포에서 낮은 쪽에 위치하며 이 분포에서 창의성이 높은 쪽은 꼬리가 꽤 길게 늘어지는 것을 볼 수 있다. 이러한 분포 형태는 창의성의 여러 요소가 동시에 이루어질 때 최고 수준의 창의성을 얻을 수 있다고 해석할 수 있다. 또 한 예로 가끔 볼 수 있는 창의성의 부분적 영역 특수성은 몇몇 비교적 영역 특수적인 창의성의 요소들(예 : 지식)과 다른, 조금 더 영역 일반적인 요소들(예 : 인내심과 같은 성격 요인)이 섞여 나온 결과로 설명할 수 있다. 이로써 창의성은 대체로 사람들이 어떤 특정한 영역에서 발현하는 것으로 볼 수 있다.

여러 종류의 창의적 업적 이해와 대안적 접근법

일반적으로 창의적 업적에는 단 한 종류가 있다고 생각한다. 하지만 창의성을 연구한 여러 학자들은 이러한 추측에 의구심을 표했다. 사실 우리는 여러 방법을 통해 창의적 업적의 다양한 종류들을 구분할 수 있다. 하지만 이때 기억해야 할 것은, 창의적 공헌은 그것을 바라보는 시점에 따라 다르게 평가될 수 있다는 점이다. 어느 한 시점에서 높은 평가를 받는 사람의 업적이 오랜 시간이 지나도 여전히 그 장에서 높은 평가를 받을지(예 : 모차르트) 그렇지 않을지는(예 : 살리에리) 확신할 수 없다(Therivel, 1999).

창의성과 그 관련 주제를 연구한 이론가들은 창의적 업적에는 여러 종류가 있다는 점을 발견했다(Ochse, 1990; Sternberg, 1988b; Weisberg, 1993 참고). 예를 들어 Kuhn(1970)은 일반 과학과 혁명적 과학을 구분했다. 일반 과학이 기존의 과학 연구 패러다임을 확장하거나 정교화하는 데에 반해, 혁명적 과학은 새로운 패러다임을 제시한다(Dunbar & Fugelsang, 2005, Chap. 29). 일반 과학과 혁명적 과학 사이의 이와 같은 구분은 예술과 문학에도 적용할 수 있다.

Gardner(1993, 1994) 역시 개인이 이루어낼 수 있는 창조적 공헌의 서로 다른 종류를 기술했는데, (a) 잘 정의된 문제의 해결, (b) 포괄적 이론 고안, (c) '고정된 산물' 창조, (d) 의례화된 작업 수행, (e) '위험성이 따르는' 활동 등이 이에 포함된다. 서로 다른 종류의 창의성은 다른 종류의 창의적 산물을 만들어낸다.

창의적 공헌의 종류를 구분하는 다른 기준도 있다. 예를 들어 Rubenson과 Runco(1992), Sternberg와 Lubart(1991, 1995, 1996)의 연구에서 제시된 것과 같이 정신경제 모델들은 각 모델에서 쓰인 매개변수들을 이용해 다양한 종류의 창의적 활동을 구분할 수 있다. Sternberg-Lubart 모델에서 창의적 활동들은 얼마나 '대중의 기대를 거스르는지' 또는 그 활동들이 속하는 장내에서 일군의 문제들을 바라보는 방식에 대해 재정의하는 데에 얼마나 큰 영향을 미치는지 등의 기준에서 차이가 날 수 있다.

Simonton(1997)의 창의성 모델 역시 창의성을 특징짓는 매개변수들을 제시한다. 이 모델에서 여러 종류의 창의적 활동들은 각각의 활동이 다른 활동과 구별되는 정도, 그 활동들이 속한 각 장에서 인정받는 정도에 차이가 있는 것으로 간주될 수 있다(Campbell, 1960; Perkins, 1995; Simonton, 1997 참고). 하지만 이 모델들 중 어느 것도 창의적 활동의 종류를 구분한다는 명시적인 의도를 가지고 개발되지는 않았다.

Maslow(1967)는 창의성을 보다 일반적으로 일차적 창의성과 이차적 창의성의 두 종류로 구분했다. 일차적 창의성은 한 사람이 자기실현을 위해, 즉 자기 자신과 자신의 삶에 대해 성취감을 느끼기 위해 사용하는 창의성이다. 이차적 창의성은 한 영역의 학자들에게 친숙하게 알려진 종류로, 그 영역에서 인정받을 수 있는 창의적 성취가 가능한 창의성이다.

Ward, Smith, Finke(1999)는 집중하기(Bowers, Regehr, Balthazard, & Parker, 1990; Kaplan & Simon, 1990)와 탐색적 사고(Bransford & Stein, 1984; Getzels & Csikszentmihalyi, 1976) 모두가 창의적 사고에 중요한 역할을 한다는 것을 증명하였다. 집중하기가 어떤 문제를 풀기 위해 한 가지 접근법에 집중하는 것을 말하는 반면, 탐색적 사고는 문제 해결에 대해 여러 접근법을 고려하는 것을 말한다. Ward와 동료 연구자들이 제시한 두 번째 구분 방법은 영역 특수적인 창의적 기술(Clement, 1989; Langley et al., 1987; Perkins, 1981; Weisberg, 1986)과 보편적인 창의적 기술(Finke, 1990, 1995; Guilford, 1968; Koestler, 1964)의 구분이다. 마지막으로 Ward와 동료 연구자들은 비구조적 창의성(Bateson, 1979; Findlay & Lumsden, 1988; Johnson-Laird, 1988)과 구조적 또는 체계적 창의성(Perkins, 1981; Ward, 1994; Weisberg, 1986)을 구분하였다. 비구조적 창의성은 비교적 적은 수의 규칙을 가진 체계 안에서, 구조적 창의성은 더 많은 규칙이 따르는 체계 안에서 발현된다. 오늘날에는 수만 명의 예술가, 음악가, 작가, 과학자, 발명가들이 활동하고 있다. 무엇이 이들을 다른 사람들보다 돋보이게 하는 것일까? 왜 어떤 이들은 자신들의 영역에서 기록에 남는 뛰어난 공헌을 하고 어떤 이들은 잊혀지는 것일까?

어떤 사람이 자신이 속한 무리에서 돋보일 때에는 여러 변인이 작용하겠지만, 창의성이 이 과정에 영향력을 미치는 것은 분명하다. 돋보이는 사람들은 특히 자신의 직업 분야에서 창의적인 활동을 하는 사람들이다. 이처럼 창의적인 사람들은 덜 돋보이는 사람들보다 그저 고도로 창의적인 일을 더 많이 하는 것일까, 아니면 그들이 하는 일의 창의성이 다른 사람들의 질보다 높은 것일까? 한 가지 가능성은 창의적 공헌을 하는 사람들은 창의성을 발현하는 **방법**에서 다른 사람과 다른 **결정**을 한다는 것이다.

Sternberg와 동료들은 사람들이 자신의 창의적 자원을 어떻게 사용할 것인지를 결정하는 과정에 대해 '추진이론'을 제시했다(Sternberg, 1999b, Sternberg, Kaufman, & Pretz, 2002). 이 이론의 기본 아이디어는 창의성이 기존의 아이디어들을 발전시키는 데에 어떤 역할을 하는지에 따라 다른 종류로 나뉜다는 것이다. 예를 들어 아이들의 창의성을 계발할 때, 우리는 소규모의 반복부터 대규모의 방향 재설정까지 여러 종류의 창의성을 증진시킬 수 있다.

창의적 활동은 그 안에 발현된 창의성의 양뿐만 아니라 창의성의 서로 다른 종류에 따라서도 차이를 보인다. 예를 들어 지그문트 프로이트와 안나 프로이트는 모두 매우 창의적인 심리학자였지만, 두 사람의 창의적 업적은 몇 가지 면에서 차이점을 보인다. 지그문트 프로이트는 인간의 사고와 동기에 대해 급진적으로 새로운 이론을 제시했다면, 안나 프로이트는 대체로 지그문트 프로이트의 이론을 정교화하고 수정했다. 창의적 활동이 어떻게 하면 그 양에서 뿐만 아니라 질에서도 차이를 보이게 되는 것일까?

한 사람의 활동에 나타난 창의성의 종류는 창의성의 양만큼 또는 많은 경우에 그 이상으로 그 사람과 그 사람의 일에 대한 평가에 영향을 미친다. 목적의 중요성에 따라 창의적 업적은 항상 어떤 맥락 안에서 정의된다. 만약 한 개인의 창의성이 언제나 어떤 맥락 안에서 평가된다면, 그 맥락과 사람들이 평가되는 양상 사이의 관계를 이해하는 것은 도움이 될 것이다. 특히, 주어진 맥락 안에서 한 사람이 이루어낼 수 있는 창의적 공헌의 종류에는 어떤 것이 있을까? 창의성에 대한 대부분의 이론들은 개인이 가진 자질에 초점을 맞춘다(Sternberg, 1999b 참고). 하지만 창의성이 개인과 맥락 사이의 상호작용에서 비롯되는 면이 있는 만큼, 개인의 자질과 그가 이룬 성과는 환경적 맥락과 관련해서 이해할 필요가 있다.

클래식 음악가들과 그들을 주목받게 만든 기술 및 현실적 변인들을 미국 클래식 음악 분야의 상황적 맥락 안에서 바라본 연구가 바로 이러한 접근법이다(Subotnik & Jarvin, 2005; Subotnik, Jarvin, Moga, & Sternberg, 2003). 미국 내 상위 3개 음악원에 소속된 학생, 교수, 그리고 '수문장들'(예 : 주요 클래식 음악 공연장의 예술감독들, 주요 신문의 예술평론가들, 에이전트들)과의 인터뷰를 통해 한 예술가의 여러 단계의 경력에서 성공을 이루는 데에 공헌한 심리적 요인이 무엇이라고 생각하는지 물었다. 이 인터뷰 결과를 바탕으로, 한 젊은 음악가가 음악적 재능을 보이고 음악적 숙련, 전문적 기량의 수준을 거쳐 학자로서의 생산력과 예술성을 보이는 경지에 이르기까지 각 단계마다 가장 중요한 영향을 미치는 변인들을 밝힌 모형을 개발했다. 이에는 음악성과 같이 지속적으로 중요하게 여겨지는 변인들이 있는가 하면 교수가능성과 같이 중개적 역할을 하는 변인들도 있다. 교수가능성은 음악가로서의 경력을 시작할 때에는 중요한 능력이지만, 시간이 지나고 남들과 다른 자신만의 음악을 요구할 때부터는 그 중요성이 덜해지는 능력이다. 시간이 지남에 따라 중요성이 증가하는 중개적 요인의 한 예로는 자신의 강점과 약점을 파악하고 궁극적으로 자신의 강점을 이용할 수 있는 능력이 있다.

종종 제기되었던 문제로, 창의성은 학문의 대상이 될 수 없다는 인식이 있는데 이는 사실과 다르다. 조사에 적절한 방법만 동원한다면 창의성을 이해하려는 노력은 다른 어떤 심리적 구성 개념의 연구만큼 성과를 낼 수 있다. 창의성 이론과 연구의 역사는 길고 흥미롭다. 이 역사는 창의성이라는 현상을 이해하기 위한 다양한 시도들을 그대로 담고 있다. 최근에 학자들은 창의성에 여러 종류가 있다는 것을 인식하고 그것을 이해하려고 노력해왔다. 창의성의 전모를 설명하기 위해서는 창의성의 양적 차이뿐 아니라 창의성의 여러 종류도 대상으로 고려해야 한다. 창의성의 다양한 종류에는 현재의 패러다임들을 받아들이는 창의성, 현재의 패러다임들을 거부하는 창의성, 그리고 현재의 패러다임들을 종합하여 새로운 패러다임을 만들어내는 창의성이 모두 속한다.

제6장

지혜와 영재성

지혜는 통상적으로 영재성이나, 적어도 아동 영재성을 설명할 때는 논의되지 않는다. 하지만 지혜의 부족이 전쟁, 경제적 어려움, 사회적 정체를 낳고 있는 이 시대에 진정으로 지혜를 영재성 논의에서 배제할 수 있을까? 그리고 지혜는 과연 나이가 많은 사람들과만 연결된 개념일까?

나이와 지혜의 상관관계에 대한 어떤 설명에 따르면 나이가 드는 것이 곧 지혜를 얻는 열쇠라고 한다. 어느 나이가 되면 개인은 신비롭게도 꽤 현명해진다. 또 다른 설명에 따르면 사람이 나이가 들면서 현명해지는 것은 맞지만, 그 과정은 느리고 점진적이라고도 한다. 이는 나이가 들어가면서 과거의 경험들이 남긴 지혜가 꾸준히 쌓여가며 배움을 얻고, 이렇게 경험에서 오는 지혜는 생의 마지막 날까지 지속적으로 쌓일 가능성이 크다는 것이다. 나이와 지혜의 관계에 대한 세 번째 설명에 따르면 개인은 나이가 들면 일생을 통해 쌓았던 지혜를 점점 빠른 속도로 잃고, 네 번째로 사람은 오래 전에 얻은 지혜를 잃게 된다.

우리 모두에게 이 네 가지 설명 중 어느 것이 맞는지는 중요한 문제이다. 왜냐하면 어떤 설명은 젊은 사람들이 연장자에게 앞 다투어 조언을 구해야 한다고 암시하고 있는 반면 또 다른 설명에서는 젊은 사람들이 그만큼 열심히 연장자들로부터 멀리 떨어져야 한다는 것을 의미하기 때문이다. 어느 설명이 맞는지 알 수 있는 지혜가 우리에게 있다면 얼마나 좋을까. 실제로 우리가 할 수 있는 일은 증거를 제시하고, 우리가 내린 평가를 소개한 후, 독자 그리고 우리에게 의지하는 젊은이들에게 결정을 맡기는 것뿐이다.

거의 확실한 것은 나이와 지혜의 관계가 한 패턴으로만 진행되지는 않는다는 것이다. 즉, 나이만이 현명함의 발달과정을 나타내는 지표로 유효한 변인이 아니라는 것이다. 나이는 언제나 '텅 빈' 독립변인으로 간주되어 왔다. 나이는 오히려 개인적 성장(Ryff, 1989; Staudinger, Dörner, & Mickler, 2003; Staudinger, Dörner, & Mickler, 2005), 경험에 대한 개방성(Kramer, 2000), 경험으로부터 학습하는 능력(Sternberg et al., 2000) 등의 대리인으로 기능한다. 현명함의 이해에서 나이는 대개 경험을 대신하는 것으로 취급되어 왔다. 하지만 경험이 지혜를 만들어내는 것은 아니다. 그보다는 자신의 경험을 성찰적으로 방향성 있게 이용하면, 그로부터 이득을 얻을 수 있는 능력이 지혜의 발달 양상에 결정적인 영향을 미친다. 따라서 나이를 독립변인으로 취급하는 것은 우리가 지혜의 발달과 쇠퇴에 관련된 인지적 그리고 여타 메커니즘을 이해하는 데에 방해가 될 수 있다.

지혜란 무엇인가?

지혜가 무엇인지를 밝히기 위해 많은 방법들이 시도되었다(Staudinger & Glueck, in press; Sternberg & Jordan, 2005). 이중 지혜의 본질에 대한 철학적 접근과 암묵적 이론 접근법, 명시적 이론 접근법을 살펴본다.

철학적 접근

지혜의 본질에 대한 철학적 접근은 Robinson(1990)이 검토한 바 있다(Robinson, 1989, 특히 아리스토텔레스적 접근에 관한 부분; Kupperman, 2005; Labouvie-Vief, 1990; Osbeck & Robinson, 2005 참고). Robinson(1989; Osbeck & Robinson, 2005)에 따르면 지혜에 대한 연구는 심리학적 연구보다 훨씬 이전부터 진행되어 온 것으로, 플라톤의 대화에서 이미 지혜라는 개념에 대한 서구 최초의 집중적인 분석이 이루어지고 있다. Robinson은 플라톤의 대화에서 지혜에 대한 세 가지 다른 의미가 등장한다고 했는데, (a) 진실을 탐구하며 명상적 삶을 추구하는 사람들에게서 볼 수 있는 소피아로서의 지혜, (b) 정치가나 입법가들이 보여주는 실용적 지혜를 일컫는 프로네시스, (c) 사물을 과학적 관점에서 이해하는 사람들이 보여주는 에피스테메가 이에 속한다.

아리스토텔레스는 위에 언급한 대로 **실용적인 지혜**를 일컫는 프로네시스와 진실을 탐구하는 것을 목적으로 하는 이론적 지식 **관상**(觀想, theoretikes)을 구분했다. Robinson은 아리스토텔레스가 말한 대로 현명한 사람은 사건의 배후를 형성하는 구체적·현실적·공식적 이유 너머의 문제를 이해하는 사람이라는 점에 주목한다. 이러한 사람은 모든 사물의 궁극적 원인도 이해한다.

이렇게 초기 그리스 시대에 발전한 개념들 이후에도 지혜에 대한 다른 철학적 개념들은 계속 뒤따랐다. 물론 여기에서 그 모든 개념을 검토하기란 불가능하다. 하지만 한 예로, 초기 기독교 관점에서는 신성하고 절대적인 진리를 추구하며 삶의 중요성을 강조했다. 오늘날까지도 대부분의 종교들은 단순히 물질세계뿐 아니라 정신세계와 물질세계와의 관계를 이해함으로써 얻어지는 지혜를 갖고자 한다. 하지만 모든 종교가 절대적인 진리를 찾으려고 하는 것은 아니다. 어떤 사안에서는 절대적 진리가 존재하는지의 여부 자체가 불분명하기 때문이다.

암묵적 이론 접근법

지혜에 대한 암묵적 이론 접근법들은 공통적으로 지혜가 무엇인지에 대해 사람들이 가지고 있는 전통개념들을 이해하고자 한다. 따라서 이 접근법들의 목표는 지혜를 '심리학적으로 사실'이라고 여기는 방법으로 설명하는 것이 아니라, 그 믿음의 진위와 상관없이 사람들이 지혜에 대한 올바른 정의라고 믿는 것이 무엇인지 밝혀내는 것이다.

Holliday와 Chandler(1986)는 지혜의 개념을 이해하기 위해 암묵적 이론 접근법을 사용하였다. 일련의 실험들을 통해 약 500명 정도의 참가자들이 이들의 연구 대상이 되었다. 연구자들의 주요 관심사는 지혜라는 개념이 원형(Rosch, 1975) 또는 주요 개념으로 이해될 수 있는지를 결정하는 것이었다. 그들이 수행한 여러 연구 중 한 연구 결과의 주요 요소를 분석한 결과 다섯 가지 잠재 요인들을 발견했는데, 이는 우수한 이해능력, 판단과 의사소통 기술, 전반적인 수행 능력, 대인 기술, 사회적 배려 등이다.

Sternberg(1985b, 1990b)는 지혜에 대한 암묵적 이론들을 조사한 일련의 연구를 보고했다. 이 중 한 연구에서는 예술·경영·철학 그리고 물리학 분야에서 각각 200명의 교수들을 대상으로, 해당 인구의 사전 조사에서 얻은 행동 중에서 교수 자신이 생각하기에 자신의 분야에서 가장 이상적으로 현명한 사람, 지적인 사람, 창의적인 사람의 각 특성을 잘 나타내는 정도에 따라 서열을 매기도록 청했다. 일반인들 역시 위와 같은 행동들을 이상적인 현명함, 지성 그리고 창의성의 특성을 나타내는 정도에 따라 서열을 매기되, 직업과 상관없이 연구 대상자가 가정한 이상적인 개인에 빗대어 서열을 짓도록 했다. 그 다음, 이들 3개의 서열 결과 사이에 상관관계가 도출되었다. 철학교수 집단을 제외한 다른 그룹에서는 지혜와 지성 사이가 가장 높은 상관관계를 보인 반면, 철학교수들의 서열 결과에서는 지성과 창의성 사이에서 가장 높은 상관관계가 발견되었다. 지혜 서열과 지성 서열 사이의 상관관계는 .42와 .78 사이에 분포되었고 중앙값은 .68이었다. 모든 교수 그룹에서 가장 낮은 상관관계는 지혜와 창의성 사이에서 나타났다. 지혜 서열과 창의성 서열 사이의 상관관계는 −.24와 .48 사이에 분포되었고 중앙값은 .27이었다. 유일하게 나타난 부적 상관관계(−.24)는 경영학 교수들의 서열 결과에서 나타났다.

두 번째 연구에서는 40명의 대학생들로 하여금 각 집합이 40개 행동으로 이루어진 3개의 집합에서 각각의 집합에 속하는 행동들을 자기가 원하는 만큼 많은 또는 원하는 만큼 적은 수의 더미로 분류하도록 했다. 3개의 집합 중 각각의 집합에 속한 40개의 행동들은 이전 교수 대상의 연구에서 지혜, 지성, 창의성, 3개 특성 각각을 잘 보여주는 정도에 따라 매겨진 서열에서 상위 40위에 든 행동들이었다. 그 다음 각 집합에서의 분류결과에 비계량 다차원 척도법을 적용했다. 그 결과 지혜와 관련해서는 여섯 개의 요소가 도출되었는데, **추론 능력, 혜안, 아이디어와 환경으로부터의 학습, 판단력, 정보의 신속하고 효율적인 사용, 통찰력** 등이 이에 속했다.

이 여섯 개 요소에 자주 분류된 행동들의 예를 보면 다음과 같다. **추론 능력**으로는 '어떤 문제나 상황을 살펴본 후 해결하는 특별한 능력이 있다', '문제 해결 능력이 뛰어나다', '논리적 사고를 한다' 등이 분류되었고, **혜안**에 속하는 행동으로는 '다른 사람을 고려할 줄 안다', '충고를 새겨듣는다', '다양한 사람과의 교류를 통해 사람을 이해한다' 등이 분류되었다. **아이디어와 환경으로부터의 학습**에는 '아이디어를 중요하게 생각한다', '예리하다', '다른 사람의 실수로부터 배운다' 등이, 판단력으로는 '자신의 신체적·지적 한계 내에서 행동한다', '분별 있다', '언제나 우수한 판단력을 보인다' 등이 분류되었다. 이어서 정보의 신속하고 효율적인 사용으로는 '노련하다', '정보, 특히 세부적인 정보를 찾아낸다', '나이가 많거나 숙련되었거나 오랜 경험을 가지고 있다' 등이, 통찰력으로는 '직관력이 있다', '옳고 진실인 쪽의 해결방안을 제시할 수 있다', '사물을 꿰뚫어볼 수 있다. 즉, 행간을 읽을 수 있다' 등이 분류되었다.

같은 연구에서 지능의 요소로는 실질적인 문제 해결 능력, 언어구사능력, 지적인 균형과 통합, 목표지향과 성취, 유동적 사고 등이, 창의성의 요소로는 변화가능성, 통합능력과 지성, 미적 감각과 상상력, 결정 능력과 융통성, 통찰력, 공적을 이루고 인정받으려는 욕구, 호기심, 직관 등이 분류되었다.

세 번째 연구에서는 50명의 성인들이 가상의 개인들을 대상으로 지능, 창의성, 지혜의 세 가지 기준에 따라 서열을 정하고, 이 인물들의 세 가지 특성에 대해 매겨진 서열들 중에서 성립하는 짝들 사이의 상관관계를 계산하였다. 실험 결과 지혜와 지능 서열 사이는 .94, 지혜와 창의성 서열 사이는 .62, 지능과 창의성 서열 사이에는 .69의 상관관계를 보여서, 사람들이 암묵적 이론 안에서 지혜와 지능은 매우 높은 관계가 있는 것으로 인식하고 있음이 밝혀졌다.

Yang(2001)은 616명의 대만계 중국인들을 대상으로 지혜에 대해 연구하였다. 연구 결과, 연구 대상들의 지혜에 대한 이해에는 수행 능력과 지식, 박애와 연민, 개방성과 심오함, 겸손함과 배려 등의 네 가지 요소가 포함되었다. Takayama(2002)는 넓은 연령층의 일본인 남녀들이 가지고 있는 지혜에 대한 암묵적 이론에 대해 수행한 연구에서도 비슷한 요소들을 발견하였다. Takayama의 연구에서 나타난 네 가지 요소들은 지식과 교육, 이해력과 판단력, 사교성과 대인 관계, 자기 성찰적 태도 등이었다.

Takahashi와 Bordia(2000)는 미국인·호주인·인도인·일본인을 대상으로 지혜에 대한 암묵적 이론을 비교하였다. 미국인 집단과 호주인 집단들에서 동일한 요소들이 발견되었다. 이들 두 집단에서는 현명한이라는 형용사는 의미상 노련한과 박식한이 가장 유사했고, 신중한이라는 형용사와 유사성이 가장 약했다. 이들 두 집단에서 이상적인 자아는 박식하고 현명한 사람으로 특징지어진 반면, 나이가 많고 신중한 것은 마땅치 않은 모습으로 간주되었다. 반면 인도와 일본 성인들은 현명한이라는 형용사를 신중한이라는 말과 의미상 가장 유사하고, 나이 든과 노련한이 유사성에서 그 뒤를 따르는 것으로 간주하였다. 일본인들은 현명하고 신중한 모습을 가장 이상적으로 본 반면, 박식함은 그 가치와 속성에 훨씬 못 미치는 것으로 보았다. 4개의 문화집단들 모두가 현명함을 매우 가치 높은 속성으로 간주한 반면, 나이가 든 것은 반대로 가치가 매우 낮은 것으로 보았다. 이 결과가 사실이라면 이 문화 그룹들 중 늙고 싶어하는 젊은이는 아무도 없었던 것이다.

Montgomery, Barber, McKee(2002)는 노년층 참가자들을 대상으로 스스로의 삶에 비추어 지혜의 특성이 무엇인지 알아보았다. 이 결과 남을 지도해주는 것, 지식을 소유한 것, 경험이 있는 것, 도덕적 원칙이 있는 것, 연민을 바탕으로 인간관계 맺는 것 등이었다. 이와 비슷한 연구에서 Sowarka(1989)는 현명한 사람들은 이야기 속에서 자신들이 특히 새롭고 효과적인 전략을 사용하여 문제를 해결하는 능력을 강조한다는 점을 발견했다.

명시적 이론 접근법

명시적 이론은 일반인보다는 이른바 전문 이론가와 연구가들이 구축한 결과이다. 지혜에 대한 연구에서 대부분의 명시적 이론 접근법들은 인간발달심리학에서 나온 구성 개념들을 바탕으로 한다.

일부 학자들의 지혜에 대한 정의를 보면, 지혜를 완숙도가 높아지면서 생기는 특성이라고 보고 있음을 알 수 있다. 한 예로 Birren과 Fisher(1990)는 지혜를 "살면서 직면하는 과제를 수행하고 문제를 해결하는 과정에서 이루어지는 인간능력의 정의적·의욕적·인지적인 통합이다. 강렬한 감정과 무심함, 행동과 무위, 지식과 의혹과 같은 상반된 상태 사이에서 이루는 균형이다. 경험이 쌓임에 따라 늘어나고, 따라서 나이가 들면서 늘어나게 되지만 나이 든 사람에게서만 보이는 것은 아니다."라고 설명한다(Birren & Fisher, 1990, p.326). 어느 정도의 나이는 지혜가 발달하기 위한 필요조건이지만 충분조건은 아닌 요소로 간주되는 견해가 많다.

Taranto(1989)는 지금까지의 지혜 관련 연구들을 철저히 검토하여 지혜를 이해하는 새로운 관점을 제공했다. 그는 지혜를 인간의 한계에 대한 인식과 대응이라고 정의했다. 이와 관련된 관점으로는 지혜가 환상을 꿰뚫어보는 것이라고 한

McKee와 Barber(1999)의 정의가 있다. Brugman(2000)은 지혜를 불확실한 상황에 특히 잘 대처하는 자질이라고 정의했다. 이 관점에서 지혜는 인지적·정의적·행동적 요소들을 동반한다. Brugman은 현실의 이해가능성에 대한 의혹과 불확실성이 커질수록 지혜 역시 늘어난다고 믿는다.

Ardelt(2000a, 2000b)는 조금 더 복잡한 정의를 내놓았다. Ardelt는 지혜가 세 가지 요소로 이루어졌다고 보는데, (a) 진실이나 실재를 있는 그대로 볼 수 있는 인지적 능력, (b) 자신의 주관성과 객관화를 인식하게 되고 이를 초월하게 될 때 생기는 반영성 그리고 (c) 다른 사람에 대한 공감과 연민이다. 칸트는 순수이성비판에서 이와 다른 견해를 보였는데, 사람들은 진실과 실재를 있는 그대로는 볼 수 없고 단지 이 대상들이 개개인의 감각을 통해 여과된 상태로만 볼 수 있다고 설명했다.

가장 대규모의 연구프로그램은 Baltes와 동료 연구자들이 행한 연구였다. 예를 들어 Baltes와 Smith(1987, 1990)는 성인 참가자들에게 생활 관리에 관한 문제들을 주었는데, "14세의 소녀가 임신을 했다. 이 소녀 또는 다른 사람들이 어떤 것을 고려하고 행동으로 옮겨야 하는가?", "15세 소녀가 곧 결혼하기를 원한다. 이 소녀 또는 다른 사람들이 어떤 것을 고려하고 행동으로 옮겨야 하는가?" 등의 문제였다. Baltes와 Smith는 참가자들이 위의 두 질문을 비롯한 다른 질문들에 대답하며 지킬 규약에 근거해 다섯 가지 구성 요소모델을 적용했는데, 그 바탕에는 지혜를 생활의 근본적 문제들에 대한 전문적 지식으로 보는 견해(Smith & Baltes, 1990) 또는 중요하지만 불확실한 생활 문제들에 대한 양질의 판단과 조언으로 보는 견해(Baltes & Staudinger, 1993)가 자리하고 있었다. 이 연구에서 지혜를 반영하는 다섯 요소는 다음과 같다. (a) 풍부한 사실 지식(삶의 다양한 조건들에 대한 일반적이고 구체적인 지식), (b) 풍부한 절차적 지식(삶의 문제에 관한 판단과 조언 전략에 관한 일반적이고 구체적인 지식), (c) 생애 발달 맥락주의(삶의 맥락들과 그들 간의 시간적·발달적 관계들에 대한 지식), (d) 상대주의(여러 가치, 목표, 우선순위들 간의 차이에 대한 지식), (e) 불확실성(삶의 상대적 비결정성과 불가측성, 그리고 이러한 상황에서 살아가기 위한 방법에 대한 지식).

일반적 인물 요인, 전문지식-특수 요인, 촉진적 경험 맥락 등, 세 가지 요인들이 현명한 판단을 촉진시키는 것으로 제기되었다. 이들 요소들은 인생 계획, 관리, 검토에 사용된다. 참가자들 답변 중 전문가의 답변은 위의 요소 중 더 많은 요소를 반영하고, 초보자의 답변은 별로 반영하지 못한다. 현재까지 수집된 자료들에 따르면 대체적으로 이 모델에서 문제점이 발견되지 않았다.

어느 정도 시간이 지나면서 볼테스와 그의 동료들(Baltes, Smith, & Staudinger, 1992; Baltes & Staudinger, 1993)은 지혜 연구에 대해 자신들이 제시한 이론적·측정적 접근법들의 실증적 효용성을 보여주는 광범위한 자료를 수집했다. Staudinger, Lopez, Baltes(1997)는 지능과 성격의 측정치, 그리고 그들 간의 인터페이스는 지혜의 측정치와 그 측정된 구성요인에서 겹치지만 동일하지는 않다는 점을 밝혀내었다. Staudinger, Smith, Baltes(1992)에 의하면 지혜와 관련된 과제에서 인적 서비스 전문가들이 통제집단보다 나은 수행 능력을 보였다. 또한 추가 연구에서 Staudinger와 Baltes(1996)가 발견한 바에 따르면 과제 수행 환경이 참가자들의 생활과 생태학적으로 관련이 있고, 실제 또는 '가상의' 정신적 교류를 제공할경우 참가자들의 지혜 관련 수행 능력이 눈에 띄게 증가하였다.

Sternberg (1990a, 1990b) 역시 명시적 이론을 제시했는데, 그는 지혜는 6개의 선행 요인을 통해 발달한다고 주장했다. 이 6개의 선행 요인은 다음과 같다. (a) 지식 : 그 지식에 상정된 바와 그 의미, 더불어 한계에 대한 지식까지 포함된다. (b) 과정 : 어떤 문제는 자동적으로 해결해야 하고 또 어떤 문제는 그렇게 해결해서는 안 되는지에 대한 이해가 포함된다. (c) 판단적 사고 성향 : 대상을 심도 있게 판단하고 평가하려는 사고 성향을 말한다. (d) 성격 : 애매함과 삶에서 장애물이 가지는 역할에 대한 관용을 포함한다. (e) 동기 : 특히 현재 인간이 알고 있는 것이 무엇이고 그것의 의미가 무엇인지 이해하려는 동기를 말한다. (f) 환경 맥락 : 여러 가지 사고와 행동의 배경이 된 환경 내의 맥락적 요소에 대한 이해가 이에 연관된다.

위에 거론한 이론(Sternberg, 1990b)이 지혜에 대한 일련의 선행요소들을 명시했다면, 뒤이어 등장한 균형이론(Sternberg, 1998b)은 지혜의 **과정들**(이해관계들과 환경 맥락에 대한 반응들의 균형 유지하기)을 지혜의 **목표**(공공의 이익 달성)와의 관계 속에서 명시하고 있다. 최초의 이론은 후에 발달적 그리고 개인적 차이의 선행 원인을 밝혀냈다는 의미를 부여받으며 균형이론으로 포함되는데, 이는 후에 다시 논의하기로 하자.

균형이론에 따르면 지혜란 지능, 창의성, 지식을 긍정적인 윤리적 가치를 매개로 하여 공공의 이익을 성취할 수 있게끔 적용하는 것인데, 이때 성취는 (a) 단기간, 혹은 장기간에 걸쳐, (b) 기존 환경에의 적응, 기존 환경 형성, 새로운 환경 선택 사이에 균형을 맞추기 위해, (c) 개인 내, 개인 간, 개인 외 이해관계 사이에서의 균형을 통해 이루어진다(Sternberg, 1998b, 2000c, 2001b, 2003a; Sternberg & Lubart, 2001).

이 세 가지 이해관계 각각에는 어떤 종류의 고려사항들이 속하는가? 개인 내 이해는 스스로의 인기와 명망을 증진시키고, 더 많은 수입을 올리고, 더 많이 배우고, 스스로의 정신적 안녕을 증진하며, 스스로의 권력을 늘리고 싶은 욕구 등이 포함될 수 있다. 개인 간 이해에도 비슷한 내용의 욕구들이 포함될 텐데, 다만 그 수혜자가 자신이 아닌 다른 사람이라는 점이 다르다. 개인 외 이해에는 자기 학교의 안녕에 공헌하기, 자신이 속한 공동체에 원조하기, 국가의 안녕에 공헌하기, 신을 섬기기 등을 포함할 수 있다. 사람에 따라 각기 다른 방식으로 이런 이해들 사이의 균형을 유지한다. 한쪽에 극단으로 치우칠 때 악독한 독재자는 자기 자신의 개인적 권력과 부를 강조할 수 있다. 반대쪽에 극단으로 치우칠 경우, 성인은 오직 다른 이 그리고 신을 섬기는 것만을 강조할 수도 있다.

이해관계들 사이에 적절한 균형을 맞추는 것이 어떤 것인지, 환경에 대한 적절한 대응은 무엇이고, 심지어 공공의 이익이란 무엇인지까지도 모두 가치에 따라 결정되는 문제들이다. 따라서 윤리적 가치는 현명한 사고에 필수적인 요소이다. 이때 제기되는 것이 '이 가치들이 과연 누구의 가치인가'라는 문제이다. 여러 핵심 종교들과 다르며 공인된 가치체계들은 비록 세부적으로 차이를 보여도, 인간 생명 존중, 정직, 진실, 공정함, 사람들이 자신의 잠재력을 발현하도록 해주는 셋 등의 보편적 가치들은 공통적으로 가지고 있는 것으로 보인다. 물론 모든 정부와 사회가 그러한 가치들을 존중하는 것은 아니다. 히틀러 치하 독일과 스탈린 치하 러시아는 노골적으로 이들 가치를 무시했고, 오늘날 대부분의 사회들도 위의 가치들을 어느 정도까지 존중할 뿐이지, 가치 실현에 완전히 매진하고 있는 것은 아니다.

이런 관점에서 볼 때, 사람들은 영리할지는 몰라도 지혜롭지는 않다. 영리하지만 지혜롭지 못한 사람들은 다음의 사고 오류 중 하나 이상의 오류를 보인다.

(a) 전 세계가 자신들을 중심으로 회전한다고 생각하는 자기중심주의의 오류, (b) 자신들이 모든 것을 다 안다고 생각하는 전지의 오류, (c) 스스로 원하는 것은 무엇이든 할 수 있다고 생각하는 전능의 오류, (d) 어떤 일을 해도 해를 면할 수 있다고 생각하는 안전의 오류, (e) 비현실적인 낙관주의의 오류, (f) 윤리는 자신들이 아닌 다른 사람에게 적용되는 것이라고 믿는 윤리적 이탈의 오류이다(Sternberg, 2002a, 2005b).

일부 이론가들은 지혜를 후형식적-조작적 사고와 관련하여 지혜가 피아제의 지능의 단계들(Piaget, 1972)보다 뒤에 오는 것으로 보았다. 따라서 지혜는 피아제의 형식적 조작 뒤에 오는 사고단계일 수 있다. 그 예로 일부 저자들은, 지혜로운 개인들은 반성적으로 또는 변증법적으로 사고하는 사람들이며, 후자의 사람들은 진실이 언제나 절대적인 것이 아니라 정반합의 역사적 맥락 속에서 진화한다는 것을 이해해야 주장했다(e.g., Basseches, 1984a, 1984b; Kitchener, 1983, 1986; Kitchener & Brenner, 1990; Kitchener & Kitchener, 1981; Labouvie-Vief, 1980, 1982, 1990; Pascual-Leone, 990; Riegel, 1973). 여기에서는 아주 간단히 변증법적 접근의 구체적인 예를 몇 가지 살펴보도록 하자.

Kitchener와 Brenner(1990)는 지혜란 서로 대립하는 관점들의 지식 통합이라고 했다. 이와 유사하게 Labouvie-Vief(1990)는 논리적 형태의 처리과정과 더 주관적 형태의 처리과정 사이에 이루어지는, 무리 없고 균형 잡힌 대화의 중요성을 강조했다. Pascual-Leone(1990)은 한 개인의 정서, 인지, 동기 그리고 인생 경험 등 모든 면들의 변증법적 통합의 중요성을 주장했다. 이와 비슷하게 Orwoll과 Perlmuter(1990)는 인지와 정서의 통합이 지혜에 대해 가지는 중요성을 강조했다. Kramer(1990)는 상대주의적 그리고 변증법적 형태의 사고, 정서, 숙고를 통합하는 것이 중요하다는 의견을 제시했고, Birren과 Fisher(1990)는 지혜에 대한 여러 관점을 종합하며 인간 능력의 인지적·행동적·정의적 측면들의 통합이 중요하다고 설명했다.

다른 이론가들은 자신이 가지고 있는 지식의 한계를 안 후 그 한계를 넘어서려는 노력의 중요성을 제시했다. 예를 들어 Meacham(1990)은 지혜의 중요한 요소는 스스로의 오류를 자각하고, 자신이 무엇을 알고 무엇을 모르는지를 아는 것이라고 주장했다. Kitchener와 Brenner(1990) 역시 자기 지식의 한계를 아는 것이 중요하다고 강조했다. Arlin(1990)은 지혜를 문제 발견에 연결시켰는데, 그 첫 단계는 자신이 현재 문제를 정의하는 방식이 적절하지 않을 수 있다는 것을 인식하는 것이다. Arlin은 문제 발견이 후형식적 조작 사고의 한 단계일 수 있다고 보았다. 변증법적 사고와 문제 발견은 서로 구분되는 후형식적-조작 단계들일 수도 있고, 동일한 후형식적-조작 단계의 두 가지 발현일 수도 있다.

지혜에 대한 발달적 접근법의 대부분은 개체 발생적 접근법임에도 불구하고 Csikszentmihalyi와 Rathunde(1990)은 계통 발생적 또는 진화론적 접근법을 채택하고, 지혜와 같은 구성 개념들이 적어도 문화적 의미로 시간이 지나면서 선택되었을 것이라고 주장했다. 즉, 현명한 아이디어들은 시간이 지나면서 현명하지 못한 아이디어들보다 어느 문화 안에서 살아남을 가능성이 더 크다는 것이다. 이들 이론가들은 지혜가 세 가지 기본적 차원의 의미를 가지고 있다고 정의한다. (a) 인지적 과정, 즉 정보를 입수하고 처리하는 특수한 방식으로서의 의미가 있고, (b) 미덕 또는 사회적으로 존중받는 행동방식으로서의 의미가 있으며, (c) 선(善)함, 즉 개인적으로 바람직한 상태 또는 조건으로서의 의미가 있다는 것이다.

지혜와 나이의 관계에 대한 일반적 견해

지혜의 측면에서 볼 때 나이가 들면 영재성이 더 높아질까? 비록 영재성은 아동을 대상으로 연구되지만, 지혜는 어쩌면 성인, 특히 성숙한 성인을 대상으로 할 때 가장 잘 연구할 수 있는 주제일 수도 있다. 지혜와 나이에 관해서는 다섯 가지의 일반적 견해들이 있다.

첫째는 '통념'이라고 부를 수 있을 것이다. 이 견해는 대부분의 사람들이 성장하면서 접해 온 관점이다. 이 관점에 따르면, 지혜는 나이가 들면서 발달한다. 비록 사람이 나이가 들면 신체적 능력은 퇴보하지만, 대신 일종의 정신적 자각 또는 재각성이 일어나 현명하게 된다는 것이다.

둘째는 소위 '유동성 지능' 관점이다. 이 견해는 Paul Baltes와 그의 동료들 그리고 그 외 다른 연구자들(Baltes & Staudinger, 2000)이 지지했다. 이 관점에서는 지혜의 변동에 유동성 지능의 변동을 맞춰 지혜가 유동성 지능과 대략 동일한 증가·감소 패턴을 보이거나, 새로운 방향으로 유연성 있게 사고할 수 있는 능력으로 보인다고 결론을 내렸다(Horn & Cattell, 1966). 이 이론에 따르면, 지혜는 성인 초기까지 증가하다가 얼마동안 수평상태로 머물고, 이후 중년기나 중년 후기에 감소하기 시작한다. 가장 잘 유지한 경우라도 개인이 상당한 수준의 지혜를 가지고 있을 수 있는 것은 노년 초기까지이다(Jordan, 2005; McAdams & de St. Aubin, 1992 참고).

셋째는 소위 '결정성 지능' 관점이다. 이 관점은 지혜가 결정성 지능과 비슷한 움직임을 보인다는 것이다(Horn & Cattell, 1966; Schaie, 1996). 이 관점에 따르면 지혜는 비교적 어린 나이에 증가하기 시작해서 계속 증가하다가 노년기, 아마도 사망하기 10여 년 전쯤에야 멈추는데, 이때 질병 등이 지혜의 계속되는 증가를 막을 수 있기 때문이다(Jordan, 2005; Sternberg, 1998b 참고). 결국 이 관점은 지혜가 나이를 많이 먹은 후에도 계속 증가한다고 보는 것이다. 일부 종단적 연구에서 얻은 실증적 증거들이 이 관점을 뒷받침하고 있다(Hartman, 2000; Wink & Helson, 1997).

넷째는 지혜가 유동성 지능과 결정성 지능의 움직임을 모두 따른다는 견해이다(Birren & Sensson, 2005). 이 관점에서 볼 때 지혜의 변동은 유동성 지능과 결정성 지능 중 어느 한 가지의 움직임보다 더 복잡한 모양으로 이루어지게 된다. 이 관점에 따르면 지능은 성인 중기나 후기 중 어느 시점에 이를 때까지 증가하다가 유동성 능력이 쇠퇴하기 시작하면 결정성 능력의 증가분이 지혜의 감소를 만회하기에 역부족인 시기가 온다고 본다. 따라서 이 관점에서는 결정성 지능의 관점만으로 예측할 때보다 더 빠른 시기에 지혜의 쇠퇴가 일어나게 된다.

다섯째는 사실 지혜는 나이가 듦에 따라 점증적으로 쇠퇴하며, 그 쇠퇴 과정은 어린 나이에 시작된다는 견해이다(Meacham, 1990). 이 견해는 흥미롭지만 그것을 뒷받침할 실증적 증거는 상대적으로 빈약하다. 하지만 아주 고령의 노인들, 말하자면 평균적으로 75세 이상의 노인들에게서는 지혜가 쇠퇴한다는 실증적 증거가 있다(Baltes & Staudinger, 2000). 이러한 쇠퇴는 육체적 건강의 쇠퇴와 연관이 있는 것으로 보인다.

마지막으로 지혜의 발달은 개인차가 너무 커서 평균치를 가지고는 지혜의 발달 과정을 제대로 알 수 없다는 견해이다. 결정성 지능과 같이 어떤 종류의 경험 자체를 통해 지혜를 얻게 되는 것이 아니라, 그 경험들을 성찰적이고 행동지향적인 방법으로 사용하려고 결정할 때 공공의 이익에 기여할 수 있다는 것이다.

암묵적 이론

지혜와 나이에 대한 암묵적 이론

지혜에 대한 암묵적 이론이란, 지혜는 무엇이고 어떻게 발달하는지에 대해 사람들이 가지고 있는 인식을 말한다. Bluck과 Glück의 저서(2005)에는 지혜의 암묵적 이론에 대한 뛰어난 검토가 담겨 있다. 지능이나 창의성 연구와는 다르게 지혜에 관한 연구 중 대부분은 암묵적 이론의 형태를 가졌다. 따라서 지혜와 영재성의 관계를 이해하기 위해서는 사람들이 어떤 이를 지혜롭다고 할 때 그것이 무엇을 의미하는지를 이해하는 것이 도움이 된다.

Carl Jung(1964)은 사람들은 지혜에 대한 원형을 가지고 있고 그 원형들은 꿈속에서 스스로를 드러낸다고 주장했다. 그 사람의 연령과 상관없이 그 원형에서의 지혜는 나이와 연결된다. 융은 여자들의 꿈에는 여사제, 여주술사, 대지의 어머니, 사랑의 여신 또는 사랑의 본성과 같이 우월한 여성상이, 남자들의 꿈에는 현명한 노인, 자연의 정령 또는 이와 비슷한 어떤 남성적인 전수자가 나타난다고 믿었다(Jung, 1964; Birren & Svensson, 2005 참고). 따라서 융은 지혜가 노령은 아니더라도 성숙함과는 명백한 연관이 있다고 보았다.

Heckhausen, Dixon, Baltes(1989)는 성인기에 이루어지는 지식 발달에 대한 사람들의 견해를 연구했다. 참가자들에게 '지혜로운'을 비롯한 여러 가지 특징들이 성인기에 얼마나 발달한다고 생각하는지에 따라 서열을 정하도록 했다. 두 번째 연구에서 참가자들은 위와 같은 각 특징들이 인생에 걸쳐 변하는 현상이 바람직하게 여겨지는 정도에 따라 서열을 정했다. 대체로 참가자들은 나이가 드는 현상을 바람직하지 않은 변화로 여겼지만 '위엄 있는'과 '지혜로운'의 두 특징은 예외였다. 참가자들은 두 특성 모두 나이가 들면서 증가한다고 믿었고 그러한 변화를 바람직하게 여겼다. 이들은 지혜가 약 55세쯤부터 증가하기 시작하여 인생의 가장 마지막 단계 이전까지는 계속 증가한다고 믿었다.

지혜에 대한 또 다른 연구 방법은 참가자들에게 지혜로운 사람들을 추천하라고 하는 것이다. Paulhus, Wehr, Harms, Strasser(2002)는 대학생들에게 그들이 생각하는 가장 지혜로운 사람들의 목록을 만들도록 했다. 상위 15위에 든 인물들을 상위에서 하위 순으로 보면, 간디, 공자, 예수, 마틴 루터 킹, 소크라테스, 테레사 수녀, 솔로몬 왕, 부처, 교황, 오프라 윈프리, 윈스턴 처칠, 달라이 라마, 앤 랜더스, 넬슨 만델라, 엘리자베스 여왕이었다. 이를 보면 순위에 포함되는 데에는 명성의 정도도 영향을 미쳤을 것이라고 생각된다. 연구자들은 다시 참가자들에게 그들이 생각할 수 있는 가장 유명한 인물들의 목록을 만들도록 요구했다. 이 결과, 나온 목록과 앞의 지혜로운 사람에 대한 목록 사이에 겹치는 인물은 예수와 넬슨 만델라뿐이었다. 지혜로운 사람의 목록에 오른 인물들의 대부분은 어느 면에서 볼 때 정신적 지도자들이었고, 이들 중 모두는 아니더라도 대부분은 나이가 든 후에 그들의 지혜로 인해 유명해졌다.

관련된 연구에서 Perlmutter, Adams, Nyquist, Kaplan(1988)은 지혜와 나이의 관계에 대한 사람들의 인식을 조사했다. 그들이 발견한 바에 따르면 참가자의 78%는 지혜가 나이에 연관된다고 보았다. 이 연구에서 사람들이 지혜로운 사람으로 추천한 인물들은 대부분의 경우 50세 이상이었다. 흥미로운 것은 참가자의 연령이 올라갈수록 그들이 추천한 지혜로운 사람의 연령도 증가했다는 것인데, 이는 서로 다른 나이의 사람들은 서로 다른 집단에 연대감을 느낀다는 점을 암시한다. 또 다른 연구에서 Jason 등(2001)은 지혜로운 인물로 추천된 사람들의 평균 연령이 60세였다고 보고했는데, 이는 Baltes, Staudinger, Maercker, Smith(1995)의 연구 결과와 유사하다.

Knight와 Parr의 연구(1999)에서 참가자에게 청년층, 중년층, 노년층 사람들의 지혜를 판단하도록 했는데, 대체로 고령의 인물들이 중년이나 젊은 사람들보다 더 지혜로운 것으로 자리매김 되었다. Stange, Kunzmann, Baltes(2003) 역시 더 나이가 많은 참가자들이 지혜로운 사람으로 평가받았다는 결과를 내놓았다. 하지만 나이가 지혜에 관련된 유일한 요소는 아니었다. Hira와 Faulkender(1997)는 성별역시 영향을 미친다는 점을 발견했다. 이상하게도 참가자들은 남성에 대해서는 나이가 많은 남성들이 젊은 남성들보다 지혜롭다고 생각한 반면, 여성은 젊은 여성들이 나이가 많은 여성들보다 더 지혜롭다고 생각했다.

Calyton(1975)은 지혜를 실증적으로 연구한 최초의 연구자들 중 한 사람인데, 그는 다양한 연령대의 사람들이 가지고 있는 지혜의 개념들을 살펴보았다. Clayton은 참가자들의 연령이 높을수록 지혜에 대한 개념이 더 자세히 구분되었다는 점을 발견했다. 한편 참가자 자신의 연령과 참가자가 판단한 스스로의 지혜의 수준 사이에는 아무 관련이 없었다.

Clayton(1975, 1976, 1982; Clayton & Birren, 1980)은 연령별로 청년, 중년, 노년으로 나눈 3개의 성인 표본집단에 다차원척도법을 적용해 지혜와 연관된 것으로 여길 수 있는 낱말 쌍들의 서열을 분석했다. 한편 Clayton은 그보다 이전에 수행한 연구(Clayton, 1975)에서 **노련한, 실용적인, 이해심 있는, 박식한**과 같은 단어들에 스케일링을 적용했다. 각각의 연구에서 참가자들은 단어들 사이에서 만들 수 있는 가능한 한 많은 쌍들을, 각 쌍에 속한 단어들 사이의 유사 정도에 따라 서열화했다. 스케일링을 적용한 연령 집단에 관해 도출된 결과들 사이에서 가장 큰 유사점은 두 연구에서 모두 지혜에 관한 두 개의 일관된 차원이 도출되었다는 것인데, Clayton은 이 두 차원을 정서 차원과 성찰 차원이라고 이름 붙였다. 또한 이들 연구에서는 나이와 연관된 차원의 존재도 암시되었다. 연령 집단 간에 나타난 가장 큰 차이는 참가자들의 연령이 증가할수록 정신적으로 재현한 지혜라는 개념이 점점 구분이 명확한 형태로 나타났다는(즉, 차원이 증가했다는) 점이었다.

또한 Clayton과 Birren은 젊은 참가자들보다 나이가 많은 참가자들에게서 '고령의'와 '노련한'이라는 두 자극들이, 다차원공간에서 '지혜로운'과 더 멀리 떨어져 있음을 발견했다. 즉, 고령의 참가자들은 젊은 참가자들보다 고령이 곧 지혜로 연결된다는 생각을 수긍하는 정도가 덜했던 것이다. Perlmutter와 동료들(Perlmutter et al., 1988)의 연구에 따르면 나이가 들수록 사람들이 자신의 지혜로운 정도를 더 높이 평가하는 것은 아니었다. Clayton과 Birren의 연구를 보면 젊은 참가자 집단보다 고령 참가자 집단에서 '이해심이 많은'과 '공감하는'이 '지혜로운'에 더 가깝게 위치했는데, 이는 나이가 들면 지혜에 대한 개념이 젊을 때와는 차이가 생긴다는 점을 암시한다.

Glück과 동료들(2005)은 지혜에 관한 암묵적 이론에서 연령차를 발견했다. 자신이 살면서 지혜롭게 대처한 경우를 설명할 때, 청소년들을 자신이 공감과 도움을 제공한 경우를 가장 많이 거론했다. 청년 참가자들은 자기결정과 주장을 보인 경우를 가장 많이 말했다. 보다 나이가 많은 성인들은 스스로 지식과 융통성을 보인 경우를 가장 많이 거론했다.

명시적 이론들

지혜는 언제 처음 발달하는가?

고타마 싯다르타 왕자는 기원전 563년 인도에서 태어났다. 특권을 누리며 살던 그는 29세의 나이에 영적 깨달음을 얻기 위해 왕궁을 떠났다(Birren & Svensson, 2005; dyer, 1998). 깨달음을 얻은 후 그는 '부처'로 알려지게 되었다. 부처가 지혜로 향하는 여정을 시작한 것은 그의 나이 40세가 되기 직전이었다.

모든 사람이 싯다르타 왕자처럼 존경을 받게 되는 것은 아니다. 하지만 그의 이야기에는 낯익은 면이 있다. 고대부터 자주 반복되어 전해온 이 이야기는 깨달음이 없는 채로 자라나고 살아가다가 어느 순간 변해야 한다는 것을 깨닫는 사람의 이야기이다. 그 사람은 그 변화를 이루기 위해 필요한 모든 공부와 행동을 한 결과, 영적 또는 다른 형태의 지혜를 찾게 된다.

심리학계에도 이와 유사한 경우가 있다. 주제통각검사(Thematic Apperception Test, TAT)를 구상하고 동기 욕구에 기반을 둔 성격이론을 정립하여 하버드대학교 심리학과 교수로 유명해진 Henry Murray는 뉴욕 시의 최고 특권층 가정에서 자랐다(Robinson, 1992). Robinson에 따르면(1992) Murray는 유년기와 청년기에 사교성, 그리고 그로튼 스쿨과 하버드의 상류사회에 잘 적응하는 기술로 두각을 나타냈다. 그는 조정팀의 주장이었지만 그렇다 할 활약은 보이지 못했다. 그 당시에는 학부 성적이 썩 뛰어나지 않아도 최고의 의과 프로그램에 진학하는 것에 문제가 되지 않았기에, Murray는 하버드 의대와 콜럼비아 의대에 동시에 합격하였다. 그는 가족들 가까이에 있으면서 그들과 함께 특권층의 삶을 누리기를 원했기에 콜럼비아를 택했다. 그리고 그곳 의대에서 그의 인생을 바꾼 변화를 거치게 된다. 그는 의학 연구, 그리고 이후에는 심리학 연구에 깊은 관심을 가지게 되며 당시 새롭게 발전하고 있던 심리학 분야에서 선두적인 공헌을 하게 되었다. 싯다르타가 환골탈태를 경험한 나이보다 조금 어린 나이에 Murray 역시 그와 비슷한 변화의 과정을 거친 것이다.

탁월한 심리학 이론가인 Erik Erikson(1950)은 지혜가 나이와 연결되어 있다고 믿었지만, 지혜의 발달은 그가 제시한 심리사회적 발달단계의 여덟 번째이자 마지막 단계인 '자아통합감 대 절망감' 단계에서 성공적으로 대처하는 결과로 나타난다고 설명했다. Erikson은 지혜가 그보다 더 이르게 발전할 수 없다고 말한 것이 아니라, 사람이 자연스러운 과정을 거치고 인생의 역경에 성공적으로 대처하여 현명해지거나 그렇게 하지 못하는 것 모두 인생의 마지막 단계에서 이루어지는 일이라고 말한 것이다. 사실상 확실하게 눈앞에 다가오는 스스로의 죽음에 대처하면서 사람은 자아 통합을 이루거나 아니면 절망하게 된다.

Erikson의 전통을 이어 Takahashi와 Overton(2005)은 지혜에 대해 비교적 늦은 시기에 발달해서 인지적 요소와 정서적 요소를 통합하는 이해의 한 형태라고 주장했다. 이들은 지혜가 한 사람에게서 이미 발달한 분석과 종합적 기술들로부터 변증법적으로 나타나지만 이후 그러한 분석·통합 기술들을 통합해 더 넓은 기틀을 만들어낸다고 믿었다.

이보다 전에 지혜에 대한 몇 개의 변증법적 이론들이 신피아제주의 산하에서 논의된 바 있다. 이 이론들은 지혜가 형식적조작기 이후, 즉 11세나 12세 이후에 처음 발달하는 것으로 보았다(Labouvie-Vief, 1990; Riegel, 1973). 이들 이론에 따르면 지혜는 대개 대학생 시기 또는 성인 초기인 약 18세에서 24세 사이에 가장 두드러지게 발달한다. 이들은 지혜가 노년기에 발달하기 시작한다는 '통념'보다 꽤 먼저 발달하기 시작한다고 본 것이다.

Richardson과 Pasupathi 역시 비슷한 견해를 보이면서 지혜를 이루는 주요 구성 요소들은 청소년기와 청년기에 습득된다고 주장했다(2005; Pasupathi, Staudinger, & Baltes, 2001 참고). 사실 지혜의 기본 구성 요소들이 자리를 잡는 것은 청소년기보다도 먼저일 수 있다(Csikszentmihalyi & Nakamura, 2005). 첫째로, 지혜의 발현을 위해 필요한 인지적 능력들은 청소년기 즈음에 최초로 발달하는데, 자기성찰적 사고와 지식의 폭이 이들 능력에 속한다. 둘째, 청소년들은 가상의 관중을 형성하고 이를 이용해 스스로에게서 벗어나 타인의 눈으로 자기 자신을 바라보게 된다. 물론 이 경우 다른 사람이 바라보는 것보다는 조금 더 높은 자기몰두의 경향이 그 시선에 개입할 수 있는 것은 사실이다(Lapsley & Murphy, 1985). 셋째, 청소년들은 스스로의 자서전적 경험이 갖는 의미를 더 많이 인지하게 된다. 성인들이 살면서 이전에 있었던 사건을 기억해보라는 요청을 받을 경우 사춘기와 성인 초기에 있었던 일에 대해 회고 절정 현상을 보인다(Rubin & Shulkind, 1997). 이 시기에 일어난 일들은 자아 형성에 중요한 역할을 했던 것이고 지혜 발달의 기반을 제공하였다.

또 다른 모델로는 앞에서 언급한 Baltes와 그의 동료 연구자들이 개발한 베를린 모델이 있는데, 이 모델은 지혜는 상당한 양의 지식, 맥락주의, 가치상대주의, 관용을 요구한다고 보았다(Kunzmann & Baltes, 2005 참고). 이 견해 역시 지혜는 성인 후기보다는 일찍 발달한다고 주장한다.

성인기를 통틀어 지혜는 어떤 모습으로 변하는가?

Brugman(2000)은 나이가 들면서 지혜가 어떻게 변하는지를 다룬 여섯 개의 실증적 연구들을 검토했다. 그가 내린 결론은 지혜는 평균적으로 볼 때 노년기에 늘어나지 않는다는 것이었다. 실제로 그는 '나이도 들고 현명한 사람은 나이가 들었다고 지혜가 저절로 늘어나는 것이 아니라는 사실을 안다'고 결론지었다(p.115). 이와 비슷한 견해로 Staudinger(1999)는 20세에서 75세 사이에는 지혜가 성장하지 않는다고 주장했다. 다른 연구자들도 이와 비슷한 주장으로 청소년들은 지혜가 발달하는 모습을 보이는 반면(Anderson, 1998; Paspupathi et al., 2001 참고) 24세 이후 성인이 더 현명해지는 경우는 거의 없다는 입장을 보였다.

베를린 모델에서는 대부분의 경우 20대 초반에 해당하는 대학 끝 무렵쯤 지혜의 발달이 정체기를 만난다고 본다. 이 모델에서 나이는 결정적인 요소로 간주되지 않는다(Staudinger, Maciel, Smith, & Baltes, 1998). 오히려 사회 지능, 경험에 대한 개방성, 긍정적 역할 모델의 영향을 받을 기회 등과 같은 요소들이 중요한 변인들이고, 나이는 기껏해야 다른 변인들에 대한 대리변인에 지나지 않는다.

Labouvie-Vief와 동료들(1989)은 Mayer, Salovey, Caruso(2000)가 정서지능으로 설명하는 감정 통제와 정서적 이해에 대해 나이가 들면서 증가한다고 주장했다. 중년층과 노년층 성인들은 자신의 감정 상태를 젊은이들보다 더 정교한 언어로 표현하고 스스로의 감정을 제어하는 데에 어려움이 덜하다는 것이다(Blanchard-Fields, 1986; Carstensen, 1995; Takahashi & Overton, 2005 참고).

Kramer와 동료들(1992)은 고령의 성인이 젊은이들보다 상대적으로 지혜와 관련된 과제에서 훌륭한 수행 능력을 보인다고 주장했다. Hui와 Yee(1994)는 미국인 집단과 일본인 집단 모두에서 중년층(평균 45세)과 노년층(평균 70세) 성인을 대상으로 연구를 진행했다. 그들이 발견한 바에 따르면 노년층 성인은 성별과 문화적 배경에 상관없이 지혜 측정에서 더 나은 수행 능력을 보였다. 이러한 연구결과들은 지혜가 나이 든 후에 증가한다는 것을 암시한다.

Birren과 Svensson(2005)은 현실에 근거하여 서구사회에서 노년층에 대한 예우가 줄어들고 노년층이 지혜로울 것이라는 생각도 줄어드는 가능성을 살펴보았다. 세계는 기술과 사회문화적 관습 모두에서 빠르게 변하고 있다. 이러한 변화의 속도가 다른 시대에서는 느렸을 수 있고 다른 지역에서는 더 느릴 수도 있다. 자신이 처음 노년기에 접어들었을 때의 세상 모습이 계속 나이가 들어서도 변하지 않았던 시대에는, 한 사람이 일생을 통해 쌓아온 지혜가 다른 사람에게 없는 이점을 주었을 수도 있다. 하지만 빠르게 변하는 세상에서 한 사람의 지혜는 더 이상 존재하지 않는 세상에만 적용되었던 구식일 수 있다. 따라서 빠르게 변화하는 사회에서 노년층의 경험은 사실 가치가 떨어지고, 그만큼 존중도 덜 받게 된다(Csikszentmihalyi & Nakamura, 2005).

베를린 패러다임의 연구들은 지혜의 발달이 24세 정도에 멈추게 되는데, 이르게는 20세에 오는 경우도 있음을 보여준다(Smith & Baltes, 1990; Smith, Staudinger, & Baltes, 1994; Staudinger, Smith, & Baltes, 1992). 하지만 지혜로운 사고와 관련된 검사 대상 집단에서 가장 높은 점수를 받을 가능성은 노인들이나 젊은 사람들에게나 비슷한 수준으로 나타났다(Smith & Baltes, 1990). 또한 지혜의 평균치는 성인기가 진행되는 동안 증가하지 않을지 모르지만, 지혜의 최고치는 증가할 수 있다(Baltes et al., 1995; Baltes & Staudinger, 2000). 더 나이가 많은 임상심리학자들이 임상심리학 이외 분야에서 진행된 지혜 관련 측정에서는 젊은이들보다 더 높은 점수를 기록했지만, 전공 분야의 측정에서는 젊은 임상심리학자들보다 그 점수가 높지 않았다(Smith & Baltes, 1990; Smith et al., 1994).

Staudinger, Smith, Baltes(1992)의 연구에 의하면 노년층 성인은 지혜와 관련된 과제에서 젊은 층 성인들만큼의 수행 능력을 보였고, 특히 판단을 내려야 할 가상의 인물들 연령대가 자신들의 연령대와 비슷한 과제에서는 더 높은 수행 능력을 보이기도 했다. Baltes, Staudinger, Maercker, Smith(1995)은 지혜 관련 과제에서 고령 참가자들이 임상심리학자들과 같은 수준의 수행 능력을 보였다고 보고했다. 그들은 또한 그 과제에서 80세까지의 노년층 성인 참가자들이 젊은 참가자들만큼 의 수행 능력을 보였다는 결과도 발표했다.

과제의 종류 역시 지혜 관련 수행 능력에 영향을 미칠 수 있다. 인생 계획 과제에서는 인생 리뷰 과제에서와는 다르게, 자기 자신의 연령대와 관련 있는 문제를 해결하는 것이 그 문제를 현명하게 해결하는 데에 유리하게 작용하지 않는다 (Baltes et al., 1995; Smith & Baltes, 1990; Smith et al., 1994). 인생 리뷰 과제에서 수행 능력은 증가할 수 있는데 이것은 나이가 든 시점에서는 뒤돌아보고 그로부터 시야를 확보할 수 있는 등의 지나온 시간 자체가 상대적으로 길기 때문이다. 개인적인 차이가 있을 수도 있다. Pasupathi와 Staudinger (2001)는 도덕적 추론 과제에서 평균 이상의 수행 능력을 보여준 성인들에게는 나이가 지혜와 정적 상관관계에 있음을 알아냈다. 하지만 도덕적 추론 능력이 평균 이하인 사람들에게는 지혜와 나이 사이에 아무런 관련이 없었다.

앞에 언급했듯이 베를린 패러다임의 연구들을 통해 다른 사람들과의 교류가 지혜 관련 사고를 증진시킨다는 사실을 발견하였고, 연구자들은 이를 **상호작용적 정신**이라고 이름 붙였다(Staudinger & Baltes, 1996). 현재의 사회구조 속에서 노인들은 점점 고립되기 때문에 노인들의 지혜 산출 능력은 단지 사고기술 저하뿐 아니라 타인과 교류 능력의 저하로 인해 쇠퇴할 수도 있다(Jordan, 2005).

지혜는 유익한가?

고령의 성인들에게 다른 변인들을 고정시켰을 때 지혜가 더 높은 주관적 안녕으로 이어진다는 것이 증명된 바 있다(Ardelt, 1997). 이와 유사하게 Takahashi와 Overton (2005)은 지혜가 사람들로 하여금 자기 삶의 주관적 의미를 더 잘 음미하도록 도와줌으로써 결국 내적인 보상을 얻도록 해준다는 의견을 제시했다. Hui와 Yee(1994)는 연구를 통해 노년층에서 지혜와 삶에 대한 만족도는 정적 상관관계를 보였다고 밝혔다. 이들은 노년층 사람들이 소중한 물건이나 사람을 잃게 될 경우, 이러한 상실이 그들로 하여금 가지고 있는 것을 더 소중히 여기게 하였고, 스스로의 삶과 그 의미에 대한 새로운 직관을 얻도록 해주었음을 발견했다. 이러한 결과들이 종국에는 상실을 경험한 사람들로 하여금 스스로의 삶에 더 큰 만족을 느끼도록 했다는 것이다.

Baltes(1997)는 이와 다른 의견을 보인다. Baltes는 지혜로운 사람들이 그가 건설적 우울이라고 부르는 감정을 경험할 수 있다고 주장했다. 이 관점에 따르면 지혜로운 사람들은 삶에서 벌어지는 복잡한 사건들 속에서 슬픔과 기쁨을 동시에 발견한다는 것이다.

Baltes와 그의 동료들의 관점은 Erikson(1959)과 같이 지혜가 어느 정도의 정서적 거리와 초연함을 수반한다고 생각한 전통적 학자들의 의견과 차이가 있다. 예를 들어, 전통 정신분석학적 관점에서 심리치료사는 자신이 조언하는 환자의 문제에 스스로 얽혀들어 환자가 그 문제들을 극복하는 데에 도움이 되지 못하는 상황을 피하기 위해서 환자로부터 정서적 거리를 유지하는 것이 중요하다고 강조했다. 베를린 패러다임에 따르면 지혜는 거리를 두는 것에 있는 것이 아니라, 위기 상황 속에 포위된 다른 사람에게 감정 이입을 하고 공감하는 데에 있다고 한다(Kunzmann & Baltes, 2005). 따라서 지혜는 기쁨보다 결코 적지 않은 슬픔 또한 가져올 수 있다. 선한 일에 자신의 지혜를 이용하는 사람들은, 다른 사람들이 그와는 반대로 자신의 지능을 부정적인 목표를 위해 사용하는 것을 보고 슬픔을 느낄 수 있다(Solomon, Marshall, & Gardner, 2005).

지혜가 행복으로 연결되는 것을 저해할 수 있는 또 다른 요인은 나이 드는 것에 대한 부정적 정형화이다(Levy, Slade, Kunkel, & Karl, 2002 참고). 부정적 고정관념의 정도에 따라 사람들은 자신의 나이와 관련된 위치를 생각할 때 슬픔을 느낄 수 있다. 따라서 이와 같은 고정관념에서 비롯된 슬픔은 나이가 들면서 생기는 지혜가 야기한 온갖 슬픔과 합쳐지는 것을 느낄 수 있다. 실제로 육체적 건강의 쇠퇴 역시 그러한 슬픔을 야기할 수 있다(Jordan, 2005).

지금까지 검토한 내용에서 도출할 수 있는 결론은 무엇일까?

첫째, 지혜와 나이의 관계에 대해 보편적으로 받아들여지는 관점이 있는 것은 아니다. 이들 간의 관계에 대한 견해들은 나이가 들면서 지혜가 감소한다는 의견, 나이가 들면서 증가한다는 의견, 20대 초와 같이 일정한 한계를 지나고 나면 그 후에는 나이가 들면서도 대체로 비슷한 수준을 유지한다는 의견까지 매우 다양하다.

둘째, 경험적 자료 역시 서로 모순되는 결과를 보인다. 노년 후반에 접어들어 정신건강이 쇠퇴하는 시점이 오면 지혜도 감소한다는 데에는 의견이 일치하는 것으로 보인다. 하지만 그 외에 대해서는 다양한 결론이 제기되었다. 따라서 연구 자료들은 어느 한 입장을 결정적으로 지지하지 않는다.

셋째, 지혜가 변동하는 양상에서는 넓은 범위에 걸쳐 개인차가 있는 것이 거의 확실하다. 연구 결과들 사이의 차이 역시 적어도 일부는 이러한 개인차에 의한 것일 수 있다. 지혜 변동 양상에서의 개인차는 유동성 능력과 결정성 능력 발달에서 보이는 차이들을 반영한다. 더욱이 사람들은 경험에 대한 개방성이나 성찰성과 같이 지혜 발달에 관련되는 성격 특성들에서 차이를 보인다. 따라서 모든 사람에게 해당되는 지혜 변동 경로는 아마 존재하지 않을 것이다.

넷째, 많은 부분은 사람들이 사는 주변 환경의 영향을 받는 것으로 보인다. 다른 사람들로부터 고립되어서 타인과 의미 있는 교류를 할 수 없거나, 스스로의 지식기반 기술을 개발할 기회를 갖지 못하는 사람들은 지혜가 발달하지 못하게 될 위험이 있다. 지혜 발달에 영향을 미치는 통제 요인의 일부는 아마 개인 변인이 아닌 상황 변인일 것이다.

다섯째, 연구 결과들의 차이 중 일부는 지혜가 조작화되는 방법에 기인한 것일 수 있다. 지금까지 지혜는 전형적 수행, 최대 수행을 포함해 넓은 범위의 서로 다른 방법으로 측정되어 왔다. 지혜가 어떻게 발달하는지 이해하기 위해서는 측정 도구들이 자료에 어떠한 영향을 미치는지를 이해해야 한다.

결국 지금까지 나온 자료들은 나이가 들어 건강상의 문제로 정상적인 사고가 불가능하기 전까지는 계속 지혜가 발달한다는 가설을 뒷받침하는 것으로 보인다. 하지만 지혜가 실제로 발달할 것인지는 나이보다 인지 변인, 성격 변인 그리고 인생 경험에 의해 더 많이 좌우된다. 무엇보다 중요한 것은 그 사람이 자신의 인생 경험을 지혜의 발달과 일관된 방식으로 사용해야 한다는 점이다. '전구 하나 바꾸려면 얼마나 많은 심리학자가 필요한지'를 묻는 농담이 있다. 답은 '전구가 바뀌기를 원하기만 한다면 심리학자 몇 명이 옆에 있는가는 중요하지 않다'이다. 이와 마찬가지로 지혜 관련 기술을 기르기 위해 사람들은 기술 개발을 원해야 하고, 또한 경험에 대한 개방성, 경험에 대한 성찰성, 경험에서 이득을 얻으려는 의지 등 지혜 관련 기술의 성장을 가능하게 하는 인생 태도를 취하는 것도 필요하다.

윤리적 영재성

지혜의 중요한 한 부분은 긍정적인 윤리적 가치이다. 이 섹션에서는 영재성의 한 면인 긍정적인 윤리적 가치, 특히 윤리적 영재성이라고 부를 수 있는 것이 존재하는지에 대해 논의한다.

"나는 나 스스로가 매우 자랑스럽다." 본 저자가 리더십의 본질을 가르치는 자신의 세미나에서 17명의 학생들에게 한 말이다. 그는 막 출장에서 돌아와서는 자신이 제공한 윤리적 리더십에 대한 자문의 가치에 못 미치는 사례비를 받았다고 말을 이었다. 그는 그렇게 적은 보상을 받고 자문 역할을 하기로 한 것에 대해 기분이 언짢다고 했다. 그러고 나서 그는 학생들에게, 자신이 실제로 두 차례 배상받을 수 있다는 점을 발견했기 때문에 배상신청서를 작성하려 한다고 말했다. 첫 번째 배상은 그를 초대한 기관에 청구할 것인데, 이를 위해서는 자신이 지출한 비용을 적어 청구서를 작성하기만 하면 되었다. 두 번째 배상은 자신이 일하는 대학에 청구할 것이었는데, 이를 위해서는 출장에서 나온 영수증을 제출해야 한다는 것이었다. 그는 학생들에게 자신이 이번 출장에서 윤리적 리더십에 대한 자문 업무를 정말 열심히 했고, 두 번 배상을 받음으로써 자신이 투자한 노력의 양을 스스로에게 정당화할 수 있게 된 점이 기쁘다고 설명했다.

그리고는 그는 한바탕 난리가 일어날 것을 기다렸다. 이미 몇 달 동안 리더십에 대해 공부한 학생들이 들고 일어나 그의 행동에 집단 항의를 할 것인가? 아니면 대여섯 명의 용감한 학생들이 손을 들고 누가 봐도 명백하게 비윤리적인 행동을 한 그를 강력하게 비판할 것인가? 그는 기다리고, 기다리고, 기다렸다. 아무 일도 일어나지 않았다. 그래서 그는 그날의 주제에 대해 이야기해야겠다고 마음먹었는데, 그 주제가 윤리적 리더십이었다. 그 주제에 대해 강의하는 내내 그 교수는 언제라도 학생 중 누군가 손을 들고 그의 이중배상에 대한 문제를 다시 짚고 넘어가자고 요구할 것을 내심 예상하고 있었다. 하지만 그런 학생은 아무도 없었다.

마침내 그는 하던 강의를 멈추고 학생들에게 교수인 자신이 이중배상을 받으려고 하는 것이 적절하지 않다고 생각하는 사람은 없는지 딱 잘라서 물어보았다. 만약 그런 학생들이 있었다면 왜 그를 비판하지 않았는가? 그는 교수인 자신의 말을 비판하지 않은 것에 대해 학생들이 부끄러움을 느낄 것이라고 생각했다. 꽤 많은 수의 학생들이 자신들이 무반응 했던 것에 당황했다. 몇몇 학생들은 그 교수가 농담하고 있다고 생각했다. 또 다른 학생들은 그가 교수에 학장이기까지 하므로 그가 무슨 일을 했던 그럴만한 이유가 있었을 것이라고 생각했다고 했다. 이 학생들에게 몇 개월 동안 윤리적 리더십을 가르쳐 온 후였기 때문에 그가 특히 예상하지 못했던 것은 일부 학생들이 그의 영리한 아이디어에 찬사를 보낸 사실이었다. 이 학생들은 또 만약 교수가 아무 문제없이 그렇게 할 수만 있다면 돈을 받을 자격이 있다고 주장했다. 그가 힘이 더 센 쪽이기 때문이다.

이러한 경험은 그로 하여금 윤리이론, 심지어는 윤리에 대한 사례 연구마저도 자기 자신의 실천으로 옮기는 것이 얼마나 어려운지를 다시금 깨닫게 하는 계기가 되었다. 학생들은 리더십에서 윤리에 대한 글들을 읽었고, 다양한 실제 지도자들로부터 리더십 윤리에 대한 강의를 들었으며, 그에 대한 토론도 했다. 그러고도 비윤리적 행동이 코앞에서 벌어지는 것을 전혀 알아채지 못한 것이다. 게다가 이 학생들은 통상적인 정의에 따르면 영재로 분류될 학생들이었다(이 교수는 사실 이중배상을 신청하지 않았다). 이론을 실행으로 옮기는 것은 왜 그렇게 어려운 것일까? 윤리적 리더십에 대해 몇 달 동안이나 배운 후에도 말이다.

Latané와 Darley의 연구(1970)는 주변인 개입 연구의 새 장을 열었다. 이들은 연구를 통해 예상과 달리 주변인들이 누군가 곤경에 처해 있을 때 매우 제한된 상황에서만 개입한다는 사실을 밝혔다. 예를 들어 다른 사람이 개입할 것이라고 예상될 경우 주변인들은 상황에 개입하지 않는 경향을 보였다. Latané와 Darley은 심지어 곧 착한 사마리아인의 우화에 대해 강의를 할 신학과 학생들조차도, 다른 사람보다 곤경에 빠져 착한 사마리아인의 도움이 필요한 사람을 선뜻 도와주지 않는 것은 주변인과 다를 바 없었다는 점도 보여주었다. 이들이 제시한 주변인 개입 모델에 의거해서 다양한 윤리적 문제에 적용될 수 있는 윤리적 행동 모델 하나를 제시한다(Sternberg, 2009 참고).

이 모델의 기본 전제 중 하나는 단순히 우리가 부모님, 학교 그리고 종교적 훈련을 통해 배운 것을 기반으로 윤리적 행동을 수행하는 것은 예상보다 훨씬 힘들다는 것이다. 실제로 다른 사람이 곤경에 빠진 상황에 개입하기 위해서 개인은 일련의 단계를 거쳐야 하고, 이 단계들을 모두 거치지 않은 경우 그 사람은 얼마나 많은 윤리 훈련을 받았고 다른 종류의 기술에 얼마나 재능을 가지고 있는지에 상관없이 윤리적으로 행동하지 않을 가능성이 크다는 것이다.

윤리적 행동 다상모델

여기 제시하는 모델에 따르면 윤리적 행동을 실제로 실행하는 것은 다수의 순차적인 단계를 수반하기 때문에 겉으로 보는 것보다 훨씬 어렵다. 윤리적으로 행동하기 위해 개인은,

1. 대응해야 할 사건이 있다는 것을 인식해야 한다.
2. 그 사건을 윤리적 차원을 수반하는 일로 정의해야 한다.
3. 그 윤리적 차원이 윤리에 입각해 대응할 만큼의 충분한 중요성을 가지고 있다고 결정해야 한다.
4. 그 문제에 대한 윤리적인 해결책을 자신이 마련하겠다는 개인적 책임감을 가져야 한다.
5. 어떤 추상적인 윤리적 규범(들)이 그 문제에 적용될지 생각해내야 한다.
6. 이 추상적인 윤리적 규범(들)을 해당 문제에 실제로 어떻게 적용해야 구체적인 해결책이 나올지 결정해야 한다.
7. 그 윤리적 해결책을 실행에 옮기되, 이 과정에서 자신이 윤리적으로 행동하지 않도록 유도하는 맥락적 영향들을 극복하는 노력도 동시에 수행해야 가능하다.
8. 윤리적이라고 여겨지는 방식으로 대응한 후, 그에 따른 결과에 대처해야 한다.

이러한 관점에서 볼 때 문제에 윤리적 방식으로 대응하는 것은 무척 어려운 일이다. 앞서 가정했던 이중배상의 예를 생각해보자.

1. 대응해야 할 사건이 있다는 것을 인식해야 한다.

학생들은 리더십에 대한 수업에 들어와서 리더십 전문가로부터 리더십을 배울 것이라고 생각하고 앉아 있었다. 이 경우 교수는 자신의 일에 대해 학생들의 반응을

기대한다는 전제로 이야기하지 않았다. 그는 학생들에게 단순히 자신이 한 일에 대해 이야기를 한 것이다. 학생들은 권위 있는 인물이 한 일에 대해 자신들이 노트 필기 외에 다른 반응을 보여야 한다고 먼저 생각할 아무 이유가 없었다. 따라서 일부 학생들에게는 교수가 말한 내용 전체가 어떤 사건으로 인식되지도 않았을 것이다.

이 점은 단순히 강의실 안에서의 상황에만 해당되는 문제가 아니다. 사람들이 자신들의 정치 · 교육 · 종교 지도자들이 이야기하는 것을 들을 때면 그들은 자신들이 듣고 있는 말에 의문을 던질 이유가 없다고 생각할 수 있다. 그들은 권위자의 이야기를 듣고 있기 때문이다. 이런 식으로 해서 자신의 이익만 챙기는 부패한 지도자들의 경우는 자신의 추종자들로부터 비윤리적인 행동을 용인받고 심지어 직접 행하게까지 유도할 수 있다.

2. 그 사건을 윤리적 차원을 수반하는 일로 정의해야 한다.

강의실에 있던 모든 학생들이 그 문제를 윤리적 문제로 정의하지는 않았다. 토론에서 분명해진 것은, 일부 학생들은 그 문제를 실리적인 문제로 간주했다는 것이다. 즉, 교수는 열심히 일했고, 한 일에 비해 적은 대가를 받았으며, 자신이 열심히 한 일에 대한 정당한 보수를 받기 위한 방법을 모색하고 있었다. 이런 식으로 사건을 정리할 경우, 교수는 자신이 한 일에 더 적절한 보상을 받을 수 있는 영리한 방법을 찾은 것이 된다.

자신의 이익만을 챙기는 지도자들이 자신의 비윤리적인 행동을 과시하는 경우도 있다. 오늘날 이런 지도자의 예로 짐바브웨의 로버트 무가베를 떠올리게 되지만, 그 외에도 여기에 해당되는 지도자들은 전 세계에 걸쳐 찾아볼 수 있다. 무가베와 그의 심복들이 백인 소유의 농지를 몰수했을 때, 이 조치는 소위 전쟁영웅에게 그들의 공적에 대해 주어지는 보상이라는 명목으로 행해졌다. 전쟁영웅들에게 보상해주는 것이 왜 비윤리적이냐는 것이었다.

중국 정부는 언론 조작을 통해 상당한 윤리적 문제가 걸린 사건의 규모를 축소하여 알리려고 시도한 바 있다(Atlas, 2008). 2008년 5월 12일 쓰촨성에서 발생한 지진은 집계된 바에 따르면 10,000명의 학생 사상자를 냈다. 지진은 자연재해이지만 지진이 진행되는 동안 내파된 건물들의 분포는 고르지 않았다. 탄탄한 인맥을 가진 당 지도부 자녀들이 다니는 학교와 정부 건물들은 지진을 잘 견뎌냈다. 이와 대조적으로 빈곤층 아이들이 다니는 학교들은 무너져내려 흙더미가 되었다. 후에 밝혀진 바로 이렇게 무너진 학교들은 시공 때부터 지진에 취약한 방식으로 지어졌다고 한다. 더 튼튼한 공사를 위해 쓰였어야 할 돈은 당 관리들의 주머니 속으로 들어간 것으로 추정된다.

3. 그 윤리적 차원이 상당한 중요성을 가진다고 결정해야 한다.

이중배상을 받으려고 한 교수의 경우, 일부 학생들은 교수의 행동이 미심쩍고 문제되는 면이 있다고는 생각했지만 문제 삼아야 할 정도로 심각하지는 않다고 생각했을 수 있다. 어쩌면 학생들 자신도 같은 이유로 두 번 대가를 청구한 경험이 있을 수 있다. 또는 길거리에 떨어진 신문이나 돈처럼 크진 않지만 남의 것을 주워서 가진 적이 있고, 교수가 한 일이 자신들이 한 일보다 심각하게 문제되지 않는다고 생각했을 수도 있다. 따라서 학생들은 교수의 이야기에서 윤리적으로 문제가 되는 차원을 발견하기는 했지만 그 윤리적 차원이 굳이 소란을 일으킬 만큼 심각하지는 않다고 판단했을 수 있다.

정치인들은 스스로의 행동이 윤리적 차원의 비중을 가볍게 하는 데에는 전문적인 실력을 가지고 있는 것으로 본다. 빌 클린턴이 자신의 행동에 대해 보인 기만적 속임수와 뒤따른 거짓말들에 대해서는 잘 알려진 바 있다. 수년 전 매사추세츠 주의 한 상원의원은 길에서 어떤 여성에게 성추행을 하려고 한 혐의로 체포되었다. 그는 그 전에도 수년간 다른 여성들을 추행한 전적이 있었던 것이 명백했다. 그가 현행범으로 붙잡히고도 무죄를 주장했다는 점보다 더 놀라운 것은 이름을 묻는 질문에 그가 같은 주 상원에 속한 자신의 동료의 이름을 댔다는 사실이다. 그렇게 해서 자신의 비윤리적 행위에 대한 책임을 회피하려고 했다.

4. 그 문제에 대한 윤리적인 해결책을 자신이 마련하겠다는 개인적 책임감을 가져야 한다.

학생들은 결국 자신들이 그저 학생일 뿐이라고 생각했을 수 있다. 리더십 강의에서 교수에게, 그것도 학장직을 맡고 있는 교수에게 어떻게 행동해야 한다고 말할 책임, 아니, 그럴 권리가 그들에게 있는 것일까? 학생들 관점에서는 그 상황의 윤리적 차원에 대한 결정이 그 누구보다도 교수의 책임이라고 생각했을 수 있다.

이와 유사하게 지도자들이 형편없이 행동하는 것을 사람들이 용인하는 것은 지도자들의 행동을 윤리적 차원으로 결정하는 것은 지도자들 자신의 책임이라고 생각하기 때문일 수 있다. 그런 결정을 내리는 것이 지도자들이 지도자인 이유 아니었던가? 또는 사람들이 생각하기에 지도자들, 특히 종교적 지도자들은 무엇이 윤리적인지에 대해 특히 잘 판단할 수 있는 위치에 있는 것으로 보인다. 만약 한 종교 지도자가 어떤 이에게 자살폭탄테러범이 되기를 부추길 경우, 그 부추김을 받은 이는 폭탄테러범이 되는 것이 윤리적인 일이라고 생각할 수 있다. 그렇지 않다면 종교적 지도자가 왜 그런 일을 제안하겠는가?

5. 어떤 추상적인 윤리적 규범(들)이 그 문제에 적용될지 생각해내야 한다.

일부 학생들은 교수가 자신들에게 제시한 문제를 윤리적 문제로 인식했을 수 있다. 하지만 그 경우 이 사건에 적용되는 규칙은 어떤 것들인가? 그 학생들이 배상을 어떻게 받아야 하는지 생각해본 일이 있을까? 아마 해보지 않았을 것이다. 따라서 학생들은 이 경우 어떤 규칙이 적용되는지 뚜렷하게 알기 힘들 것이다. 만약 이들 중 배상을 받아본 경험이 있는 학생이 있다고 해도 아마 이중배상을 받을 만한 어떤 상황에 처했을 것이다. 어쩌면 대학원 장학금에 그런 경우가 있듯이 대학이 외부 보상을 보충하는지도 모른다. 또는 대학에서는 영수증 원본만 받을 수 있으면 다른 누가 청구인에게 배상을 해주든 아니든 상관하지 않을 수도 있다. 아니면 학생들은 교수님이 하려던 말은 대학에서 일부 비용을 지불했고, 다른 비용은 후원기관에서 지불해주었다는 것인데 말이 실수로 다르게 나왔다고 생각했을 수도 있다. 특히 자신이 익숙하지 않은 새로운 환경에 있을 때 무엇이 윤리적 행동인지 명백하게 판단되지 않을 수 있다.

대부분은 이런 저런 경로를 통해 자신의 삶에 적용해야 할 윤리적 규범을 습득한다. 한 예로 우리는 정직해야 한다. 하지만 우리 중 누가 여태껏 거짓말을 한 적이 없다고 말할 수 있겠는가? 아마 다른 사람의 기분을 다치지 않게 하기 위해서라고 변명이라도 하며 거짓말을 했을 것이다. 그런 변명을 통해 우리는 자신의 행동이 미치는 영향으로부터 스스로를 단절시킨다. 아마 다른 사람의 감정을 다치게 해서는 안 된다는 원칙이 거짓말을 하면 안 된다는 원칙보다 우선일 것이라고 주장할 수 있다. 물론 거짓말이 불어나는 동안에도 계속 같은 변명을 할 수 있다.

또는 정치인들은 최고 부유층에게 넉넉한 규모의 세금감면을 실시해야 한다고 주장하면서, 그 혜택이 결국은 나머지 국민들에게 '돌아갈 것'이라는 이론을 그 근거로 제시할 수도 있다. 따라서 우리는 배운 바대로 모든 사람을 잘 대우하고 있는 것이다. 다만, 어떤 이들은 다른 사람들보다 더 나은 대우를 받을 수 있는데, 이것은 그 혜택이 결국은 모두에게 돌아갈 것이라고 정당화될 수 있다.

6. 이 추상적인 윤리적 규범(들)을 해당 문제에 실제로 어떻게 적용해야 구체적인 해결
   책이 나올지 결정해야 한다.

어쩌면 학생들이 쓸 수 있는 윤리적 규범들이 있고, 학생들도 그 규범들에 대해 알고 있지만 그 규범들을 해당 사건에 어떻게 적용해야 할지 몰랐을 수도 있다. 만약 개인은 다른 이들로부터 자신이 받을 자격이 있는 것만을 바라야 한다는 규범을 가지고 있다고 생각해보자. 교수는 무엇을 받을 자격이 있었는가? 위의 규범을 막상 적용하려고 했을 때 학생들은 교수 자신이 그렇게 말했기 때문에 교수는 더 많은 대가를 받을 자격이 있다고 생각했을 수도 있다. 또는 학생들이 개인은 무언가를 거저 얻으려 해서는 안 된다는 규범을 생각해냈다고 하자. 교수는 분명 뭔가 일을 했으니 자신이 한 일을 온당하게 반영한 대가를 받으려고 노력한 것뿐이다. 결국 학생들은 추상적 원칙을 구체적 행동으로 바꾸는 데에 어려움을 겪었을 수 있다.

이런 종류의 변환은 사소한 문제가 아니라고 생각한다. Sternberg와 동료들의 공동 연구(2000)에 일부 요약되기도 한 실천적 지능에 대한 우리 팀의 연구에서, 지능의 학문적이고 추상적인 면과 지능의 실천적이고 구체적인 면 사이에는 미미한 수준의 상관관계가 있다는 것을 발견했다. 하지만 양쪽 면 모두로부터 일상생활에서의 행동을 예측할 수 있었다. 사람들은 강의실에서 돋보이는 기술을 가지고 있어도 그 기술을 실제 생활에서 어떤 결과를 수반하는 행동으로 전환하지 못할 수도 있다. 예를 들어 어떤 이는 필기 면허 시험을 고득점으로 통과하고도 실제로 운전은 못할 수도 있다. 또는 어떤 이는 불어 수업에서 A학점을 받았지만 파리에서 행인과 불어로 대화하지 못할 수도 있다. 또 어떤 교사는 교실 운영 교과목에서 A학점을 받았음에도 불구하고 실제 교실 운영은 잘 하지 못할 수 있다. 추상화된 기술을 구체적 기술로 전환하는 것은 어렵기 때문에 윤리적 규범을 많이

알고 있는 사람도 그 규범들을 실제 생활에서 적용하지 못하는 경우가 생긴다.

평소 언론의 보도 내용에 관심을 기울인 사람이라면, 종교와 윤리학에 대해 고도로 훈련된 목사들이 비윤리적이고 비도덕적인 행동을 하는 사례가 많다는 것을 알 것이다. 이러한 성직자들은 윤리에 대한 수업을 할 수 있을지는 모르지만 자신이 가르치는 내용을 스스로의 행동에 적용하지는 못한 것이다. 우리는 그들을 쉽게 비난할 수 있지만, 유능한 심리학자들도 심리치료에서 행하는 내용을 자신의 삶에는 적용하지 못한다는 것을 안다. 심리학자라고 해서 개인적 갈등에서 자유로운 것이 아닌 것과 마찬가지로 윤리학자들도 비윤리적인 행동에서 자유롭지 못하다.

7. 그 윤리적 해결책을 실행에 옮기되, 이 과정에서 자신이 윤리적으로 행동하지 않도록 유도하는 맥락적 영향들을 극복하는 노력도 동시에 해야 가능하다.

강의실에 앉아 교수가 당신에게 비윤리적으로 여겨지는 행동에 대해 자랑스럽게 이야기하고 있는 상황을 가정해보자. 당신은 주위를 둘러본다. 뭐라고 말을 하는 학생은 아무도 없다. 당신 말고는 그리 민망해하는 사람도 없는 것 같다. 어쩌면 그냥 당신이 무례한 생각을 하고 있는 것인지도 모른다. Latané와 Darley(1970)의 연구에서는 방관하는 사람이 많을수록 개인이 사건에 개입하는 가능성이 줄어들었다. 왜 그럴까? 사람들은 만약 무엇인가 정말 잘못되었다면 함께 보고 있는 다른 사람들 중 누군가가 책임을 지고 뭔가 행동할 것이라고 생각하기 때문이다. 붐비는 고속도로보다 오히려 한적한 시골길에서 차가 고장 나는 것이 나은데, 시골길에서 고장 난 차 옆을 지나가게 되는 운전자는 자신이 유일한 희망이라고 생각할 것이기 때문이다.

가끔은 다른 사람들이 어떤 상황의 윤리적 영향에 무감각해보이는 것을 넘어 당신이 비윤리적이라고 정의하는 행동을 하도록 부추기는 경우도 있다. 르완다 대학살 당시 후투족은 투치족에 속하는 사람이라면 누구나, 심지어 가족의 한 사람일지라도 증오하고 사살하도록 부추김을 받았다(Sternberg & Sternberg, 2008 참고). 학살에 참가하지 않는 사람들은 그들 자신이 표적이 되는 위험을 감수해야 했다(Gourevitch, 1998). 같은 상황은 히틀러 치하 독일에서도 벌어졌다. 강제 수용소에서 유대인들을 구해내려고 시도하는 사람들은 그들 자신이 강제 수용소로 보내질 위험에 직면했다(Totten, Parsons, & Charny, 2004).

8. 윤리적이라고 여겨지는 방식으로 대응한 후, 그에 따른 결과에 대처해야 한다.

사람들은 그에 따르는 결과 때문에 개입을 망설일 수 있다. 어쩌면 강의실의 학생들은 교수의 행동이 지극히 비윤리적이라고 생각하면서도, 학점이 낮아질 가능성을 무릅써 가면서까지 공개적으로 교수를 비판하고 싶지는 않았을 수 있다. 대학살의 상황에서 가해자들에게 대항하는 것은 스스로가 학살의 대상이 되는 결과로 이어질 수 있다. 또는 자신이 윤리적으로 행동하는 동안 다른 사람들은 그 상황을 각자의 개인적 이익을 위해 이용하는 상황이 될 경우, 윤리적으로 행동한 그 한 사람이 우스꽝스럽게 보일 수도 있다. 어떤 행동을 하기 전에 사람들은 그 행동의 결과에 대한 자신들의 예측 때문에 행동을 망설일 수 있다. 그 예측이 실제인지 상상인지에 관계없이 말이다.

　윤리적으로 행동해야 한다는 압력이 사람들로 하여금 바람직하지 못한 행동을 하려는 내적 유혹을 뿌리치도록 유도할 것이라 보통은 생각한다. 하지만 상황은 종종 이와 반대로 일어난다. 엔론 사건 당시 셰론 왓킨스는 비윤리적 행위에 대한 양심 선언을 한 뒤 처벌을 받았고 '외톨이'가 된 느낌을 받아야 했다.[1] 대체로 양심 선언자들은 대우를 제대로 받지 못하고, 당연히 받아야 할 보호도 받지 못한다.

윤리적 영재성은 존재하는가?

Gardner(1999b)는 사람들이 인생의 난관들을 헤쳐나가는 데에 길잡이가 되는 실존적 또는 심지어 영적 지능이라고 부를 수 있는 것이 존재하는가 하는 문제를 풀기 위해 골몰했다. Coles(1998)는 다른 여러 연구자들과 같이 성인뿐 아니라 아동에게도 도덕적 지능이 있다고 주장했다. 과연 도덕적 또는 영적 지능이 존재하고, 이러한 지능 면에서 어떤 아이들이 다른 아이들보다 선천적으로 더 발달해 있는 것이 사실일까? Kohlberg(1984)는 도덕적 추론에는 여러 단계가 있고 아이들이 성

---

1 이 주의 인물 : 엔론 양심 선언 셰론 왓킨스(Person of th Week: Enron Whistleblower Sherron Watkins, 2002), http://www.time.com/time/pow/article/0,8599,194927,00.html, retrieved June 5, 2008.

장하면서 이 단계들을 밟아나간다고 생각했다. 이 과정에서 어떤 아동은 다른 아이들보다 발달이 빠를 것이고, 이로 인해 도덕적 발달의 개인차가 발생하게 된다는 것이다.

우리의 견해는 이와는 조금 차이가 있다. 물론 사람마다 도덕적 추론과 도덕적 발달 면에서 차이를 보이겠지만, 윤리적으로 사고하고 행동하는 법에 대한 지도만으로도 아동과 성인 모두에게 윤리적 사고와 윤리적 행동을 증진할 수 있다. 종교나 가치 또는 윤리를 가르치는 것만으로는 부족하다. 앞에서 목록화한 것과 같이 윤리적 행동으로 이르는 단계들을 아이들에게 가르쳐서 어떻게, 왜 윤리적 행동을 하는 것이 쉽지 않은 일인지를 각자가 스스로의 생각과 행동 안에서 확인할 수 있도록 해야 한다. 아이들이 앞에 열거한 윤리적 행동에 이르는 여덟 단계를 거치지 않을 경우 비윤리적 행동을 하도록 만드는 요인들에 영향을 받게 되는데, 그들에게는 이 요인들에 맞설 수 있는 교육 방법인 예방 접종이 필요하다.

이런 관점에서 볼 때, 윤리적 영재성은 어떤 선천적인 특성이 아니라 특별한 정신질환을 가지고 있지 않은 모든 아이들이 개발할 수 있는 특성이다. 하지만 윤리적 영재성을 개발하는 것은 어려운 일인데, 그 이유는 윤리적으로 사고하고 행동하는 것이 보기보다 어려운 일이기 때문이다. 단지 종교나 윤리수업을 듣는 것 그 자체로 윤리적 행동을 낳는 것은 아니다.

리더십의 어려움, 특히 어리석은 행동을 하게 되는 지도자에 대해 논의하면서 윤리적 이탈의 위험을 거론했다(Sternberg, 2008b). 윤리적 이탈(Bandura, 1999)은 자신을 윤리적 가치로부터 분리시키는 현상이다. 윤리적 이탈을 경험하는 사람들은 윤리적 가치들이 다른 사람의 행동에는 적용된다고 생각하면서도, 자신들의 행동에 적용될 때는 그것에서 스스로를 분리시킨다. 그들은 자신들이 윤리가 적용되는 범위 바깥에 있다고 생각하거나 그 가치들이 자신들의 삶에 연관이 있다는 자체를 인식하지 못한다.

앞에서도 언급했듯이, 사람들을 어리석음으로 이끄는 여섯 가지 오류들이 있다(Sternberg, 2008a). 다음의 항목들이 이에 속한다.

1. **비현실적 낙관주의** : 이 오류에 빠진 사람은 자신이 매우 명석하거나 대단한 권위를 가지고 있어서 자신이 하는 일은 그것이 얼마나 어리석고 비윤리적인

가에 상관없이 좋은 결과로 이어질 것이라고 생각한다.

2. **자기중심주의** : 이 오류를 보이는 사람은 자신의 리더십이나 권력의 목적이 자기 강화에 있다고 생각한다. 현재 탈세 혐의로 수감 중인 타이코 사의 CEO 데니스 코즐로브스키는 회사를 마치 자신의 개인 저금통처럼 운영했다. 코즐로브스키 자신과 가족의 부를 늘리겠다는 욕망이 앞서면서 윤리의식은 뒷전으로 밀려난 것이다.

3. **허위 전지(全知)** : 어떤 이들은 자신이 모든 것을 안다고 믿는다. 빌 클린턴이나 조지 W. 부시 같은 이들이 각자 사뭇 다른 영역에서 보여준 행동들에서 놀라운 점은 이들이 실수를 저질렀다는 점이 아니라 같은 실수를 몇 번이고 반복했다는 점이다. 클린턴은 스스로 뛰어난 지성을 가지고 있다고 생각했고, 아마도 그러한 지성과 훌륭한 교육을 받은 경험을 통해 실제로 가지고 있지 못한 수준의 지식까지도 자신이 가지고 있다고 생각했을 것이다.

4. **허위 전능(全能)** : 나폴레옹의 러시아 침공 실패는 스스로의 힘에 대한 잘못된 믿음의 역사적 예 중 하나로 남아 있다. 나폴레옹은 스스로가 지극히 강력하다고 믿었다. 그의 러시아 침공은 정치적으로 의미가 없었고 전략적으로도 허점이 있었지만, 그럼에도 불구하고 그는 러시아를 얻고 싶다는 생각을 버리지 않았다. 러시아 침공의 실패와 함께 나폴레옹은 쇠락의 길로 들어선다. 다른 수많은 강력한 지도자들이 그랬던 것처럼 그는 스스로의 재량을 넘는 목표를 추구했고, 그 스스로가 전능하다는 믿음은 그의 종말을 불러왔다.

5. **허위 안전** : 뉴욕 주지사였던 엘리엇 스피처는 스스로가 막강한 권력을 가졌을 뿐 아니라 어떤 위험 앞에서도 안전하다고 생각했을지도 모르겠다. 적어도 그가 자신의 안전을 거의 절대적으로 느낀 것은 분명한데, 진직 검사였던 그가 경찰기관들이 여러 방법으로 성매매 고객을 추적할 수 있음을 모를 리 없었기 때문이다. 그럼에도 불구하고 그는 무분별한 행동을 계속 반복하였고 그 결과 결국 주지사 자리를 내어놓게 되었다.

6. **윤리적 이탈** : 지미 스웨거트는 어떻게 해서 그런 상태에 이른 것인가? 짐 베커, 테드 해거드는? 이들뿐만 아니라 기회가 주어지자 자신의 추종자들에게 따르지 말라고 한 행동을 스스로 행한 모든 성직자들에게도 같은 질문이 적용된다. 이들은 모두 윤리가 다른 이들에게는 중요하지만 그들에게는 해당되

지 않는다는 윤리적 이탈의 태도를 보인다. 이들은 공통적으로 어떤 이유에 서든지 간에 적어도 사회가 그와 반대되는 판결을 내릴 때까지 자신들은 윤 리적으로 행동하지 않아도 된다고 믿었다.

지혜의 역할

윤리적 영재성을 키우고 싶거나 윤리적으로 재능 있는 행동을 육성하기 위해서는 지혜를 가치 있게 여겨야 한다. 사실적 지식 측정을 위해 고안된 검사들과 그렇게 측정된 지식에 대한 분석에서 종종 지혜는 고려 대상에서 제외된다.

우리 연구팀이 고안한 이론인 WICS에서는 지혜를 우리가 제시한 바 있는 지혜의 균형이론(Sternberg, 2003d)에 따라 바라본다. 지혜의 균형이론에 따르면 어느 개인의 지혜는 그 사람의 지성, 창의성, 지식, 긍정적인 윤리적 가치를 매개로 하여 (a) 공공의 이익을 성취하기 위해 성공적으로 사용하는 정도에 따라 결정된다. 이때 공공의 이익 성취는 (b) 단기간, 그리고 장기간에 걸쳐 (c) 환경 적응, 형성, 선택의 목적을 위해 (c) 개인 내(자기 자신의), 개인 간(타인의), 개인 외(조직의/ 기관의/영적인) 이해관계 사이에서 균형을 이룸으로써 실현된다. 지혜는 많은 부분, 자신의 지성, 창의성, 경험을 공공의 이익을 위해 쓰겠다는 개인의 결심이다.

지혜로운 사람들은 자신만의 이익을 도모하지도 또 자신의 이해관계를 무시하지도 않는다. 대신 그들은 자신의, 타인의, 그리고 공동체의 이익 등 여러 종류의 이해관계들 사이에서 능숙하게 균형점을 찾는다. 그들은 또한 자신이 속한 집단이나 조직의 이익과 다른 집단이나 다른 조직의 이익도 함께 조율해야 한다는 것을 이해한다. 어느 한 집단, 어느 한 조직도 진공 상태에서 홀로 작동하지 않기 때문이다. 단기적으로는 사리에 맞는 것으로 보이는 행동도 장기적으로 보면 꼭 그렇지 않을 수 있다는 것을 지혜로운 사람들은 알고 있다.

우리 사회는 전통적인 인지능력과 지식을 강조하면서 대신 지혜와 윤리적 추론을 간과하는 실수를 범했다. 2008년 경제 위기는 명석하지만 지혜롭지 못한 금융업자들이 빚어낸 결과였다. 리먼 브라더스와 베어스턴스를 비롯한 여러 회사들은 똑똑한 사람들이 어리석은 도박을 한 결과 도산했다. 아마 그때까지 미국 역사상 최악의 환경 재해였던 2010년 딥워터 호라이즌 사태 역시 명석한 이들이 어리석게도 절차를 무시하지 않았더라면 막을 수 있었던 일이었다. 오늘날처럼 강력한 힘을 동반한 기술들이 존재하는 세계에서, 우리가 학생들에게 명석하게 되기만을 강조하고 지혜로움을 가르치지 않을 여유가 있을까? 그 결과 비뚤어진 윤리관을 가진 '명석한' 테러리스트들이 생겨날 가능성을 방치할 여유가 우리에게 있을까? 우리는 그렇지 않다고 본다.

윤리적으로 행동하는 능력에는 개인차가 있을 수 있지만, 우리가 아는 한 '윤리적 영재성'이나 '도덕적 지능'에서 선천적인 개인차는 존재하지 않는다. 행동에서의 개인차는 오히려 윤리적 행동으로 이어지는 여덟 단계를 모두 수행하는 능력의 차이에서 기인하는 것으로 보인다. 이 여덟 단계 중 앞쪽의 단계에서 실패할 경우 뒤쪽 단계들에서도 실패할 가능성이 크다. 아동들에게 윤리적 행동의 추상적 원칙이나 윤리적 규범을 가르쳐서 이들이 윤리적 행동을 하도록 이끌어내기는 힘들다. 이보다 아동들이 윤리적 사고에 이르는 일련의 과정들을 배우고, 비윤리적 행동을 하게 만드는 외적·내적 압력에 면역력을 가질 수 있도록 도와주는 교육을 받아야 한다. 윤리적 영재성을 원한다면 선천적으로 윤리적 영재성을 가진 아동 집단을 찾으려는 생각을 버리고, 대신 윤리적 영재성을 계발하려는 노력을 기울어야 할 것이다.

제7장

전문성 계발로서의 영재성

능력이 영재성에 어떻게 보탬이 되는지에 대해서는 두 가지 기본적인 시각이 있다(Heller, Monks, Sternberg, & Subotnik, 2000 참고). 한 견해는 영재성을 개개인이 가지고 있는 비교적 안정된 특성으로서 유전과 환경 간의 상호작용을 통해 발전하는 것으로 본다. 이 견해는 능력을 전통적인 관점에 바탕을 두고 지능을 비교적 안정적인 것으로 본다(Guilford 1967; Spearman, 1927; Thurstone, 1938). 현대 이론들 중에서도 한 가지 능력을 제시하느냐 아니면 여러 종류의 능력들을 제시하느냐의 차이만 있을 뿐 같은 견해를 보이는 이론들이 종종 있다(Carroll, 1993; Ceci, 1996; Gallagher & Courtright, 1986; Gardner, 2000; Jensen, 1998; Reis & Renzulli, in press; Renzulli, 1978, 1986; Sternberg, 1985a; Sternberg & Davidson, 1986에 실린 연구들도 참고). 또 다른 견해는 영재성을 어떤 근접발달 영역에서 찾을 수 있다고 본다. 즉, 영재성은 발달할 준비가 된 능력부터 이미 발달된 능력으로까지 발전할 수 있다는 것이다(Feuerstein, 1979; Vygotsky, 1978; 더 참고할 대상은 Kanevsky, 1992; 이 견해가 어떻게 영재성에 적용되는지에 대해서는 Morelock, 2000; 평가 문제에 대한 논의는 Lidz, 1987, 1991 참고).

이 장에서는 전문성 계발이라는 특수한 구성 개념이 영재성에 대한 정적관점과 동적관점을 통합할 수 있다는 주장을 제시한다. 이러한 입장은 Sternberg의 관점(1998a, 1999a)에 기반을 둔 것으로 능력을 전문성 계발의 한 형태로 볼 수 있다.

Ackerman(in press)은 어떤 면에서 지능이 주는 이점은 그로 인해 사람들이 전문성을 얻을 수 있다는 것이라고 생각했다. 우리 연구팀의 견해는 지능검사나 그와 관련된 검사들이 이미 존재하는 일련의 능력을 측정하는 것이 아니라, 오히려 발달과정에 있는 전문성을 측정하는 것이라는 생각이다. 여기서 전문성 계발은 일상생활 수행 중 하나 이상의 영역에서 높은 수준의 전문적 기술을 보이기 위해 필요한 일련의 기술 습득과 기술 강화가 진행되는 과정으로 정의한다. 어떤 종류의 시험에서든 높은 수행 능력을 보이기 위해서는 그 분야에 전문성이 있어야 하고, 어느 시험에 필요한 전문성이 학교 교육이나 직장에서 필요한 전문성과 겹쳐지는 정도가 곧 그 시험과 학교 또는 직장에서의 수행 능력 사이의 상관관계가 된다. 하지만 이런 종류의 상관관계는 능력과 다른 종류의 수행 능력 사이의 내재적 관계는 전혀 반영하지 않는다. 그보다 이러한 상관관계들은 여러 다른 상황에서 높은 수행 능력을 가지기 위해 필요한 전문성의 공통 부분을 보여준다.

능력검사가 다른 측정 도구에 비해 특별히 우대를 받는 것은 아니다. 능력 관련 점수를 도출하기 위해 능력검사만큼이나 손쉽게 사용할 수 있는 방법이 학업 성취 결과이다. 예를 들어 우리는 SAT-II(성취도 측정을 위해 사용되는 주제별 평가)를 사용해서 SAT-I(SAT 추론 평가라고도 불리고 그 이전에는 학습능력평가시험, 그보다 더 이전에는 학습능력적성시험이라고 불렸다)에서의 결과를 쉽게 예측할 수 있고 역방향의 예측도 마찬가지이며 예측의 수준 역시 동일할 것이다. 두 시험 모두 성취도를 측정하는 시험이지만 측정하는 성취의 종류가 구체적으로 어떤 것인가에서 차이가 있을 뿐이다. 어떤 시험(예 : 카우프만 아동지능검사)에서 성취도 측정이라고 불리는 언어능력시험이 다른 시험(예 : 웩슬러 아동지능검사)에서는 능력 측정이라고 불린다.

이 관점에서 보면, 평가 시행과정에서는 능력검사가 다른 기준들보다 시간적으로 우선될 수는 있지만(즉, 능력검사를 먼저 시행하고 그 후에 성적이나 성취도 평가 점수와 같은 수행평가 기준 항목들을 모은다), 능력검사는 아무 심리적 우위도 가지지 않는다. 다양한 종류의 평가들은 모두 심리적으로는 같은 종류이다. 능력검사가 다른 평가들과 구별되는 것은 그 검사들이 어떻게(보통은 예상 가능한 방법으로) 사용되는지에 있지, 무엇을 측정하는가에 있지 않다. 여러 종류의 평가들 사이에 질적 구분은 존재하지 않는다. 모든 검사들은 전문성 계발의 여러 단계를 측정한다.

지능과 관련 능력에 대한 종래의 검사들은 검사 대상자가 수년 전에 이루었어야 할 성취를 측정한다(Anastasi & Urbina, 1997 참고). 어휘, 독해, 언어 유추, 수학 문제 해결 그리고 여타의 시험들은 모두 부분적으로 성취도 검사이다. 심지어 추상적 추론 검사도 서구 학교에서 교육하는 기술이며 기하학 기호들을 다루는 성취도를 측정한다(비교인지 실험실, 1982; Serpell, 2000; Sternberg, 2004a). 능력 검사 점수 예측을 위해 학업성취자료를 사용하는 것과 별반 차이가 없는 상황이다. 기존 모델의 문제점은 그것이 능력검사와 다른 형태인 성취 사이의 상관관계를 진술한다는 것에 있는 것이 아니다. 이 검사들에서 어떠한 구성 개념이 이후의 성공에 있어 단순히 시간적으로 앞선 것이 아니라, 어떤 식으로든 원인이 되었다는 인과관계를 제시한다는 데에 있다.

전문성 계발 관점은 특정한 정도의 전문성을 계발할 수 있는지의 여부에서 나타나는 개인차의 한 원인으로 유전적 요인을 배제하는 것은 전혀 아니다. 지능을 포함해 인간의 많은 특성들은 유전적 요인과 환경적 요인 사이의 연계변이와 상호작용을 반영한다(Grigorenko, 2000). 하지만 한 사람의 유전자가 그 사람의 지능에 미치는 영향을 직접적으로 측정할 수 없는 것은 물론, 추정하는 것조차도 불가능하다. 오히려 측정의 대상이 되는 것은 표현되어 나오는 것, 즉 전문성 계발이 발현된 것의 일부인데, 이때의 전문성은 그 주체로 하여금 여러 분야에서 성찰적 실무자가 될 수 있도록 이끄는 종류를 말한다(Schon, 1983). 이러한 측정방식은 Royer, Carlo, Dufresne, Mestre(1996)가 활용한 것으로 여러 단계의 전문성 계발을 반영하는 독해 능력 측정을 계발하는 것이 가능하다는 것을 보여주었다. 이런 평가에서 나온 측정 결과는 단순히 독해능력이 양적 평가 결과만이 아니라 검사 도중 나타난 전문성 계발 종류의 질적 차이 역시 반영한다. 예를 들어, 기술 문서자료의 이해 능력, 이 자료를 바탕으로 추론할 수 있는 능력, 또는 기술 문서를 읽고 '큰 개념들'을 찾아내는 능력 등의 구체적 항목으로 분석되는 것이다.

이 관점에 따르면 능력의 측정치는 이후의 성공과 상관관계가 있을 수밖에 없는데, 이는 지능 측정치와 성공에 대한 다양한 측정치들 모두 전문성 계발을 필요로 하기 때문이다. 예를 들어, 두 측정치 모두 일반적으로 사고의 **상위구성 요소**라고 여기는 문제 인식, 문제 정의, 문제 해결을 위한 전략 수립, 정보 표시, 자원 배치,

문제 해결 방안 주시, 평가 등과 같은 요소들을 필요로 한다(Sternberg, Kaufman, & Grigorenko 2008). 이 기술들은 유전자 환경 연계변이와 상호작용의 결과로 발달한다. 이 요소들을 지능이라고 불러도 문제가 없다. 단 지능과 관련 능력이라고 부르는 대상들이 전문성 계발의 한 형태를 나타낸다는 것만 인식하면 된다.

영재성이 있는 사람은 평범한 사람들보다 전문성을 더 빠른 속도로 또는 더 높은 정도나 더 깊은 수준으로, 아니면 질적으로 다른 종류의 수준으로 계발하는 사람들이다. 영재들은 평범한 사람들보다 전문성을 계발할 가능성이 더 큰데, 그러한 전망을 보여주는 평가 방법들은 그 자체가 전문성 계발 정도의 측정치이다. 이러한 측정치들이 나중에 발현될 영재성 있는 수행을 예측한다고 볼 수도 있지만 그 측정치들 자체가 영재성 있는 수행 평가이기도 하다. 예측 변수들은 기준과 다르지 않다. 다만 우리가 일종의 희망적 관측으로 마음속에서 둘 사이에 차이가 있다고 생각하는 것뿐이다.

여기에서 제시하는 관점에 따른 연구의 주요목표는 지능과 관련 능력들에 대한 연구(Sternberg, 1990b, 1994, 2000b의 연구들 참고)와 전문성에 대한 연구(Chi, Glaser, & Farr, 1988; Ericsson, 1996; Ericsson & Smith, 1991; Hoffman, 1992; Shore, 2000)를 통합하는 것이다. 보통 서로 구별되는 것으로 간주되는 이 연구들을 여기에서는 궁극적으로 동일한 심리적 기제들과 연관된 것으로 간주한다. 따라서 이 관점에서 능력과 전문성은 동전의 서로 다른 양면인 것이다.

전문성 계발 모델의 세부사항들

이 모델의 중심에는 **전문성 계발**이라는 개념, 즉 각 개인은 주어진 영역에서 일을 할 때 끊임없이 전문성을 계발하는 단계에 있다는 개념이 위치한다. 물론 개인마다 발달의 비율과 점근선에서 다른 사람과 차이를 보일 수는 있다. 영재들은 더 빠른 비율, 더 높은 점근선을 가진 발달 곡선을 보인다. 전문성을 얻는 것에 대한 주요 제약 요인은 이미 고정된 수준의 역량이 아니라 직접적 지도, 적극적 참여, 역할모델 제시, 보상 등을 아우르는 의도적 개입이다.

모델의 요소들

전문성 계발 모델은 상위인지 기술, 학습 기술, 사고 기술, 지식, 동기 등의 다섯 가지 주요 요소를 가지고 있다. 물론 이 요소들이 전문성 계발 요소의 전부는 아니다. 영재들은 이 요소들 중 몇 가지에 대한 전문성이 뛰어나게 발달하고, 높은 수준의 영재성을 가진 사람의 경우 다섯 요소 모두에서 전문성이 탁월하게 발달하는 모습을 보인다. 이들 요소들은 직·간접적으로 서로에게 영향을 미친다. 예를 들어 학습은 지식으로 이어지는 한편, 지식은 더 많은 학습을 용이하게 한다.

　이 요소들은 대단히 영역 특수적이다. 한 영역에서의 전문성 발달이 꼭 다른 영역에서의 전문성 발달로 이어지지는 않는다. 그러나 해당 영역 간의 관계에 따라 영역 간 전문성 발달의 전이가 일어나기도 하는데, 이 점은 지능과 관련해서 다른 연구자들이 지적한 바이기도 하다(Gardner, 1983, 1999a, 2000; Sternberg, 1997a, 1999a).

　앞에서 설명한 성공 지능에 대한 이론(Sternberg, 1985a, 1997a, 1999c)에서는 지능을 분석적, 창의적, 실천적 등 세 가지 면을 가지고 있는 것으로 간주한다. 우리의 연구 결과에 따르면 하나의 창의적 영역에서의 전문성 발달(Sternberg & Lubart, 1995)이나 하나의 실천적 영역에서의 전문성 발달(Sternberg et al., 2000; Sternberg, Wagner, Williams, & Horvath, 1995)은 다른 영역에서의 전문성 발달과 어느 정도 상관관계를 보였다. 심리측정적 연구 결과에 따르면 분석적 영역은 더 높은 영역 일반성을 가진다(Jensen, 1998). 이에 더해 사람들은 한 영역에서 분석적, 창의적, 실천적 전문성을 보이면서도 이 세 가지 전문성 모두, 아니면 그중 두 가지 전문성마저도 보이지 않을 수도 있다.

　1. **상위인지 기술** : 상위인지 기술(또는 상위구성 요소)(Sternberg, 1985a)은 자기 자신의 인지에 대한 사람들의 이해와 통제를 일컫는다. 예를 들어 이런 기술들은 학술보고서를 쓰거나 수학 응용문제를 해결하는 것에 대해서, 그 과정에 관련된 단계들과 어떻게 이 단계들이 효율적으로 시행될 수 있는지에 개인이 아는 모든 것을 포함할 것이다. 문제 인식, 문제 정의, 문제 진술, 전략 수립, 자원 배치, 문제 해결 조정, 문제 해결 평가와 같은 일곱 가지의 상

위인지 기술이 특히 중요하며(Sternberg, 1985a, 1986), 이 기술들은 모두 변경 가능하다(Sternberg, 1986, 1988b; Sternberg & Grigorenko, 2000; Sternberg & Spear-Swerling, 1996). 영재는 탁월한 상위인지 기술을 가지고 있다(Borkowski & Peck, 1986; Jackson & Butterfield, 1986; Shore, 2000).

2. **학습 기술** : 학습 기술(지식-습득 요소)은 개인이 사용하는 유일한 학습 기술이 아님에도 불구하고 전문성 계발 모델에 필수적이다(Sternberg, 1985a, 1986). 학습 기술은 가끔 명시적 기술과 암묵적 기술로 나뉜다. 명시적 학습은 우리가 배우려고 노력할 때 발생한다면, 암묵적 학습은 우리가 아무 체계적인 노력 없이 우연히 정보를 얻었을 때 이루어지는 학습이다. 학습 기술의 예로는 관련성 있는 정보와 없는 정보를 가려내는 선택적 기호화, 관련 정보를 한 곳으로 모으는 선택적 결합, 이미 기억 속에 있는 정보에 새로운 정보를 연결시키는 선택적 비교 등이 있다(Sternberg, 1985a).

3. **사고 기술** : 개인이 능숙하게 익혀야 할 세 가지 주요 사고 기술들(또는 수행 요소들)이 있다(Sternberg, 1985a, 1986, 1994). 중요한 것은 이들 기술들이 한 가지가 아니라 각각 기술 그룹을 이룬다는 점이다. 비판적(분석적) 사고 기술에는 분석, 비평, 판단, 평가, 비교와 대조, 산정 등이 있다. 창의적 사고 기술에는 창조, 발견, 고안, 상상, 추측, 가설 세우기 등이 속한다. 실천적 사고 기술에는 적용, 사용, 활용, 실행 등이 있다(Sternberg, 1997a; Sternberg & Gringorenko, 2000). 이들은 생각을 실제 생활에서 행동으로 옮기게 하는 첫 번째 단계에 작용한다.

4. **지식** : 학문적 상황은 두 가지 종류의 지식과 관련 있다. 선언적 지식은 사실, 개념, 원칙, 법칙 등을 대상으로 하며 '무엇이 어떻다는 것을 아는 것'이다. 절차적 지식은 절차와 전략을 대상으로 하고 '무엇을 어떻게 하는지 아는 것'이다. 이 중 특히 중요한 것은 자신이 작업을 하고 있는 그 속의 체계가 어떻게 기능하는지를 아는 절차적·암묵적 지식이다(Sternberg et al., 2000; Sternberg, Wagner, Williams & Horvath, 1995).

5. **동기** : 동기는 여러 종류로 구분될 수 있다. 첫 번째는 성취동기이다(McClelland, 1985; McClelland, Atkinson, Clark, & Lowell, 1976). 성취동기가 높은 사람들은 보통 수준의 도전과 위험을 선택한다. 이들은 너무 쉽지도, 너

무 어렵지도 않은 과제에 끌린다. 이들은 끊임없이 자신과 자신들의 성취를 더 낫게 하려고 노력하는 노력형 인간이다.

두 번째는 자기효능감 동기로, 당면한 문제를 해결할 수 있는 자신의 능력에 대한 스스로의 믿음을 가리킨다(Bandura, 1977, 1996). 전문가들은 자신의 전문 영역에 속한 어려운 과제를 풀 수 있다는 스스로의 효능에 대해 믿음을 개발할 필요가 있다. 이런 종류의 자기효능감은 내적 보상과 외적 보상 모두에 기인할 수 있다(Amabile, 1996; Sternberg & Lubart, 1996). 물론 다른 종류의 동기들 역시 중요하다. 동기는 성공적인 학교생활을 하기 위해 아마 없어서는 안 될 요소일 것이다. 학생들은 동기가 없이는 절대로 배우려고 노력하지 않는다.

세 번째는 스스로의 지적 기술을 개발하려는 동기이다. Dweck(Carr & Dweck, in press; Dweck, 1999)은 아이들을 '실체' 이론가와 '증가' 이론가들로 구분했다. '실체' 이론가 아동들은 지능을 대체로 고정된 것으로 본 반면 '증가' 이론가 아동들은 지능이 변형 가능한 것이라고 생각했다. 지능이 변형 가능하다고 믿는 아동들이 자신의 기술을 증진시키려는 노력을 할 가능성이 더 큰데, 이는 단순히 이러한 아동들은 자신의 기술이 나아질 수 있다고 믿기 때문이다.

6. **맥락** : 여기에서 논의한 모든 요소들은 학습자의 특성이다. 앞 장에서 제기한 논제로 돌아가자면, 종래의 지능검사의 문제점은 개개인이 대체로 탈맥락적 환경에서 활동한다고 가정하는 점이다. 검사 결과 점수는 대체로 개인의 내적 특성으로 풀이된다. 하지만 검사는 그보다 훨씬 많은 내용을 측정한다. 검사 대상자 전체가 고정되고 통일된 맥락을 공유한다고 가정하는 것은 현실적이지 못하다. 검사에서의 수행 능력에 영향을 미칠 수 있는 맥락적 요인에는 모국어, 검사에서 빠른 과제 수행을 강조하는 정도, 그 검사에서 좋은 성적을 받는 것이 시험 대상자에게 중요한 정도, 검사에 쓰인 자료에 대한 시험 대상자의 친숙도 등이 속한다(Barnett, Rindermann, Williams, & Ceci, in press; Ceci, 1996; Sternberg, 1997a).

요소들 간의 상호작용

초심자는 주의를 기울여 임하는 연습을 통해 전문성을 다져 나간다. 하지만 이러한 연습은 다섯 개의 모든 주요 요소들 사이의 상호작용을 필요로 한다. 이 요소들의 중심에서 다른 요소들에게 추진력을 심어주는 것이 동기이다. 동기가 없는 요소들은 활기 없는 상태로 남아 있다. 연습을 통해 결국 개인은 일종의 전문가가 되고, 어떤 특정한 일련의 기술을 성찰적으로 실행할 수 있게 된다. 하지만 전문성은 여러 수준에서 일어난다. 예를 들어 전문 대학원, 또는 법학과 대학원 1년차의 전문성은 직업적인 전문가의 전문성에는 훨씬 못 미친다. 따라서 사람들은 여러 주기를 거쳐 점점 더 높은 수준의 전문성으로 나아간다. 이 요소들을 특히 효과적인 방법으로 조합해서 더 빨리 전문성에 도달하거나, 양적으로 더 높은 수준의 전문성에 도달하거나, 또는 질적으로 더 월등한 전문성에 도달하는 사람들을 영재라고 부른다. 어릴 때 받은 검사에서는 영재로 판별되었지만 나이가 더 들어 중요한 종류의 수행에서는 영재 수준의 수행 능력을 보이지 않는 사람들은, 보통 스스로의 잠재력을 모두 실현하지 못한 영재라고 할 수 있다. 이 설명이 정확한 것일 수도 있고, 아니면 단순히 이러한 사람들이 가지고 있는 주요 전문성이 영재 아동을 판별하는 데에 쓰이는 시험을 보는 것에만 있었던 것일 수도 있다. 제3장에서 연구 결과의 일부를 제시하면서 논의했듯이, 한 사람의 영재성을 판별할 때는 인생의 여러 단계 중 그 사람이 처한 위치에 따라 서로 다른 기술들이 서로 다른 방식으로 적용되어 그 판별을 가능하게 하는 것으로 보인다.

동기는 상위인지 기술에 추진력을 더하고, 상위인지 기술은 학습 기술과 사고 기술을 활성화시키며, 학습·사고 기술은 인지 기술에 피드백을 제공하여 그 사람의 전문성 수준을 증가하게 한다(Sternberg, 1985a 참고). 사고와 학습 기술이 확장되면서 얻은 선언적·절차적 지식은 이후에 사고·학습 기술이 더 효과적으로 이용되는 결과를 내기도 한다.

이 모든 과정들은 그들이 작동하는 맥락으로부터 영향을 받고 또 반대로 맥락에 영향을 줄 수도 있다. 예를 들어 학습경험이 영어로 이루어지는 상황에서 학습자가 제한된 영어 능력을 가지고 있을 경우 그 학생의 학습 결과는 더 높은 영어 실력을 가진 학생의 학습 결과 수준에는 못 미칠 것이다. 또는 시각적 학습자에게 학습 자료를 구두로 제시할 경우 그 학생의 수행 능력은 감소할 것이다.

그렇다면 전문성 계발 모델은 지능 구성체와 다른 능력들이 이루는 구성 개념들과 어떤 연관이 있을까?

일반 요인과 능력의 구조

일부 지능 이론가들은 지능의 일반 요인(g factor)으로 알려진 요소들의 안정성이 인간 지능에 안정적이고 지배적인 모종의 구조가 존재한다는 것을 증명한다고 주장했다. 그렇다면 영재성 이론가들은 이러한 일반 능력이 뛰어난 사람들을 영재로 간주할 수도 있다(Gallagher & Courtright, 1986; Robinson, 2005). 하지만 일반 요인의 존재가 반영하는 내용은 직접적으로 측정할 수 없지만 개인 안에 잠재하는 능력들과 학교 교육을 받으며 발달한 전문성 사이의 상호작용일 뿐 그 이상의 의미가 있는 것으로 보이지는 않는다. 어떤 학교 교육을 받는지에 따라 g 요인은 강해질 수도 있고 약해질 수도 있다. 사실 서구적 또는 관련 형태의 학교에서는, 개인능력시험에서 측정하는 여러 종류의 기술들을 동시에 가르치는 학교 교육을 통해 부분적으로 g 현상을 만들어낼 수도 있다. 개인들이 인간의 노력 중 다소 제한된 범위 내에서의 수행에 중요한 능력을 가진 결과 '영재'로 분류되는 경우가 생길 수 있는 것이다.

예를 들어, 어린이들이 어릴 때부터 어느 한 직업 분야에 대한 교육을 받는다고 가정해보자. 사실 이것은 인류 역사의 대부분에 걸쳐 대부분의 아동들이 교육받은 방식이다. 적어도 남자아이들은 어렸을 때 그들에게 직업을 가르칠 대가 밑에서 도세 생활을 했다. 이 아이들이 자신이 살게 될 삶과 관계없는 기술들을 배울 이유는 없었다.

현실에서 예를 찾자. 어떤 학생들은 어릴 때부터 영어나 다른 외국어를 학습하여 언어 전문성을 개발하도록 하고, 어떤 학생들은 수학적 전문성을 개발하기 위해 수학을 공부하도록 했다고 가정하자. 또 다른 학생들은 비행기를 조종하든 가게 일을 하든 어느 용도로든 쓰일 공간 전문성을 전문 분야로 선택할 수도 있다. 전문화가 대학 수준에서가 아니라 처음 학교 교육을 받기 시작하는 연령에서 이루어지는 것이다.

이 견해는 결정적 지능과 유동적 지능 이론(Cattell, 1971; Horn, 194)과 관련이 있지만 차이점도 있다. 이 이론에서 유동적 능력은 정보를 습득하고 추론에 사용할 수 있는 능력으로 보는 한편, 결정적 능력은 그렇게 해서 얻은 정보라고 이해한다. 이 관점에 따르면 학교 교육은 주로 결정적 능력을 개발하되, 이 과정은 부분적으로는 학생 개인이 학교 과제에 적용하는 유동적 능력에 기반을 둔다. 하지만 우리가 제시하는 이론에 따르면 유동적 능력과 결정적 능력 모두 학교 교육이나 사회가 전문성 개발을 위해 만들어내는 다른 방법을 통해 개발될 수 있고, 그렇게 개발될 가능성도 두 능력이 거의 비슷하다. 우리가 제시하는 관점은 거의 보편적으로 나타나는 플린 효과(Flynn, 1987; Neisser, 1998)로부터 더 큰 타당성을 얻는다고 볼 수도 있다. 플린 효과는 20세기의 대부분에 걸쳐 전 세계적으로 IQ가 막대하게 증가한 현상을 가리킨다. 그렇게 짧은 시간에 큰 유전적 변화가 일어났을 가능성은 사실상 전무하기 때문에 이 효과는 환경적 원인으로 인해 일어난 것이 틀림없다. 흥미롭게도 결정적 능력보다 유동적 능력의 증가량이 훨씬 컸는데, 이는 유동적 능력이 결정적 능력만큼 또는 그 이상으로 환경에 영향을 받는 정도가 크다는 점을 암시한다. 따라서 유동적 지능은 한 사람이 태어나면서 지니는 기본적인 유전적 잠재성이고, 그 발달이 결정적 능력으로 표현된다는 개념은 성립하지 않는 것이 분명하다.

그렇다면 어릴 때부터 전문화된 교육을 받았던 학생들은 총괄적 지능검사 또는 지능에 대한 광범위 측정 방법 중 한 가지를 받게 될 것이다. 이때 일반 요인은 존재하지 않을 것인데, 그 이유는 한 가지 형태의 전문성에 대해 교육을 받은 사람은 다른 영역에 대한 교육은 받지 못했을 것이기 때문이다. 소위 지능검사의 하위 점수들 사이에 부적 상관관계가 나오는 경우까지도 상상할 수 있다. 부적 상관관계가 발생하는 경우는 교육 형태로 인해 한 분야의 전문성을 개발하는 것이 다른 분야의 전문성 개발을 막았기 때문일 것이다(Sternberg et al., 2001a).

따라서 종래의 검사에서는 좁은 범위의 특정한 전문지식을 측정하기 때문에 그 분야에 관련된 일부의 사람들이 부당한 이점을 가질 수 있다. 우리가 더 넓은 범위의 전문지식을 측정할 경우 결과는 상당히 다르게 나올 수 있다. 더욱이, 더 광범위한 전문적 지식에는 직업의 세계에서나 가족과의 생활에서 중요한 기술들이 포함된다. 따라서 누가 영재로 판별되는지는 평가의 대상이 되는 능력의 범위에 따라 결정될 것이다.

우리가 개발한 검사 도구나 다른 어떤 검사를 사용해서 측정된 분석적·창의적·실천적 능력들은 모두 계발 중인 전문성의 한 형태들이다. 이들 능력 모두 생활에서 만나는 다양한 종류의 과제수행에 유용하다. 하지만 종래의 검사는 상당히 좁은 범위의 전문성에 능숙하지 못한 학생들에게 정당하지 못한 불이익을 줄 수 있다. 측정하는 전문성의 범위를 넓힘으로써 우리는 실제로 현재 재능 있다고 판별되지 않는 아동들이 중요한 종류의 전문성들을 계발했다는 사실을 밝혀냈다. 종래의 검사에서 측정한 능력들은 학교와 생활에서 성공적인 수행을 하는 데에 중요하지만, 이들 능력들이 중요한 능력의 전부는 아니다.

일반 요인에 기반을 둔 능력에 관한 개념에서 벗어난 교수법을 사용하는 것도 이점이 있다. 일단 연구를 통해 우리는 사회경제적으로 하류층인 3학년 학생들과 중류층인 8학년 학생들 중에서(분석적, 창의적, 실천적, 그리고 기억력 면에서) 성공적 지능을 높이기 위해 짜인 사회(공동체에 관한 단원)나 과학(심리학에 관한 단원) 수업을 받은 학생들이 단순히 분석적(비판적) 사고나 기억 또는 단순히 기억력 증진을 목적으로 한 수업을 받은 학생들보다 더 높은 수행 능력을 보였음을 밝혀냈다(Sternberg, Torf, & Grigorenko, 1998a, 1998b). '삼위일체 방식으로' 수업을 받은 학생들은 분석적·창의적·실천적 성취를 주시한 수행평가에서뿐 아니라 순수하게 기억을 측정하는 시험들(각 과목들에서 이미 사용되고 있는 다지선다형 시험들)에서도 다른 학생들보다 나은 성적을 보였다. 이 모든 설명이 분석적 능력이 학교생활과 삶에서 중요하지 않다고 말하고자 하는 것은 아니다. 물론 분석적 능력은 학교와 일상생활에서 중요한 역할을 한다. 우리의 자료가 시사하는 바는 다른 종류의 능력들, 즉 창의적 능력과 실천적 능력 역시 중요하며, 학생들은 이들 세 가지 능력 모두를 함께 사용하는 법을 배워야 한다는 점이다.

중·고등학생들의 독해 능력에 주목한 또 다른 연구 역시 비슷한 결과를 제출하였다. 자신이 강한 영역과 상대적으로 취약한 능력 모두에 대해 교육을 받은 학생들은 오직 암기력과 분석 능력에만 집중하도록 교육받은 학생들보다 높은 수행 능력을 보였다(Grigorenko, Jarvin, & Sternberg, 2000).

따라서 학생들에게 이미 많이 계발된 전문성을 고려하면서 다른 영역의 전문성들도 함께 키울 수 있는 방법으로 교육을 실시할 경우 어떤 방법으로 측정해도 월등한 학습결과를 낳게 된다. 실제로 기억력 외의 다른 전문성을 이용하도록 교육받은 아동들은 기억 위주의 교육을 받은 학생들보다 학습 내용을 더 잘 기억한다.

우리는 또한 경영인, 대학 교수, 초등학생, 판매사원, 대학생, 일반인 등을 연구 대상으로 아동과 성인의 비형식적ㆍ절차적 지식을 측정하는 연구를 수행했다. 모든 연구에서 중요한 이 실천적 지식은 종래의 검사로 측정했을 때 다양한 인구, 직업, 연령대 모두에서 학술적 지식과 상관관계가 없다는 결과가 나왔다(Cianciolo et al., 2006; Sternberg et al., 2000; Sternberg, Wagner, Williams, & Horvath, 1995). 더욱이 이 검사들은 직무수행을 IQ 검사만큼 혹은 그보다 더 잘 예측해냈다. 이 두 종류의 능력 검사들 사이에 상관관계가 없는 것으로 나타났다는 것은 학술적 지능검사와 실천적 지능검사 모두 예측 변수로 쓰일 때 직무 수행을 가장 정확하게 예상할 수 있음을 암시한다. 우리는 또한 다른 종류의 학술적 능력이 아닌 상식에 대한 자기평가를 예측하는 검사를 개발했다(Cianciolo et al., 2006). 이 검사는 취업을 위한 인터뷰에 임하는 자세와 같은 직장에서의 상식을 예측하는 검사이다.

이 검사들에서 우리가 측정한 비형식적 절차적 전문성은 학문적 전문성과는 상관관계를 보이지 않지만, 업무 영역 간 비교에서는 상관관계를 보였다. 예를 들어 자기 관리, 타인 관리, 업무 관리 등의 항목에서 비형식적 절차적 지식을 측정한 하위 성적들은 서로 상관관계를 보이고, 심리학 시험에서의 성적은 경영자 대상 시험에서의 성적과 보통 수준의 상관관계를 가졌다는 것이다(Sternberg et al., 2000; Sternberg, Wagner, Williams, & Horvath, 1995). 대체로 암묵적 지식과 직무 관련 수행 능력 사이에는 약간에서 보통 정도의 상관관계가 나타난다(Hedlund et al., 2006; Sternberg & Hedlund, 2002). 따라서 초ㆍ중ㆍ고교 학습에서 중요한 전문적 지식들 사이에서는 보이지 않는 상관관계가 직무 세계에서 중요한 종류의 전문적 지식들 사이에서는 보일 수 있다.

종래의 학술적 시험과 우리의 실천적 지능검사는 모두 학교와 직장생활에서 중요한 형태의 전문성들을 측정한다. 이 두 가지 검사들은 서로 질적으로 구분되지 않는다. 두 검사 사이에서 상관관계가 성립하지 않는 것은 두 검사가 측정하는 전문성의 종류가 서로 다르기 때문이다. 우리가 케냐 연구에서 발견한 바와 같이, 추상적, 학술적 전문성이 발달한 사람들은 보통 실천적이고 일상생활에 필요한 전문성 개발에는 그리 주력하지 않은 경향이 있었고, 반대로도 마찬가지였다 (Sternberg et al., 2001a). 미국 도심과 같이 어려운 환경에서 자라는 아이들은 생존을 위해 학문적 전문성보다는 실천적 전문성을 개발해야 할 수도 있다. 케냐에서와 마찬가지로 이러한 실천적 전문성이 학문적 전문성보다 그들의 생존을 더 정확하게 예측할 수 있는 것이다. 경영에서도 같은 현상이 나타나는데, 즉 어떻게 직무를 수행할지에 대한 암묵적 지식이 학교에서 중요해보이는 학문적 전문성만큼, 또는 그보다 더 확실하고 성공적인 직업생활로 이어질 수 있다.

실천적 전문성은 학교에서도 중요하다. 예일대학교에서 수행한 연구에서 Wendy Williams와 Sternberg(Sternberg, Wagner, & Okagaki에 언급)는 대학에 대한 암묵적 지식이 학습능력검사만큼이나 학점 평점을 잘 예측했음을 발견했다. 하지만 대학생활에 대한 암묵적 지식은 학술 시험보다 대학 환경에 대한 적응도를 더 잘 예측했다.

시험 보기

전문성 계발은 전통적인 지능검사에서 측정하는 구성 개념들뿐 아니라 검사를 받는 행동 자체에도 적용된다.

가끔은 아동들이 학교 시험과 관련 있어 배우는 전문 지식이 이들이 전통적 능력 시험에서 좋은 성적을 내는 것을 방해하는 경우도 있다. 이러한 한 예로 우리는 교사들이 오전에는 영어로, 오후에는 헤브루어로 수업을 한 시골 학교에서 학생들의 분석적 추론능력 발달을 연구했다(Sternberg & Rifkin, 1979). 2학년 학생들 중 여러 명이 우리가 제시한 시험에서 한 문제도 맞히지 못했다. 겉으로 보면 이 학생들은 꽤 우둔한 학생들로 보일 것이다. 하지만 이 같은 결과에는 이유가 있다는 것을 발견했다. 우리는 시험을 오후에 시행하였는데, 이 학생들은 오후에는 언제나 헤브루어로 된 자료를 읽어왔다. 따라서 학생들은 우리 시험을 오른쪽에서 왼쪽으로 읽었고, 이에 따라 시험 내용을 모두 잘못 이해했다. 그들의 일상 환경에서는 학생들에게 도움이 되었던 전문지식이 우리가 시행한 시험에서는 오히려 방해가 된 것이다.

우리 연구의 표본 집단은 중상위층 아동으로, 아마 한두 해 후였다면 그런 실수는 하지 않았을 학생들이다. 하지만 그만한 지원을 받을 수 없는 환경에서 자신들의 가족이나 공동체, 또는 학교에서의 생활에는 도움이 되지만 시험에는 도움이 되지 않는 종류의 전문성을 개발하는 아이들의 경우를 생각해 보자. 이 학생들은 시험에서 측정하는 종류의 전문성이 모자라다고 간주되는 대신 우둔하다고 생각되기 쉽다.

능력 평가는 계발 중인 전문성을 측정한다. 능력에 대한 정적 관점에서는 주어진 시간 내에 수행의 단면을 분리시켜 조망한다. 능력의 동적 관점에서는 시간 내에 수행 영역을 분리시켜 조망한다. 그러나 결국 두 가지 관점 모두 계발 중인 전문성의 장기적 연속선상에서 단면만을 나타낸다. 정적 평가나 동적 평가 또는 두 평가 모두에서 월등한 성과를 보이는 영재들은 전문성 계발에서도 탁월하다. 영재 아동을 판별하기 위해 평가하는 종류의 전문성 계발 평가지표는 성인들에게서 인정되는 전문성 계발과 일치할 수도 있고 아닐 수도 있다. 종종 이 두 부류의 전문성 계발은 서로 상응하지 않는 경우가 많다.

어떤 문화적 또는 하위 문화적 환경에 대해서도 그 환경 안에서 형성되는 전문성 계발을 우대하는 시험을 구성할 수 있다(Serpell, 2000; Sternberg & Grigorenko, 2007a). 종래의 능력 검사를 구성한 사람들은 서구 학교 교육에서 가장 가치 있게 생각하는 종류의 기술들을 우대하는 경향이 있었다. 이러한 가치체계는 사실 이해할 수 있는 대목인데, Binet와 Simon(1905)이 학교 과제 수행성과를 예측하려는 목적으로 처음 지능검사를 개발했다는 점을 고려하면 더 그렇다. 더욱이 이러한 기술들은 학교생활과 삶 속에서 중요한 기술들이다. 하지만 현대사회에서 능력을 고정적이거나 심지어 선결적이라고 보는 관점은 시대착오적이다. 또한 우리 연구와 다른 연구자의 연구들(Sternberg, 1997a에서 매우 광범위하게 검토한 바 있다)에 따르면 기존 검사들에서 평가되는 능력들은 인생에서의 성공과 관련이 있는 전문성의 일부만을 측정한다. 기존의 검사들이 성인으로서 삶에서 이룬 성공에 대한 다양한 측정치의 개인차 변인 중 10%만을 예측하는 것도 이러한 이유에서이다(Hernstein & Murray, 1994; Jensen, 1998).

물론 인지적 전문성은 학교에서나 삶에서나 중요하지만, 사회적, 감정적 전문성 역시 마찬가지로 중요하다(Mayer, Salovey, Caruso, & Cherkasskiy, in press). 사회적·감정적 전문성 모두 학교와 집에서 모든 아동들에게 교육해야 한다. 후자 부류의 전문성은 직장에서 그 중요성이 더욱더 높아질 수 있다. 우리는 능력에 대한 개념을 보다 넓게 정의해야 한다. 또한 능력을 측정할 때, 발달 중인 전문성을 측정하고 있음을 깨닫지 않으면 우리는 우리 사회에 탁월한 공헌을 할 잠재력을 가진 많은 사람들을 암울한 미래로 내몰 위험에 직면한다. 또한 우리는 특정한 학교 교육에서의 성공을 뒷받침할 전문성은 있지만 학교 졸업 이후 삶에서의 성공을 위한 전문성은 가지고 있지 않은 학생들을 과대평가할 가능성 역시 감수해야 할 것이다.

제8장

영재성과 문화

문화와 지능의 연구는 특정 문화적 맥락에서는 영리한 것으로 여겨지는 행동이 다른 문화적 맥락에서는 어리석은 것으로 여겨진다는 개념에 어느 정도 기반한다(Cole, Gay, Glick, & Sharp, 1971; Sternberg, 2004a; Sternberg & Grigorenko, 2007a). 예를 들어 자신의 정치적 소견을 정직하게 공개적으로 진술하는 것이 어떤 문화에서는 대통령직과 같은 최고위의 정치적 직위를 부여받는 계기가 될 수도 있지만 다른 문화에서는 사형을 당하는 이유가 될 수도 있다. 영재성에 상대성이란 없다고 생각하는 연구자들도 있다. 예를 들어 Murray(1994), Lynn(2002, 2006, 2008), Rushton(2000) 등은 사람의 IQ는 개인이 속해 있는 문화와 관계없이 대체로 같은 것이라고 주장하는 연구자들에 속한다. 이 장에서 우리는 이러한 관점에 대해 이견을 제시한다.

문화와 지능의 관계를 연구하는 이유 중 한 가지는 이 둘이 매우 밀접하게 연결되어 있기 때문이다. Tomasello(2001)는 인간의 지능이 동물의 지능과 구별되는 요인들 중 문화가 큰 부분을 차지한다고 주장했다. 그는 인류가 지금과 같은 모습으로 진화해 온 과정은 부분적으로는 문화적 적응의 과정을 통해서였으며, 인류에게 문화적 적응이란 타인은 의도를 가진 주체라는 인식을 하게 된 생후 9개월 때부터 지속적으로 겪게 되는 과정이라 설명한다.

지능의 개념화, 평가, 개발은 문화적 맥락을 고려하지 않고서 완전히는 고사하고 유의미한 방식으로도 이해하기 힘든 대상들이다. 탈맥락적으로 지능을 연구하는 작업에서는 (종종 서양의) 연구자의 세계관을 전 세계에 적용시키고, 연구자와 비슷한 개인들이 연구자와 유사성이 덜한 사람들보다 더 명석하다는 쪽으로 결론을 내리려는 경향이 나타날 수 있다. 예를 들어 한 문화권에서 고안되고 인증을 받은 지능검사가 다른 문화권에서는 그만큼 유효하지 않거나 전혀 효용성이 없을 수도 있는 것이다. 이 장의 주제가 문화와 지능이므로 먼저 문화를 정의할 필요가 있겠다.

문화란 무엇인가?

지금까지 문화에 대한 많은 정의가 있었는데(Brislin, Lonner, & Thorndike, 1973; Kroeber & Kluckhohn, 1952), 여기서는 문화를 '한 집단의 사람들이 공유하고 언어나 다른 의사소통 도구를 통해 한 세대에서 다음 세대로 전해지는 일련의 태도, 가치, 믿음과 행동(Barnouw, 1985)'(Matsumoto, 1994, p.4)이라고 정의한다. 문화라는 용어는 여러 다른 뜻으로 쓰일 수 있고, 오랜 역사를 가지고 있다(Benedict, 1946; Boas, 1911; Mead, 1928; Matsumoto, 1996 참고). Berry, Poortinga, Segall, Dasen(1992)은 문화라는 용어의 여섯 가지 쓰임을 서술했는데 이들에 따르면 문화는 서술적으로는 한 집단의 특성을 나타내고, 역사적으로는 한 집단의 전통을 서술하고, 규범적으로는 한 집단의 규칙과 규범을 나타내며, 심리적으로는 한 집단이 어떻게 문제를 인식하고 해결하는지를 강조하고, 구조적으로는 한 집단의 조직적 요소를 강조하고, 유전적으로는 집단의 연원을 서술한다.

문화권마다 지능을 어떻게 정의하는가?

지능은 어떻게 정의되는가? 앞서 우리는 Edwin Boring(1923)이 제시한 지능의 정의에 대해 살펴보았는데, Boring은 지능검사가 측정하는 대상이 무엇이든 지능이라고 보는 정의방법에 만족했다. 하지만 그에 따르면 이러한 정의는 순환적인 것이다. 왜냐하면 지능의 본질이 지능검사에서 측정하는 대상을 정하지만, 검사에서 측정되는 대상은 지능의 본질에 의해 결정되어야 하기 때문이다. 이러한 정의에 따르면 지적 영재성은 IQ 검사가 측정하는 대상 밖에서는 의미가 없는 정의에 기반을 두게 된다. 게다가 서로 다른 지능검사들이 각각 측정하는 대상이 항상 일치하는 것은 아니다. 서로 다른 여러 검사들은 서로 다른 구성 개념들을 측정하기 때문에(Daniel, 1997, 2000; Embretson & McCollam, 2000; Kaufman, 2000; Kaufman & Lichtenberger, 1998), 마치 모든 지능검사들이 같은 대상을 측정하는 것처럼 검사하는 내용으로 지능을 정의할 수는 없다.

더욱이 서로 다른 문화권에서 지능이 다른 의미를 갖는다는 것이 밝혀질 경우, 세상에 존재하는 문화권의 수만큼이나 다양해질 지능의 정의는 완전히 공허한 것이 되고 말 것이다. 이 경우 지적 영재성은 비교문화적으로 볼 때 고유의 의미가 없는 것이 된다. 물론 지능검사는 번역할 수 있다. 하지만 무엇을 번역할 것인가? 부시아 마을과 같이 루오어를 쓰는 케냐 시골 지역에 있는 아이들에게는 영어 단어 시험을 보기 힘들 것이다. 따라서 적어도 단어들은 번역을 해야 할 것이다. 하지만 영어 시험에 최적인 단어들을 번역한 단어가 루오어 시험에도 최적일까? 영어와 루오어가 서로 뿌리가 매우 다른 별개의 언어라는 점을 고려할 때, 두 언어 간에 정확한 번역이 성립할 수는 있을까? 케냐의 시골 부시아에 사는 마을 주민들에게 사용 빈도가 낮은 단어들이—매사추세츠 캠브리지에 거주하는 사람들이 그 단어에 대해 가지는 만큼의—중요성을 가질까? 케냐의 부시아 마을 사람들은 아마 미국의 언어 시험에 전형적으로 나오는 복잡한 단어들을 아마 평생에 걸쳐 한 번도 사용하지 않을 것이고, 그런 단어들이 그들이 쓰는 루오어에는 아예 존재하지 않을 수도 있다. 이 장을 읽고 있는 대부분의 독자들은 부시아 주민들에게는 연관성을 가지는 농업 용어에 관한 문제가 번역이 되었다고 하더라도 답하는 데에 이려움이 있을 것이다. 문화적으로 자세히 검토해 볼 때 부시아의 지능에 대한 정의는 허점이 드러난다.

역사적으로 서로 다른 여러 가지 지능에 대한 정의들이 내려져 왔다(「지능과 그 측정」, 1921; Sternberg, 2000b; Sternberg & Detterman, 1986). 시간이 지나면서 연구자들의 동의를 얻은 지능의 정의는 두 가지 중요한 기술을 강조하는데, 환경에 대한 적응과 사고하고 학습할 수 있는 능력이다. 더 최근에는 세 번째 요소가 지능의 정의에 더해졌는데, 바로 자기 자신과 자신이 가진 기술들에 대한 이해를 일컫는 **상위인지**이다. 넓게 보았을 때 상위인지는 정신에 대한 일반적 이론이나 다른 사람의 정신이 어떻게 작동하는지에 대한 개인의 이해를 포함하고 있다.

지능은 서로 다른 문화에서 다른 방식으로 이해될 수 있다(Berry, 1991; Nisbett, 2003, 2009; Serpell, 2000; Sternberg & Kaufman, 1998에 실린 논평들 참고). 지능의 이해에 대한 문화 간 차이는 중요한데, 각각의 문화에서는 그 문화에서 인정하는 지능의 개념에 따라서 그 문화권에 속한 사람들과 다른 문화권의 사람들 모두를 평가하기 때문이다.

지능에 대한 서구의 개념을 다른 문화권에서 공유하지 않는 경우들이 있다. 예를 들어 지적 차원에서 지적 과정의 속도를 강조하는 서구의 태도(Sternberg, Conway, Ketron, & Bernstein, 1981)를 다른 많은 문화에서는 공유하지 않는다. 다른 문화에서는 빨리 완성되는 작업 결과에 대해서 의구심마저 가질 수 있다. 어느 문화들은 작업의 속도보다는 깊이를 강조한다. 이런 입장은 서구 외의 문화에서만 나타나는 것이 아니다. 일부 저명한 서구 이론가들 역시 자료를 완전히 장악하는 데에 심도 있는 자료처리 과정이 갖는 중요성을 지적한 바 있다(Craik & Lockhart, 1972).

또 어떤 경우는 주어진 문화권 내에서의 지능의 개념이 응답자가 어느 언어로 교육을 받았는지에 따라서 달라진다. Chen과 Chen(1988)은 홍콩에서 중국어를 사용하는 학교의 중국인 졸업생들과 영어 사용 학교의 중국인 졸업생들이 가지고 있는 지능에 대한 개념을 분명하게 비교했다. 참가자들은 모두 홍콩에서 성장했고, 각자 받은 학교 교육의 매개 언어만 달랐다. 연구자들은 두 집단 모두 비언어적 추론 능력이 지능 측정에 가장 관련 있다고 간주하는 것을 발견했다. 그 다음이 언어적 추론, 수 능력 순으로 관련이 있으며, 기억이 가장 덜 중요하다는 답을 했다. 하지만 중국어 사용 학교 졸업생들은 영어 사용 학교 졸업생들보다 언어능력에 중요성을 덜 부여하는 경향이 있었다. 더욱이 이전에 시행한 연구에서 Chen, Braithwaite, Huang(1982)은 중국 학생들은 사실에 대한 기억력이 지능만큼 중요하다고 생각한 반면 호주 학생들은 이 기술들의 중요성이 미미하다고 생각했다는 사실도 찾아낸 바 있다.

Das(1994) 역시 동양에서의 지능에 대한 개념을 조사하면서 불교와 힌두철학에서 지능은 각성, 알아차리기, 인식하기, 이해하기, 깨닫기 등도 포함하지만, 이러한 지적 요소 외에 결의, 정신적 노력에 감정과 견해까지도 포함된다는 의견을 제시했다. 이러한 관점들은 Nisbett(2003)이 동양 문화에서 관찰한 내용과 유사하다. Nisbett이 관찰한 바에 따르면 동양의 여러 문화들에서 영재는 명석하게 태어나는 것이 아니라 다른 사람보다 훨씬 열심히 노력해서 스스로의 재능을 개발하고, 어떤 면에서는 창조한다는 생각이 존재하고 있었다.

서양과 동양의 지능의 개념을 비교한 또 다른 연구에서 Gill과 Keats(1980)는 호주대학교의 재학생들은 학문적 재능과 새로운 사건에 적응하는 능력이 지능에 중요하다고 생각한 반면, 말레이 학생들은 실용적 기술, 신속함, 창의성을 지능의 중요한 요소로 보았다고 밝혔다. Dasen(1984)은 말레이 학생들은 지능에 대한 개념에서 사회적 특성과 인지적 특성을 모두 강조한다는 것을 발견했다.

동부와 서부 또는 남부와 서부 문화권 사이의 차이는 이들 문화권에서 가치 있게 여기는 기술들 사이의 차이에서 비롯한 것일 수도 있다(Srivastrava & Misra, 1996). 서양의 문화와 학교 교육은 소위 '기술 지능(Mundy-Castle, 1974)'을 강조해서 인공지능이나 흔히 말하는 '스마트탄' 등이 어떤 면에서는 지능적이거나 명석한 것으로 간주한다. 아프리카 문화권에서는 '사회 지능'을 더 중요시 여긴다(Mundy-Castle, 1974).

서양의 학교 교육에서는 또한 다른 문화에서보다 일반화(Srivastava & Misra, 1996), 주어진 정보를 넘어서는 것(Connolly & Bruner, 1974; Goodnow, 1976), 신속함(sternebrg, 1985a), 최소의 행동으로 문제 해결에 도달하기(Newell & Simon, 1972), 창의적 사고(Goodnow, 1976) 등을 더 강조했다. 이에 더해 침묵은 지식의 결여를 나타내는 것으로 간주된다(Irvine, 1978). 이와 대조적으로 아프리카 월로프 부족에서는 상류층 사람들이나 특별한 사람들일수록 말을 적게 한다고 생각한다(Irvine, 1978). 미국에서 영재성은 보통 높은 수준의 언어적 유창성과 연관된다고 생각되는 반면 월로프 부족에서는 반대되는 상황이 벌어진 것이다.

이와 유사하게 지능의 사회적 면을 강조하는 것은 두 개의 또 다른 아프리카 공동체인 말리의 송하이 부족과 케냐의 사미아 부족에서도 마찬가지이다(Putnam & Kilbride, 1980). 역시 아프리카의 부족인 요루바 부족에서는 말보다는 듣는 행위에서의 깊이가 지능에 갖는 중요성, 그리고 사안의 모든 면을 볼 수 있는 능력과 그 사안을 적절한 종합적 맥락 안에 위치시킬 수 있는 능력을 강조한다(Durojaiye, 1993).

Ruzgis와 Grigorenko(1994)는 아프리카에서 지능에 대한 개념은 대개 그룹 간 관계에서의 조화와 안정을 촉진하고 유지시키는 데에 필요한 기술과 연관되고, 원만한 그룹 내 관계를 유지하는 데에 필요한 기술도 지능의 개념을 결정하는 데에 마찬가지로 중요하거나 때로는 더 중요하게 간주되기도 한다고 주장했다. 예를 들면 Serpell(1974, 1996)은 잠비아의 체와족 성인들이 사회적 책임감, 협동성, 복종을 지능의 중요한 요소로 지목했다고 했다. 지성적인 아동은 어른을 존경할 것이라고 기대하는 것이다. 케냐의 부모들은 또한 가족과 사회생활에의 책임감 있는 참여 역시 지능의 중요한 일면이라고 강조했다(Super & Harkness, 1982, 1986, 1993).

코트디브아르의 바울레 부족은 가족과 공동체에 대한 봉사, 그리고 손윗사람에 대한 공경 역시 지능의 중요한 요소로 여긴다(Dasen, 1984). 짐바브웨의 서로 다른 지역 방언들 중 지능을 나타내는 말들(쇼나어의 ngware, 포코모어의 njere, 응데벨레어의 ukaliphile)은 모두 신중하고 주의 깊다는 뜻을 나타내며, 특히 사회적 관계에서 이들 단어들은 현명하다는 뜻과 더불어 주의 깊고, 사회적으로 책임감 있고, 긍정적인 공공심이 있고, 이타적이라는 뜻을 나타낸다(Chimhundu, 2001; Hadebe, 2001; Irvine, 1988, Mpofu, 1993, 2004).

지능의 사회적인 면에 대한 강조는 아프리카 문화권에서만 찾아볼 수 있는 것은 아니다. 아시아의 많은 문화들에서도 지능의 개념이 종래 서양의 지능 개념 또는 IQ에 기반을 둔 지능에 대한 개념보다 더 지능의 사회적인 면을 강조한다(Azuma & Kashiwagi, 1987; Lutz, 1985; White, 1985).

중국의 유교적 관점에서는 지성에 대해 자비심과 옳은 일을 하는 특성이 강조된다(Shi, 2004; Yang, 2001; Yang & Sternberg, 1997a). 서구에서의 개념과 마찬가지로 유교적 관점에서 말하는 지적인 사람은 학업에 많은 노력을 기울이고, 학업을 즐기고, 평생 동안 큰 의욕을 가지고 학업에 계속 매진한다. 이와 대조적으로 도교적 전통에서는 겸손함, 관습적인 판단 기준으로부터의 자유로움, 자기 자신과 외부 조건에 대한 충분한 지식을 지능의 요소로 강조한다.

중국은 광범위한 지능검사를 최초로 도입한 국가로 간주된다(Shi, 2004). 고대 중국에서는 인재 채용을 목적으로 이러한 지능검사를 실시하였다. 조각들을 가지고 도형을 만들어내는 퍼즐인 탱그램은 송(宋)대에 처음 개발되었다(Lin, 1980).

어린 아이들까지도 사물을 적합한 곳에 배치하는 등의 발달기술 검사를 받았다 (Yan, 2001).

지능에 대한 개념에서 동서양 간의 차이는 현대에 와서도 여전히 남아 있다. Yang과 Sternberg(1997a; Yang & Sternberg, 1997b 참고)는 현대 타이완 중국인들이 가지고 있는 지능에 대한 개념을 연구한 결과 이 개념들의 기저에 다섯 가지 요소가 있음을 발견했다. 이들은 (a) 종래 서양의 지능검사에서 말하는 g 요인과 유사한 일반적인 인지 요인, (b) 대인 간 지능 즉, 사회적 능력, (c) 개인 내 지능, (d) 지적 자기주장, (e) 지적 자기 말소 등이다. 결과는 다르지만 이와 관련된 연구에서 Chen(1994)은 중국인의 지능에 대한 개념화의 바탕에 있는 세 가지 요소를 밝혀내었는데, (a) 비언어적 추론 능력, (b) 언어적 추론 능력, (c) 기계적 암기 등이었다. 두 연구 결과의 차이는 중국인 내의 하위 인구집단 차이, 연구 방법에서의 차이, 또는 연구가 진행된 시기의 차이 등에 기인했을 수 있다.

타이완 사람들의 지능에 대한 개념 요소들은 Sternberg와 그의 동료들이 밝혀낸 (Sternberg, et al., 1981) 미국인들의 지능에 대한 개념 요소들, 즉 (a) 실제적 문제 해결 능력, (b) 언어 능력, (c) 사회적 능력 등과는 큰 차이가 있었다. 하지만 양쪽 연구 모두에서 대상자들이 가지고 있는 지능에 대한 암묵적 이론은 종래의 심리 측정 지능검사들의 측정 대상의 범위를 훨씬 넘는 것으로 보인다.

아프리카나 아시아에서의 지능 개념이 지능의 사회적인 면만을 강조한 것은 아니다. 이들 문화권에서 지능에 대한 개념은 미국인들이 가지고 있는 지능에 대한 관습적 개념보다는 훨씬 사회적 능력을 강조하면서도 동시에 지능의 인지적인 면 역시 중요성을 인정한다. 케냐인의 지능에 대한 개념을 조사한 연구에서(Grigorenko et al., 2001) 연구자들은 케냐의 시골에서 찾아볼 수 있는 지능에 대한 개념은 네 개의 명확히 구분되는 용어로 이루어진다는 것을 발견했는데 rieko(지식과 기술), luoro(존경), winjo(실생활의 문제를 다루는 방법에 대한 이해), paro(주도권) 등이다. 이들 중 첫째 용어인 rieko만이 (학술기술을 포함하지만 그에 국한되지는 않는) 지식 기반 기술을 가리킨다.

인도에서 지능과 관련되는 단어에는 Buddhi라는 산스크리트어가 있는데 각성 또는 의식을 나타낸다(Baral & Das, 2004). 인도철학에서는 지능을 하나의 상태, 절차, 또는 개체로 간주해왔다(Srivastava & Misra, 2000). Das(1994)는 인도철학에서의 지능은 각성, 알아채기, 이해하기, 깨닫기와 관련된 것으로 설명하고 있다.

남미에서 지능에 대한 교사들의 암묵적 이론은 학습능력을 지능의 주요기반으로 강조하는 경향이 있다(Kaplan, 1997). 예를 들어 아르헨티나에서 시행된 한 연구에 따르면 교사들은 지능에 중요한 요인으로 훌륭한 자기절제, 학습에 대한 흥미, 학습 능력과 사고 능력, 안정적인 집안 배경 등을 강조했다(Kaplan, 1997). 연구 대상자들 중 교사들 상당수는 또한 '나쁜 머리', 즉 공부하기에 맞지 않는 머리라는 개념이 신빙성이 있다고 믿고 있었다.

지능의 개념에 대한 문화 간 비교에서 언어적 차이와 개념적 차이를 구분하는 것은 어려운 일이다. 수렴조작을 사용해서 단순한 언어적 차이를 언어적이기도 하고 개념적이기도 한 차이와 어느 정도 구분할 수는 있다. 다시 말하면, 서로 다르고 다양한 경험적 조작들을 사용해 지능의 개념들을 확인할 수 있다. 이에 따라 한 연구에서는 대상자들에게 (지적) 역량의 여러 면을 밝히기를 요구하고, 다른 연구에서는 (지적) 역량이 있는 사람들을 고르라고 하고, 세 번째 연구에서는 '지능'의 의미를 이루는 특성들을 설명하도록 요구하는 식의 방법을 쓸 수 있는 것이다.

지능은 서양과 다른 여러 문화권에서 굉장히 중요한 것으로 간주된다. 하지만 전 세계 모두가 지능에 그만한 중요성을 부여하는 것은 아니다. 예를 들어 일본에서는 개개인의 지능 수준을 거의 언급하지 않는다(Sato, Namiki, ando, & Hatano, 2004). 오히려 그보다는 개인의 동기와 근면에 더 큰 의미를 부여한다(Sato et al., 2004). 연구 참가자들에게 어떤 과제를 주고 과제 수행 후 성공 또는 실패 피드백을 주었을 때, 일본 학생들은 미국 학생들보다 성공의 원인을 노력, 행운 그리고 여타 상황적 요인에서 찾은 데에 반해 미국 학생들은 자신의 능력에서 성공 원인을 찾았다. 반대로 일본 학생들은 실패의 원인을 노력 부족에서 찾은 데에 반해 미국 학생들은 능력 부족에서 찾았다(Miyamoto, 1985). 하지만 그럼에도 불구하고 일본인들도 지능에 대한 개념은 가지고 있다. 일본인들의 지능에 대한 암묵적 이론 연구에서 도출된 요소들에는 사회적 능력, 처리 효율성, 수용적 사회 능력 등이 있었다(Azuma & Kashiwagi, 1987). 참가자들은 이 중 어느 한 요소도 선천적이라고 생각하지 않았다.

다시 한 번 기억해야 할 것은 미국인들이 공유하는 한 가지 종합적인 지능에 대한 개념은 존재하지 않는다는 사실이다. Okagaki와 Sternberg(1993)은 캘리포니아 산호세에 거주하는 여러 다른 인종 집단들이 '지성적인 것이 무엇인가'라는 문제에 대해 서로 다른 개념을 가지고 있음을 밝힌 바 있다. 예를 들어 취학 아동을 가진 라틴계 부모들은 지능의 개념에서 사회적 능력의 중요성을 강조한 반면, 아시아계 부모들은 인지 능력의 중요성에 강한 신념을 보였다. 앵글로계 부모들 역시 인지 능력의 중요성을 강조했다. 주류 문화를 대변하는 교사들은 사회적 능력보다 인지 능력에 더 큰 중요성을 부여했다. 여러 인종 집단(라틴계 집단과 아시아계 집단 각각 내의 하위 집단까지 포함해서) 학생들의 수행 능력에 따른 서열은 학생의 부모들이 교사가 가지고 있는 지능에 대한 개념을 공유하는 정도에 의해 완벽하게 예측할 수 있었다. 다시 말해, 교사는 자신들이 가지고 있는 지능에 대한 개념과 상응하는 관점을 받아들이는 쪽으로 사회화된 학생들에게 성적으로 보상하는 경향을 보인 것이다.

문화 연구에서는 대부분의 경우 지능에 대한 비전문적 암묵 이론을 강조하지만, 전문적 암묵 이론 역시 다양하다는 것도 중요한 사실이다. 예를 들어 지능에 대한 유럽 대륙의 사고는 특히 불어권 국가들에서 20세기 후반에 피아제 이론에 매우 강한 영향을 받았으며 이 영향은 오늘날에도 계속 이어지고 있다(Lautrey & de Ribaupierre, 2004). 지능에 대한 러시아식 사고는 Vygotsky와 Luria의 영향을 강하게 받았다(Grigorenko, 2004). 지능에 대한 영국식 사고는 Spearman의 영향을 강하게 받았고(Deary & Smith, 2004), 북미의 사고는 Thurstone과 Spearman의 영향을 함께 받았다(Sternberg, 2004b). 지능에 대한 인도적 사고는 동양철학의 영향을 매우 강하게 받았다(Baral & Das, 2004).

명석한 것이 무엇인가이 문제에 대해 이렇게 다양한 괸념들이 존재하는 것은, 영재성이 모든 문화에 걸쳐 단일한 대상을 가리키는 것이 아니라는 점을 시사한다. 한 문화 내에서 영재성으로 여겨지는 대상이 다른 문화에서는 영재성과 관련이 없다고 간주될 수도 있다. 세계의 여러 문화들은 서양 문화들에서보다 지능의 정의에 대해 사회적, 실용적 기술에 더 큰 중요성을 부여한다. 이러한 문화들에서 사회적 능력이 뛰어난 사람들은 영재성이 있다고 생각되는 반면, 인지 능력이 뛰어난 사람들은 서양식 학교 교육을 접하기 힘들거나 아예 존재하지 않는 경우 영재로 판명될 기회가 없을 수 있다. 서양 문화권에서도 학교 교육이 끝난 이후에는 사회적, 실천적 능력이 인지 능력만큼, 또는 그 이상으로 중요한 역할을 한다. 우리가 사회적, 실천적 능력을 간과할 경우 우리가 사는 세계와 별로 관련이 없는 방식으로 지능을 정의할 위험이 있다.

문화권마다 영재성을 어떻게 정의하는가?

영재성에 대한 개념 역시 문화마다 다르게 나타난다(Phillipson & McCann, 2007). 여기에서 그 중 몇 가지 예를 살펴보기로 한다. 이 예들은 Phillipson과 McCann의 저서(2007)에서 발췌했는데, 이 책은 전 세계의 영재성에 대한 개념을 모아 놓은 책 중 단연 으뜸이라고 생각한다.

　Chan(2007)에 따르면 중국인들이 영재성을 선천적 특성으로 보는 것은 사실이지만, 이들은 또한 사람들이 근면, 인내, 학습을 통해 영재가 될 수도 있다고 믿는다(p.42). Ziegler와 Stoeger(2007; Ziegler, 2005)는 독일인들의 영재성에 대한 관점을 논하면서 높은 수행 능력, 개성, 창의성과 혁신 그리고 독창성을 영재성의 요소들로 보았다(pp.75-76). Anuruthwong(2002, 2007)은 타이인들의 영재성에 대한 개념을 연구한 결과, 이들은 빠르게 학습하는 능력, 우수한 문제 해결 능력, 날카로운 사고력, 즉각적 대처 능력 등을 영재성의 중요한 요소로 간주한다는 것을 밝혀냈다.

　Begay와 Maker(2007)는 나바호 인디언들의 영재성에 대한 개념을 연구했다. 이들은 나바호 인디언들이 생각하는 영재성의 개념에는 여러 범주가 있지만, 영재는 어떤 일이 일어나게 만드는 힘, 그리고 바람직한 방법으로 일을 수행하는 능력이 뛰어난 사람이라고 생각된다는 점을 발견했다(p.142). Wong-Fernandez와 Bustos-Orosa(2007)는 타갈로그어를 사용하는 필리핀인들이 가지고 있는 영재성의 개념을 연구했는데, 이들은 지적이고, 학문적으로 뛰어나고, 여러 분야에 박식하고, 많은 내재적 능력과 재능을 가지고 있고, 다른 사람과 다르고, 무슨 일이든 쉽게 배우는 사람을 영재로 간주했다(p.186). Gibson과 Vialle(2007)는 호주 원주민들이 생각하는 영재성의 개념에 대해 조사하며, 독립성, 다른 이에게 도움이 되는 능력, 야생에서의 생존 능력, 운동 능력, 인지 능력, 학교 관련 능력, 그리고 소묘, 회화, 노래 등의 특성화된 능력 등이 영재성의 중요한 요소로 간주됨을 밝혔다(p.209).

　Mpofu, Ngara, Gudyanga(2007)는 중남부 아프리카의 쇼나족이 가지고 있는 영재성의 개념을 조사했다. 이들은 모든 사람에게 영재성이 잠재되어 있고, 이 영재성은 집단의 이익에 공헌할 것으로 여겼다. 영재성은 다양한 영역에서 발현될 수 있고, 일관성, 창의성, 인지 능력, 집단 내에서의 명성이 영재성에 관련되는 것으로 간주되었다(p.235). Phillipson(2007)은 말레이인들의 영재성 개념을 연구하며 이들이 영리함, 숙달됨, 천부적 재능, 창의성 등을 영재성의 중요한 요소로 여긴다는 것을 밝혔다(p.277). 다른 집단의 영재성 개념에 대한 논의는 Sak(2007), Šefer(2007), Matsumura(2007), Kaufman과 Sternberg(2007), McCann(2007), Campbell과 Eyre(2007)에서 찾아볼 수 있다.

문화와 지능의 관계 모델들

문화와 지능의 관계에 대한 네 가지 기본모델들을 살펴보자(Sternberg, 2004a; Sternberg, 1988c, 1990a 참고). 표 8.1에 이들 모델들이 수록되어 있다.

　여기 제시된 네 가지 모델들은 두 가지 중요한 면에서 차이를 보인다. 첫째로 지능을 이루는 적응과정에서 이루어지는 정신적 처리, 표상의 본질에 문화 간 차이가 있는지, 둘째로 지능 측정을 위해 필요한(단순한 번역이나 번안을 넘어선) 도구에서, 적응에 필요한 내용의 문화적 차이 때문에 나타나는 다른 점이 있는지의 기준에 따라서 네 가지 모델이 구분된 것이다.

　모델 I에서 지능의 본질과 지능측정검사 모두는 여러 다른 문화에서도 동일하다. Jensen(1982a, 1982b, 1998)과 Eysenck(1986)의 이론적 입장이 Model 1의 입장을 대변한다. 이들의 주장은 지능의 본질은 문화 간에 동일하고 이 본질은 필요한 경우 지문을 적절하게 번역해서 문화에 대한 고려 없이 동일한 방법으로 평가할 수 있다는 것이다. 예를 들어 Jensen(1998)은 일반 지능, 즉 g(Spearman, 1927)는 시공을 초월해서 동일하다고 믿는다. 시간적·공간적 차이에 따라 달라지는 것은 지능의 수준이라는 것이다.

　모델 I은 지능에 대한 '에틱(etic)' 접근법이라고 부른다. 이 접근법에서 연구자는 한 구조 개념에 대한 측정도구 또는 측정도구세트를 고안한다. 그러고 나서 이

표 8.1 문화와 지능의 관계 모델

	지능의 차원		
	관계	동일	다름
지능검사	동일	모델 I	모델 II
	다름	모델 III	모델 IV

측정도구를 여러 문화권에서 사용하면서 종종 해당 문화에 맞추기 위해 측정도구를 조금씩 수정한다(Carlstedt, Gustafsson, & Hautamäki, 2004; Deary & Smith, 2004; Demetriou & Papadopolous, 2004; Fernánez-Ballesteros & Colom, 2004; Gulgoz & Kagitcibasi, 2004; Rosas, 2004; Stankov, 2004; Sternberg, 2004b에 실린 연구들 참고).

　모델 II는 지능의 본질에서의 차이는 반영하지만 지능을 측정하기 위한 도구의 차이는 반영하지 않는다. 지능을 평가하기 위한 측정도구들은 문화마다 동일하지만, 이 측정도구를 통해 나온 결과는 연구 대상이 되는 각 문화의 작용으로 인해 문화마다 구조적 차이를 보인다. 이 접근법은 Nisbett(2003)의 연구에 쓰인 방법과 비슷한데, Nisbett은 서로 다른 문화에서 같은 시험을 시행하였을 때 문화마다 사람들이 문제에 대해 생각하는 방식이 다르다는 점을 발견한 바 있다.

　모델 III에서 지능의 차원은 동일하지만, 측정도구는 같지 않다. 이 관점에서 주어진 특성을 측정하는 과정은 이미크(emic)적으로, 다시 말해 연구 대상인 문화의 맥락으로부터 도출되어야지, 문화 맥락을 고려하지 않고 설계해서는 안 된다. 같은 측정도구를 서로 다른 문화에서 사용해서는 안 된다고 주장하는 것이 아니다. 다만, 한 측정도구를 여러 문화에서 사용하였을 때, 그 결과의 점수들에 부여되는 심리적 의미는 문화마다 다를 것이다. 이 관점은 이 장에서 취하는 관점이기도 하고, 이전 연구에서도 강조된 바 있다(Sternberg, 1990a).

　이 입장에 따르면, 지능, 그리고 지능이 작용하는 바탕이 되는 정신적 표상들의 구성 요소들은 보편적이다. 즉, 이 구성 요소들은 어느 문화를 막론하고 정신적 기능을 위해 필요하다는 것이다. 예를 들어 어느 문화권에서든 사람들은 (a) 문제가 있음을 깨닫고, (b) 문제가 무엇인지 정의하고, (c) 문제를 정신적으로 표상화하고, (d) 문제 해결을 위해 하나 이상의 해결 전략을 수립하고, (e) 문제 해결을 위해 자료를 분배하고, (f) 문제 해결 방법을 주시하고, (g) 문제 해결이 끝난 후 그 결과를 평가하는 등의 실행과정을 거쳐야 한다. 문화 간 차이는 이러한 과정이 적용될 정신적 내용(즉, 지식의 유형과 항목들), 그리고 그러한 내용에서 앞의 처리 과정이 어떻게 적용되어야 '지적으로' 적용되는 것인지에 대한 판단에서 나타난다(Sternberg, 1997a).

따라서 지능과 문화에 대해 전적으로 상대주의적인 관점은 적절하지 않을 것이다. 어떤 것은 문화마다 일관성이 있고(정신적 표상과 처리과정), 어떤 것은 차이가 있다(그러한 표상과 처리과정이 적용되는 내용과 그 적용 방법이 지적인지 판단되는 방식). 동일한 기본 처리과정이 서로 다른 문화에 적용된 결과를 측정하기 위해서는 측정용 검사 역시 그에 맞게 수정되어야 한다.

이에 따라 연구자가 어떤 지능검사를 번역할 수는 있지만 그 검사가 서로 다른 문화에서 동일한 대상을 측정할 것이라는 보장은 없다. 예를 들어 한 문화에서는 굉장히 새로운 검사가 다른 문화에서는 익숙한 것일 수도 있다. 정보처리과정의 구성 요소는 동일하다고 하더라도 그 과정이 적용되는 대상의 경험적인 새로움은 문화마다 다를 수 있다. 더욱이 주어진 과제를 실제로 각색하고, 형태를 조정하고, 취사선택하기 쉬운 정도 역시 차이가 있을 수 있다. 따라서 정신적 처리과정의 구성 요소는 보편적일 수 있지만 특정한 내용에 적용되었을 때 그 구성 요소들이 가지는 상대적 새로움이나 적용의 현실성까지 보편적인 것은 아닐 수 있다.

모델 IV에서는 지능 측정도구와 이에 따라 드러나는 지능의 차원 모두 연구 대상이 되는 문화마다 서로 다른 모습으로 나타난다. 이 관점은 지능이 주어진 문화적 맥락의 고유한 구성 개념으로만 이해·측정할 수 있다는 급진적 문화상대주의 관점(Berry, 1974)을 포함한다. 또한 이 관점은 지능을 그게 보아 문화적인 발명품으로 본 Sarason과 Doris(1979)의 입장을 기꺼이 받아들인다. 다시 말해 이 입장에서는 어느 문화에서든 지능에 있어 반드시 동일한 어떤 측면은 존재하지 않는다고 본다.

Berry와 Irvine(1986)은 4개의 중첩된 수준(그 안에 지능과 다른 가설상의 구성 개념들이 포함된다)을 가진 문화적 맥락 모델을 제시했다. 가장 큰 범주를 가진 생태학적 맥락은 인간 행동의 배경이 되며 영구적인, 또는 거의 영구적인 특성들로 이루어진다. 경험적 맥락은 생태학적 맥락 안에서 반복적으로 일어나며, 학습과 발달의 기반을 제공하는 경험들의 패턴을 일컫는다. 수행 맥락은 특정한 때와 장소에서 이루어진 특정한 행동들의 배경이 된 제한된 범위의 환경적 상황으로 이루어진다. 가장 좁은 범주를 가지는 실험적 맥락은 심리학자 등이 특정한 반응이나 시험점수를 도출하기 위해 조작한 환경적 특성들로 이루어진다.

지능과 영재성을 문화적 맥락 안에서 살펴본 연구들

앞의 논의들은 문화적 맥락을 벗어나서 이해하는 지능은 가공의 구성 개념이라는 점을 시사한다. 지능에는 지능의 바탕을 이루는 정신적 과정이나 지능이 작용하는 대상이 되는 정신적 표상처럼 문화를 뛰어넘는 면들이 있는 것이 사실이다. 하지만 이러한 작용들이 수행되는 방식은 문화마다 다르게 나타난다. 어떤 수행을 평가하는 연구자는 이미 그 수행에 연관된 정신적 처리과정과 표상들을 문화적 맥락 안에서 평가하고 있는 것이다(모델 III).

대부분의 심리학 연구는 단일문화 안에서 이루어진다. 하지만 그 결과가 암묵적으로 또는 심지어 명시적으로도 문화 간 차이의 인정 없이 일반화되는 단일문화 연구는 몇 가지 면에서 이 분야 연구 발전에 저해가 된다. 몇 가지 면을 특히 언급하자면, 단일문화 연구는 (a) 심리적 현상과 문제에 대해 제한적인 정의를 도입하고 (b) 조사 대상이 된 현상에 대해 부당한 추정의 요인이 될 수 있으며, (c) 연구에서 밝혀낸 내용의 문화적 일반화 가능성에 대한 의문을 가지게 하고, (d) 문화적 제국주의를 낳을 위험이 있으며, (e) 그 연구에 들어간 노력만큼 전 세계적인 협동을 통해 심리학을 발전시킬 기회를 잃는다.

많은 연구 프로그램들이 단일문화 연구가 가질 수 있는 위험 요소들을 실제로 보여준다. 예를 들어 Greenfield(1997)는 마야 아동들에게 시험을 치는 경험은 미국 아동들과는 다른 의미를 가진다는 것을 발견하였다. 마야인들은 어떤 일을 협동해서 하는 것이 허가가 된 일이고, 협동하지 않는 것은 이상한 것이라는 생각을 가지고 있었다. 이러한 발견은 개인주의적 문화와 집산주의적 문화에서 자아의 문화적 형성 방식이 다르다는 것을 밝힌 Markus와 Kitayama(1991)의 연구와도 상통한다. Nisbett(2003)은 어떤 문화, 특히 아시아의 문화에서는 사고가 변증법적인데 반해 유럽과 북미 문화 등 다른 문화들에서는 사고가 더 선형적이라는 것을 밝혀냈다. 또한 서로 다른 문화권에 속한 사람들은 개념을 형성하는 방식도 상당히 다를 수 있어서, 하나의 문화 안에서 실행한 개념 형성 연구나 판별 연구의 결과를 의심하게 한다(Atran, 1999; coley, Medin, Proffitt, Lynch, & Atran, 1999; Medin & Atran, 1999). 따라서 여러 집단들은 그것이 개념이 되었든 시험을 치르는 것이 되었든 표면적으로는 같은 현상으로 보이는 대상에 대해 다르게 생각할 수 있다. 일반 지능의 차이로 보이는 것이 사실은 문화적 특성일 수 있는 것이다(Helms-Lorenz, Van de Vijver, & Poortinga, 2003). Helms-Lorenz와 동료들(2003)은 지적 수행 능력 측정의 결과에서 보인 차이는 문화적 복잡성에서의 차이에 기인한 것일 수 있다고 주장했다. 다만 문화의 복잡성이라는 것이 정의를 내리기 매우 어려운 것이고, 한 문화적 관점에서 보기에 간단하거나 복잡한 것이 다른 문화의 관점으로 보면 또 다르게 보일 수 있다는 것이다.

많은 연구자들이 지능과 인지 심리학에 문화적 맥락이 중요하다는 것을 깨달았다. 이러한 인식은 여러 형태로 나타난다. Berry(1974)는 다양한 문화적 맥락 속에 존재하는 지능의 개념들에 대해 주요 차이점을 짚어가면서 검토했다.

Cole(1998)과 Shweder(1991)는 문화 간 차이에 비교적 덜 민감하다고 여긴 비교문화심리학(Irvine, 1979; Irvine & Berry, 1983; Marsella, Tharp, & Cibrorowski, 1979)과 구별되는 학문 영역으로 문화심리학을 정립하는 데에 공헌했다. 이 장에서 설명한 연구들은 두 접근법을 모두 대변하는데, 우리의 연구는 '비교문화적' 전통보다는 '문화적' 전통에 대체로 더 가깝다. 문화심리학에 대한 Cole의 개관은 그의 이전 연구를 발전시킨 것인데(Cole, Gay, Glick, & Sharp, 1971; Cole & Means, 1981; Cole & Scribner, 1974; Laboratory of Comparative Human Cognition, 1982), 이들 연구는 아프리카 크펠레족과 같은 한 인구집단 내에서의 인지적 수행이, 보통 실험실 연구를 통해 사고와 추론 능력 검사를 받는 북미인들의 인지적 수행과 비교하여 양뿐 아니라 질적으로도 차이가 날 수 있다는 것을 보였다. Bruner, Olver, Greenfield(1966)는 연구를 통해서 세네갈의 월로프족 사람들은 점점 영향력이 커져가는 서양식 교육을 분류학적 구분의 사용빈도가 증가하는 것과 연관 짓는다는 것을 알아냈다.

한편 이러한 Cole의 연구들은 Luria(1931, 1976)의 연구에 기반을 둔 것이었다. Luria의 연구는 소련 연방에서 아시아인 농부들이 자신들에게 주어진 인지적 과제들을 제시된 그대로 받아들이기를 거부한 결과 과제를 제대로 수행하지 못했다는 것을 밝힌 것이었다. 사실 서로 다른 문화권의 사람들은 일생동안 매우 다른 종류의 과제들을 맞닥뜨리게 된다. Serpell(1974)은 특정 문화권의 아동들이 열등한 지각능력을 보이는 이유에 대해 일반화된 지각결함 가설과 더 맥락특수적인 가설을 구분할 수 있는 연구를 고안했다. 연구 결과 Serpell은 영국 아동들이 소묘 과제를 더 잘 수행한 반면, 잠비아 아동들은 철사 모양 잡기 과제에서 더 좋은 결과를 내었다. 아이들은 자신의 환경에 더 친숙한 재료를 다룰 때 더 높은 수행 능력을 보인 것이다.

Kearins(1981)는 시공간적 시현 내용을 기억하는 과제를 받았을 때 앵글로 계 호주인들은 학교생활에 적합한 언어적 전략을 쓴 반면 호주 원주민들은 사막 유목민 생활에 적합한 시각적 전략을 썼다고 밝혔다. Goodnow(1962)는 조합과 순열을 사용한 과제에 대해 영국식 교육을 받은 중국인 학생들은 유럽인 학생들만큼의 또는 그들보다 더 나은 수행결과를 보인 반면, 중국식 교육을 받거나 최저소득층 출신의 중국인 학생들은 유럽인 학생들보다 수행 능력이 떨어졌다. 이 연구 결과들은 아동들이 받은 학교 교육의 형태가 어떤 면에서는 아이들의 월등한 능력을 드러내주는 한편 다른 면에서는 그런 효과를 가지지 않는다는 점을 시사한다(Goodnow, 1969 참고).

유럽이나 북미가 아닌 다른 문화권의 아동들이 언제나 시험에서 더 낮은 성적을 내는 것은 아니다. Super(1976)는 아프리카의 신생아들이 미국이나 유럽의 신생아들보다 더 빨리 앉고 선다는 증거를 찾아냈다. 또한 Super는 그가 연구한 아프리카 문화권의 엄마들이 아기가 최대한 빨리 앉고 걸을 수 있도록 의식적인 노력을 했다는 것도 발견했다. 조금 더 높은 발달단계에서 Stigler, Lee, Lucker, Stevenson(1982; Stevenson & Stigler, 1994도 참고)은 일본과 중국 아동들이 북미 아동들보다 고급수학기술을 더 잘 다룬다는 점을 찾아냈다.

Carraher, Carraher, Schliemann(1985)은 환경에 대한 적응으로 지능을 평가하는데에 특히 알맞은 평가 방법을 이용해 한 집단의 아동들을 연구했다. 이 아이들은 브라질의 거리 아동들로 길거리 장사를 성공적으로 해내야 하는 엄청난 맥락적 압력을 받고 있었다. 이 아이들은 제대로 돈을 벌지 못할 경우, 돈을 벌려고 상점 강도범이 되는(또는 강도범이라고 의심이 가는) 아이들을 살해하기도 하는 소위 죽음의 분대에게 죽임을 당할 위험에 처해 있었다. 따라서 이 아이들은 자신이 처한 환경에 적응하는 지능을 발휘하지 못할 경우 죽을 가능성이 있는 것이다. 연구자들은 자신들의 길거리 장사에 필요한 수학적 기술을 사용할 줄 아는 아이들이 학교 수학을 못한다는 것을 발견했다. 특히 문제가 추상적이고 실제 생활의 맥락에서 동떨어진 형태로 제시될수록 문제 해결을 더 어려워했다. 학교에 다니는 아이들에게 길거리라는 맥락은 그들의 삶과 매우 동떨어진 것일 것이다. 이러한 연구 결과는 맥락의 차이가 수행에 강한 영향을 미친다는 점을 암시한다(관련 연구 Ceci & Roazzi, 1994; Nuñes, 1994; Saxe, 1990 참고).

이러한 차이는 브라질의 길거리 아동들에게만 국한되는 것이 아니다. Lave(1988)는 슈퍼마켓에서 비교쇼핑을 하는 데에 필요한 수학적 기술을 성공적으로 사용하는 버클리의 주부들이, 교실에서 추상적 형태로 동형의 문제들을 주었을 때에는 같은 수학 기술을 사용하지 못했음을 밝혔다. 다시 말해 이 주부들이 경험한 문제는 정신적 처리과정 차원에 있었던 것이 아니라 그러한 정신적 과정을 특정한 환경 맥락에 적용시키는 단계에서 일어난 것이다.

요컨대 많은 연구자들의 연구는 어느 한 사람의 능력, 숙련도, 전문성을 어떤 방식으로 검사하는지가 그 사람이 얼마나 '지적으로' 보이는지에 중대한 영향을 미친다는 점을 제시한다. 예를 들어 브라질 길거리의 아이들이 물건 값 흥정을 위해 필요로 하는 수학 기술은, 미국에서 중요한 수학성취도 필기검사를 보려는 아이들에게 필요한 기술과 같은 종류이다. 하지만 그들이 이 수학 기술들을 이용하는 맥락, 그리고 이에 따라 그들이 검사 대상자가 되었을 때 자신의 지식을 가장 잘 보여줄 수 있는 맥락은 서로 다르다(위에 설명한 모델 III에서처럼). 우리는 또 연구를 통해 지능과 그 결과에 대한 검사에 문화적 맥락에 대한 고려가 포함되어야 한다는 점을 시사하기도 했다.

지능의 측정은 능력에서 숙련도로, 그 다음에는 전문성으로 이어지는 연속선상에서 일어나는 것으로 볼 수 있다(Sternberg, 1999a, 2003b). 모든 지능검사는 추상적 추론 검사처럼 탈문화적이라고 간주되던 것들조차도, 적어도 부분적으로나마 유전자와 환경 사이의 공분산과 상호작용을 통해 습득된 기술들을 측정한다. 한 예로 지능검사에서 찾아볼 수 있는 어휘 검사가 성취도 평가인 것은 명백하다. 하지만 추상적 추론 검사 역시 마찬가지로 성취도 평가인데, 이는 20세기 100

년에 걸쳐 세계 여러 문화권에서 추상적 추론 기술이 증가한 플린 효과(the Flynn effect)를 보면 알 수 있다(Flynn, 1984, 1987). 따라서 우리는 지식을 지능의 일부로서 검사할 수 있으며, 동시에 모든 지능검사는 지식을 요구한다. 최소한 그 지능검사를 어떻게 치러야 하고, 어떻게 해야 그 시험에서 최대의 점수를 얻을 수 있을지에 대한 지식이라도 말이다.

아동들은 맥락적으로 중요한 기술을 개발하는 대가로 학문적 기술 개발을 포기할 수도 있다

많은 경우 선진국 이외의 지역에서 시행한 지능에 대한 연구 결과는 선진국에서만 시행한 연구 결과와 사뭇 다른 모습이다. 케냐 키수무 근처에 있는 Usenge에서 행한 연구에서 연구자들은 취학 연령 어린이들이 자신의 토착 환경에 적응하는 능력을 평가하기 위한 실천적 지능검사를 고안했다(Sternberg & Grigorenko, 1997a; Sternberg et al., 2001 참고). 이 실천적 지능검사는 Usenge 지역 마을 사람들이 여러 감염을 막아준다고 믿는 천연 약초로 만든 약에 대한 아이들의 비공식적·암묵적 지식을 측정하였다. 암묵적 지식이란 간단히 말해 보통 명시적으로 교육되지 않고 아예 언어화되지 않는 경우도 많지만 어느 환경에서 성공적인 생활을 하기 위해 알아야 하는 지식을 일컫는다(Sternberg et al., 2000). Usenge 지역 마을 아이들은 평균 1주일에 한 번은 자신과 다른 사람을 치료하기 위해 이 약들에 대한 암묵적 지식을 사용한다. 95% 이상의 아동들이 기생충 감염 관련 질환을 앓고 있다. 따라서 이 천연 약초 약품 사용 능력에 대한 검사는 마을 사람들뿐 아니라, 이들의 환경적 맥락 안에서 생활상에 의해 정의된 실용 지식의 한 면에 대해 효과적인 측정 방법이 된다. 여기서 지능의 처리과정은 케냐에서도 다르지 않다는 점을 기억해야 한다. 아이들은 여전히 병의 존재를 인식해야 하고, 그 병이 무엇인지 정의해야 하고, 그에 대항하기 위한 전략을 고안하는 등 지능의 처리과정에 속하는 단계들을 거쳐야 한다. 하지만 그러한 처리 과정들이 적용되는 내용은 사뭇 다를 수 있고, 이에 따라 위에 설명한 모델 III에서와 같이 그 처리 과정들을 검사하는 적절한 방법들 역시 다를 수 있다.

　서양인들은 케냐인들과 관련 있는 평가를 이해하는 데에 어려움을 겪을 수 있지만, 이들은 케냐보다 자신들이 사는 곳과 꽤 가까운 곳에서 이루어지고 있는 삶

관련 평가들을 이해하는 데에도 역시 어려움을 느낄 수 있다. 중산층 서양인들은 케냐의 한 마을이라는 맥락 속에서, 그리고 그들의 편안한 집에서 그리 멀리 떨어지지 않은 곳의 도심 빈민가라는 맥락 속에서도 마찬가지로, 성공적인 삶을 누리기는커녕 살아남는 것조차 힘들 수 있다. 분명한 것은, 이들은 자신들이 케냐의 시골에서 얻을 수 있는 무수한 기생충 감염 관련 질환에 맞서기 위해 천연 약초 약품 중 어느 하나라도 이용할 줄 아는 것이 없다는 점이다.

케냐 아이들을 대상으로 의약품의 이름과 그것들이 어디에서 나는지, 용도가 무엇이고 복용량은 어떻게 해야 하는지를 설명할 수 있는 능력을 측정했다. 이들은 또한 같은 아이들을 대상으로 유동적 또는 추상적 추론기반 능력을 측정하는 레이븐 색채누진행렬검사(the Raven Colored Progressive Matrices Test; Raven, Court, & Raven, 1992)와, 결정적 또는 형식적 지식기반 능력을 측정하는 밀 힐 어휘척도(Mill Hill Vocabulary Scale; Raven et al., 1992)도 시행했다. 이에 더해 연구 대상 아동들에게 앞에 언급한 검사들에 상응하는 루오어로 된 어휘시험도 시행했다. 이 지역에서 아이들은 집에서는 루오어를 쓰고, 학교에서는 영어를 사용한다.

토착문화에 대한 암묵적 지식에 대한 시험과 유동적 능력 시험, 그리고 결정적 능력 시험 성적 사이에는 모두 부적 상관관계를 보였다. 특히 결정적 능력 시험과의 상관관계에서 그 양상이 두드러졌다. 다시 말해, 암묵적 지식 시험에서 높은 점수를 받은 아동일수록 결정적 능력(어휘) 시험에서 평균적으로 더 낮은 점수를 받았다는 것이다.

이 놀라운 결과는 여러 가지로 해석될 수 있겠지만, 연구자들은 팀원 중 인류학자 Prince와 Geissler(Prince & Geissler, 2001 참고)의 민족지학적 관찰에 기초해서 아마 아이들의 가족들이 아이들에게 기지고 있는 기대치가 이러한 결과의 원인일 것이라고 결론지었다. 많은 아이들이 경제적 그리고 다른 이유들로 학교를 중퇴했고, 마을의 많은 가족들은 공식적인 서양식 학교 교육을 받는 것의 이점을 깨닫지 못했다. 학교 교육의 필요성에 대한 부모들의 미온적 반응도 이유가 있는 것이, 많은 가족의 아이들은 각자 일생의 대부분을 농사를 짓거나 또는 서양식 학교 교육이 거의 필요가 없는 일을 하면서 보낼 것이기 때문이다. 그 가족들은 아이들에게 그들이 실제로 살아갈 환경에 성공적으로 적응하는 데에 필요한 토착문화 내의 비공식적 지식을 가르치는 데에 주력한다. 자신이 속한 공동체의 토착 실용 지식을 배우는 데에 시간을 투자하는 아이들은 학교에서 좋은 성적을 받는 데에 큰 노력을 들이지 않을 수 있고, 학교에서 공부를 잘하는 아이들은 토착 지식을 배우는 데에 상대적으로 노력을 들이지 않을 수 있다. 두 가지 시험 사이의 부적 상관관계는 이렇게 설명될 수 있을 것이다.

위에서 살펴본 케냐 연구는 지능의 보편적 요인을 알아내는 작업에 대해, 능력이 인간 능력의 구조보다는 학교 교육과 사회의 문화적 패턴, 특히 서양문화식 패턴과 맺는 상호관계와 더 많은 연관이 있다는 점을 암시한다. 서양 학교 교육에서의 아동들은 보통 어릴 때부터 여러 가지 과목을 배우고 여러 영역의 기술을 개발한다. 학교 교육은 아이들이 여러 영역의 기술을 측정하는 지능검사를 준비하는데에 도움을 준다. 지능검사는 아이들이 그 지능검사를 보는 시점보다 몇 년 전에습득했을 기술들을 측정한다. 하지만 Rogoff(1990, 2003)와 다른 연구자들이 지적했듯이 이러한 방식의 학교 교육은 보편적인 것이 아니며 심지어 인류 역사상 일상화된 지 오래 된 것도 아니다. 역사를 통틀어 볼 때, 그리고 지금도 많은 곳에서는 여전히 학교 교육, 특히 남자아이들을 위한 교육은 아이가 어린 나이부터 어떤기능을 배우는 도제제도 형식으로 이루어지고 있다. 이 아이들은 그 기능과 연결된 직업에서 성공하기 위해 필요한 내용들을 배우되 그 이상의 다른 내용은 거의배우지 않는다. 이 아이들은 관습적인 지능검사에서 측정하는 일단의 기술들을개발해야 풀 수 있는 여러 과제들에 동시에 노출되지도 않는다. 따라서 케냐 어린이들의 경우와 마찬가지로 이런 도제교육을 받은 아이들의 시험 점수에서 일반요인을 찾아낼 가능성은 크지 않다.

지능의 일반 요인이라는 것은 무엇을 의미하는가? 수년 전에 Vernon (1971)은요인분석의 축들이 꼭 정신의 잠재적 구조를 나타낸다고 볼 수 없고, 오히려 정신적 능력이 조직된 모습의 특성을 설명하는 편리한 방법을 나타내는 것이라고 지적했다. Vernon은 '옳은' 축의 방향은 존재하지 않는다고 생각했으며, 실제 수학적으로 생각했을 때 탐색적 요인 분석에서 어느 해답에 대해서나 무한개의 축의방향이 맞아 들어갈 수 있다고 하였다. 이런 Vernon의 주장은 이후 이론가들이 잊었거나 무시한 것으로 보인다.

여기에서 소위 'g 요인'이 부분적으로 인간과 문화적 패턴 사이의 상호작용을반영한다고 주장하고 있는 것처럼 Tomasello(2001)은 정신의 모듈성이 부분적으로 인간이 문화적 패턴과 맺는 상호관계를 반영한다고 주장했다. 이 주장은 생물학적인 면의 중요성을 무시하는 것이 아니다. Tomasello의 주장은 인간 정신의 생물학적인 면을 그저 문화적 맥락 바깥에서 독립적으로 작용하고 변하지 않는 어떤 효과로 보는 대신, 그 생물학적인 면들이 문화와 상호작용을 이루는 양태 자체의 중요성을 강조한다.

지적 수행의 부분적 맥락특수성은 북미나 유럽으로부터 멀리 떨어진 나라들에만 적용되는 개념은 아니다. 북미나 유럽 대륙에서도 같은 현상을 목격할 수 있는데, 그 예가 알래스카 남서부 유픽 에스키모 아이들을 대상으로 한 연구 결과이다.

아동들은 학문적 시험에서 드러나지 않는 상당한 실용적 기술을 가지고 있을 수 있다

앞의 논의에 이어 말하자면 알래스카 남서부 유픽 에스키모 아동들을 대상으로 한 연구에서는 다른 결과가 나왔다(Grigorenko, Meier, Lipka, Mohatt, Yanez, & Sternberg, 2004). 연구자들은 시골과 준도시지역의 알래스카 공동체에서 학문적 지능과 실천적 지능이 갖는 중요성을 측정했다. 이들은 학문적 지능은 종래의 유동적 지능 측정 방법(g 요인을 측정한 카텔문화공정검사)과 결정적 지능 측정 방법(밀힐어휘척도)을 사용하여 측정하였다. 실천적 지능은 사냥, 어로, 기상 조건에 대응하기, 작물 수확과 보존 등과 같이 알래스카 시골 유픽 공동체에서 습득한 암묵적 지식 기술을 측정하였다. 준도시지역 아동들은 시골 아동들보다 결정적 지능 측정에서 통계적으로 유의미하게 더 높은 점수를 받은 데 반해, 시골 아동들은 유픽 실용 지능(Yup'ik Scale of Practical Intelligence, YSPI) 측정에서 준도시지역 아동들보다 통계적으로 유의미하게 더 높은 점수를 기록했다. 암묵적 지식능력검사는 아이들의 실용적 기술에 대해 시골 아이들 주변의 어른들이나 또래 아이들(암묵적 지식능력검사는 이들의 필요를 충족시키기 위해 개발되었다)이 내린 평가를 학문적 지능검사보다 더 잘 예측했지만, 준도시지역 아이들 주변의 어른들이나 또래 아이들의 평가를 예측하는 데에 우월함을 보이지는 않았다. 이 연구는 케냐 연구와 마찬가지로 실생활 환경에 대한 적응력을 예측하는 데에 실천적 지능기술이 가지는 중요성을 보여준다. 이와 비슷한 결과를 우리는 도시적인 문화 혹은 많은 독자들에게 익숙한 문화에서도 찾아볼 수 있을까?

실천적 지능기술은 학문적 지능기술보다 건강을 더 잘 예측할 수도 있다

러시아에서 시행한 연구에서는(Grigorenko & Sternberg, 2001a) 서로 완전히 구분되는 분석적·창의적·실천적 지능 측정이 각각의 구성 개념에 대해 적어도 두 개의 총괄적 지표가 주어진 방식으로 참가자들에게 시행되었다. 배리맥스 로테이션(varimax rotation)과 오브리민 로테이션(oblimin rotation)을 모두 사용한 주성분 분석을 통해 검사에 쓸 명확한 분석적·창의적·실용적 요인들을 얻어낼 수 있었다.

이 연구의 주목적은 분석적·창의적·실용적 검사를 이용해 러시아 성인들의 정신적·육체적 건강상태를 예측하는 것이었다. 정신적 건강은 우울증과 불안 증세를 가려내는 데에 널리 사용되고 있는 지필검사를 통해, 육체적 건강은 자기보고를 통해 측정했다. 정신적·육체적 건강에 대한 최고의 예측변수는 실천적 지능 측정치였다. (또는 데이터가 상관적이므로 건강이 실천적 지능을 예측하는 것일 수도 있지만 이 부분의 관계는 그다지 뚜렷하지 않다.) 분석적 지능이 예측 정확성 면에서 두 번째를 차지했고 창의적 지능이 그 다음이었다. 하지만 세 가지 지능 모두 육체·정신적 건강 예측에 공헌했다.

러시아 연구 결과는 건강 관련 결과를 통해 환경에 대한 성공적 적응을 측정하는 한 방법으로서의 연구 중요성을 강조했다. 건강 관련 변인들은 개인이 인생의 목표를 성취하는 능력 또는 검사에서 높은 수행 능력을 보이는 능력에까지도 영향을 미칠 수 있는데, 이 점은 자메이카에서 시행된 연구에서도 입증되었다.

육체적 건강은 평가에서 수행 능력에 영향을 미칠 수 있다

연구 결과를 해석할 때에는 그 결과가 선진문화에서 얻은 것이든 개발도상문화에서 얻은 것이든 언제나 연구 참가자들의 육체적 건강을 고려 대상에 포함하는 것이 중요하다. 자메이카에서 수행된 한 연구에서(Sternberg, Powell, McGrane, & McGregor, 1997) 사회경제적 위치 변인을 통제한 후에도 대부분 편충이나 회충으로 인한 기생충 감염 질환을 앓는 아이들이 그렇지 않은 아이들보다 기억이나 추론과 같은 고급인지 능력검사에서 더 낮은 점수를 받았다는 점을 발견했다. 기생충 감염 질환을 앓고 있던 아이들은 소근육 운동 과제에서 더 높은 점수를 받았는데, 그 이유는 밝혀지지 않았다. 항기생충 약물치료를 받아도 아이들이 관습적 형태의 능력 검사에서 보여준 인지 기능은 나아지지 않았다.

따라서 많은 아동들은 내재된 능력의 부족이 아니라 그러한 능력을 개발하고 발현하는 데에 필요한 건강이 결여됨으로써 낮은 성취도를 보인 것이다. 몸 상태가 좋지 않거나 아주 아픈 경우, 몸 상태가 좋을 때보다 자신이 읽고 있는 것, 듣고 있는 것에 집중하는 것이 더 어려워진다. 개발도상국가의 아동들은 대부분의 경우 어떤 질병을 앓고 있다. 이러한 아이들이 학교 과제에 있어서 몸이 건강한 아이들만큼 학습에 주의를 기울이는 것은 불가능하다. 비록 우리 연구팀이 자메이카 연구 참가자들의 건강 관련 지식을 뚜렷하게 검사하지는 않았지만, 케냐에서와 마찬가지로 이 실험이 이루어진 자메이카에서도 환경에 적응하기 위해서는 건강에 대한 지식이 결정적으로 중요하다. 건강 상태를 고려하지 않은 검사는 연구 대상에 대해 잘못된 인상을 남기기 쉽다.

기억이나 추론 등에 대한 관습적 형태의 검사들이 개발도상국 아동들이 가지고 있는 모든 기술을 측정하는 것일까? 탄자니아에서 수행한 실험은 그렇지 않다는 것을 보여준다.

동적 검사는 정적 검사에서 드러나지 않는 인지적 기술들을 드러낸다

탄자니아에서 시행한 연구(Sternberg & Grigorenko, 1997a, 2002a; Sternberg et al., 2002)는 검사를 하고 채점한 후 그 결과를 어떤 잠재적인 지적 능력 또는 능력들의 측정치로 해석하는 것의 위험성을 보여주었다. 이 연구에서는 탄자니아의 바사모요 근처에 사는 11세에서 13세 사이 취학 아동들을 대상으로 종래의 지능검사에서 필요한 기술들을 측정하는 '널빤지 분류 검사', '선형삼단논법 검사', '20문항 검사(모양 찾기)' 등을 실시했다. 물론 연구자들은 자신들이 분석 · 평가할 수 있는 점수를 확보했고, 이를 바탕으로 연구 대상 아동들의 일반능력 또는 여타의 능력이라고 그들이 평가한 결과에 따라 아동들 간의 서열을 정했다. 하지만 연구자들은 이 검사들을 시행할 때 정적인 방법이 아닌 동적인 방법을 적용했다(Brown & Ferrara, 1985; Feuerstein, 1979; Grigorenko & Sternberg, 1998; Guthke, 199; Haywood & Tzuriel, 1992; Lidz, 1991; Sternberg & Grigorenko, 2002a; Tzuriel,

1995; Vygotsky, 1978).

동적 검사는 개인을 대상으로 검사가 시행되고, 검사 결과로부터 대상자들의 능력을 추론한다는 점에서 종래의 정적 검사와 유사하다. 하지만 다른 점은 대상자인 아동들이 자신의 수행을 발전시키는 데에 도움이 되는 모종의 피드백을 받는다는 점이다. Vygotsky(1978)는 아동들이 검사기간 동안 주어진 교육을 자신의 능력 발달로 연결시킬 수 있는 능력이 곧 그 아동의 근접발달영역, 즉 그들의 이미 발달된 능력과 잠재적 역량 사이의 간격의 측정치일 수 있다는 의견을 제시했다. 다시 말해 검사와 교육이 구별된 것이 아니라 하나의 과정으로 다루어지는 것이다. 이러한 통합은 지능의 전통적 정의가 학습 능력이라는 점('지능과 그 측정', 1921; Sternberg & Detterman, 1986)을 고려할 때 일리가 있다. 정적 검사는 학습 과정을 과거에 이루어진 학습의 결과로 간접 측정하는 것이 아니라 검사의 맥락 안에서 직접적으로 측정한다. 이러한 측정 방법은 모든 아동이 과거에 동등한 학습의 기회를 가지지 못한 경우 특히 중요해진다.

탄자니아에서 시행한 동적 평가에서 대상 아동들은 우선 능력 검사를 치렀다. 그 다음 실험집단 아동들에게는 일정한 개입이 주어지고, 통제집단 아동들에게는 주어지지 않았다. 개입은 아동들의 점수를 올리는 데에 도움을 줄 수 있는 기술들을 짧은 시간 동안 지도해주는 형태로 이루어졌다. 예를 들어 20문항 과제에서 실험집단 아동들은 어떻게 한 개의 참-거짓 문제가 해답이 될 수 있는 것의 범위를 반으로 줄이는지를 배운다. 그런 다음 실험집단과 통제집단 모든 아동들이 다시 검사를 치른다. 실험집단 아동들이 받은 지도가 한 시간 이내에 이루어졌으므로 눈에 띄는 변화를 예측하기 힘들 수도 있었다. 하지만 평균적으로 실험집단 아동들의 사전 검사 성적과 사후 검사 성적을 비교했을 때 증가분은 통계적으로 유의미했고 통제집단 아동들의 사전·사후 성적 증가분보다 훨씬 컸다.

통제집단에서 사전 검사와 사후 검사의 성적 사이의 상관관계는 대체로 높았다. 이들 두 성적 사이에서는 높은 상관관계를 예상할 만한데, 아무 개입도 없었기 때문에 재검사인 사후 검사는 크게 보아 동형 검사 신뢰도에 대한 측정이었다. 이보다 더 중요한 것은 실험 집단의 사전 검사 점수와 사후 검사 점수 사이에 상관관계가 있긴 했지만 아주 약한 상관관계만을 보였다는 점이다. 실험 집단에게서 이렇듯 통제집단에서보다 분명하게 낮은 상관관계가 보인 것은, 개발도상국 아동들에게 어떤 검사를 정적으로 시행할 경우 나타나는 상관관계들은 불안정하고 훈련의 영향을 많이 받는다는 것을 시사한다. 그 이유는 연구 대상 아동들이 서구식 검사를 치르는 것이 익숙하지 않았기 때문이며, 검사에 어떤 식으로 임해야 하는지에 대해 약간의 지도만 받아도 쉽게 도움이 되었을 것이다.

물론 더 중요한 문제는 점수가 변했는지 또는 서로 상관관계를 보였는지가 아니라 점수들이 다른 인지 측정치들과 어떤 상관관계를 보였는지이다. 즉, 사전 검사와 사후 검사 중 어느 검사가 작업 기억 검사에서 이루어지는 다른 인지적 수행으로의 전이를 더 잘 예측하였는가이다. 연구자들은 실험 집단에서 사후 검사 점수가 작업 기억을 더 잘 예측한 것을 발견했다. 동적 검사를 받은 집단의 아동들이 사전 검사와 사후 검사 사이에 개입해서 동적 지도를 받지 않은 통제그룹 아동들보다 훨씬 큰 발전을 보인 것이다.

앞에 서술한 자메이카 연구에서 연구자들은 항기생충 약품인 알벤다졸이 인지 기능에 미치는 영향을 찾는 데에 실패했다. 그 실패의 원인이 검사가 동적이 아니라 정적이었던 것에 있었을까? 정적 검사는 과거에 개발된 기술들을 강조하는 경향이 있다. 기생충 관련 질환을 앓는 아동들은 종종 너무 아픈 나머지 건강한 아이들처럼 지도를 받아 도움을 얻고 기술을 습득하는 데에 어려움을 겪는다. 동적 검사는 검사를 받는 동안 개발된 기술들에 강조점을 둔다. 기술이나 지식을 특히 검사를 받는 동안에 학습하는 것이다. 동적 검사를 할 경우 정적 검사를 통해서는 보이지 않았던 약품(이 경우 갈고리충에 대한 알벤다졸과 주혈흡충병에 대한 프라지콴텔)의 효과가 드러날까?

답은 '그렇다'이다. 시간이 지나면서 약물치료를 받은 아동들은 치료를 받지 않은 아동들보다 좋은 성적을 보였고, 어느 정도 시간이 흐른 후에는 치료를 받지 않은 아이들보다 감염되지 않은 통제집단의 성적에 더 가까워졌다. 다시 말해 종래의 정적 지능검사는 아동의 지적 가능성의 전모를 드러내지 못할 수도 있는 것이다. 따라서 연구자가 모델 III에서와 같이 검사들을 여러 다른 환경들에 맞춰 수정할 때에는 정적 검사에서처럼 검사들의 내용뿐 아니라 검사를 시행하는 방식 역시 수정이 필요할 수 있다.

문화공평검사와 문화관련검사

문화공평검사는 모든 문화의 사람들에게 동등하게 적합하고, 모든 사람에게 공정한 문항들로 구성되어 있다. 문화공평검사를 믿는 사람들은 문화와 지능의 관계에 대해서 앞서 설명한 모델 I를 일반적으로 따른다. 이 접근법에 대해 Zeidner, Matthews, Roberts(2004)가 다음과 같이 설명하고 있다.

> 이스라엘 이외에 다른 다문화 국가들에서 이루어진 연구들의 검사 결과 점수에서 나타나는 사회문화적 차이에 초점을 맞추었다. 영어로 된 검사가 다른 언어로 번역이 되기 때문에 여러 문화집단 사이의 모든 비교는 검사의 번역이 '문화적으로 공평'하다는 가정 위에서 이루어진다. … 모든 주요 표준화 검사의 헤브루어판을 개발할 때 따르는 기본 원칙은 문항들이 이스라엘 문화와 잘 맞지 않거나 이스라엘판 검사 문항들의 심리측정적 속성들을 개선할 필요가 있을 때를 제외하고는 최대한 영어 원본에 가깝게 한다는 것이었다.

이 접근법에서는 지엽적인 수정이 이루어졌다. 예를 들어 이스라엘에서는 미국에서 쓰는 것과는 다른 달력인 유대력을 사용하기 때문에 연도와 시를 가리키는 말들이 수정되었다. 하지만 이들은 상당히 경미한 차이이다.

연구자들은 서양계 유대인 아동 피시험자들과 동양계(아시아계/아프리카계) 유대인 아동 피시험자들의 수행 능력을 비교한 결과, 웩슬러 유아지능검사와 웩슬러 아동지능검사에서 서양계 유대인 아동들이 동양계 유대인 아동들보다 좋은 성적을 보였음을 발견했다. 양 집단 사이의 격차는 아동들의 나이가 많을수록 더 커졌다(Lieblich, 1983; Minkowitch, Davis, & Bashi, 1982; Zeidner, 1985). 피검사자들의 인종 집단과 사회경제적 집단 모두 검사 결과에 영향을 미쳤지만, 인종 집단의 영향력이 사회경제적 집단의 영향력보다 컸다.

유대계 이스라엘인 아동과 아랍계 이스라엘 아동들을 비교한 결과 유대계 아동들이 대략 표준편차 1 정도로 앞서는 것으로 나타났다(Kugelmass & Lieblich, 1975; Kugelmass, Lieblich, & Bossi, 1974; Lieblich, 1983; Lieblich & Kugelmass, 1981). 기독교 아랍인 아동들은 레이븐스 매트릭스 검사에서 이슬람교 아랍인 아동과 드루즈교 아랍인 아동들보다 높은 점수를 받았다(Bashi, 1976). 점수 차이는 언어검사보다 비언어검사에서 더 크게 벌어졌다.

비슷한 결과가 다른 연구들에서도 나타났다. Savasir과 Sahin(1995)은 웩슬러 아동지능검사에서 터키 아동들이 미국 아동들보다 약 12점 낮은 점수를 받았다고 밝혔다. Cantez와 Girgin(1992)은 게젤 발달목록에서 터키 아동들은 대체적으로 미국 아동들을 위해 개발된 표준치에 못 미치는 모습을 보였다고 보고한다. 서양화가 덜 된 터키 시골지역의 교육체계에 속한 아이들은 서양식 교육체계에 좀 더 가까운 터키 도시지역의 아이들보다 터키어로 번역된 서양의 지능검사와 교육적 검사에서 더 낮은 점수를 받았다(Kagitcibasi, 1996; Kagitcibasi, Sunar, & Bekman, 2001).

에틱 접근법은 어느 정도 의문의 여지가 있다. 이 장의 앞에서도 논의했듯이, 서로 다른 문화권에 속한 사람들은 지능을 서로 다르게 정의하기 때문에 한 문화에서 지성적이라고 여겨지는 행동이 다른 문화에서는 비지성적인 것으로 여겨질 수 있다. 미국 주류 문화에서 지능의 표지로 간주되는 정신적 기민함을 생각해보자. 실제로 대부분의 집단지능검사는 엄격한 시간 제한 속에서 시행된다. 우리는 이 사실을, 우리 자신이 이 중 몇 가지 검사들에서 모든 문항에 답하는 데에 어려움을 겪고 나서야 깨달았다.

'문화적으로 공평하다'는 설명이 붙은 검사에서 피검사자들의 수행 내용은 문화적 요인들에 의해 영향을 받는 것으로 보인다. 수년간의 학교 교육과 학문적 성취 등이 이러한 문화적 요인의 예들이다(Ceci, 1996). 요컨대 여러 그룹들의 지능의 차이에 대한 어떤 결론을 내릴 때에는 주의를 기울여야 한다(Greenfield, 1997; Loehlin, 2000). 그 결론들은 겉으로만 보면 정당하게 보일 수 있으나 사실은 집단 간 차이에 대한 피상적 분석을 나타낸 것에 지나지 않는다.

문화와 지능 간 관계에 대해 제시된 모델들 중 모델 III의 검사들은 한 국가 내, 그리고 다른 국가들과의 사이에서 만나는 다양한 문화들 속에서 개인들이 직면하는 적응 과제들의 서로 다른 면들을 참작하여 그 형태와 내용이 변화된다. 다른 문화권의 사람들은 종종 우리 문화권에서 고안한 검사에서 좋은 성적을 거두지 못하고, 우리 역시 그들이 고안한 검사를 잘 치르지 못할 것이다. 지능의 과정은 보편적이지만, 지능의 발현은 그렇지 않다. 만약 연구자들이 지능을 가장 잘 이해·평가·개발하고 싶다면 그들은 연구 대상인 지능이 작동하고 있는 문화적 맥락을 고려 대상에 포함해야 한다. 현재 우리 지식의 단계를 고려했을 때 우리는 지금 탈문화검사나 문화공평검사를 만들어낼 수는 없다. 하지만 우리는 **문화관련검사**는 고안해 낼 수 있고, 그것을 목표로 해야 한다. 문화관련검사는 피검사자들의 문화적 경험과 관련 있는 기술과 지식을 요구한다. 검사의 내용과 절차도 피검사자들의 문화적 규범에 적절하다.

결론

문화적 맥락을 염두에 두었을 때 (a) 개개인의 재능이 더 잘 발견되고 자신들의 재능을 더 잘 이용할 수 있으며, (b) 학교 교육은 아이들을 더 잘 가르치고 평가될 수 있고, (c) 사회는 구성원들의 재능을 낭비하는 것이 아니라 이용할 수 있게 된다. 영재성을 바라보는 관점들은 문화마다 다르고 어떤 이가 남보다 탁월하다고 인정받기 위해서 보여야 하는 행동들 역시 문화마다 다르다. 서양에서 고안된 검사들을 번역한 후 여러 문화의 개인들에게 시행함으로써 여러 문화권 사람들의 지능을 측정하고 영재를 선별하는 시늉을 할 수는 있다. 하지만 그러한 측정은 가정에 불과하다. 한 사회 내에 있는 여러 문화 집단의 지능을 측정하는 작업에조차 조심스럽게 주의 깊게 임해야 한다.

무엇이 영재성을 이루는지의 문제는 문화마다 큰 차이를 보인다. 비록 지능에 대한 이론들은 비교문화적 구성 개념으로 제시될 수 있지만, 사람들이 가지고 있는 내재적 이론들과 적응행동은 매우 다양한 모습으로 나타난다. 따라서 영재성의 본질은 장소에 따라 달라질 수 있는 대상으로 여기는 편이 가장 좋겠다. 문제를 인식하고 정의하는 능력, 전략을 개발하고 정보를 표상하는 능력 등의 기본적 기술은 동일하겠지만, 이 장에서 앞서 논의한 모델 III에서와 같이 그 기술들이 발현되는 방식은 문화마다 급격한 차이가 있을 수 있다.

제9장

학습장애, 영재, 학습장애 영재

엘렌은 출중한 실력을 자랑하는 음악가이지만 신문을 잘 읽지 못한다. 마리오는 신문은 잘 읽을 수 있지만 간단한 수학문제조차 잘 풀지 못한다. 훌륭한 시를 쓰는 어네스트는 수학 계산문제를 읽고 풀 수 있지만 수학 논리문제는 도저히 풀 수가 없다. 이러한 가상 속 인물들은 모두 영재이지만 학습장애를 겪고 있는 사람들이다. 이런 사람들을 우리는 '학습장애 영재'라고 부르는데, 이들을 이해하기 위해서는 영재성과 학습장애의 본질을 모두 이해하여야 하고 때로는 둘을 함께 묶어서 이해하여야 한다(Newman & Sternberg, 2004 참고).

영재는 다양한 이론에 의해 다양한 내용으로 정의된다(Sternberg & Davidson, 1986, 2005). 우리는 영재성과 학습장애를 다양한 형태의 능력 개발에서의 수월성, 즉 궁극적으로 전문가 수준의 측면에서 바라본다(Sternbcrg, 2001a).

전문성 발달에 필요한 전체 리스트를 모두 구성하기란 힘들기 때문에, 7장에서 기술한 것처럼 전문성 개발 모형은 초인지 기술, 학습 기술, 사고 기술, 지식과 동기의 다섯 가지 주요 요소로 구성되어 있다.

영재는 이러한 요소들의 조합을 통하여 전문성을 개발하는 데 매우 뛰어나며, 영재성을 높은 수준까지 끌어 올릴 수 있다. 이 다섯 요소들은 분리해서 생각하는 것이 편하지만 서로 활발한 상호작용을 하고 있다. 그들은 직접적이든 간접적이든 서로에게 영향을 주고 있다. 예를 들면, 학습은 지식을 이끌어가지만, 지식은 더 나은 학습을 촉진시킨다.

이 요소들은 대체로 영역 특수적이다. 한 영역의 전문성 개발은 반드시 다른 영역의 전문성 개발을 유도하지는 않으며, 때로는 영역 간의 관계에 따라 전이가 일어날 수도 있지만 그보다 중요한 점은 지능이 여러 다른 요소들에 의해 만들어졌다는 것이다(Gardner, 1983, 1999a, 2000; Sternberg, 1997a, 1999c).

앞에서 기술한 전문성 개발 모형에서 살펴본 바처럼 영재들은 초인지기술이 뛰어나다(Borkowski & Peck, 1986; Jackson & Butterfield, 1986; Shore, 2000). 학습장애 영재학생들은 일반 초인지 과정에서 매우 높은 경향이 있다. 학습장애 영재학생들은 많은 영역들에서 뛰어난 학습기술을 사용하는 경향을 보이기도 하지만, 한두 분야에서는 매우 약한 모습을 보이기도 한다. 학습장애 영재학생들은 일반 사고기술에서는 강점을 보이지만 약점을 가진 영역에서는 잘 배우지 못하기 때문에 약점 영역의 사고기술 적용에 어려움을 느낀다. 그 영역에서 잘 생각하기 위해서는 그 영역에 관해 잘 배워야 한다. 학습장애 영재 아동들은 약점을 가진 영역 외에는 많은 지식을 가지고 있지만, 약점 영역에서는 학습기술이 부족하기 때문에 이 분야의 지식을 획득할 기회도 부족하다. 학습장애 영재아동들은 일반적으로 강한 동기를 가지고 있지만, 약점 영역은 그들에게 좌절감을 안겨주기 때문에 낮은 동기수준을 보이게 된다. 그들은 언제 그렇게 많은 것을 잘할 수 있게 되었으며, 그들이 못하는 것은 왜 더 못하게 되었을까? 그들은 자신들의 약점을 수정하지 않고도, 나중에 그들의 약점을 보완할 필요가 있는 순간에 빛을 발할 전략을 활용하여 자신들의 약점을 보완할 방법을 찾아야 한다.

궁극적으로 학습장애 영재라는 호칭은 맥락적으로 결정되는 용어이다. 개인이 살고 있는 사회와, 그 사회에서 영재성과 학습장애 두 영역에 부합된다고 여기는 것들에 의해 결정된다.

전문성 개발 영재모형에 의한 영재성, 학습장애, 학습장애 영재의 이해

영재들은 전문성 개발모형의 각 요소들에서 뛰어난 역량을 보여준다. 물론 모든 요소들에서 다 뛰어나지 않을 수는 있지만, 그들은 몇몇 요소의 조합으로 뛰어난 역량을 보이기도 하고, 매우 훌륭한 결과물을 보여주기도 한다.

상대적으로 말하자면, 학습장애를 가진 사람들은 이 모형 중 적어도 한 요소에는 잠시 속해 있을 것이다. 어떤 영역의 학습기술은 부족하면 이로 인해 잘하는 영역에서의 성취도 힘들어지게 된다. 어떤 면에서 그들의 재능은 단점이 될 수 있다. 왜냐하면 실제로 그들이 가지고 있는 학습장애를 재능이 감추어버리기 때문이다. 예를 들면 공간 영역을 잘 못하는 학생은 자신이 할 수 있는 한, 공간문제를 언어로 풀지도 모르기 때문이다.

영재성과 학습장애에 대한 우리의 관점은 표준화된 관점과는 다소 차이가 있다. 각각을 자세히 살펴보자.

학습장애의 경우는 복잡하다. 특정 학습장애는 여러 다양한 방법으로 정의될 수 있고 실제로 다양하게 정의되어 왔는데, 미국 정신의학회의 "정신장애의 진단 및 통계 편람(4판, 1995)"에서 이를 포괄적으로 기술하고 있다.

종합적인 관점에서의 학습장애는 특정 기술의 발달 손상으로 기술되어진다. 예를 들면 읽기 기술, 수학 기술, 쓰기 기술 등과 같이 개인의 교육과 지능에 기초하여 가능하다고 생각되는 기술의 수준과 관련이 있다. 이러한 손상은 일상생활과 학문적 성취에 손상을 준다. 하지만 이는 시력이나 청력의 손상, 뇌 손상처럼 후천적 신경증적 조건과 같은 육체적 손실은 아니다. 학습장애는 보통 유치원 말이나 초등학교 1학년 시작하기 전까지는 거의 진단되지 않는다.

우리는 학습장애를 이러한 표준화된 정의를 넘어선 것으로 보고 있다. 가상적으로 모든 사람은 어떤 측면에 있어 학습장애를 가지고 있으나 사회는 오직 특정 사람들만이 학습장애를 가지고 있다고 한다. 어떤 사람이 학습장애로 불리는 것은 복권의 결과와 비슷하다(Sternberg & Grigorenko, 1999b). 이 말은 많은 영재학생들도 어떤 종류의 '학습장애(LD)'를 가지고 있다는 말이다.

능력에 대해 연구한 학자들은 능력은 서로 연관되어 있기는 하지만 다양하게 존재한다는 것에 동의하고 있다(Sternberg, 2000b 참고). 학자들은 그것이 정확하게 어떤 능력인지에 대해서, 그리고 그것들이 구조화되어 있는 방식에 대해서 완전히 동의하고 있지는 않지만 능력들이 서로 구분된다는 것에는 동의하고 있다. 예를 들어, 읽기 능력을 구성하는 기술들은 예술적 능력을 구성하는 기술들과는 다르며, 또한 음악적 능력을 구성하는 기술들과도 다르다. 따라서 어떤 사람은 글을 잘 읽을 수는 있지만 음악에는 소질이 없을 수도 있고, 정반대의 경우도 있을 수 있다.

만약 어떤 사람이 인간이 가질 수 있는 세상 모든 능력들의 리스트를 만든다면 이 능력들을 구성하는 기술에 모두 능숙한 사람은 세상에 아무도 없으며 또한 이 모든 기술에 전부 서투른 사람도 없을 것이다. 대부분의 사람들은 어떤 기술에는 능숙하지만, 또 어떤 기술에서는 미숙할 수 있다. 어떤 사람은 다른 사람보다 더 많은 기술들에 능숙할 수 있고 특정 기술들에 보다 능숙하기도 하다. 그러나 실제로 모든 사람들은 다양한 장점과 다양한 약점들의 패턴을 가지고 있다.

다른 말로 하면, 모든 사람들은 능력과 무능에 대한 복잡한 패턴을 가지고 있다. 예를 들어, 전부 A학점을 받는 학생은 대인 관계의 측면에서 서투를 수 있다. 한편 전부 F학점을 받는 학생은 다른 사람들은 다루는 데 매우 뛰어난 능력을 보일 수도 있다. 이러한 직관은 현대 지능이론에서 주된 관심사이며, 실제로 여러 많은 자료들에 의해 대인 관계 기술이나 실용적 기술이 전통적인 학문적인 기술과는 다르다는 것이 뒷받침되고 있다(Gardner, 1999b; Sternberg, 1999c, 2003d). 한 명의 영재는 서로 다른 여러 기술들에서 매우 뛰어나거나 혹은 보통의 영재성 수준을 보일 수도 있고, 그렇지 않을 수도 있다는 것이다.

모든 사람이 능력과 무능력의 패턴을 가지고 있다면, 어떻게 해서 어떤 사람은 영재라 불리우고, 어떤 사람은 학습장애라고 불리우게 되는 것일까? 이는 학습능력과 무능력은 온전히 개인적인 특성 때문이거나 온전히 사회적인 특성 때문이 아니기 때문이다. 영재로 불리거나 학습장애로 판정받는 것은 개인과 사회의 상호작용의 결과이다. 무엇이라 불리우는 것은 사회적 맥락의 기능에 의해 나타나는 것이다.

사회는 어떻게 이런 선택을 하게 될까? 학교나 직업에서 가치롭다고 여겨지는 기술들은 무엇인가에 기초해서 이루어진다. 만약 사회가 일반적 능력보다는 '특정한' 어떤 기술들(예를 들면 읽기 기술)을 매우 중요하다고 생각한다면, 이 기술에 낮은 숙련도를 보이는 사람들은 특정한 영역에 무능한 것으로 낙인찍힌다. 높은 수준의 숙련도를 보이는 사람은 그 능력이 일반적이거나 특정하거나에 상관없이 영재로 불리는 것이다. 사람들은 누구나 능숙함과 무능함을 가지고 있으며, 특정한 유형이 영재성 혹은 학습장애라는 호칭으로 결론지어지는 것은 복권처럼 운에 달려 있다고 보인다. 이러한 호칭을 붙이는 과정이 임의적이라는 말은 아니다. 오히려 우리는 완전히 다른 결과를 낳을 수 있는 여러 다른 종류의 호칭 붙이기 과정이 가능하다는 것을 말하고 싶다.

현재 미국사회에서는 학습장애를 다음과 같은 일곱 가지 영역에서 정의하고 있다. ⓐ 듣기, ⓑ 말하기, ⓒ 기본 읽기 기술, ⓓ 독해 기술, ⓔ 글쓰기, ⓕ 수리계산 기술, ⓖ 수학적 논리력이다. 이러한 기술들에 대한 장애는 특정한 것으로 본다. 하지만 사실 완전히 일반적인 능력이나 일반적인 장애는 없다. 예를 들어, IQ검사들은 때때로 '일반적 능력'을 측정하는 것 같지만 실제로 IQ검사에서 높은 점수라고 해서 창의성 수준이나 실용적(상식적 수준의) 능력, 운동 능력, 음악적 능력, 혹은 여러 다른 능력들도 높다고 말할 수는 없다. 따라서 모든 능력과 장애는 어느 정도 특정한 것이다. 미국 사회는 영재성의 사회적 정의(예 : 연방정부에서 법적으로 정한 정의)에 부응하지는 않지만, 실제로 영재보다는 학습장애에 더 많은 투자를 한다. 영재성을 평가하기 위한 기초로 학생들에게 가장 흔히 사용되는 것은 IQ와 학교에서의 성취이다. 사회적으로 재능이라고 인정되는 것을 가진 사람이나 결핍한 것을 가진 사람은 영재 혹은 학습장애로 호칭 지어진다.

한 사람이 언제, 어디서 태어났는지는 그 사람이 영재로 명명될지, 학습장애로 명명될지에 매우 큰 영향을 미친다. 예를 들어 문자가 있기 이전의 사회에서는 읽기 장애를 가진 사람은 아무도 없었다. 물론 읽기 영재라 불린 사람도 없었다. 어떤 사회에서는 음악적 기술이 부족한 사람을 음악적 장애가 있다고 말할 수 있지만 다른 사회에서는 아무런 문제가 되지 않을 수도 있다. 이는 마치 음악에 가치를 두고 있는지에 따라 음악적 조숙함이 재능으로 인정되고 되지 않는 것과도 같다. 실제로 사람들은 그가 가지고 있는 특정 유형의 능력이나 장애(무능)의 유형에 따라 개인의 학습장애에 대한 호칭이 결정되는 제비뽑기에 강제적으로 참여하고 있다. 그러나 이 제비뽑기는 오직 호칭 과정에만 적용되는 문제이다. 모든 사람들은 능력과 무능력을 함께 가지고 있다. 제비뽑기는 사회가 어떻게 이러한 패턴을 명명할지를 선택하는 것을 말한다.

학습장애를 가진 영재학생의 장점

모든 사람들은 장점과 단점을 가지고 있다는 전제하에, 학습장애를 가진 것으로 명명된 사람도 사회에서 말하는 많은 장점들을 가지고 있다. 영재로 명명된 사람들 또한 장점과 약점을 동시에 가지고 있다. 우리 사회는 흔히 무의식적으로 학습장애를 가진 학생들을 잠재적 승리자가 아니라 잠재적 희생자로 보고 있으며, 영재는 그 반대로 보는 경향이 있다. 이런 관점에서 우리는 다음과 같은 세 가지 주요한 논의를 하고자 한다.

1. 특정한 학습장애를 가진 사람들은 흔히 다른 능력에 상당한 장점을 보이곤 한다. 재능을 가진 사람들도 간과하지 않고 충분히 고려되어야 하는 약점들을 가지고 있다.
2. 모든 사람들은 장점으로 보이는 능력을 충분히 발휘하고, 약점은 보완하거나 교정하도록 격려받아야 한다.
3. 중요한 학습기술이나 학교 교육에서 학습장애를 가진 학생들을 위한 교육과정은 잘 실시될 수 있겠으나, 때때로 학생들을 도와주기보다는 상처를 주는 것으로 끝이 나기도 한다. 그 이유는 사회에서는 우선적으로 학습장애를 가진 학생들이 부족하다고 낙인이 찍힌 능력(예 : 무능력)은 사회에 적응하면서 살아가는 데 중요한 능력이라고 사회가 보기 때문이다. 오직 영재학생들의 장점에 강조점을 두고 약점에 대해서는 고려하지 않는(예 : 어린 학생들을 위한 특별한 학교들) 교육과정으로의 수정 또한 최적은 아니다. 예를 들어, 학문적 영역에서 영재성을 보이는 학생이 사회성 기술에 약점을 보일 때, 이를 무시하게 되면 이 아동은 학생일 때는 괜찮을지 모르나 사회에 나갈 준비는 제대로 하고 있지 못하는 셈이다.

더 나은 사회를 만들기 위해

더 잘 살기 위해 우리는 잘못된 체제에 도전을 하기도 한다. 앞으로 더 나은 사회를 만들 수 있다고 생각하며, 과학이 그 중요한 역할을 하게 될 것이라고 믿는다.

다음은 더 나은 사회를 만들기 위해 중요한 요점들이다.

1. '학습장애'와 '영재성'의 호칭은 잘못 이해될 수 있고 때때로 잘못 이해되고 있다.

실제로 모든 사람들은 어떤 점에서 학습장애를 가지고 있다. 대부분의 사람들은 한 영역이나 또 다른 영역에서 재능을 가지고 있다. 사회가 '영재성' 혹은 '학습장애' 중 어떠한 방법으로 인식하고 어떤 호칭을 선택하는가가 다를 뿐이다. 예를 들면, 미국 사회에서는 읽기 능력이 떨어지는 사람에게 학습장애를 가지고 있다고 낙인을 찍지는 않는다. 유사하게 오늘날의 사회에서는 전문 궁수 중 전체 인구의 아주 적은 수만이 영재의 호칭을 가질 수 있다. 하지만 다른 사회에서는 정반대로 실력 없는 궁수들(자기 자신이나 가족들을 먹여 살릴 수 없는)은 학습장애라고 하고 영재 궁수들은 뛰어난 사냥기술 때문에 매우 가치로운 존재로 볼 수도 있다.

2. '학습장애' 호칭은 개인이나 사회 모두에게 손해이다.

아동이 '학습장애'로 호칭이 정해지면 그 호칭은 자성예언(self-fulfilling prophecy)이 되어 복잡한 매카니즘을 통해 그 효력을 발휘할 것이다. 좋은 의도로 생긴 호칭이지만 어린 학생들에게는 상처를 줄 수 있다.

3. 학습장애와 영재성은 개인과 환경 사이의 상호작용을 통하여 발생한다.

한 개인의 특정한 생물학적 특성은 어떤 종류의 학습장애나 영재성 발달을 쉽게 일어나게 한다. 이러한 생물학적 특성이 개인의 학습장애나 영재성을 결정하는 것은 아니다. 예를 들어, 앞에서 언급한 것처럼 선사시대에는 아무도 읽기 장애를 가지고 있거나 읽기에 조숙함을 나타내지 않았다. 문명사회에서 실시하는 바른 철자법(혹은 쓰기)은 어떤 사람을 읽기 장애와 읽기 영재성으로 나누는 데 영향을 주지만 다른 문화나 사회의 사람들에게 그대로 적용되지 않을 수도 있다. 또 예를 들면, 스페인어는 쓰여진 그대로 정확하게 발음이 되지만 영어는 그렇지 않다. 중국어는 상형문자를 사용하지만 인도나 영어, 프랑스어, 독일어, 러시아어와 같은 언어들은 알파벳 체제를 가지고 있다. 어떤 학생이 읽기에 장애를 가지고 있거나 뛰어난지의 여부는 아동의 생물학적 구성과 함께 아이가 언제 어디서 자라났는지가 영향을 주게 되는 것이다.

4. 생물학적인 것은 불변하는 것이 아니다.

학습장애의 원인이 생물학적인 것에 있다고 할지라도, 이러한 생물학적 원인은 학습장애의 징후들이 개선될 수 있을지의 여부와는 아무런 관련이 없다. 다른 말로 하면, 학습장애를 가져온 생물학적 원인이 교육적 중재의 성공을 막을 수는 없다는 것이다. 일반적으로 흔히 생각하는 것과 달리 '생물학적'인 것은 '고정된' 것이 아니다.

5. 영재-학습장애 학생들을 위한 교육학적 프로그램은 그들의 장점을 증진하고 약점을 보완하도록 도와줄 것이다.

이 말은 분명해 보이지만, 일반적으로 받아들여지는 말은 아니다. 영재-학습장애 프로그램은 세 가지 유형으로 나눌 수 있다. 첫 번째 유형은 이런 학생들이 가지는 특정한 약점에 적용하도록 구성되어 있고, 두 번째 유형은 약점에 적용하는 다른 프로그램과 달리, 심화활동 등을 통하여 장점을 개발하도록 구성되어 있다. 마지막으로, 몇몇 프로그램들은 약점을 개선하면서 장점 영역을 개발하도록 구성되어 있다. 바로 이런 유형의 프로그램들이 영재성과 장애를 가진 학생 모두에게 필요한 프로그램이다. 우리는 초등학생을 위한 이런 유형의 프로그램을 개발하고 있다. 레오나르도 실험실은 학습장애와 특별한 재능을 함께 가진 학생들을 위해 만들어졌다. 아직 공식적으로 평가되지는 않았지만, 초기 결과들은 매우 가능성이 높은 것으로 나타나고 있다(Newman et al., 2009).

학습장애를 가진 사람들의 수행정도를 개선하기 위한 중재는 사람들이 어떻게 해서 이런 호칭을 붙이게 되었는지를 살펴보기보다는 개인의 어떤 특정 경험이 부족한지에 먼저 초점을 맞추어야 한다. 유사하게 영재학생을 위한 지도는 그들이 가진 영재성을 반영하는 것이어야 한다. '학습장애' 혹은 '영재성'과 같이 하나의 큰 카테고리에 들어있는 아동들을 함께 묶어서 중재 혹은 심화활동과 같은 활동을 실시하는 것은, 그들에게 도움이 되기보다는 오히려 해가 될 수도 있다.

요약하자면, 호칭 붙이기는 많은 영향력을 발휘한다. 하지만 호칭은 단지 호칭일 뿐이라는 것을 명심하자. 모든 사람들은 학습능력과 학습장애를 가지고 있다. 이러한 호칭은 어떤 사람이 특정한 능력이나 장애를 가지고 있는지 없는지의 여부뿐만 아니라, 그 사회에서 어떤 이유에서 이러한 호칭이 붙여졌는지에 대해서도 생각해 보아야 한다. 호칭의 여부는 호칭을 받은 사람의 호불호와 전혀 상관없이 자동적으로 부여된 복권 추첨의 결과일 수 있다.

최근 매년마다 더 많은 아동들이 학습장애를 가지고 있는 것으로 판별되고 있다. 이는 물론 학습장애 학생의 판별에 많은 관심을 쏟기 때문이기도 하지만, 미국에서의 학습장애는 집단마다 서로 다르게 사용된다는 것도 알아야 한다. 고소득층 가정의 자녀들에게 이 호칭은 부모들이 즐기고 있는 사회의 혜택을 아동들도 유지하도록 하기 위한 수단이 될 수 있다. 이런 부모에게는, 어떤 이유에서든 자녀들의 계층이 하락된다고 생각하는 것만으로 매우 걱정스러운 일이 아닐 수 없다.

저소득층 부모를 둔 학생에게 학습장애란 호칭은 지금의 위치에 그대로 머무를 것이라는 확신을 하게 한다. 아이러니하게도, 이러한 학생들이 판별되게 되면 그들은 남은 여생동안 지금과 같은 변동없는 사회경제적 환경 속에 있을 것이라고 확신하게 된다. 이러한 학생들에게는 흔히 특별한 지원이 이루어지는데, 이는 '중재'라고 이름 지어진 비효과적인 교육적 처치가 실시되는 도매점의 형태로 나타난다. 때로 이러한 중재들은 아동들을 더욱 더 뒤처지게 한다.

부자 부모를 둔 아동에게 영재라는 호칭은 그들이 누리고 있는 혜택들을 더욱 더 가속화하게 되거나 이미 존재하는 혜택들을 보다 증진시킨다. 가난한 부모를 가진 아동들에게 영재라는 호칭은 열등한 교육이나 혹은 도전감 없이 제대로 도움이 되지 않는 교실에 배치되어 있는 아동을 구할 수 있는 소수의 방법 중 하나가 될 것이다.

긍정적인 방법으로 아동에게 호칭을 붙이는 경우가 점점 늘고 있긴 하지만, 학습장애를 가진 아동의 호칭이 증가하는 것보다는 그 수가 적다. 이것은 몇 가지 방법으로 나타난다. 처음에는 성적 부풀리기이다. 예전에 C학점은 괜찮은 점수였다. 하지만 이제는 더 이상 그렇지 않다. 오늘날에는 A학점이나 B학점이 아닌 학생들이 그다지 많지 않다. 두 번째는 추천서인데 그 내용이 많이 과장되어 있고 그 결과를 해석하기도 어렵다. 세 번째는 SAT 점수의 500점 평균에 대한 중앙재정비로 이전에 하락하였던 SAT 점수가 지금은 상승하였다. 마지막으로 사람들은 '평균 이하'라는 호칭 붙이기를 두려워한다. Garrison Keillor는 워비곤 호수 효과를 들어 모든 사람은 자신이 평균 이상이라고 생각한다고 하였다. 우리 사회는 이런 불가능한 꿈을 실현하기 위해 열심히 노력한다.

영재이면서 학습장애라는 호칭은 어떤 면에서는 잠재적으로 위험할 수 있다. 우리는 때때로 그것이 적절하다고 믿지만 이것은 잘못 사용되고 있다. 부자 부모를 둔 학생은 우리 사회에서 많은 혜택이 주어지는 영재로 불리든지 학습장애로 불리든지 상관없이 이 두 세계의 최고만을 가지게 될 것이다. 이 '게임'은 현재 널리 사용되고 있지는 않다고 생각한다. 이 호칭이 이상한 것이 아니고, 비난할 내용도 아니며. 학교 재학 기간 동안 학생에게 혜택을 줄 수 있는 것이라는 것을 부모와 평가자가 깨달을 때에 변화가 가능하다. 이에 대한 해결책은 영재−학습장애의 명확한 정의를 갖고, 그것을 근면성실하게 적용하는 것이다. 이 장에서 우리는 능력을 역량으로 개발하고 그 역량을 전문적 지식으로 개발하는 모형에 기초한 정의를 제시하였다.

제10장

영재의 판별

영재를 어떻게 판별할 수 있는가? 1장에서 우리는 영재를 판별하는 펜타고날 이론을 제시하였다(Sternberg & Zhang, 1995). 이 장에서 우리는 미국에서 가장 흔히 사용되는 영재판별 방법들을 살펴볼 것이다. 다양한 많은 기법들이 있지만 가장 널리 사용되고 있는 것은 표준화 검사도구의 활용이다. 이외에 대안적 평가로 사용되는 세 가지 연구에 대해서도 기술하고자 한다.

표준화 검사들

표준화 검사는 많은 사람들에게 실시되어 왔고, 적절한 내용과 점수 비교를 위하여 때로는 전국적으로 실시되며, 정형화된 절차에 따라 실시ㆍ채점되어 오고 있다. 정형화된 혹은 표준화된 절차는 표준화 검사도구의 정의에 매우 중요한 역할을 한다. 이러한 검사도구를 만든 사람들은 이 시험을 치는 모든 학생들이 비슷한 경험을 가진다는 것을 확신시키기 위해 노력한다. 표준화 검사들은 일반적으로 출판사에서 구입한다. 그들은 오직 자격을 가진 사람에게만 이 검사도구를 판매한다. 출판사에서 파는 모든 검사지들이 표준화된 것은 아니다. 예를 들어, 교재를 파는 출판사들은 시험 문제은행을 제시하기도 한다. 이런 경우, 출판사는 검사하는 모든 학생들의 경험을 표준화하기 위해 노력하지는 않는다. 교사가 만든 문제들은 표준화된 문제는 아니다. 대신 개별 교사에 의해 만들어진 검사지는 오직 제한된 수의 학생들에게만 사용된다. 각 교사는 자신이 만든 검사지들을 개별적으로 점수화한다. 모든 성취 검사들은 검사를 실시한 학생들의 학습과 밀접하게 관련되어 있는 것이 가장 이상적이다(Dochy & McDowell, 1997). 이는 중요한 부분이다. 왜냐하면 교사가 검사하는 방식은 학생들이 학습하는 방법에 영향을 미칠 수 있기 때문이다(Airasian, 1997).

표준화 검사에는 두 가지 종류가 있다. 규준참조검사(Norm referenced test)와 준거참조검사(Criterion referenced test)이다. 규준참조검사는 한 개인의 점수와 시험을 친 모든 학생들의 검사 점수를 비교하는 것이다(Haynes & O'Brien, 2000). 표준화 검사는 점수와 내용을 표준화하기 위해 대량의 학생들에게 검사를 실시한다. 많은 학생들에게 검사를 실시한다는 것은 검사 개발자에게 규준이나 표준화된 점수를 개발한다는 의미이며, 검사 점수는 관심 있는 전체 인구 중 개개인의 수행 정도를 반영한다. 일반적으로 학생들과 교사들, 행정가들과 학부모들은 그들 학교의 검사 점수가 전국 표준과 비교하여 어느 정도의 수준인지에 관심이 있다. 규준은 대체로 국가적인 샘플에 기초하고 있으나 반드시 그렇지만은 않다. 때때로 그들은 주(州) 전체 학력 평가와 같이 주(州)의 검사 점수들에 기초하거나, 학교, 심지어 학급 단위에 기초를 두기도 한다. 표준화된 샘플이 누구를 기준으로 구성되었는지를 아는 것이 중요하다.

준거참조검사들은 다른 학생의 수행과 비교하는 것이 아니라 그 학생이 알아야만 하는 것에 대한 수행 정도를 평가한다(Haynes & O'Brien, 2000). 예를 들면, 교사들은 수학의 분수계산 시험을 통해 한 학생이 다른 학생과 비교하여 얼마나 잘하는지를 알고 싶어 한다. 하지만 학생이 무엇을 이해하고 무엇을 이해하지 못했는지의 수준을 정확히 파악하는 것도 중요하다. 준거참조검사들은 규준참조검사들과 다르게 개발된다. 이 검사의 목표는 단순히 학생들의 성적을 서로서로 비교하는 것이 아니다. 대신 주어진 교육과정을 통해 알게 된 지식에 대한 학생의 이해 정도를 비교하는 것에 강조를 두고 있다. 어떤 검사도구의 경우 규준참조와 준거참조에 대한 모든 정보를 점수 결과표로 제공하기도 한다.

영재를 판별하기 위한 검사들은 일반적으로 준거참조검사보다 규준참조검사를 사용한다. 영재판별의 목적은 학생들을 점수로 순위 매겨 영재로 불릴 수 있는 학생들의 비율을 찾아내는 것이다. 아이러니하게도 장기적으로 볼 때 교육적으로 더욱 유용한 것은 준거참조검사이다. 왜냐하면, 학생들이 무엇을 알고 있는지 모르고 있는지 혹은 학생들이 무엇을 하고 있는지 하고 있지 않은지에 대해 검사자에게 보다 잘 알려주는 검사도구가 준거참조검사이기 때문이다. 영재를 판별하기 위한 전통적인 지금의 방법에 대한 대안은 학생들이 가지고 있는 지식이나 기술로 판별하는 것으로, 영재학생들은 보다 심화되고 복잡한 지식이나 기술을 가지고 있을 것이다. 이 방법은 임의적인 비율에 맞추어 학생들을 영재로 판별하지 않아도 되고, 그들이 관심 있는 지식과 기술로 판별할 수 있게 한다.

최대능력 수행검사와 대표적 행동수행검사 간에는 차이가 있다. 최대능력 수행검사는 최적의 상황에서 최고의 수행 정도를 측정하는 것을 말한다. 대표적 행동수행검사는 평상시 일상생활에서 얼마나 잘 수행하는지를 평가한다. 학생들이 치르는 표준화 검사의 대부분은 최고의 수행을 끌어내도록 구성되어 있다. 이 검사에서 학생들은 그들이 할 수 있는 한 최대한 빨리 열심히 임해야 한다. 제한된 시간동안 학생들은 꽤 어려운 문제들을 마쳐야 한다. 다시 말해 그들은 최선을 다해서 최대한 빨리 검사를 마쳐야 한다. 예를 들어 학생들에게 어려운 수학문제를 풀거나 문장을 읽게 한 다음 그 문장에 관한 도전적인 문제들에 답하게 하는 것이다.

최대능력 수행검사를 방해하는 몇몇 요소들이 있다. 예를 들어 학생이 감기에 걸렸거나 시험 장소가 산만한 경우를 들 수 있다. 어떤 학생들은 단순히 자신의 최고 수준까지 보여주는 것에 그다지 흥미가 없을 수도 있다. 그 시험이 중요하지 않다고 생각하거나 그다지 가치가 없다고 생각할 수도 있다.

최대능력 수행검사는 학생들의 평소 수행 정도에 대한 아주 좋은 예언지는 아니지만, 그 반대도 아니다. 어떤 학생들은 잘해야겠다고 마음을 먹으면 실제로 더 잘하기도 한다. 그러나 이 학생들도 숙제와 같은 일반적인 학교 과제에서는 많은 열정을 쏟지도 않고 그렇게 잘하지 못하기도 한다. 어떤 학생들은 최대능력 수행검사에서는 잘 못하지만 학교에서 요구하는 다른 모든 과제들에 최선을 다하기도 한다. 그 결과, 그들은 최대능력 수행검사에서 뛰어난 학생들보다 평소 학교 성적이 더 좋을 수 있다.

영재 판별을 위해 최대능력 수행검사를 사용하는지, 대표적 행동수행검사를 사용하는지를 물어보아야 한다. 대표적 행동수행검사의 단점은 실제 능력을 위장하기 쉽다는 것이다. 장점은 학생들이 보다 전형적인 상황에서 어떻게 행동하는지를 잘 알 수 있게 해 준다는 점이다. 학생들은 항상 최고 수준의 수행을 보여주지는 않는다. 실제로 그들은 짧은 시간동안만 최고 수준의 수행을 보여주고 있다. 따라서 일상생활에서 사람들이 어떻게 기능하는지를 이해하기 위해서는 대표적 행동수행검사와 함께 최대능력 수행검사를 부가적으로 실시하는 것이 좋은 방법이다.

표준화 검사들의 유형

표준화 검사들의 예로는 읽기 검사, 수학 검사, 일반 능력 검사, 일반 성취도 검사, 직업 선호 검사 등이 있다. 중요한 것은 특정 표준화 검사가 그것이 사용되는 곳의 목적에 가장 적절한 검사인가이다. 예를 들면, 독해력 검사는 고등학교 학생들의 진로 지도에 도움을 주는 매우 적절한 검사는 아니다. 상황과 목적에 따라 적절히 학생들에게 적용할 수 있는 표준화 검사들에는 어떤 것들이 있는지 검사의 유형을 살펴보자.

지능검사들

전통적인 지능검사는 1900년대 초에 프랑스 학자인 알프레드 비네에 의해 학교에서 단순히 행동에 문제가 있어 특수교육이 필요한 학생들을 구별하기 위해 개발되었다(비네에 대해 보다 자세한 설명은 Jarvin & Sternberg, 2002 참고). 비네 검사는 이 목적을 달성하는 데에 매우 성공적이었다. 이 검사는 다른 많은 지능검사들과 함께 아직도 사용되고 있다.

오늘날에는 개별검사, 집단검사와 같은 두 가지 유형의 기본 지능검사들이 있다(Gregory, 2000). 비네 검사처럼 지능검사들은 학생들에게 특수교육을 제공하여야 할지를 결정하기 위한 진단 도구로 사용된다. 지능검사는 또한 학생들이 학교에서 어떤 성취를 보일지 알기 위한 예측 도구로도 사용된다.

개별검사   스탠포드－비네 검사(DiStefano & Dombrowski, 2006; Roid, 2003)는 비네 지능검사(Binet & Simon, 1905, 1916)의 현대 버전이다. 이 검사는 비네의 개념

에 따라 2세부터 90세 이상 성인의 지능을 측정하는 데에 사용된다. 10개의 하위
검사로 구성된 이 검사는 개별적으로 실시되며 훈련된 심리학자에 의해 실시되어
야 한다. 최근 버전에 의하면 이 검사는 전체 IQ 점수와 언어·비언어 IQ점수를
제공하며 다음의 5개 요인 점수를 제공한다. 유동적 논리력, 언어와 비언어 IQ,
수리 논리력, 시각-공간적 전달체계와 작업기억이다. 각 요소들은 언어와 비언
어 하위검사로 모두 측정된다.

비슷한 종류의 검사로는 데이비드 웩슬러가 만든 검사가 있다(Matarazzo,
1992; Wechsler, 1939, 1974/1991, 1967/2002, 2003). 웩슬러는 단일한 척도를 개
발하기보다 나이별 척도를 만들고 다른 나이대의 평가를 위해 서로 다르지만 연
관된 척도를 사용하였다. 나이에 따라 다른 이름을 지닌 이 척도들은 웩슬러 성
인지능검사(Wechsler Adult Intelligence Scale, WAIS-IV), 웩슬러 아동지능검사
(Wechsler Intelligence Scale for Children, WISC-IV), 웩슬러 유아지능검사(Wechsler
Preschool and Primary Scale of Intelligence, WPPSI-III)이다. 웩슬러 검사는 전체
점수와 함께 언어와 수행 점수 각각을 산출하고 있다.

또 다른 종류의 개별 지능검사들로는 생물학적 지능에 바탕을 두고 만들어
진 카우프만과 카우프만 검사 제2판(Kaufman & Kaufman, 2004; Kaufman,
Lichtenberger, Fletcher-Janzen, & Kaufman, 2005), 카우프만 아동지능검사
(Kaufman Assessment Battery for Children, K-ABC II)가 있다(Luria, 196). 카우프
만 간편지능검사(Kaufman Brief Intelligence Test, K-BIT)는 축약된 척도로 지능
을 측정할 목적으로 만들어진 간편지능검사이다. 또 다른 검사로는 차별화된 능
력검사(Differential Abilities Scales)로 검사자가 원하는 검사를 선택할 수 있도록
많은 수의 하위 검사들을 제공하고 있다. 개별지능검사의 혁신적인 종류는 루벤
퍼어스테인(Reuven Feuerstein, 1979)의 학습 잠재력 평가 검사(Learning Potential
Assessment Device, LPAD)가 있다. 이 검사는 아동의 잠재력뿐만 아니라 최적의
발달수준까지도 측정하고 있다(Vygotsky, 1978). 즉, 잘 계획된 학습을 통해 아동
의 능력이 최대한 계발될 수 있도록 잠재력과 발휘된 능력 간의 차이를 측정하는
것이다.

집단검사 때로는 개별 학생들에게 검사를 실시하는 것이 실용적이지 않다. 이런

경우, 학교는 집단 지능검사를 실시한다. 집단검사는 대체적으로 한두 시간 내에 지능을 측정할 수 있도록 지필시험으로 이루어진다. 개별검사와는 달리 이 검사는 실시하는 데 전문적인 훈련을 마친 검사자가 필요 없다. 검사자의 주 역할은 지시사항을 읽고 시간을 정확히 엄수하게 하는 것이다. 이런 검사들은 실시할 때 훈련된 심리학자를 필요로 하지 않기 때문에 보다 빨리 실시할 수 있고 비용이 덜 든다. 그러나 개별검사의 결과들이 이보다 정확하다. 어떤 주에서는 집단지능검사의 사용을 제한하고 있다. 그 예로 캘리포니아 주에서는 학교에서 집단지능검사의 사용을 허용하지 않고 있다. 일반적으로 학교에서는 집단지능검사가 덜 사용되는 경향이 있다.

집단지능검사는 일반적으로 두 종류가 있다. 첫 번째는 옴니버스 검사로, 다양한 검사 항목들이 섞여 있다. 예를 들어, 단어 시험 다음에 바로 시리즈의 완성 문제(series-completion item)가 따라 올 수 있다. 옴니버스 검사의 예는 오티스 레논 학업성취도 검사(Otis-Lennon School Ability Test, OLSAT 8)와 헨몬-넬슨 정신능력검사(Henmon-Nelson Test of Mental Abilities)가 있다. 두 번째 종류의 검사는 부분이나 하위 요소들로 구성되는데 각 부분은 기본적으로 시간을 나누어 실시한다. 각 부분의 항목들은 다른 검사들과 같다(예 : 단어 등). 인지능력검사(Cognitive Abilities Test, CogAT Form 6)를 예로 들어보면 언어, 수리력, 도형의 하위 검사들로 구성되어 있다.

지능검사 점수

지능검사의 결과를 해석하는 데 사용되는 점수들은 무엇인가? 다음의 두 가지 가능성을 논의해보자.

첫 번째는 연령이다. 비네는 아동의 정신연령(Mental Age, MA)을 같은 신체연령(Chronological age, CA)을 가진 보통의 아이들과 비교하여 지능을 평가할 수 있다고 보았다. 예를 들면, 지능검사 결과 10세 보통 아동들의 지능이 나오면 그 아동의 정신연령은 10세라고 할 수 있다. 서로 다른 신체연령을 가진 사람이라 할지라도 모두 같은 정신 연령을 가질 수 있다. 8세 아동, 10세 아동, 12세 아동 모두 지능검사에서 같은 점수를 가지고 있다고 가정해보자. 그들은 서로 다른 신체연령과 실제 연령을 가지고 있지만, 그들의 정신연령은 모두 같은 나이다.

정신연령의 개념에는 몇 가지 문제점이 있다. 첫째, 신체연령은 한 사람의 생애 동안 계속 증가하지만 정신연령은 그렇지 않다. 일반적으로 사람의 정신연령은 16세 정도까지 지속적으로 꾸준히 성장하다가, 이후에는 성장 속도를 멈추고 매우 천천히 증가하기 시작한다. 나이가 들면서 정신연령은 대체로 하락하기 시작한다. 이러한 하락은 대체적으로 급진적 추상적 사고와 가역적 추상적 사고 검사 점수가 하락하기 때문이다. 이러한 사실들은 신체연령에 대한 정신연령의 비율이 아이들과 어른들이 서로 다르다는 것을 말해주고 있다. 이는 또한 다양한 나이대의 어른들에게도 다르게 나타날 수 있음을 말하고 있다. 예를 들어, 평균 나이 40세인 성인들의 정신연령은 40세가 아니라 16세 혹은 17세 정도에 있을 수 있다는 것이다. 비록 채점을 할 때 이러한 사실에 맞추어 몇몇 보완들이 이루어지긴 했지만, 완전히 만족스럽게 이 문제가 해결되지는 않고 있다.

둘째, 정신연령은 끝없는 지적 발달을 내포하고 있지만 실제로 지적 발달은 전체적으로 계속해서 일어나는 것이 아니다. 지적인 발달이 어떤 단계에서 일어나든, 특정한 나이에 특정 영역의 지식 획득과 관련이 있든 상관없이 정신 발달의 적합성과 시작이 정신연령의 구성에 반영되지 않다는 것이다.

독일 심리학자인 윌리엄 스턴(William Stern, 1912)은 정신연령은 서로 다른 나이의 사람들과 점수를 비교한다는 것이 어렵기 때문에 문제 있는 측정이라고 하였다. 8살과 12살 아동이 검사를 치른 후 둘 다 10세의 정신연령이 나왔는데 우리는 그들을 어떻게 비교할 수 있는가? 이런 어려움을 다루기 위해 스턴은 정신연령(MA)을 신체연령(CA)으로 나눈 다음 100을 곱해 지능지수(Intelligence quotient, IQ)라는 수치로 제시하였다. CA에 대한 MA의 비율을 사용하여 IQ가 나오기 때문에, 이런 방법으로 계산된 IQ는 종종 비율 IQ로 설명되기도 한다.

$$\text{비율 IQ} = (MA/CA) \times 100$$

비율 IQ는 오늘날 거의 사용하지 않는다. 왜냐하면 정신 연령 구성체에 대한 계산 결과 매우 낮은 관련성이 있다는 것을 발견했기 때문이다.

그러므로, 오늘날 사람들은 IQ를 계산할 때 일반적으로 IQ 점수의 편차라고 불리는 두 번째 방법을 주로 사용한다. 편차 IQ는 한 사람의 점수가 같은 또래 다른 사람의 점수와 비교하여 얼마나 높은지에 따라 계산되는 것이다. 비율이나 편차의 평균 점수는 100이다. 100 이하의 점수들은 '평균 이하'이고, 100 이상의 점수는 '평균 이상'이다. 보통의 통계 계산법을 사용하면 가능한 모든 IQ 점수의 삼분의 이는 IQ 85에서 115점 사이에 있게 된다. 그리고 20명의 점수 중 19명은 대체로 70에서 139사이에 있게 된다. 이 장 끝에서 IQ의 편차에 대해 보다 자세히 설명할 것이다.

적성과 흥미검사

적성검사는 특정 영역에서 노력에 대한 개인의 성공을 예측해주도록 오래 전에 개발되었다. 예를 들면, 음악, 작문, 읽기와 같은 영역들이다. 적성검사 중 가장 널리 사용되고 있는 것은 변별적성검사(Differential Aptitude Tests, Bennett, Seashore, & Wesman, 1990)이다. 이 검사는 언어 논리력, 수리적 능력, 추상적 사고력, 작업 속도와 정확성, 역학적 추리, 공간 능력, 철자, 언어 사용과 같은 적성을 측정하기 위해 만들어졌다. 이런 검사들은 학생들의 교육과정과 직업 진로를 설정할 때 도움이 된다.

직업 선택이나 직업 배치와 같은 보다 세분화된 목적들을 위해 고안된 특수 적성검사들이 있다. 베넷 기계이해검사(Bennett Mechanical Comprehension Test, BMCT)와 시쇼어 음악 적성검사(Seashore Tests of Musical Aptitudes, Seashore, 1960) 같은 것들이다. 예를 들어 예술고등학교 음악 가창 프로그램의 입학 절차 중 한 과정으로 시쇼어 음악 적성검사를 실시할 수 있다.

상담 교사와 일반 교사들은 학생들의 진로지도 시에 적성검사뿐 아니라 스토롱 직업흥미검사(Strong Vocational Interest Inventory)와 같은 직업흥미검사를 실시하도록 권유하고 있다. 이러한 검사들은 학생들의 직업적 흥미가 어디에 있는지를 결정하는 데 도움을 준다. 하지만 이 검사들은 직업을 위한 능력의 정도를 나타내는 것은 아니다. 교사는 학생들에게 흥미검사와 적성검사 모두를 실시하고 있다. 여기에 언급된 다른 검사들과 달리, 흥미검사는 최상의 수행보다는 보통의 수행을 측정하도록 고안되었다. 흥미검사는 학생들이 평소에 어떻게 생각하고 행동하는지를 기술하고 행하도록 한다. 예를 들어, 학생들은 "나는 다른 사람들과 함께 일하는 것을 좋아한다."와 "나는 여행하기를 좋아한다."와 같은 문장에 답하여야 한다. 이런 문장들에 높은 평점을 받은 학생들은 여행사 직원이나, 관광 가이드, 과학 현장 연구자 등이 되도록 안내된다. 즉 학생의 흥미, 기술, 능력에 기반하여 직업을 추천한다.

성취도 검사

성취도 검사는 한 분야 혹은 다양한 분야에서의 노력에 대한 성취도를 측정한다. 독해력, 수학, 사회, 과학 등의 분야가 가능하다(Cohen & Swerdlik, 2001 ; Gregory, 2000). 가장 널리 실시되는 다섯 가지의 성취도 검사로는 아이오와 기본 기술 검사(Iowa Test of Basic Skills), SRA 성취도 시리즈(SRA Achievement Series), 캘리포니아 성취도 검사(The California Achievement Test), 메트로폴리탄 성취도 검사(the Metropolitan Achievement Test), 그리고 스탠포드 성취도 검사(the Stanford Achievement Test)가 있다.

　이런 모든 검사들은 다양한 학문 분야에서의 성취도를 측정하고 있다. 예를 들어, 캘리포니아 성취도 검사를 살펴보면, 여기에서는 단어, 독해, 언어 역학, 언어 표현력, 수리 계산, 수학적 개념과 적용, 철자법, 학습 기술, 과학, 그리고 사회과학에서의 성취를 측정하고 있다. 이러한 검사들은 초등과 중학교의 다양한 학년에 모두 사용될 수 있다.

　학문적성검사(SAT)와 같은 검사들은 기본적으로 적성검사로 구분된다[SAT는 학문적성검사(Scholastic Aptitude Test)의 준말이다]. 하지만 오늘날 이 검사는 성취도 검사에 더 가까운 것으로 간주되고 있다. 여기에는 두 종류의 SAT 검사가 있다. SAT-I은 대학에서 중요한 기본 기술들을 측정한다. 이 검사는 언어와 수학 영역으로 구성되어 있다. SAT-II는 수학, 생물, 외국어와 같은 특정 영역의 내용들을 측정하고 있다.

　오랜 기간을 거쳐 SAT는 많은 변화들을 겪어 왔다. 그 예로 1941년에 만들어진 규준척도에 기초하여 이 검사는 1995년까지 만들었다. 평균을 500에 두고 표준편차는 언어, 수학 각각 100이었다. 점수는 규준 샘플에 맞추어 측정되었다. 그러나 날이 지날수록 SAT를 치는 학생들의 특성이 바뀌었다. 아주 다양한 배경의 학생들이 이 시험을 치고 있었다. 해가 지날수록 높은 점수를 받는 수의 학생들은 감소되고, 낮은 점수를 받는 학생들이 늘어나고 있다. 그 결과 점수들은 한쪽으로 편중되었다. 낮은 쪽 끝의 점수가 지배적으로 많다. 이런 이유로, 1995년 봄에 척도는 재조정되어, 그 달에 시험을 친 학생들의 샘플로 평균 500, 표준 분산 100의 새로운 규준의 기초를 마련하였다. 물론, 예전 점수들은 새로운 점수로 변환될 수 있고, 새로운 점수는 예전 점수로 변환될 수 있다.

2005년 초에 SAT-I은 새로운 유형을 만들었고 이 새로운 유형은 '새 SAT'로 불렸다(www.collegeboard.com/newsat/index.html, 2009년 9월 13일 검색). SAT를 만드는 곳인 칼리지보드는 이 검사의 목적에 대해 현재 고등학교와 대학의 교육과정을 보다 밀접하게 연계하는 것이라고 한다. 이러한 변화는 이 검사가 척도의 점수화가 아닌 내용을 반영한다는 것을 의미한다. 여기서는 새로운 작문이 생성되었는데, 이는 다른 두 과목에서 갖게 되는 200점에서 800점의 척도와는 별개로 점수를 매기고 있다. 또한 에세이와 오지선다형 문법 문제, 사용법 문제도 포함되어 있다. 이 모든 점수들을 합한 '만점'은 1600에서 2400점으로 증가되었다. 이전에 언어 검사로 불리었던 과목은 비판적 읽기 검사로 불리게 되었다. 여기에는 단문과 장문의 보기들이 주어진다. 새로운 수리력 과목에서는 보다 어려운 수학적 문제가 출제되고 있는데 대수학 2까지 나온다. 유추와 질적인 비교는 언어와 수리과목에서 분리되었다.

검사의 질 평가

대부분의 표준화 검사는 학교가 속한 교육청과 주에서 필수적으로 학생들에게 실시한다. 전국적으로 실시하는 표준화 검사를 반드시 치러야 할 때도 있다. 이런 경우 교사들은 어떤 시험을 치르는지, 모든 학생이 그 검사를 실시해야 하는지에 대한 발언권이 거의 없다. 하지만 때로 교사들과 행정가들은 학생들이 치르는 표준화 시험을 선택할 수 있는 기회를 가지기도 한다. 그들이 필요한 검사의 유형을 정하고 표준화 검사를 선택해야 하는 경우 가능한 다양한 검사의 질을 결정해야만 한다. 교사와 행정가들은 어떻게 고품질의 검사를 선택할 수 있는가?

표준화 검사의 질을 평가하기 위해서는 공정한 절차를 거쳐야 한다. 이는 학교 심리학자나 평가에 전문성을 지닌 사람들만이 할 수 있는 일이다. 이런 전문가들은 다양한 방법으로 검사를 평가한다. 예를 들면, 그들은 그 검사가 예측하려고 하는 것을 제대로 예측하고 있는지 살펴본다. 그들은 또한 그 검사가 시험을 치를 학생들에게 적절한지도 살펴본다. 그 검사의 적합성을 평가하기 위해, 전문가들은 시험 결과가 적용될 집단을 이해해야만 한다. 또한 그들은 그 검사의 규준이 된 모집단의 샘플들과 구성원들도 살펴보아야 한다.

모집단과 샘플들

좋은 검사가 되기 위해서는 표준화에 사용된 샘플이 관심 있는 모집단과 일치하여야 한다. 모집단은 결과가 일반화될 개인들의 완성체이다(Rosnow & Rosenthal, 1999). 예를 들어, 3학년을 검사하는 구성 요소들로 이루어진 상상 위즈-뱅(Whiz-Bang) 지능검사를 생각해보자. 이 결과를 일반화하기 위한 모집단은 모든 3학년 학생을 말하는가? 이 집단에 대해 조심스럽게 생각하는 것이 중요하다. 모든 3학년이란 말은 그 학교, 혹은 교육청 관내, 주 전체 혹은 전국, 아니면 전 세계의 모든 3학년 학생들을 일컫는 말인가? 결과를 어떻게 해석하느냐에 따라 차이가 있다. 각 나라마다 학생들에게 가지는 교육적 기대는 매우 다양하며 심지어 3학년 학생들의 나이가 다르기도 하다.

각 주 교육부에서 그 주의 아동들을 위한 검사를 구성할 때, 일반적으로 자신의 주에 있는 학생들만을 일반화하는 데에 관심이 있다. 이때 검사의 목적은 그 주에서 배우고 있는 학생들을 이해하는 것이다. 대체로 그들은 다른 주에 있는 학생과 학교를 비교하고 싶어 한다. 검사지를 만드는 사람이 표준화 검사를 만들 때, 출판업자는 보통 국가 간 비교를 염두에 둔다. 만약 그 검사가 다른 나라에서 사용된다면, 모집단도 바뀔 것이다. 대체로 한 나라에 맞춘 표준화는 다른 나라에 그대로 적용할 수 없다.

샘플은 모집단의 부분집합이다. 검사를 만드는 사람이 관심 있는 모집단의 모든 구성원들에게 사신들의 검사지를 실시할 수는 없다. 예를 들어 전국의 모든 3학년을 대상으로 하는 검사지를 실시해볼 수는 없다는 말이다. 따라서 검사 개발자들은 샘플이나 모집단의 일부에게 검사를 실시하는 것으로 만족하여야 한다.

미국의 3학년 학생들을 위한 위즈-뱅 검사지를 표준화하기를 원하는 검사 개발자를 생각해보자. 두 가지 방식으로 표집을 구성할 수 있다. 첫째, 무선적 표집인데, 모집단의 모든 구성원들은 표집으로 뽑힐 똑같은 기회를 가지고 있다. 따라서 위즈-뱅 검사를 위해서는 전국의 어떤 3학년 학생이라도 표준화를 위한 작업에 똑같은 기회로 참여할 수 있는 무선표집의 기회를 갖게 된다. 하지만 이 표집 방법은 실용적이지 않다. 검사 개발자들은 진정한 의미의 무선 표집이라 할 수 있는 전국의 모든 3학년 학생들에게 완전하게 동등한 접근을 실시하고 있지는 않다.

샘플링의 두 번째 종류는 계층화된 무선 표집이라고 하는데, 검사 개발자들이 검사를 실시하려는 집단의 사람들이 받을 점수와 관련된 특성에 비례하여 표집을 하는 것이다. 이 표집은 각각의 특정한 집단 내에서 무선적으로 일어난다(Rosnow & Rosenthal, 1999). 위즈-뱅 검사 개발자가 표집을 계층화하는 데 고려한 특성들은 무엇이 있을까? 그중 하나는 성별이다. 모집단은 대략적으로 남학생이 반이고 그 나머지 반은 여학생일 것이므로, 표집을 구성할 때는 남학생과 여학생의 비율을 반영하려고 할 것이다. 두 번째 고려할 특성은 민족 집단이다. 검사 개발자는 다양한 민족집단의 구성원들을 샘플링하기를 원할 것이다. 샘플링은 전국의 3학년 모집단에서 나타나는 민족집단의 비율을 고려해야 한다. 세 번째 특성은 지역사회의 유형으로, 도시, 준도시, 농촌과 같은 것을 말한다. 네 번째 특성은 사회경제적 수준이다. 이것의 목적은 검사 개발자들이 일반화하기를 원하는 모집단의 구성비율을 적절히 반영하여 표집을 구성하는 것이다.

모집단이 가지고 있는 관련 특성들을 조화롭게 가지고 있는 표집을 대표 표집이라고 부른다. 대표 표집은 전체 모집단에 관련된 특성들의 분포를 고려한 것이다. 검사 개발자들은 항상 완벽하게 대표하는 표집을 할 수는 없지만, 일반적으로 그들의 표집을 비율에 맞게 계층화하려고 한다.

만약 검사의 모집단과 표집화가 적절하다면, 교사와 행정가들은 검사도구의 질에 대한 2개의 중요한 측정인 신뢰도와 타당도를 평가해야 한다.

신뢰도

신뢰도는 검사 결과가 일관성 있게 나오는 것을 말한다(Anastasi & Urbina, 1997; Cool & Beckman, 2006; Fekken, 2000; Johnson & Christensen, 2007; Megargee, 2000). 예를 들어 조레인 존슨의 학생인 죠가 위즈-뱅 검사를 반복적으로 치른다고 가정해보자. 그 학생의 능력이 일정하게 유지된다고 가정한다면 그는 정확하게 같은 점수를 계속 보일 것이며 조레인은 검사 측정이 매우 신뢰할 만하다고 결론 내릴 수 있을 것이다. 그러나 만약 학생의 점수가 시험을 치를 때마다 달라진다면 조레인은 이 검사 측정을 신뢰할 수 없다고 결론 내릴 것이다. 신뢰도는 일반적으로 0에서 1의 범주로 표현된다. 0에 가까운 숫자는 낮은 신뢰도를 뜻하며, 1에 가까운 숫자는 높은 신뢰도를 뜻한다.

신뢰도를 측정하는 방법에는 여러 가지가 있다. 이러한 방법들은 일관성에서 다소 다른 측면들을 보이고 있다(Gliner & Morgan, 2000). 예를 들어, 검사 개발자들은 검사-재검사 신뢰도를 보기 위해 같은 학생들에게 같은 검사를 한 번 이상 실시한다. 검사 개발자들은 또한 같은 검사를 두서너 개의 서로 다른 버전으로 측정하는 동형 검사 신뢰도를 실시하여 서로 간에 일관성이 있는지를 알아보기도 한다. 이를 위해 학생들에게 다른 버전의 검사를 실시한 다음, 각 버전의 결과를 비교한다.

신뢰도를 계산하는 또 다른 방법은 검사의 한 부분을 검사의 다른 부분의 결과와 비교하는 것이다. 이러한 내적 일치도 신뢰도는 반분 신뢰도에 의해 결정되는데 이는 검사문항을 반으로 나눈 다음 이 둘을 서로 비교해보는 것이다. 마지막으로 학생들의 주관적 판단이 필요한 에세이 검사와 같은 검사를 생각해보자. 검사 개발자는 내적 평정자 신뢰도를 위해, 에세이와 같은 내용에 대해 둘 이상의 평가자들이 같은 방법으로 점수를 매기게 하여, 그 결과를 비교한다.

표준화 검사의 신뢰도는 평가된 방법에 따라 다양하지만 대체로 높다고 할 수 있다. 연구자들은 개인의 평가에 사용되는 표준화 검사가 반분 신뢰도에서 .95 이상을 나타내거나, 검사-재검사 신뢰도에서 .90보다 높거나 동형 검사 신뢰도에서 .85이상을 보여야 된다고 하고 있다. 표준화 검사들은 검사-재검사 신뢰도와 동형 검사 신뢰도보다 반분 신뢰도와 같은 내적 일치도를 보는 신뢰도에 좀 더 다양성을 보이고 있다. 하위 세부 검사들로 이루어진 표준화 검사는 전체적으로 검사에 대한 높은 반분 신뢰도를 가지고 있지만 모든 하위 검사들이 반드시 그런 것은 아니다.

평균적으로 긴 검사들을 짧은 검사들보다 신뢰할 수 있는데, 그 이유는 항목이 많을수록 일반적으로 측정하고자 하는 구성 요소나 특성에 대한 개인의 점수를 보다 잘 측정하기 때문이다. 극단적인 예를 하나 들자면, 5문항으로 구성된 검사지로 과학 성취도를 평가한다고 가정해보자. 이 5문항 검사를 여러 다른 형태들로 실시하였을 때 일관성이 있으리라고는 거의 기대하지 않을 것이다. 적절한 측정을 하기에는 너무 짧기 때문이다. 만약 이 중 한 문항이 측정 오차에 쉽게 노출되는 나쁜 문항이라면, 신뢰도에 결정적인 영향을 미칠 것이다. 한편, 500개의 문항을 가진 검사는 오차들을 생각하지 않아도 될 만큼의 측정 오차를 보여 준다. 따라서 보다 공정하고 일관된 과학지식을 측정할 수 있을 것이다. 왜냐하면, 하나의 나쁜 항목이 있다 하더라도 거의 영향을 미치지 않을 것이기 때문이다.

개인들과 관련하여 측정되는 변인들 또한 신뢰도에 양향을 미친다. 측정된 구성체가 다양한 사람들로부터 나온 검사 결과일 경우, 적은 수의 사람들로부터 나온 검사 결과보다 더욱 신뢰할 수 있을 것이다. 극단적 예로 당신이 검사하고자 하는 모든 사람들이 거의 같은 수준의 성취를 보이고 있다고 가정해보자. 그들을 일관성 있게 구별하는 검사를 개발하는 것은 매우 어렵다. 왜냐하면 그들은 거의 다르지 않기 때문이다. 예를 들어 168cm에서 170cm 사이에 있는 사람들의 키의 차이를 일관성 있게 측정해보자. 이런 좁은 범위 내의 사람들을 구별하는 것은 어렵다. 하지만 150cm에서 180cm의 키를 비교하는 것과 유사하게, 다양한 능력과 성취를 가진 사람들을 일관적으로 구별하는 검사를 구성하는 것은 어렵지 않다.

타당도

타당도는 추구하는 목적에 맞게 제대로 측정을 하고 있는지의 여부를 말한다(Anastasi & Urbina, 1997; Cook & Beckman, 2006; Krueger & Kling, 2000; Megargee, 2000). 타당도에는 몇 가지 종류가 있다. 이 중 특히 교수 학습에 중요한 세 가지를 알아보자.

예언 타당도   예언 타당도는 검사를 하고 난 후 나타날 수행 정도를 검사도구가 얼마나 예측할 수 있는지를 말한다(Gliner & Morgan, 2000). 이런 예언이 만들어지면, 검사는 예언도구로 간주된다. 예언자는 미래의 결과를 예언하는 일을 한다. 예언되는 결과는 척도라고 부른다. 예를 들어, 지능검사는 이후 학교에서의 성취를 예언하는 것으로 사용된다. 읽기를 위한 준비도 검사는 아이가 얼마나 잘 읽을 수 있게 될지에 대한 예언으로 사용된다. 학교 성취도와 읽기 능력은 이러한 두 보기들에서 예언되어지는 척도이다.

예언 타당도는 상관관계 계수를 이용하여 기술된다. 상관들은 −1(완전한 부적 관계)에서 0(무관계)에서 1(완전한 정적 관계)의 범위를 가지고 있다. 완벽한 예언 검사는 척도와 관련하여 예언 타당도 1(혹은 −1)을 가지고 있다. 예를 들면, 당신이 성적과 같은 학교 성취도를 정확하게 예언하는 완벽하고 타당한 검사를 척도로 가지고 있다고 가정해보자. 당신은 각 학생들이 달성할 성적들을 매우 정확하게 예언할 수 있을 것이다. 이때 상관관계 계수는 1이다. 물론, 이런 검사는 실제로 존재하지 않는다. 측정에서 예언 가치가 전혀 없는 검사는 척도와 관련해 0의 예언 타당도를 가지고 있다고 볼 수 있다. 이런 경우, 검사 점수를 알아도 학생이 어떤 학점을 성취할지에 대해 절대적으로 아무런 정보도 제공하지 못한다. 검사에서 제일 높은 점수가 척도에서 완벽하게 낮은 점수를 예측하고 있다면 예언 타당도는 −1이 된다. 즉, 특정 검사에서 최고득점은 그 학급에서 최저점수를 받을 것이라는 것을 정확하게 예언하는 것이다.

현실적으로, 모든 예언 타당도는 0보다는 크지만 1보다는 적다. 좋은 타당도 계수를 구성한다는 것은 대체적으로 주관적 판단을 측정한다는 말이다. 0보다 의미 있게 크다는 것은 어떤 수준의 예언을 하고 있다는 말이다. 전형적인 능력검사들은 주로 .3에서 .6의 타당도 계수를 가지고 학교 성적을 예언하지만, 대부분의 검사들은 이 범위 외에 분포한다.

한 검사와 다른 검사 간의 검사 기간이 짧을수록 두 검사 간에 상관이 있을 가능성은 더 높아진다. 예를 들어, 4학년 학생의 성취는 11학년 학생의 성취에 대한 예언보다는 5학년 학생의 성취를 더 잘 예언할 수 있다.

예언 타당도는 가장 높은 점수와 가장 낮은 점수 간의 범위 제한이 있을 경우 낮아진다. 경쟁률이 높은 대학에 지원하는 학생의 경우를 생각해보자. 만약 학생이 그 학교에 입학하기 위해 2000점 이상의 SAT 점수를 받아야 한다면, 입학하는 대부분 학생들의 SAT 점수는 매우 비슷할 것이다. 왜냐하면, SAT 점수는 2400까지밖에 나올 수 없기 때문이다. 하지만 경쟁률이 높은 대학의 학생들이라도 몇몇은 낮은 학점을 받게 된다. 이 학생들의 SAT 점수는 매우 비슷하기 때문에, SAT 점수를 가지고 어떤 학생들이 낮은 학점을 받게 될지를 예측하는 것은 어렵다. 비록 SAT 점수가 대학 1학년 때의 성적을 개략적으로 예언할지는 모르지만, 이 학교에 있는 모든 학생들과 그들의 대학교 성적을 예측할 수는 없다.

내용 타당도   내용 타당도는 검사의 내용이 그 검사가 측정하여야 하는 지식과 기술을 실제로 제대로 측정하고 있는지를 알아보는 것이다(Gliner & Morgan, 2000). 예를 들어, 도형 문제만을 가지고 고등학교 수학 성취도 검사를 하면, 이는 상대적으로 내용 타당도가 낮은 것이라 볼 수 있다. 보다 타당도 높은 검사는 대수학과 산술연산도 함께 가지고 있어야 한다. 내용 타당도는 전형적으로 전문가의 의견에 의해 판단된다. 이는 하나의 숫자로 표현되는 것이 아니라, 검사의 내용이 얼마나 적절한지에 대한 전문가들의 판단 동의 정도를 나타낸다.

내용 타당도는 반드시 학급, 학교, 학군에서 사용되는 특정 교육과정을 고려하여야만 한다. 교사들은 성취도 검사의 내용 타당도를 평가하는 중요한 역할을 한다. 그들은 그들이 가르칠 것 혹은 가르쳐야만 하는 것을 가장 잘 아는 사람들로 개발된 검사의 내용 타당도를 평가하게 된다. 그렇게 하여 그들은 이 검사가 그것을 치를 학생들과 얼마나 잘 맞는지를 생각할 것이다. 예를 들어 표현력과 창의력을 강조하는 작문 교육 과정을 실시한다고 가정해보자. 이런 경우 교사들은 철자법이나 맞춤법 같은 작문의 기계적인 기술들을 강조하지는 않는다. 만약 이 학교에서 학생을 평가하기 위해 작문 기술에 관한 사지선다형 문제로 영어 성취도 검사를 실시한다면 내용 타당도가 부족하다고 할 수 있다.

구인 타당도   지금까지 앞에서 논의되었던 모든 타당도의 종류는 구인 관련 타당성의 하위 세트이다. 구인 타당도는 때때로 구성 타당도라고도 불리는데, 이는 이 검사가 어느 정도로 완벽하고 정확하게 그것이 측정하고자 하는 이론적 구성체와 속성을 측정하는지를 말한다(Cohen & Swerdlik, 1999; Gliner & Morgan, 2000; Western & Rosenthal, 2003).

기억력에 관한 검사를 개발한다고 가정해보자. 당신의 검사는 기억의 다양한 측면을 넓고 공정하게 측정하기 위해 적절하게 구성할 것이다. 이는 당신이 알고 있는 기억 이론에 달려 있다. 어떤 이론이든 틀림없이 검사에는 다양한 기억 문항들이 사용될 것이다. 예를 들면 학생들은 단어 리스트를 회상하는 문제들을 풀어야 하거나 앞에서 제시한 단어 세트의 항목들을 인식하여야만 할 것이다. 이것의 목표는 특정 기억이 가능한 완벽하게 보존되고 있는지를 확신하도록 만드는 것이다.

일단 적절한 검사가 선택되어 학생들에게 실시되면, 교사와 상담교사, 학교 심리학자들과 같은 전문가들은 이 검사의 점수가 학생들에게 무엇을 의미하는지를 결정하는 업무에 돌입하게 된다.

검사 검수와 관련된 통계적 개념

표준화 검사를 이해하고 이러한 검사를 효율적으로 해석하기 위해서, 교사들은 반드시 이러한 검사에 깔려 있는 몇 가지 기본 통계적 개념들을 이해해야만 한다. 이런 개념들에는 빈도분포, 중앙치와 분산의 측정, 정상분포와 점수의 관계, 그리고 이 점수의 통계적 의미 등이 있다.

점수의 유형들

학생의 수행 정도를 정확히 기술하기 위해 다양한 유형의 점수들이 사용된다. 전문적 지식을 가진 교사들은 그들이 제공하는 정보에 의해 나타나는 이러한 점수들이 다른 학생들과 비교하여 어느 정도인지를 알아야 한다.

원점수

제일 처음 이해하여야 할 점수는 원점수로, 일반적으로 정확하게 답한 항목들의 개수이다.

퍼센트 점수

때로 우리는 규범적 비교를 하기 위하여 한 학생의 수행 결과를 다른 학생과 직접 비교하기를 원한다. 이러한 목적을 위해서 사용하는 점수가 퍼센트 점수이다. 퍼센트 점수는 주어진 학생과 같은 결과를 보이거나 그 이하를 보이는 학생들의 분포를 100으로 곱한 것이다.

퍼센트로 표현될 경우, 원점수와 퍼센트 점수 사이의 차이를 알아보자. 퍼센트 점수는 정확하게 대답한 검사 항목의 비율을 보여준다. 퍼센트 점수는 또한 주어진 검사에서 검사자를 다른 사람들과 비교하였을 때 상대적으로 어떠한 위치에 있는지 보여준다. 따라서 퍼센트 점수는 직접적 수행보다는 다른 학생에 대한 비교를 측정한 것이다. 이 장의 앞에서 기술한 바에 따라 표현하자면, 퍼센트 점수는 기준보다는 표준에 기초하고 있다.

진점수

발견된 점수와 진점수 간의 차이를 비교하기 위해 실용적으로 만든 점수이다 (Cohen & Swerdlik, 2001; Gregory, 2000). 발견된 점수는 검사에서 실제로 받은 점수이다. 검사 개발자는 발견된 점수와 진점수 사이를 구별해야 한다. 진점수는 그 검사에 대한 연습효과 없이 무한대의 수만큼 시험을 쳤을 때 얻게 되는 가상 점수를 말한다. 이 장의 앞에서 우리는 학생의 진정한 능력을 측정하기 위해 점수를 기술하는 여러 요소들을 이야기하였다. 학생이 감기에 걸렸거나, 시험에 열심히 하고 싶은 마음이 안 생겼을 수도 있다. 학생은 또한 자신의 진점수보다 더 높은 관찰점수를 받을 수도 있다. 예를 들어 학생이 최근에 읽은 책의 일부 문장이 독해력 검사의 문제로 출제될 수도 있기 때문이다.

진점수를 갖기 위해서는 검사를 여러 번 하면 된다. 하지만 현실에서 같은 검사를 여러 번 하게 되면 연습효과가 나타나게 된다. 연습효과들은 그 검사에 대한 경험과 특정한 문항들에 대한 친숙함을 증가시키는 결과를 가져오게 하여 전체 점수를 변화하게 한다. 진점수만 생각하려면 연습효과는 무시해야 한다.

진점수는 분명히 가상의 구성체이다. 어떤 사람도 한 검사에 대해 무한 반복하여 시험을 칠 수 없기 때문에 특정인의 진점수를 정확히 알 수는 없다. 하지만, 나타난 점수가 실제 진점수와 얼마나 유사할지를 측정하는 것은 가능하다. 점수가 나오면 그 사람이 받을 만한 점수의 범위를 나타낼 수는 있다. 교사들과 검사 개발자들은 어떤 사람의 진점수가 나올 수 있는 점수 범위를 결정하기 위해 신뢰구간의 개념을 사용한다. 신뢰구간은 발견된 점수의 범위 내에 진점수가 포함될 가능성을 말한다. 신뢰구간을 표현하기 위해 사용된 측정을 측정의 표준오차라고 한다.

자세한 논의

만약 검사 점수에 대한 정상분포를 가정한다면, 어떤 사람의 진점수가 발견된 점수의 측정에 대한 1 표준오차 내에 있을 가능성은 68%이다. 2 표준오차 내에 점수가 있을 가능성은 약 95%이다.

표준 점수

z점수라고 불리는 표준 점수는 원점수를 표준 편차 단위로 표현한 것이다. 표준 점수의 평균은 0이고, 표준 편차는 1로 정해져 있다. 만약 점수가 정상분포를 그리고 있다면, -1과 1 사이에 점수의 약 68%가 있을 것이다. 대략 검사 점수들의 95%는 -2와 2 사이에 놓일 것이다.

　표준화된 점수는 기본적으로 다른 척도에 있는 결과들을 비교할 수 있게 해주기 때문에 실용적이다. 예를 들어, 표준 점수를 사용하는 교사는 학생이 치른 검사 중 만점이 100점인 검사와 30점인 두 검사를 비교할 수 있다. 첫 번째 검사의 평균은 75점이고 두 번째 검사의 평균은 20이라고 하자. 이 둘의 점수 모두 z점수의 평균치인 z점수 0에 맞추어보자. 학생들을 위한 평균 점수를 계산하기 위해 우리는 원점수의 분포에 대한 평균과 표준 분산을 알아야 한다. 그 다음, 우리는 다음과 같이 계산한다.

　1. 학생의 원점수에서 원점수 평균을 뺀다.
　2. 1번에서 구한 원점수의 분포를 표준 편차로 나눈다.

　그렇게 되면, z점수의 공식은 다음과 같다.

$$(발견된 점수 - 평균 원점수)/표준 편차$$

　z점수는 교사들에게 원점수의 평균 상하로 얼마나 많은 표준 편차가 있는지를 말해준다. 예를 들어, 원점수가 평균보다 1 표준 편차가 크면 z점수는 1이다. 원점수가 평균보다 2 표준 편차 이하이면 z점수는 -2이다. 비록 어떤 검사가 다른 검사보다 어렵다 할지라도 두 검사의 원점수를 표준화된 점수로 변환시키면 이 두 점수들은 평균으로부터의 표준 편차라는 공통된 용어로 기술되기 때문에 비교가 가능하다.

　많은 표준화 검사는 표준 점수에 대한 변형들을 사용한다. 예를 들면, 칼리지보드에서 만드는 검사들의 대부분은 점수로 나타내고 있는데, SAT와 같은 검사는 200점에서 800점의 점수대를 가지고 있으며, 평균은 500이고 표준 편차는 100이다. z점수 0은 SAT 점수의 500점이고, z점수 1은 600점이다. 칼리지보드와 같은 점수를 변형한 것이 T점수이다. T점수는 평균을 50에 두고 표준 편차를 10으로 둔다. 불행하게도 이 두 종류의 점수들은 사용자들이 작고 중요하지 않은 차이를 의미 있는 것으로 잘못 해석하게 할 수도 있다.

또 다른 표준 점수 유형은 구간척도이다. 구간척도는 1부터 9까지의 범위를 가지고 있고, 평균은 5이며 표준 편차는 2이다. 구간척도의 장점은 상대적으로 단순하며 매우 정교한 주장을 하지 않는다는 것이다. 구간척도의 단점은 그들의 비정교성이 점수들 간 의미 있는 차이를 뚜렷하게 나타내지 못할 수 있다는 것이다. 테라노바 캘리포니아 성취도 검사는 구간척도 점수를 사용한다. z점수로부터 도출된 모든 종류의 점수들은 수학적 공식을 통해 상호변환할 수 있다.

표준화 학년 점수

성취도 검사는 주어진 검사의 표준 샘플과 비교하여 학년 수준의 성취도를 측정하는 표준화 학년 점수로 점수화할 수 있다. 3학년 2개월에 있는 학생이 수학 계산문제에서 5학년 6개월 표준 학생과 같은 점수를 받는다면 그 학생의 학년은 5학년 6개월과 같으며 이를 5~6으로 단축하여 표현한다.

교사들은 학년 수준으로 생각을 많이 하기 때문에 대체로 표준화 학년 검사를 좋아한다. 하지만 표준화 학년은 때로 잘못 이해되기도 하므로(Goodman & Hambleton, 2004) 조심스럽게 사용하여야 한다. 가능하다면 사용하지 않는 것이 좋다. 4학년 학생이 4학년 검사에서 6학년 혹은 7학년의 표준화 점수를 받았다 하더라도, 이는 4학년 학생이 6학년 혹은 7학년의 수학을 할 수 있다는 것은 아니다. 실제로 초등학생을 위한 검사 대부분은 고등학교 수학반에서 가르치고 있는 대수학, 도형, 삼각함수의 어떤 것도 다루고 있지 않지만, 같은 유형의 문제가 교육과정에 걸쳐서 나타날 수 있다. 표준화 학년은 초등학교에 있는 학생들이 초등학교 검사에서 얼마나 잘할지를 기대하게 한다. 고학년에 있는 학생들은 일반적으로 자신의 학년에 적절한 검사를 실시하고 있지만 초등학교 수준의 검사를 치르지는 않기 때문에 표준화 학년 검사는 잘못 이해될 수 있다.

표준화 검사의 이슈와 문제점

현재 검사 점수들과 관련된 문제점을 논의한 대로 표준화 검사를 사용하는 데 있는 몇 가지 잠재적 위험이 있다. 하지만 새로이 개발된 표준화 검사로 그 몇 가지 문제점을 극복할 전망이 보인다. 표준화 검사와 관련된 큰 이슈들에는 무엇이 있는가?

대부분의 과학기술과 같이 표준화 검사들은 제대로만 사용되면 교사와 학생들에게 도움이 될 수 있다. 하지만 표준화 검사들은 잘못 사용되면 해가 될 수도 있다. 예를 들어, 만일 그들이 특정 집단의 학생들을 선호하거나 특정한 문화적 배경을 지닌 학생들을 제대로 측정하지 못한다면 이는 위험한 일이다. 비록 고품질의 검사들이라도 부정한 목적으로 사용된다면 해가 된다.

검사 편중

검사 편중은 검사가 다른 사람들에게는 공정한데, 특정 집단 구성원에게는 불공정하게 작용하는 것을 말한다. 그러나 그 검사가 편중되었는지 아닌지는 편중을 어떻게 정의하는지에 달려있다(Anastasi & Urbina, 1997; Cronbach, 1990).

검사 편중을 정의하는 첫 번째 관점은 점수의 집단 간 차이가 있다면 그 검사는 편중되어 있다고 볼 수 있다. 예를 들어, 표준화된 대학입학시험에서 흑인들과 히스패닉 학생들은 재미 아시안 학생들과 백인들보다 낮은 점수를 받는다는 보도에 따라 이 시험의 적용에 대한 검토가 이루어졌다. 법정은 이러한 내용들에 대해 호의적인 규정을 가지고 있다. 하지만 이러한 법적 견해는 각 집단들은 측정하려고 하는 구성체에서 서로 다르지 않을 것이라는 잘못된 가정에 기초하고 있을 수 있다. 예를 들어, 서로 다른 민족집단은 평균 신장, 몸무게, 눈의 색깔 등 많은 부분에서 서로 차이가 있는데 어떠한 검사를 치르더라도 다르지 않을 것이라는 원칙을 가질 이유는 없다.

검사 편중을 정의할 수 있는 두 번째 관점도 어떤 검사가 다른 집단보다 특정집단을 선호한다는 전문가 집단의 판단이 있다면 그 검사는 편중되었다고 볼 수 있다. 대부분의 검사들은 성별, 소수민족, 특정 집단 구성원에 대한 편견을 가지고 있는지를 찾아보기 위해 검사 문항들을 주의 깊게 살펴본다. 하지만 때로 전문가들도 잘못 이해할 수 있다는 것이다. 예를 들어 여성을 차별하는 문항에 대해 "반드시 그런 것은 아니다."라고 전문가가 말한다면, 실제로 차별하는 문항들을 놓칠 수도 있을 것이다.

　검사 편중에 관한 보다 복잡한 세 번째 관점은 다른 집단 구성원들에 대해 특정 집단 구성원의 준거 혹은 규준을 지나치게 예측했거나 미처 예측하지 못했을 때도 편중이 나타난다는 것이다. 지나치게 예측했을 때, 검사는 학생들이 실제로 할 수 있는 것보다 더 높은 수준의 수행을 예측하게 된다. 미처 예측하지 못했을 때의 검사는 학생이 실제로 할 수 있는 수행보다 낮은 수준을 예측한다. 다른 말로 하면, 검사의 예측 타당도는 집단들마다 다양하다. 앞에서 기술했던 여학생들에게 좋은 점수가 나오던 도형 위즈－뱅 지능검사의 점수를 가정해보자. 하지만 이 검사에서 남학생들의 점수는 지속적으로 저평가되고 있다. 그러므로 이 검사는 적어도 남학생들과 대비하여 여학생들에게 선호도를 가지고 있다고 볼 수 있다. 이렇게 편향된 결과로서, 낮은 점수를 가진 소년들은 학교의 상위반이나 특별 프로그램에 들어갈 수 없게 된다. 고득점을 받는 여학생들만큼이나 남학생들도 능력이 있을 수 있음에도 불구하고 그들은 입학에 실패하게 된다.

　검사 편중의 이러한 정의에 따르면, 전형적으로 능력을 측정하는 데 가장 널리 사용되는 검사들은 통계적으로 편중되어 있지 않다(Jensen, 1998). 다른 말로 하면, 주어진 집단의 구성원들이 다양한 능력의 검사들에서 낮은 점수를 받게 되면 학교 성적과 같이 예측되어야만 하는 기준에 대해 그들의 수행점수도 일반적으로 낮게 나온다. 하지만 모든 사람들이 이 정의처럼 되는 것은 아니다. 편중되어 있는 예측검사와 마찬가지로 학교 성적처럼 기준을 설정하는 것이 가능한 검사들은 보다 큰 체제 속에서 편중을 살펴보아야 한다.

　Alfred Binet와 Theodore Simon의 연구 이후 거의 100년 동안 아동의 능력을 판별하기 위한 검사들은 상대적으로 큰 변화가 없었다(Binet & Simon, 1916). 만약 다른 과학기술이 100년 동안 거의 변하지 않는다면 사람들은 놀랄 것이다. 모스 코드에 의한 전보체계, 원시적 전화, 텔레비전도 없고 컴퓨터도 없고 필수적인 전기제품들이 없다고 상상해보라. 정말 상상하기 힘든 세상이다. 영재의 능력을 검사하는 데 있어서 우리는 그러한 세상에 살고 있는 것이다.

　새로운 개발이 이루어지지 않은 곳에 살고 있다고 말하는 것은 공정하지 않을 지도 모른다. 앞에서 말한 바처럼 Joseph Renzulli나 Howard garder 혹은 여러 학자들은 전통적인 IQ 검사가 아닌 새로운 방법으로 영재아동을 판별하기 위해 다양하고 새로운 관점들을 제시해 왔다(Sternberg & Davidson, 2005 참조). 그러나 IQ를 측정하는 데 사용된 검사들은 그다지 많이 변화하지 않았다. 그들은 여전히 Charles Spearman이 20세기 초에 제시한 일반적 능력이라 불리는 기본 구성체를 측정하고 있다(Spearman, 1927). 과거에 실시해 왔던 것보다 더 폭넓게 지능을 평가할 수 있는 새로운 검사 종류를 개발하기 위해 우리는 노력해 왔다. 이 장의 나머지는 우리 노력 중 세 가지를 기술할 것이다.

우리는 보다 다양한 양적 평가가 대학입학사정에 도움이 되는지를 살펴보는 3개의 프로젝트와 관련하여 일해 왔다. 이 프로젝트 중 첫 번째는 레인보우 프로젝트였고, 두 번째는 만화경 프로젝트, 세 번째는 오로라 프로젝트이다. 우리의 목표는 이 프로젝트들을 자세히 설명하는 것이 아니라 그들이 영재를 어떻게 판별하는지를 설명하고자 하는 것이다.

레인보우 프로젝트

영재를 판별하기 위한 대표적인 것 중 하나는 대학입학사정이다. 대학들마다 선택적으로 학생들의 입학 결정을 내리는 데 대체적으로 고등학교 성적이나 표준화된 점수에서 성적 등을 양적정보로 활용한다(Lemann, 1999). 문화적 · 민족적 다양성을 파손하지 않으면서 다른 사람들과의 상호작용을 통해서 서로 배워 나갈 수 있는 학생들로 가득찬 대학 환경을 만들기 위해, 현재 있는 측정들보다 높은 타당도를 가진 심리측정적으로 적절한 측정도구를 만드는 것이 가능한가? 사람들마다 서로 다른 재능들이 있음을 알고, 그들이 가지고 있는 재능의 다양성 대부분이 대학과 삶의 성공에 잠재적으로 관련이 있다는 것을 인식할 수 있는 평가도구를 만들 수 있을까?(Sternberg & Davidson, 2005) 단지 사회경제적 계층(Golden, 2006; Kabaservice, 2004; Karabel, 2006; Lemann, 1999; McDonough, 1997) 혹은 IQ(Frey & Detterman, 2004)를 대체하는 것이 아닌 방법이 가능하지 않을까?

레인보우 프로젝트(보다 자세한 내용은 Sternberg & the Rainbow Project Collaborators, 2006; Sternberg, 2005a, 2006a; Sternberg & the Rainbow Project

Collaborators, 2005; Sternberg, the Rainbow Project Collaborators, & the University of Michigan Business School Collaborators, 2004 참고)는 대학의 입학절차를 개선하도록 기획된 첫 번째 프로젝트이다. 미국에서 레인보우는 SAT를 대체하기 위해 의도적으로 만들어졌지만 또한 다른 전통적인 표준화된 능력 혹은 성취도 검사를 대체할 수도 있다. 성공지능이론에서 능력과 성취는 연속체인 것으로 보고 있는데, 능력은 대체적으로 성취된다고 보고 있다(Sternberg, 1998a, 1999a).

SAT, 그리고 이와 유사한 검사도구들은 대체적으로 대학 학점으로 성공 여부가 평가되는 대학 또는 직장에서 성공할 사람을 예언하는 것으로 사용된다고 많은 학자들은 보고하고 있다(Hezlett et al., 2011; Kobrin et al., 2002; Schmidt & Hunter, 1998). 이러한 연구들은 학부에서의 학업수행 정도를 예언하기 위해 SAT를 예언 타당도로 제시하고 있다. 실제로, 전통적인 지능이나 적성검사들은 다양한 상황에서의 수행 정도를 예언하고 있다. 그러나 언제나 하나의 검사 혹은 검사의 유형마다 각각의 경우가 있는 것처럼 이들에는 항상 개선의 여지가 있다. 성공지능이론은 예언도를 증진시키고 모든 고등교육기관의 목표인, 보다 거대한 평등과 다양성을 정착시킬 수 있는 기초를 제공한다(Bowen, Kurzweil, & Tobin, 2006). 이는 실용적 기술과 창의적 기술뿐만 아니라 분석적 기술까지 검사하도록 기술들의 범위를 넓혀, 현재 수준을 넘어선 학부생들의 앞으로의 수행에 대한 예언을 매우 의미 있는 수준까지 증진시킬 수 있다. 그래서 이 이론은 대학 입학 과정에서 SAT나 유사한 검사도구인 ACT 혹은 A 수준들의 검사를 대체하는 것이 아니라 확대시키도록 하고 있다. 합동 연구자팀은 이러한 확대가 얼마나 성공적일 수 있는지를 연구하고 있다. 만일 우리가 SAT, ACT 혹은 A 수준을 사용하지 못한다 하더라도, 그 검사들이 평가하고 있는 기억과 분석능력에 대해서는 평가할 필요가 있다.

방법상 고려점

레인보우 프로젝트는 미국 전역에서 8개의 4년제 대학과 5개의 전문대학, 2개의 고등학교를 포함한 15개의 학교들에서 자료를 수집하였다.

참여자는 모두 1,013명으로 이들은 대부분 대학 1학년 아니면 고3이었다. 여기서는 오로지 대학생들만 분석자료에 포함시켰는데 그 이유는 대학생 학점만 자료

수집이 가능하였기 때문이다. 따라서 최종적으로 연구에 참여한 수는 모두 793명이다.

학부 입학 시 사용되었던 표준화 검사 점수와 고교 학점은 현재 사용되는 도구의 예언 타당도 평가와 현재의 측정을 위한 대조군으로 사용되었다. 학생들의 표준화된 대학입학시험 점수는 칼리지보드에서 수집하였다.

분석적 사고기술 측정은 SAT(2005년 이전 버전)검사와 함께 상황문제와 수 시리즈 완성 문제, 도형 매트릭스 완성 문제에서 나온 단어의 의미를 해석하기 위해 첨가되었던 사지선다 분석 항목으로 실시하였다.

창의적 기술은 사지선다 문항과 수행 문항에 의해 측정되었다. 사지선다 문항은 세 종류가 있다. 첫 번째는 반사실적 전제(예 : 돈이 나무에서 떨어지는 등)에 의한 언어 유추문제이다. 학생들은 반사실적 전제를 진실인 것처럼 생각하고 유추문제들을 풀어야만 한다. 두 번째는, 새로운 숫자 조작을 위한 규칙을 알아내야 한다. 예를 들면 두 연산함수의 첫 번째가 두 번째보다 크거나 같거나 작은지와 같은 함수로서 다른 수적 조작과 관련 있다. 세 번째는 학생들이 하나 이상의 변형이 있는 도형시리즈를 풀어야 한다. 그 다음에 그들은 다른 모양을 가진 새로운 도형들의 규칙을 적용해야만 한다. 그 다음 새로운 시리즈를 완성한다. 이러한 측정들은 창의성에 대한 전형적인 평가는 아니지만 참여 학생들의 반응에 대한 상대적인 빠름을 측정할 수 있고 채점이 상대적으로 쉽다.

창의적 기술은 또한 개방형 측정을 사용하여 평가한다. '문어의 운동화'와 같은 특이한 제목들 중 2개를 골라 단편을 쓰게 한다. 하나는 여러 그림 모음들을 보여주고 이 중에서 선택한 그림에 기초하여 두 이야기를 말로 한다. 그리고 자막을 넣은 만화를 그리게도 한다. 훈련된 평가자는 개방형 수행중심의 대답들을 듣고, 독창성과 질, 과업의 적절성을 고려해 채점을 한다. 학생들 각각의 작업들에 대해서는 다양한 판단이 이루어지면서 만족스러운 신뢰도가 발생하게 된다(Sternberg & the Rainbow Project Collaborators, 2006).

실용적 기술의 사지선다형 측정은 세 가지 종류가 있다. 첫 번째는 학생들이 청소년 시절의 일상적인 문제들을 가지고 각 문제를 가장 잘 해결할 수 있는 것들을 선택해야만 한다. 두 번째, 학생들은 일상에서 수학을 사용하는 시나리오를 받고 (예 : 볼게임을 위한 티켓 사기 등) 그 시나리오에 기초하여 수학 문제를 풀어야만 한다. 세 번째, 학생들은 지역의 지도를 받은 다음(예 : 놀이동산) 지도에서 그려진 지역을 효과적으로 찾을 수 있는 문제들에 대답해야만 한다.

실용적 기술은 또한 세 가지 상황판단 검사지를 사용하여 평가하고 있다. 일상 상황 판단 검사지(영화), 상식 문제지와 대학생활 문제지, 각각은 다른 암묵적 지식의 유형을 가지고 있다. 암묵적 지식 검사지의 일반적 유형은 Sternberg 외 (2000)에 잘 나타나 있는데, 이 연구에서 사용된 검사지의 내용만 여기에 기술하려고 한다. 영화 내용은 대학생이 일상생활에서 직면하는 상황들을 그리고 있다. 예를 들면, 대학교수에게 추천서를 부탁하는데 비언어적인 신호를 통하여, 그 교수는 그 학생에 대해 잘 모른다는 것을 보여 준다. 그때 사람들은 각 상황에 대해 어떻게 대처할 것인지 다양한 선택들을 통해 평가하게 된다. 상식 질문지는 함께 일하기 힘든 동료와 일을 하여야만 할 때와 같은 일상의 문제들을 제공하고 있으며, 대학생활 문제지는 해결이 필요한 대학에서의 일상 상황들을 제시하고 있다.

창의적 수행과제와는 달리, 실용적 수행과제에서는 참여자들에게 상황 선택들을 하라고는 하지 않는다. 각 과제들에 대해 참여자들은 '정답'이 없다는 것을 듣고, 각 상황에 기술된 선택들은 다양한 사람들이 어떻게 여러 다른 상황들을 해결하는지에 대한 다양성을 제시하고 있다.

모든 자료들은 두 가지 형식중 하나로 진행된다. 대학생 325명은 지필 형식의 검사를 치렀고, 전체 468명의 학생들은 인터넷을 통해 컴퓨터로 검사를 받았다.

검사를 마치는 데 시간 제한은 없지만, 각 세션당 70분가량 소요된다는 가이드라인은 제시하고 있다. 모든 검사들을 모두 마치는 데에는 약 2시간에서 4시간이 걸린다.

검사의 완성본은 길기 때문에, 참여자들은 의도적으로 불완전하게 중복되도록 설계된 검사도구의 일부분을 실시해본다. 참여자들은 무작위로 배정된 검사를 실시한다. 이 절차에 대한 자세한 설명은 Sternberg와 Rainbow Project Collaborators(2006)을 참고하기 바란다. 이 프로젝트와 다음에 설명할 만화경 프로젝트에서 말하는 창의성은 새로움과 반응의 자질에 기초하여 평가된다. 실용성은 인간, 시간, 물질 자원과 연관되는 상품들의 실행 가능성과 설득력에 기초하여 평가된다.

결론

다음에 기술할 내용들은 이 연구가 실시된 대학들 간 선발 차이를 정확하게 맞추지 않고 분석했을 수 있기 때문에 신중하게 접근해야 한다. 여러 대학들 간 선발의 차이 연구에서, 타당도 계수는 비교적 낮은 편이다. 그 이유는 가장 입학이 어려운 대학의 학점 A와 가장 입학이 쉬운 대학의 학점 A가 같은 비중으로 계산이 되었기 때문이다. 연구자가 기관의 선발 자료들을 수정할 수 있었다면 결과들이 보다 강력해질 수 있었을지 모르지만, 선발 자료를 수정한다는 것은 무슨 기준으로 선발 자료들을 평가하는지와 같은 문제를 가지고 있으므로, 연구에서는 수정되지 않는 자료를 그대로 사용하였다. 또한 대학 전공에 대해서도 통제하지 않았다. 대학들마다 전공이 모두 다르고, 제공되는 과목들, 학점, 전공마다 입학생 수도 대학마다 다 달라서, 통제하기가 무척 힘들기 때문이다.

학부생들만을 대상으로 분석해보니, 연구에 포함된 학생들은 미국 전역 대학생들의 평균 SAT보다 약간 높은 점수를 보여주고 있다. 표준편차는 정상적인 100 표준편차보다 위에 있는데, 이는 우리가 범위를 제한적으로 두지 않았다는 의미이다. 일반적인 수준보다 조금 높다고 하더라도, 우리의 평균은 학부생의 평균 수준 내에 있다.

더불어 다른 대학들로부터 수집한 자료들에 대해서도 논의되어야 하는데, 의미 있는 자료라고 하기에는 충분하지 않은 수를 가지고 있는 대학들의 자료는 통합되었다.

어떤 학자들은 학교 성적과 관련 있는 것은 오직 '일반적 능력 혹은 g' 뿐이라고 주장한다(Jensen, 1998). 이런 학자들은 다른 지능 관련 검사들이 여러 다른 기술들을 측정하는 것처럼 보이지만, 통계적으로 분석해보면 결국 하나의 일반적 능력을 측정하게 된다고 생각한다. 그 검사들이 실제로 서로 다른 분석적, 창의적, 실제적 기술들을 따로따로 측정하는가? 요인분석이 이런 질문에 답을 주고 있다. 실용성 수행검사, 창의성 수행검사와 함께, 분석적, 창의적, 실용적 능력을 모두 담고 있는 사지선다 검사에서 수집된 자료를 통하여 우리는 3개의 의미 있는 요인들을 추출해냈다. 사지선다 검사에서는 우리가 측정하고 싶은 능력을 함께 모아 검사했다(Sternberg, Castejón, Prieto, Hautamäki, & Grigorenko, 2001). 그 결과 방법적 변인이 매우 중요한 것으로 나타났다. 즉, 요인구조를 결정하는 데에는 방법론이 매우 중요하기 때문에, 기술을 측정할 때에는 다양한 형태를 활용하는 것이 중요하다는 것이다. 이 결과는 또한 이러한 자료 분석 시 가지게 되는 탐색적 요인분석의 한계와 분석적 영역을 제외하고는 사지선다 항목으로 능력들을 검사하는 것에 한계가 있음을 보여주었다. 이상적으로 사람들은 적성검사나 다른 검사들을 실시할 때에 검사 방법들을 통제할 수 있기를 바란다.

대학입학처에서는 사실 이러한 검사들이 입학 후 학생들의 학업성취도를 얼마나 예측해줄 수 있는지에 대해서는 관심이 없다. 그들은 이러한 검사들이 현재 사용하고 있는 SAT나 고등학교 내신보다 대학에서의 학업 성공 여부를 어느 정도까지 예측해 줄 수 있는지에 관심이 있었다. 대학 학점을 예측하는 데 있어 레인보우가 SAT보다 더 높은 타당도를 가지는지를 알아보기 위해, 분석적, 창의적, 실용적 평가 문항들에 위계적 회귀분석이라 불리는 통계분석법을 적용하였다.

단순한 상관관계만을 살펴보면 SAT 수학, SAT 언어, 고등학교 내신 성적과 레인보우는 모두 대학 신입생의 학점을 어느 정도 예측해주고 있다. 그렇다면 레인보우의 증가 타당도(Incremental Validity)[1]를 어떻게 알 수 있을까? SAT 언어, SAT 수학과 고등학교 내신은 오늘날 대학생들의 학업 성적 예측을 위해 사용되는 표준화된 측정도구이기 때문에 예측 공식의 첫 번째 단계에 포함되어 있다. 이 중 오직 고등학교 학점만이 학부생 학점의 예측에 유일하게 기여한다. 하지만 레인보우는 SAT만 가지고 비교했을 때보다 대학 학점을 약 2배 정도 예측한다.

이러한 결과는 SAT 혼자서 예측하는 것보다 레인보우 검사를 함께 적용했을 때 더 정확한 결과를 가져올 수 있음을 말해준다. 또한 고등학교 학점은 동기와 의식화 등과 같은 여러 많은 변인들이 비논리적인 구성을 보이고 있기 때문에 예측력을 가지고 있다고 말한다.

집단 차이를 연구하려면 방법론에 주의하여야 하는데 그렇지 않으면 잘못된 결론을 도출하기도 한다(Hunt & Carlson, 2007). 현재 연구의 중요한 목표 중 하나는 대학에서의 성공을 예측하는 것이지만 또 다른 중요한 목표는 평균 수준에서 민족집단 간 차이를 줄일 수 있는 검사도구를 개발하는 것이다. 사회적으로 인종집

---

1 증가 타당도는 기존의 도구들로 이미 측정된 심리적 특성을 측정하기 위해 새로 고안된 검사가 기존의 검사들에 비해 심리측정적으로 얼마나 향상되었는지를 나타낸다.

단 간 차이가 왜 나타나는지, 그리고 소외계층 학생들의 SAT 점수 혹은 다른 검사 점수들이 과하게 예상되고 있는지, 과소평가되어 예상되는지에 대한 많은 논란들이 있어 왔다(Bowen & Bok, 2000; Camara & Schmidt, 1999; Rowe, 2005; Rushton & Jensen, 2005; Sternberg, Grigorenko, & Kidd, 2005; Turkjeimer, Haley, Waldron, d'Onofrio, & Gottesman, 2003). 이러한 측정에서 집단 차이를 검사하는 것에는 여러 방법들이 있을 수 있으며, 각 민족집단의 효과성의 크기와 관련된 검사들이 있다. 이 중 ω^2(오메가 제곱)과 효과 크기 Cohen's D를 선택해 보았다.

이 연구 결과, 다음의 두 가지 결론을 얻었다. 첫째, 전체적으로 레인보우 검사는 SAT와 같은 능력 중심의 전통적인 평가들보다는 민족집단들 간의 차이를 줄여주었다. 둘째, 특정한 집단 간 차이를 보면 민족집단 간 차이가 가장 많이 감소한 것은 라틴계 학생들이다. 물론 레인보우 검사에서 흑인 학생들도 백인 학생들과의 평균에서 차이가 많이 줄었으나, 실제 수행평가에서는 여전히 차이를 보였다.

집단 간 차이를 완벽하게 줄이지는 못했지만, 이러한 결론들은 역사적으로 소외받고 있는 집단인 흑인이나 라틴계 학생들에게 민족 간, 인종 간 나타나는 집단 간 차이를 줄일 표준화 평가 방안을 고안할 수 있음을 말해준다. 이 결과는 학부생 입학에 부정적인 영향들을 줄이는 데 중요한 역할을 할 수 있다.

SAT는 인지적 기술의 전통적인 심리측정적 개념에 기초를 두고 만들어졌다. 이러한 개념을 사용하여 학부생의 학업 수행을 예측하는 데 실제적인 성공을 거두어 왔다. SAT 점수 하나만 가지고 비교해본다면 레인보우 검사 하나만으로도 학부생의 학점을 2배나 정확히 예측할 수 있다. 게다가 레인보우는 SAT 점수와 고등학교 성적으로 예측할 수 있는 것보다 더 실제적인 것을 예측한다. 이러한 발견은 민족 간 차이를 감소시키는 결과를 장려할 뿐만 아니라 대학에서 성공을 예측하는 분석적, 창의적, 실제적 기술의 측정에 대한 더 많은 연구를 할 수 있게 해준다. 현재와 앞으로의 연구에 있어 중요한 목표는 검사 타당도를 그대로 유지하면서 가능한 한 집단 간 차이를 줄여주는 표준화 평가도구를 만드는 것이다. 여기에 기술된 측정은 이러한 목적을 향한 결과들을 나타내고 있다. 이러한 검사들은 집단 간 차이를 완벽하게 없애지는 못했지만, 이러한 검사는 SAT와 같은 타 검사들과 비교해 볼 때 집단 간 차이를 실제적으로 줄였다고 볼 수 있다. 이 발견은 학문영역에서 궁극적으로 다양한 집단 구성원들에 대해 공정하고 공평한 처치를 향한 중요한 발걸음이 될 것이다.

레인보우 프로젝트 기저의 원칙은 다른 수준의 입학사정에도 사용될 수 있다. 예를 들어 Hedlund, Wilt, Ashford와 Sternberg(2006)는 경영대학원들의 입학에 적용해 보았더니 민족집단 간 차이와 함께 성별 차이도 줄이고 입학 후 성공 예측도도 높일 수 있음을 알게 되었다. Stemler, Grigorenko, Jarvin과 Sternberg(2006)는 이러한 검사들에서의 민족집단 간 차이를 줄일 수 있는 심리학과 통계의 AP시험의 창의적이고 실용적인 문항들을 찾아냈다. 같은 원리로 초등학교 영재학생들의 판별을 위한 검사도 고안하였다(Chart, Grigorenko, & Sternberg, 2008 참고). 연구 프로젝트를 성공적으로 수행하고, 한편으로 위험부담이 있는 상황에서 이 절차를 실행하는 것은 같은 것이다. 우리는 이러한 기회가 이루어지도록 해 왔다. 다음은 우리의 두 번째 프로젝트인 만화경 프로젝트에 대해 기술하겠다.

만화경 프로젝트

우수한 시민의식의 교육을 강조하는 미국 매사추세츠 주 메드포드 시에 있는 터프츠대학은 레인보우 프로젝트의 아이디어를 실제에 적용해 보았다. 입학처의 Lee Coffin과 함께 레인보우 아이디어를 실현함과 동시에 지혜의 구성체에 대한 평가를 포함하여 레인보우 프로젝트를 넘어서는 만화경 프로젝트를 실시한 것이다(보다 자세한 내용은 Sternberg, 2007a, 2007b, 2010; Sternberg & Coffin, 2010).

2006년과 2007년 사이에 터프츠대학의 예술, 과학, 공학에 지원한 만오천 명 이상의 지원서에 우리는 분석 지능과 실용 지능, 창의성이 통합된 지혜를 평가하는 질문들을 포함시켰다(3장에서 기술한 WICS). 이 프로그램은 지속되고 있으며 여기에 보고된 자료들은 첫해에 나온 결과이다(Sternberg, 2009a; Sternberg, Bonney, Gabora, Jarvin, Karelitz, & Coffin, in press; Sternberg & Coffin, 2009).

이 질문들은 처음 두 해 동안은 선택사항이었다. 레인보우 프로젝트는 시험 감독관과 함께 치러지는 독립된 큰 검사로 이루어졌지만, 만화경 프로젝트는 공통 지원서 외에 터프츠대학 단독으로 이루어졌다. 한 대학의 지원을 위해 레인보우 평가와 같은 독립된 큰 검사를 실시하는 것은 실용적이지 않다. 만화경 프로젝트의 장점은 매우 짧은 시간에 복잡한 질문들에 대답하여야만 하는 엄청난 압박이 있는 검사 상황에서 학생들을 자유롭게 한다.

학생들에게 부담이 되지 않도록 하기 위해 단지 하나의 질문에만 대답하도록 하였다. 터프츠대학은 다른 대학들과 경쟁이 심해서 다른 경쟁 대학들보다 지원서 작성이 더 부담스러울수 있는데, 이는 좋은 지원자를 많이 모으는 데 불리할 수 있다. 성공지능이론에서 성공지능을 지닌 개인은 장점을 부각시키고 약점을 보완하거나 수정한다. 우리 지원서 형식은 학생들에게 장점을 부각시킬 기회를 제공하였다.

문항의 예를 보면, 창의적 문제는 학생들에게 'MTV의 최후'나 '중학생 불량배의 고백'과 같은 제목으로 이야기를 구성하도록 요구하고 있다. 또 다른 창의적 질문으로는 학생들에게 '로자 파크스가 버스에서 자리를 양보했더라면'과 같이 역사적 사건이 다르게 펼쳐졌다면 어떻게 되었을지를 물어보았다. 또 다른 창의적 질문은 비언어적인 것인데, 학생들에게 새로운 상품을 디자인하거나 새로운 상품에 대한 홍보를 하게 하는 기회를 주었다. 실용적 질문은 학생들에게 인기 없는 아이디어로 어떻게 친구들을 설득하는지 질문하였다. 지혜로운 질문으로는 학생들에게 그들이 가지고 있는 열정이 어떻게 공익에 기여할 수 있을지를 물어보았다.

레인보우 프로젝트에서 창의성과 실용성은 같은 방식으로 평가되며, 분석력은 에세이의 조직과 논리력, 조화로 평가한다. 지혜는 긍정적인 윤리가치의 유입을 통하여 장·단기간 동안 자신과 타인, 그리고 조직 관심 간의 조화를 이루면서 생기는 공동선(善)을 이루기 위해 사용되는 능력과 지식을 통해 나타나는 반응들로 평가한다.

우리의 목표는 SAT나 학점(GPA), 새로운 검사에 대한 순위를 매기는 등 전통적 입학 전형에 대처하는 것이 아니다. 오히려 이것은 단 하나의 정보에 의존하는 것이 아니라, 에세이를 사용하여 지원자의 학문적, 분석적, 창의적, 실용적, 지혜 중심의 능력을 재평가하는 것이다. 예를 들면 포트폴리오로 제출된 매우 창의적인 작업은 창의성을 평가할 수도 있고 혹은 수상한 상으로 창의성을 찾아볼 수도 있지만, 훈련된 입학사정관은 다른 정보를 가지고 창의성을 평가할 수도 있을 것이다.

학문적으로 우수하다고 평가된 지원자들 중 약 절반 정도는 첫해에 선택적 에세이를 마쳤고, 그 다음 해에는 3분의 2 정도가 마쳤다. 이러한 에세이들의 제출은 입학에 아무런 영향을 미치지 않았다. 그러나 에세이의 질이나 창의적, 실제적, 혹은 지혜 중심의 능력들에는 영향을 미쳤다. 입학사정관이 이 세 카테고리 중 어느 하나라도 'A(최고 등급)'를 준 학생들의 입학 비율은 A를 받지 않은 학생들보다 대략 두 배 정도 높았다.

많은 측정도구들은 전통적 표준화 검사들과는 다르게 보이지만 그들과 비슷한 통계치를 보여주고 있다. 그래서 우리는 측정도구들의 수렴−변별 타당도에 관심이 있다. 측정도구들과 SAT나 고등학교 성적과 같은 학문적 성취 평가들 간의 상관관계는 적절한 수준이지만 창의적, 실용적, 지혜로운 사고와 매우 의미 있는 관계를 보여주고 있다. 고등학교 재학 시 특별활동 참여의 질과 리더십의 상관관계는 창의성, 실용성, 지혜로운 사고에서 적당하게 나왔다. 그래서 수렴−변별 타당성의 패턴은 우리가 원했던 대로 나타났다.

인문학과 자연과학대학 지원자의 평균 학업성취도를 살펴보면, SAT와 고등학교 학점 모두에서 2006~2007학기와 2008~2009학기에 다시 약간씩 상승하였다. 게다가 그 전해보다 학문적 자질 면에서 하위 수준의 학생들이 눈에 띄게 적어졌다. 학생들 대다수는 새로운 입학과정으로 인해 지원과정에서 힘든 일을 하고 싶어 하지 않았다. 하지만 오히려 보다 훌륭한 학생들이 더 많이 지원하였다.

새로운 입학 전형 방법은 우리 대학 지원자와 실제 입학생들의 수준을 낮아지게 하는 결과를 초래하지는 않았다. 오히려 입학 허가를 받은 지원자들은 다양한 측면에서 질적으로 보다 나은 수준을 보여주었다. 가장 보람 있는 일은 우리의 입학 전형 절차가 진정으로 어떠한 사람인지를 보여주는 기회를 주는 것 같다고 말하는 많은 지원자들의 긍정적인 코멘트를 받은 일이다. 물론 입학 결정에는 많은 요인들이 관여되었고, 만화경 프로젝트의 평가는 전체 입학 결정 중의 작은 한 부분이었다.

터프츠대학에서의 초기 결론은 경쟁률이 높은 대학도 입학하는 학생들의 질적 수준에 아무런 영향력을 미치지 않고서도 학부생 입학 전형에 '비전통적' 방식을 적용할 수 있다는 것을 보여주었다. 중요한 것은 터프츠대학의 입학과정에서 가장 중요한 측면은 학문적 성취이고 이는 앞으로도 계속될 것이라는 점이다. 앞에서 말한 것처럼 2006년에 파일럿 연구로 만화경 프로젝트를 시작한 이후 지원자들은 예년과 비슷하거나 다소 높은 지원율을 보여주었고, 입학생의 평균 SAT 점수는 최고로 높은 점수를 기록했다. 게다가 만화경 프로젝트의 측정에 의하면 여러 다민족 간 통계적으로 의미 있는 차이를 발견하지 못했다는 것이다. 지원자들의 학문적 평가(성적표와 표준화 검사로부터 얻은 정보들)를 통제하면, 입학사정관에 의해 만화경 프로젝트로 평가된 학생들은 그렇게 평가되지 않은 학생들보다 대학에서 더 높은 학점을 받았다. 게다가 높은 만화경 평정 점수를 받은 학생들은 터프츠대학 첫해에 과외활동이나 시민활동, 리더십 활동들에 보다 많은 관심을 가지고 많이 참여한다고 연구는 밝히고 있다.

대학입학 전형에서 만화경 평가의 긍정적인 효과는 다른 새로운 시도들의 효과와 따로 논의되어서는 안 되는데, 특히 항상 요구대비로 주어지는 터프츠대학의 학부생들의 재정지원 증가 효과도 잊어서는 안 된다. 만화경 프로젝트와 같은 시도들은 능력 있고 다양한 학생들을 판별하는 데 도움이 되지만, 실제 대학입학 전형에서 적절한 재정적 지원과 대학의 헌신 없이는 이 프로그램의 효과는 제대로 나타나지 않았을 것이다.

요약하자면, 터프츠대학에서는 변화하는 세상에 맞춰 새로운 지도자들을 찾아내고 육성하기 위해 만화경 프로젝트를 실시하였고, 이를 통하여 미래 사회에 긍정적이고 의미 있는 차이를 만드는 잠재적 리더를 찾아낼 수 있는 추진체를 구성하였다. 신속하고, 자료 중심적이며, 경쟁력 높은 대학입학과정에서의 만화경 프로젝트는 학생들의 능력과 수월성에 대한 질적 평가의 역할을 충분히 할 수 있음을 입증하였다.

오로라 프로젝트

오로라는 8세에서 12세의 영재학생들을 판별하는 검사도구이다. 오로라 검사도구는 두 부분으로 구성되어 있다. 새로운 증보판(오로라−a 혹은 오로라 a 검사지)과 전통적 지능 중심 부분(오로라−g 혹은 오로라−g 검사지)이다. 이 둘은 영재 프로그램에서 가장 많은 수를 차지하는 초등에서 중학교의 일반 학생들을 대상으로 집단 실시할 수 있도록 만든 지필평가이다. 새로이 개정된 평가는 보다 실제적이고 앞에서 언급한 성공지능이론에 초점을 맞추어 제작되었다. 일반적인 지적능력을 평가하는 전통적 방식의 평가는 부록으로 개발되었다. 이 중 매우 중요하고 의미있는 것은 새로이 개정된 부분인데, 여기서는 그것에 대해 더 많이 논의하고자 한다. 보다 자세한 내용을 원한다면 Chart, Grigorenko, Sternberg(2008)를 찾아보기 바란다.

새로운 증보판 평가를 기획하면서, 우리는 보다 넓은 범주의 문항 유형 개발을 도식으로 그리기 위해 기본 그리드 구조를 사용하였다. 분석적, 창의적, 실용적인 영역을 세로축에 놓고, 도형과 언어, 양적 방법을 가로에 놓았다(표 10.1 참고). 각 그리드의 빈칸에는 하위검사들의 주요 특성들이 들어가도록 만들었다(이러한 항목 개발에 대한 또 다른 예는 Sternberg & Clinkenbear, 1995 참고). 결론적으로 영역과 형태 특이성의 조합을 평가하는 9개의 다른 하위 검사의 유형들이 만들어졌다. 이렇게 한 이유는 세 가지인데, 첫째, 성공지능이론을 안정적으로 평가하기 위해, 둘째, 다양하고 다중적인 능력들을 표현할 수 있는 조화로운 기회를 학생들에게 주기 위해, 셋째, 영역과 양식 간 그리고 그들 간의 능력을 평가하는 명백한 기준으로 사용하기 위함이다.

부가적 평가 항목은 그리드의 카테고리 영역과는 많이 다르다. 각 하위검사들 간, 이들 검사의 항목 간에는 다양한 어려움이 있다. 과업 창조의 가장 중요한 목표는 이미 영리하다고 생각되는 학생들뿐만 아니라 일반 학생들에게도 스트레스나 긴장을 주지 않고, 주어지는 평가 가능성에 대한 약속 없이도 가능한(그리고 논리적인) 범위에서 각 하위검사의 천장 효과를 제거하는 것이다.

하위검사들과 과업들은 다양한 길이를 가지고 있고, 개별 질문들도 여러 형태로 나타난다. 어떤 문항은 수용적인 대답을 필요로 하는 것이 있고, 어떤 것은 별개의 선택들 중에서 고르기도 하고, 어떤 문항들은 생산적인 답을 물어보기도 하는데, 학생들은 다양한 조건들을 가진 이들 문항을 해결해야 한다. 여기에는 사지선다형, 빈칸 채우기, 수학 문제, 리스트 만들기, 짧은 선택 문제 등이 있으며 주관적인 의견을 물어 보는 것도 있다. 평가의 경우에는 사진, 숫자들의 나열, 그림, 짧은 단문들과 컴퓨터 생성 이미지들이 있다.

표의 칸을 읽을 때 왼쪽에서 오른쪽으로, 그 다음에는 위에서 아래로 읽는 것처럼 오로라 a 검사의 격자 칸에 있는 하위검사들의 몇 가지 예를 기술해보자. 보

표 10.1 오로라-a 그리드 : 능력과 영역으로 구분되는 오로라 하위 검사

	분석적	창의적	실용적
이미지 (시각적/공간적)	모양(추상적 칠교판) : 빈 공간을 모양 조각으로 채우시오. (10문항)(MC) 물에 뜨는 배 : 연결된 배들 사이의 패턴을 찾으시오. (5문항)(MC)	책 표지 : 추상적 사진을 설명하고 그것과 관련된 이야기를 만들어본다. (5문항)(OE) 다목적 : 여러 집안물건들 각각에 대해 새로운 용도 3가지를 생각해낸다. (5문항)(OE)	종이 자르기 : 잘린 종이의 접히기 이전 상태 찾기. (10항목)(MC) 장난감 그림자 : 그림자를 보고 장난감을 찾아보자. (8항목)(MC)
단어(언어)	동음단어 : 동음어를 사용해 빈 문장을 완성하시오. (20문항)(RW) (한정) 은유 : 관련성이 없어보이는 두 사물이 왜 같은지를 설명하시오.	(무생물) 대화 : 무생물들 사이의 대화를 상상해본다. (10문항)(OE) 재미있는 (비유) 언어 : 비유 언어 다음에 어떤 문장이 논리적으로 가능한지를 설명하라. (12문항)(MC)	(재미있는) 헤드라인 : 실제 헤드라인의 '재미있는' 표현을 찾아내고 설명하라. (11항목)(RW) 결정 : 결정을 하기 위해 '좋은 것'과 '나쁜 것'의 리스트를 가진 시나리오의 요소들을 기술하라. (3항목)(RW)
수(수적)	숫자 카드 : 방정식에 있는 문자에 맞는 수를 찾아라. (5문항)(RW) 스토리 문제(대수학 훈련 전에) : 둘 이상의 숨겨진 변인을 가진 논리적 수학문제를 풀기 위한 방법을 고안하라. (5문항)(RW)	숫자 토크 : 숫자들 간의 사회적 관계들에 대해 상상해보자. (7문항)(OE) 돈(교환) : 친구들끼리 복잡한 '돈 문제'를 적절하게 나누어보자. (5항목)(RW)	지도(논리적 지도) : 친구들과 카풀하려할 때 목표 지점까지 최선의 경로를 찾아본다. (10문항)(RW)

MC : 다지선다형

OE : 개인 평정 척도로 점수화할 수 있는 개방형 문제

RW : 대답은 옳고 그름 중 하나

제목 속 하위 검사의( ) : 더 이상 사용하지 않는 하위검사 제목

트 띄우기라는 제목의 하위검사는 학생들에게 한 그림에서 다른 그림으로 변화하는 정렬을 가진 장난감들의 연결 패턴을 맞추게 하는 것이다. 책 표지라는 제목의 하위검사는 아이들에게 동화책 표지에 그려져 있는 다소 추상적인 그림들을 보고 간단한 이야기를 만들게 한다. 장난감 그림자라는 하위 검사는 특정한 방향에서 빛을 준 다음 생기는 장난감의 그림자를 찾게 한다. 제한된 은유라는 제목의 하위 검사는 학생들에게 다소 관련 없어 보이는 2개의 동사 간의 연관성을 찾아내게 하고 있다. 무생물의 대화는 특정한 물체가 말을 할 수 있다면 서로에게 무슨 말을 할지 상상하도록 하고 있다. 어려운 결정 하위 검사는 일상생활에서 해야만 하는 선택 리스트들의 장점 혹은 단점을 주어진 정보를 가지고 범주화하도록 하고 있다. 수학 편지는 학생들에게 어떤 '숨겨진' 내용을 지닌 편지를 수를 가지고 해결하도록 한다. 숫자 토크는 학생들에게 간단히 기술되고 설명되어 있는 만화 같은 두 숫자 그림들의 사회적 상호작용과 그 이유를 설명하게 한다. 논리적 지도는 학생들에게 주어진 거리에 기초하여 목표지점으로 가는 여러 다른 경로들을 비교하게 한다. 이와 같은 내용이 새로 첨가된 평가에 사용되는 과업들의 예이다.

위에서 기술된 분석적, 창의적, 실용적 측정에 대한 보완으로, g 요소 평가가 개발되었다(이는 오로라 g 검사라 부른다). 이 디자인은 똑같은 모양을 한 격자구조로 이루어졌지만, 두 번째 줄은 과업형태보다는 기술영역을 알려주고 있다. 여기에는 유추, 시리즈 완성과 분류작업이 있는데 이들은 모두 전형적인 일반지능 측정 요소들이다. 유추는 이미지나 단어, 숫자로 짝을 이루고 있는 단어들 사이의 관계를 분석한 다음, 보기들 중에서 이들의 관계와 똑같은 관계를 이루고 있는 단어들의 짝을 찾는 것이다. 시리즈 완성은 이미지, 단어나 숫자와 같은 단어들이 제시된 시리즈의 논리적 관계를 파악하고 다음에 올 단어들을 보기 중에서 고르는 것이다. 마지막으로 분류는 이미지, 단어, 숫자들을 비교하고 대조한 다음 유사한 것들끼리 선택하는 것이다. 정확하게 9개의 하위검사들이 격자의 각 칸의 기준에 맞게 개발되었다.

다소 비형식적인 평가라고 여겨지는 창의적 기술과 실용적 기술에 대한 평가방법을 부가하여 확장한 것을 제외하면 오로라 검사를 구성하고 있는 두 섹션은 예전부터 가치롭게 여겨지던 g 요인 기술을 보완하고 있다. 이 두 검사에 포함된 것은 학교의 프로그램에서 강조되며, 그들이 표명한 영재성의 정의에 따르는 능력을 인증하는 것이다. 교육자들은 특정 학교의 특정 상황에서 학생들을 판별할 때 다양한 검사도구들을 사용하기보다는 새로이 부가된 평가를 전통적인 검사들과 비교하는데, 이러한 검사도구는 특정 학교의 요구와 목적에 맞게 적용되어야 한다.

Robinson(2005)은 각기 다른 이들 평가 유형들이 가지는 융통성을 잘 파악한다면 영재 판별에 아주 효과적인 심리측정도구가 될 것이라고 말하고 있다. 다양한 영재의 정의와 제공되는 프로그램 유형, 영재교사들의 관심에 따라 오로라 검사는 평가의 시리즈로 볼 수 있으며, 따라서 다방면으로 활용될 수 있다. g 요인 검사(g 검사지)는 부록으로 생각되기 때문에, 검사지에서 이 부분만을 사용하는 것은 별다른 정보를 제공하지 못한다. 다른 말로 하면, 부록 평가는 다음과 같은 여러 다양한 대안들의 사용을 위해 만들어진 것이다. 첫째, 학생들에게 전통적 검사도구를 사용하고 싶지 않은 학교에서는 g 검사지와 함께 독립적으로 a 검사지를 사용할 수 있다. 다시 말해 특정한 영재 프로그램을 위한 선발이나 현재 있는 판별 측정도구를 보충하기 위해서 특정 기술들을 보다 잘 판별하기를 원하는 학교는 오로라 a 검사지의 일부분을 사용하도록 한다. 예를 들어, 창의성 하위검사나 언어, 수리검사와 반대되는 도형만을 다루고 싶다면, 이것만 단독으로 사용할 수 있다. 검사도구의 부록 평가들 모두를 사용하게 되면 보다 많은 목표들을 달성하거나 영재판별의 가능성이 더욱 증진하게 될 것이다.

한계점

연구에 의하면 지능검사 측정과 관련된 연구에 많은 한계점이 있다고 제시하고 있다.

첫 번째 한계점은 사회경제적 계층과 민족성이 혼동된다는 점이다. 검사 결과 나타나는 민족 간의 차이는 사회경제적 계층의 차이 때문이라고 생각하는데 이는 정확하지 않은 측정이다. 이러한 차이들이 발견되면 사회경제적 계층의 기능 때문만은 아님에도 불구하고 사람들은 흔히 이러한 차이들이 유사한 패턴에서 생겼을 것이라고 생각한다(Loehlin, Lindzey, & Spuhler, 1975). 예를 들면, 2001년에 우리가 한 연구에서 재미 아시아인들은 수리분석적 검사에서는 백인들보다 더 잘했지만 창의적 검사에서는 백인보다 못했다. 중국인 교수와 미국인 교수들을 평가자로 두고, 명문대학들에 재학하고 있는 중국계미국인 학생들을 대상으로 평가를 실시하였는데, 평가자에 상관없이 창의성에 대해서는 같은 결과가 나타났다. 그외에도 여러 연구들에서 아시안계 미국인들은 일반적으로 백인들보다 사회경제적 지위는 높지 않지만, SAT 수학시험과 같은 수리분석 검사에서는 대부분 더 나은 점수를 보여 주고 있다(Lynn, 2006). 우리가 연구에서 사회경제적 계급을 통제하지 않은 이유는 자료를 조사할 수 없었기 때문이다.

두 번째 제한점은 레인보우 프로젝트나 만화경 프로젝트의 방법론적인 측면에서 문제가 있다. 레인보우 프로젝트에서는 설계가 불완전하여, 모든 학생들에게 모든 검사를 다 실시하지 못했다. 그래서 우리는 이 설계에 의한 통계분석을 복잡하게 하였고, 다른 사람들에게 이 방법을 사용하도록 권유하지는 않는다. 만화경 프로젝트는 레인보우 프로젝트와는 달리 시험감독 없이 평가가 이루어졌다는 점이다. 따라서 우리는 평가가 어떤 조건에서 실시되었는지, 지원자가 직접 그 시험을 본 게 맞는지 확신할 수 없다. 평가의 본질상 지원자보다 그 평가를 잘 볼 수도 있는 부모나 다른 사람이 그 평가를 치루었는지에 대해서는 의심해 볼 수 있다(예 : 에세이의 하나를 말하자면, 많은 부모들은 그들의 자녀들보다 MTV에 대해 훨씬 덜 알고 있다). 또한 집에서 치르는 평가의 이점은 시험감독이 있고 정해진 시간 내에 해야 하는 검사보다 더 신중하고 심도깊게 생각할 시간이 있다는 점이다. 시간이 충분히 없을 때에는 창의적이거나, 실용적이거나, 현명하게 생각하는 것이 힘들다.

세 번째 제한점은 새로운 평가가 채점을 하는 데 더 많은 시간과 자원과 자금을 필요로 한다는 점이다. 우리는 평정자를 구해서 그들을 훈련시켜야만 했다. 물론 신뢰도는 좋아졌지만, 이는 평가 실시에 대한 연수가 함께 따를 때 가능한 일이다. 그러므로 학교는 비용 대비 추가적인 정보가 유용한 것인지에 대해 결정해야 한다. 레인보우 프로젝트는 실제로 SAT를 단독으로 볼 때(약 2배 정도)나 혹은 SAT와 고등학교 성적을 함께 볼 때보다 더 나은 예언을 하였고(약 50% 상승하였다) 민족집단 간 차이도 줄어들었다. 만화경 프로젝트에서는 집단 간의 학문적 차이를 발견하지 못했는데, 이런 민족집단 간 차이가 없다는 프로젝트의 결과는 매우 훌륭하다고 생각된다.

네 번째 제한점은 이번 연구에 따른 추가 정보가 제한적이었다는 점이다. 레인보우 프로젝트에서 우리는 오직 대학 신입생만을 대상으로 실시하였다. 만화경 프로젝트에서는 4년 동안의 효과성을 연구하였다. 이 프로젝트에서는 학생들이 대학에 있는 4년 동안 비학문적 측정을 포함하여 여러 진척 사항을 전반적으로 넓게 측정해 나갈 것이다.

다섯 번째 제한점은 만화경 프로젝트는 선택 오류(selection bias)를 가지고 있다는 것이다. 에세이를 마친 학생들은 지원자 중 임의로 선택된 사람들이 아니다. 추가로 더 작업하도록 선택된 학생들이다. 그러나 입학 가능성은 에세이를 완성하는 것과는 관련이 없고 오직 학생들이 끝낸 에세이의 질이 입학 가능성을 결정하기 때문에 이 선택오류는 결과에 중요한 영향을 미치는 요인은 아니다.

결론적으로, WICS(wisdom, intelligence, creativity, synthesized : 지혜, 지능, 창의성, 통합)는 학부에서 성공하기 위해 필요한 기술들에 대한 추가적 평가라는 강한 이론적 기초를 제공하고 있는 것으로 보인다. WICS는 훌륭하고 높은 예언력을 가지고 있으며 공평함을 증가하는 데도 도움을 주고 있다는 연구 결과들이 제시되고 있다. 교수법이 개선되고 대학교수들이 학교와 사회생활의 성공에 필요한 기술로 창의성과 실용적 기술을 더욱 강조함에 따라, 이 검사의 예언력은 더욱 커질 것이다. 지난 세기동안 검사의 외형적 변화가 평가 절차의 구인 타당도에는 거의 차이를 주지 못했지만 성공지능이론에서는 구인 타당도를 증가시키는 기회를 가져왔을 뿐만 아니라 집단 간 시험 점수 차이를 줄여주었다. 전통적인 소수자 우대 정책 프로그램에 대한 보충이나 그들을 위한 대체 방안으로, 레인보우 프로젝트의 평가와 같은 검사들을 사용하면 소수자 우대 정책에서 원하는 목표를 이룰 수 있을 것이다

이 책의 앞에서 언급한 현대적 의미의 지능이론은 예언력을 증대시키고, 다양성을 높여왔다고 볼 수 있다. 이 외에도 SAT를 보완하기 위한 추가적인 시도들이 이루어지고 있다. 예를 들면 Oswald, Schimitt, Kim, Ramsay와 Gillespie(2004)는 SAT 타당도의 증가를 위해 생체학적 데이터와 상황판단 검사들을 발표하였다. Sedlacek(2004)는 대학 입시 과정 개선에 성공적으로 보여지는 비인식적 측정법을 개발하였다.

레인보우 프로젝트와 만화경 프로젝트, 오로라 프로젝트에 사용되는 평가들의

이론과 원칙은 미국을 넘어서 전 세계로 확장될 수 있다(Sternberg, 2004a, 2007c). 현재 우리는 미국에서 사용되었던 이 도구들이 독일에서도 적절한 형태로 사용 가능한지를 살펴보기 위해 독일의 심리학자들과 협력하고 있는 중이다.

　레인보우 프로젝트, 만화경 프로젝트, 그리고 관련 프로젝트에서 사용된 방법들은 아직 초기단계이다. 그들은 아직 100년이 되지 않았으며, 전통적인 검사도구들처럼 경험들을 가지고 있지도 않다. 보다 폭넓은 평가로 구성되었다는 의도에 따라 그 결과가 제시되고 있다. 보다 폭넓은 평가는 혼란스러운 평가가 아니다. 새로운 평가들은 예전의 것에 대한 대체가 아니라, 예언력을 높이고 다양성을 증가시켜 왔다고 볼 수 있다. 그러한 평가들이 전통적인 평가들을 대신할 수는 없다. 다만 보완으로 사용될 수 있을 것이다. 우리 연구 결과는 대학에서의 성공에 대한 전통적인 논리력 평가에 중요한 역할을 한다. 그러나 이것들만이 중요한 유일한 능력이 아니며 우리가 측정하려는 유일한 능력이어서도 안 될 것이다.

제11장

영재를 위한 교육

날이 갈수록 영재학생을 포함한 수많은 어린 학생들이 그들의 잠재력을 충분히 발휘하지 못하고 있음을 깨닫는 교육학자들이 점점 더 늘고 있다. 이러한 결과에는 여러 이유가 있겠지만, 이 중 하나는 학교에서 학생들을 가르치고 평가하는 방식이 학생들이 배우고 익히는데 최적의 방안을 제시하지 못하고 있기 때문이다. 우리는 이러한 어린이들을 이해하기 위해 WICS(wisdom, intelligence, Creativity, Synthesized : 지혜, 지능, 창의성, 통합) 이론을 개발하였고(Sternberg, 1997a, 1999c), 학생들이 자신의 잠재력을 최대한 발휘할 수 있게 하기 위해 성공지능에 기반한 교수방법들을 개발하였다(Sternberg & Grigorenko, 2000, 2007b; Sternberg, Grigorenko, & Zhang, 2008; Sternberg, Jarvin, & Grigorenko, 2009).

영재학생에게 WICS 가르치고 평가하기

우리는 다음과 같은 몇 가지 교수법의 원칙들을 개발하였다.

1. 학생들은 서로 다른 삶의 목적을 가지고 있기 때문에 그들에게 성공이란 서로 다른 모습으로 나타날 것이므로, 학생뿐만 아니라 기관 차원에서 성공에 대한 의미 있는 용어 정의가 필요하다.

학생들은 여러 이유로 학과목들을 선택한다. 교사들은 어떻게 학생들의 서로 다른 요구들을 효과적인 교수법과 평가 전략으로 승화시킬 수 있을까?

(a) 다양한 영역의 활용을 보여주는 많은 개념들의 예를 제시한다. 대부분의 과목에서 보기들은 자세히 설명되거나 개략적으로 만들어진다. 개략적으로 만들어진 보기들은 대부분 더 많은 학생들이 그 내용에 관심을 가지도록 만든다. 예를 들어, 역사적인 사건은 학생들에게 문학과 최근의 뉴스 사건들, 과학의 개념과 과학 발달, 미래 정치 불안요소의 출처 등을 이해하게 한다. 다양하고 구체적인 여러 보기들을 제시해줌으로써 교사는 더 많은 학생들의 요구를 충족시켜 줄 수 있다. 때로 교사는 학생들이 영재이기 때문에 그들이 원하는 구체적 보기를 자동적으로 찾아낼 수 있을 것이라고 잘못 생각하기도 한다. 하지만 영재학생들은 추상적인 사고에 매우 강하지만, 다른 사람과 마찬가지로 그들이 배운 내용을 구체적인 실례로 바꾸는 데는 같은 문제점을 가지고 있기도 한다.

(b) 학생들에게 다양하고 많은 평가 중에서 선택하게 하라. 영재학생들은 다양한 측면에서 영재일 수 있으며, 평가는 이러한 다양성을 반영하여야 하고, 다양한 방법 중에서 선택할 수 있어야 한다. 예를 들면, 학생들에게 그 과목의 범위 내에 있다고 생각되는 어떤 주제에 대해 프로젝트나 숙제(이 자체도 선택사항일 수도 있다)를 하게 한다. 이런 방법으로 학생들은 현재 듣고 있는 과목과 자신의 현재 관심 혹은 잠재적인 미래의 개인적이거나 전문적인 관심과 연관시키는 방법을 찾게 될 것이다. 대체적으로 전체 프로젝트나 과제를 시작하기 전에 계획서를 제출하여 조언을 받게 하는 것도 좋은 생각이다. 이와 함께 시험을 실시할 수도 있을 것이다. 공통적으로 사지선다형 문제를 제시한 다음 여러 다른 영역에 걸쳐 다양한 방법으로 개념이 포함된 논술을 실시할 수 있다. 예를 들어, 소설에 대한 시험은 (i) 소설의 줄거리에 대한 분석, (ii) 두 등장인물의 비교, (iii) 일상에 있어 소설 주제의 적용 등이 선택 가능한 논술 주제가 될 수 있다.

(c) 과목의 성실성을 지킬 뿐만 아니라 다양한 학생들의 삶의 목표에 대한 성실성을 함께 지킬 수 있는 방법으로 학생들의 과제를 평가한다. 프로젝트나 논술을 준

비할 때 학생의 목표가 어떠한지를 알고 어느 정도까지는 교사가 이해할 수 있을 때 다양한 형태의 평가가 실시될 수 있다. 만약 학생들이 특정 프로젝트나 논술 혹은 특정 견해가 다른 것보다 지속적으로 높은 점수를 받고 있다는 것을 알게 되면, 학생들은 교사가 이론적으로는 다양한 의견들을 제시하라고 하고 있지만, 실제로는 그렇지 않다는 것을 알아차리게 된다(이는 마치 마오쩌둥이 사람들에게 반대 의견도 얼마든지 환영한다고 하고서는 반대하는 자들을 처벌하는 것과 같다). 교사가 원하는 것이 무엇인지를 재빨리 알아차리는 영재학생도 있다. 이것이 그가 가진 영재성일 수도 있다. 교사가 학생들에게 탐구할 수 있는 자유를 주지 않는다면, 영재학생들은 교사가 원하는 것이 무엇인지를 일반 학생들보다 빨리 알아차린다.

2. 학생들이 자신의 장점에 집중하는 동시에 약점을 수정하고 보완할 수 있게 한다.

학창 시절 최고였던 선생님 서너 분을 떠올려보자. 그들의 수업방식과 평가방식은 똑같았는가? 그들은 모두 같은 방식으로 성공적으로 수업을 하였는가? 아마도 그렇지 않을 것이다. 사람들은 서로 다른 이유들로 성공하고 실패한다. 어떤 교사는 강의가 매우 뛰어날 수도 있고, 어떤 사람은 집단논의를 잘 이끌어가기도 하며, 어떤 교사는 학생들이 본받을 만한 역할모델로 훌륭한 사람일 수도 있다. 모든 분야의 전문가들이 서로 다른 방식으로 성공하고 실패하는 것처럼 학생들도 그러하다. 학생들의 성공 기회를 최대화하기 위해 학생들의 장점에 집중하고, 약점은 수정·보완하는 것이 중요하다. 이런 방식의 가르침이란 학생의 성취를 최대화하는 것이다(Sternberg, Grigorenko, Ferrari, & Clinkenbeard, 1999a, 1999b; Sternberg, Grigorenko, & Jarvin, 2001). 이 책에서 밝힌 바와 같이, 영재학생들은 다양한 방면에서 영재일 수 있다. 그중에서 가장 뛰어난 학생이라 할지라도 장점과 약점 모두를 가지고 있다. 이러한 사실들은 다음의 결과들을 가져올 수 있다.

ⓐ 교수와 학습에 있어 단 하나의 올바른 방식이란 없다. 서로 다른 학생들은 서로

다른 방식으로 배우고 생각한다(Sternberg, 1997a, 1997b). 어떤 학생들은 강의식 수업을 더 좋아하고 어떤 학생들은 학급 토의를 더 선호한다. 어떤 학생들은 구술 발표를 선호하고 어떤 학생은 읽는 것을 더 선호한다. 어떤 학생들은 오디오 발표물을 선호하고 어떤 학생들은 삽화 표현들을 더 좋아한다. 어떤 학생들은 자세히 탐구하는 것을 좋아하고 어떤 학생들은 큰 그림에 집중하는 것을 선호한다. 교사는 다양한 교수기법들을 사용하여 보다 많은 학생들이 더 많이 성공할 수 있도록 할 수 있다.

(b) 학생의 성취를 평가하기 위한 오직 하나의 올바른 방식이란 없다. 학생에 따라 사지선다형 시험을 잘 보는 학생이 있고, 논술식 시험에 강한 학생이 있다. 어떤 학생들은 사실 기억에 입각한 문제를 잘하는가 하면, 다른 학생들은 사실보다는 그들 자신의 깊은 이해를 보여줄 수 있는 문제를 더 잘한다. 만일 모든 문제가 사지선다형이거나, 모두 단답형이거나, 혹은 모두 서술형과 같이 단일화된 평가라면 학생들은 자신의 장점을 증대시킬 수가 없다. 능력이나 성취의 부족이 아니라 그들의 지식이나 기술이 평가되는 방식의 다양성이 부족함에 따라 한 학생은 반복적으로 뛰어나고, 다른 학생들은 반복적으로 못할 수도 있다.

(c) 장점뿐만 아니라 단점도 가르치고 평가하라. 어떤 교사는 이 진술을 개별 학생을 위한 개별화된 프로그램과 같이 극도의 개별화를 위한 답변이라고 오해할 수도 있다. 이런 프로그램은 대체적으로 비실용적인데, 특히 초기 수준에서는 더욱 그러하며 때로는 비생산적이기도 하다. 학생들은 장점을 잘 활용해야 할 뿐만 아니라 약점을 수정하고 보완하는 법을 배울 필요가 있다. 학생들은 지적으로 편안하고 안전함을 느끼는 것이 중요한 것처럼, 일정 시간 지적으로 불편한 시기를 가지는 것도 중요하다. 학생들은 수업과 평가에서 편안함을 가지는 것뿐만 아니라 도전적인 방법을 다루는 법도 배워야 한다. 모든 학생들을 위한 수업과 평가방식을 다양화함으로서 일정시간 동안 어떤 학생에게는 더 많은 편안함을, 어떤 학생에게는 덜 편안한 환경을 자동적으로 제공하게 될 것이다. 즉, 서로 다른 학생들은 서로 다른 시간에 서로 다른 편안함의 수준을 가지게 될 것이다.

3. 학생들은 환경에의 적응과 수정, 선택에 조화를 이루는 법을 배워야 한다. 환경에 대한 이 세 가지 반응의 조화는 학생을 가르칠 때 큰 영향력을 가진다.

(a) 교사들처럼 학생들도 융통성을 개발할 필요가 있다. 엄격한 학급이나 기관의 환경은 그 안에 있는 학생들의 사고도 엄격성을 강조하기 쉽다. 오늘날 놀라울 정도로 급변하는 인터넷 환경이나 직업의 본질, 그리고 이러한 직업을 갖기 위한 조건들의 변화, 올해는 사회적으로 받아들여졌던 행동이 다음해에는 받아들여지지 않는 등 급변하는 사회구조들 때문에 학교는 학생들의 융통성을 계발시킬 의무가 있다. 지식의 급격한 축적으로 인해 학교에서 획득하는 대부분의 지식이 어느새 시대에 뒤떨어진 것일 수 있지만, 새로운 환경에 맞서 획득하게 되는 재능은 결코 시대에 뒤떨어진 것이라고 할 수 없다. 교사는 학생들에게 도전하도록 격려시킬 필요가 있을 뿐만 아니라 학생들이 스스로에게 도전하도록 격려할 필요도 있다. 예를 들면, 학교는 어려운 과목이나 이전에 스스로에게 정해 놓은 경계를 허물게 하는 과목들을 선택하도록 학생들을 격려하여야 한다.

환경은 또한 학생들에게 그들 자신이 아닌 다른 사람의 견해를 알고 이해하도록 격려해야 한다. 동시에 학생들은 그들의 삶을 통해 배운, 사려 깊고 체계적인 방식으로 신념을 비판하는 법에 대해 배울 필요가 있다. 그 신념이 무엇이든지 간에 말이다.

(b) 학생들에게 위험을 감수하거나 실수를 저질러도 괜찮다고 느끼게 하는 것이 필요하다. 우리는 때로 성공보다는 실수나 실패에서 많은 것을 배우기도 한다. 실수나 실패를 허용하지 않는 환경은 학생들에게 중요한 학습 기회를 뺏는 것이라고 볼 수 있다. 환경적 선택은 이전의 환경이 아닌 새로운 환경을 선택하는 것을 말한다. 이는 학생의 최초 선택이 성공적이지 못했거나 특정 과목의 선택이 실수였다는 것을 알게 된 다음 과목을 변경하고 학기말 과제의 주제를 바꿀 때에 적용되는 말이다. 학생들은 흔히 이전 선택들(예 : 신문 주제나 과목들)에서 시간을 낭비하고 난 다음에 이러한 변화를 결정한다. 이와

반대로 학생들은 자신의 방향이나 목표에 대해 변화할 필요를 스스로 인지하거나 잃어버린 것들을 언제 어떻게 극복할 것인지에 대한 감각처럼 실제 삶에서 필요한 교훈들을 얻게 된다. 간단하게 말하자면 그들은 모험을 하지 않으면 아무것도 얻지 못한다는 것을 배울 필요가 있다.

(c) 학생들은 장애를 극복하는 법을 배울 필요가 있다. 학급이나 기관, 심지어 사회의 환경이 덜 이상적이라면, 우리는 그것을 변화시킬 근성을 가질 필요가 있다. 모든 기관들, 심지어 학급에서도 오래되고(유행이 지나고) 비생산적인 일들이 일어나고 있다. 왜냐하면 교사진을 비롯한 그 누구도 권위에 도전하거나 학습환경 및 작업환경을 개선하려고 나서지 않기 때문이다. 때로 학생과 교사들은 변화를 만들기 위해 노력을 하기도 하지만 반대에 부딪히거나 노골적으로 무시를 당하기도 한다. 만약 새로운 환경을 만들려는 변화를 위해 반대의견을 내거나 싸우려고 나서는 용기를 가진 사람이 아무도 없다면 세상은 더욱 살기 나쁜 곳이 될 것이다.

동시에, 학생들은 변화와 함께 적응의 조화를 배울 필요가 있다. 문제를 제기하고 차례대로 싸움을 치르는 사람은 작은 분쟁을 일으키는 동안 신용뿐 아니라 시간조차 잃기 쉽다. 학생과 교사들은 그들의 싸움을 주의 깊게 선택하는 법을 배울 필요가 있으며, 그런 다음에 그들에게 진정으로 의미 있는 것이 무엇인지를 찾아야 한다. 교사로서 우리는 기관의 변화에 필요한 여러 측면들을 찾아야만 한다. 물론 우리가 그 모든 것을 다 바꿀 수는 없다. 우리 학생들처럼 우리도 가치 있는 싸움과 가치 없는 싸움에 대한 식별은 할 수 있어야 할 것이다. 그리고 우리가 선택을 했다면 우리는 그 신념을 위해 나설 수 있어야 하고 왜 다른 사람들도 그 신념을 따라야 하는지를 설득할 수 있어야 한다.

4. 분석적, 창의적, 실용적 사고와 지혜로운 사고를 조화롭게 사용하여 가르침과 평가를 실시한다.

모든 가르침과 평가는 필요한 사고기술을 조화롭게 사용하여야 한다. 동시에 교사로서 우리는 '사고를 위한 교수법'과 '사실을 위한 교수법' 혹은 사고력의 강조나 기억의 강조와 같은 잘못된 이분법은 잠시 접어두자. 사고는 기억을 통해 불러 올 수 있는 지식을 필요로 한다. 만약 누군가가 아는 것이 하나도 없다면 분석이란 걸 할 수 없을 것이다. 어떤 사람이 자신의 지식 경계가 어디인지를 모른다면 그 경계를 창의적으로 뛰어 넘을 수 없다. 지식을 어떻게 적용하여야 하는지를 모르고 있다면 아는 것이 있어도 이를 실용적으로 적용할 수 없을 것이다.

동시에, 사실을 사용할 수 있는 능력도 없이 사실을 기억해봤자 실제로 아무런 소용이 없다. 태풍이 몰아치는 날, 끊긴 전기선이 떨어져 있는 트럭에 들어간 한 남자의 뉴스를 들은 적이 있다. 이 남자가 트럭에 들어가는 것을 본 또 다른 남자가 그 남자에게 들어가지 말라고 소리쳤지만 너무 늦었다. 트럭에 들어간 남자는 감전되고 만 것이다. 그 남자는 물리학 석사와 공학 석사학위를 가지고 있었고, 감전된다고 소리친 남자는 이 분야에 아무런 학위가 없었다. 누가 영재일까? 첫 번째 남자의 교육 경력은 그의 생명을 구해주었을지도 모르는 실제적 지식을 갖게 주었다. 하지만 그는 그 지식을 그가 생존할 수 있는 방법에 적용하지 못했다.

바로 이러한 이유로 우리는 교사에게 학생들이 그들의 지식을 분석하고, 창조하고, 실제 생활에 적용할 수 있도록 가르치게 한다. 학생들이 배우는 것을 생각하게 되면 그들은 생각하는 법도 배우게 된다. 거기에는 또 다른 좋은 점이 있다. 분석적으로, 창의적으로, 실제적으로 가르침을 받은 학생들은 어떤 평가이든 더 나은 평가를 받는다. 그들은 전통적인 방식으로 학습을 한 학생들보다 더 나은 성취를 보이고, 사실적 지식에 대한 기억을 묻는 평가에서조차 더 나은 결과를 보여 주었다(Sternberg, Torff, & Grigorenko, 1998a, 1998b). 게다가 연구 결과 이러한 기법들이 모든 과목에 다 걸쳐 성공적이라는 결과를 가져 왔다. 그런데 어떻게 하면 학생들을 분석적이고 창의적이며 실제적으로 가르칠 수 있을까? (표 11.1 참고). 이를 먼저 살펴보고, 지혜를 가르치는 것과 관련된 기술은 뒤에 언급하기로 하자.

1. 분석적으로 가르친다는 것은 학생들에게 (a) 분석하고, (b) 비판하고, (c) 판단하고, (d) 비교하고 대조하며, (e) 검토하고, (f) 평가하게 하는 것을 의미한다. 교사들이 '비판적 사고력'을 가르친다고 하면 대체적으로 분석적 사고를 가르친다는 것을 의미한다. 수업과 평가활동에 어떻게 이 교수법을 활용할

수 있을까? 학교 교육과정을 예로 들어 살펴보자.

(a) **폭풍의 언덕**의 등장인물인 히스클리프의 성격 변화를 분석하라. (국어)

(b) 어떤 식물은 밝은 햇빛보다 약한 불빛에서 더 잘 자란다는 것을 보여주는 실험설계를 비판하라. (생물)

(c) 로이 리히텐슈타인의 '팝아트'의 예술적 장점을 판단하고, 순수예술에 비추어 장점과 단점을 논의하라. (미술)

(d) 미국 대혁명과 프랑스 대혁명의 같은 점과 다른 점을 찾고 이들의 본질을 비교하고 대조해 보라. (역사)

(e) 수학문제 해답의 타당도를 평가하고, 이 해답의 약점을 논의해 보자. (수학)

(f) 당신이 방금 살펴 본 테니스 경기에서 이긴 선수가 상대방을 물리치기 위해 사용한 기술을 관찰하고, 이 경기에서 사용한 전략을 **평가**하라. (체육교육)

표 11.1 분석적, 창의적, 실제적 수업과 평가를 위한 선별적 요약

분석적
(a) 분석하라.
(b) 비판하라.
(c) 판단하라.
(d) 비교하고 대조하라.
(e) 측정하라.

창의적
(a) 창조하라.
(b) 발명하라.
(c) 발견하라.
(d) 만약…이라고 상상하라.
(e) 가정하라.
(f) 예측하라.

실제적
(a) 적용하라.
(b) 사용하라(use).
(c) 실제에 활용하라.
(d) 시행하라.
(e) 사용하라(employ).
(f) 실용적이게 하라.

2. 창의적으로 가르친다는 말은 학생들에게 (a) 창조하고, (b) 발명하고, (c) 발견하고, (d) 만약…이라고 상상하게 하고, (e) 가정하고 (f) 예측하도록 하는 것을 말한다. 창의성을 가르치기 위해서 교사는 창의성을 지지하고 격려할 뿐만 아니라 학생들이 창의성을 보일 때 칭찬해주고 스스로 역할모델이 되어야 한다(Sternberg & Lubart, 1995; Sternberg & Williams, 1996). 다른 말로 하면 교사들은 학생들에게 할 뿐만 아니라 그들이 직접 걷도록 만들어야 한다는 것이다. 창의적으로 생각하게 하기 위해 학생들을 격려할 수 있는 수업활동이나 평가활동들에는 다음과 같은 것들이 있다.

(a) 학생이 읽은 단편소설의 결론을 다르게 바꾸어서 소설의 주인공들을 다른 식으로 **창조**하게 한다. (국어)

(b) 미국 관광객이 파리의 피갈거리로 가기 위해 길에서 만난 프랑스 사람에게 물어보는 대화를 만들어본다. (프랑스어)

(c) 각 문제들의 '표면적 구조'는 서로 다르지만 '심적 구조'는 그렇지 않다는 문제들의 기저에 깔려 있는 기본적인 물리 원칙을 **발견**하라. (물리)

(d) 지금까지 발전해온 것처럼 앞으로 20년 동안 발전할 중국 정부를 **상상해보자.** 중국 정부가 20년간 같을 것이라고 생각하는가? (정부/정치 과학)

(e) 심포니 오케스트라에서 악기를 하나 추가해서 작곡을 한다고 **가정해보자.** 어떤 악기를 추가할 것이며 그 이유는 무엇인가? (음악)

(f) 스페인어와 영어 사용자 간에 지속적인 교류를 하게 되면, 앞으로 100년이 지났을 때 스페인어를 사용하는 리오 그란데 국경 지역의 단어나 문법에 어떤 변화가 일어날지 **예측**해보자. (언어)

3. 실제적이도록 가르친다는 말은 학생들에게 그들이 알고 있는 것을 (a) 적용하고, (b) 사용(use)하고, (c) 실제로 실시해 보고, (d) 실행하고, (e) 사용(employ)하고 (f) 행하게 하는 것을 말한다. 이러한 교수법은 다른 사람들을 위해 실제적이 되라는 것이 아니라, 학생들의 실제 요구와 관련 있어야 한다는 것이다(Sternberg et al., 2000). 다음 예들을 생각해보자.

(a) 퇴직을 계획하는 사람들에게 매우 중요한 복리계산 공식을 만들어 **적용해보자.** (경제학, 수학)

(b) 베를린에서 새로운 사람을 만나 독일어 지식을 **사용**해보자. (독일어)

(c) 성공적인 학급 팀 프로젝트를 위해 축구에서 배운 팀워크를 **실시**해보자. (체육)

(d) 비즈니스 환경 시뮬레이션을 만들어 비즈니스 계획을 **시행**해보자. (경영학)

(e) 거리, 비율, 시간을 넣은 공식을 **사용**하여 거리를 계산해보자. (수학)

(f) 적어도 100년 이상이 된 주위 건물들과 심미적으로 조화를 이룰 수 있는 새로운 건물 디자인을 **구상**해보자. (건축학)

이처럼 다양한 학문 영역에서 성공지능을 가르치는 것이 가능하다. 하지만 새로운 방법에는 항상 잠재적인 문제가 존재한다. 어떤 잠재적인 문제들일까?

성공지능을 가르치는 것에 대한 반대 의견들

이 장에서 기술된 기법들을 실시하면서 나타나는 반대 의견들과 반응들은 다음과 같다.

1. 성공지능을 가르치는 것은 많은 능력 유형들에 대한 개별화를 요구하기 때문에 비실용적이다. 왜냐하면 교사는 모든 학생들의 능력을 알 수가 없고, 학생이 많은 교실에서는 개별 학생의 능력 유형에 대해서 더욱 알 수가 없다.

이러한 반대 의견은 오해에 기반하고 있다. 위에서도 말했지만 성공지능을 가르친다는 말은 모든 학생들의 장점을 부각시키고, 그들의 약점을 수정하거나 어떻게 보완할 수 있는지를 알게 하는 것이기에 실제로 모든 학생들에게 대체적으로 동일하게 적용된다. 일정한 어느 시간 동안 수업이 어떤 학생에게는 즐거울 수 있지만 다른 학생에게는 그렇지 않을 수도 있다. 하지만 시간이 지나면 모든 학생들이 대체적으로 공평하게 선호하게 될 것이다.

성공지능을 가르친다는 것은 모든 학생을 똑같게 만드는 것이 아니라, 그들의 능력을 최대화시키는 것이다. 이러한 수업방식은 모든 학생들이 똑같은 성취를 이루게 하거나 개인차를 없애는 것이 목표가 아니다. 성공지능은 학생들에게 내용을 전달할 때 그들이 지닌 다양한 능력 패턴과 관련지어 다양한 방식으로 전달하기 위해 고안되었다.

2. 세 가지 방식으로 모든 것을 가르치라는 성공지능은 비실용적이다.

모든 것을 성공지능의 세 가지 방식으로 가르치는 것은 비실용적이고, 이 세 가지 방식으로 가르쳐야만 하는 개념도 거의 없다. 오히려 교사들은 개념과 시간에 따라 분석적, 창의적, 실용적 기법을 다양하게 사용하여야 한다. 평균적으로 수업은 비슷한 시간으로 구성되어 있는데, 모든 개념을 이 세 가지 방식으로 가르칠 필요가 없을 뿐만 아니라 바람직하지도 않다. 성공지능 수업을 위해 학기를 마술처럼 늘리라는 것이 아니라, 교사는 학생들의 요구와 이해를 알고, 그에 맞추어 적절한 방식으로 가르쳐야 한다는 것이다.

3. 대부분의 교사에게 성공지능을 가르치는 것은 무척 생소해서 실천하려면 너무 많은 노력이 필요하다.

성공지능으로 수업하는 방법에 대해 워크숍을 실시할 때 강조하는 첫 번째는 모든 교사들이 워크숍 후 대부분의 기법들을 익힐 수 있다는 것이다. 어떤 선생님에게는 성공지능이 그다지 새로운 것이 아닐 수 있다. 훌륭한 교사들은 이런 기법들을 어떻게 사용하는지 금방 배운다. 때로 훌륭한 교사들조차 조화를 잃어버리고, 특정 교수법과 평가기법을 지나치게 강조하기도 한다. 완전히 새로운 방식으로 많은 것을 가르치기보다는 조화를 이루어서 가르치는 것이 더 중요하다.

4. 시험은 교재 내용의 기억을 강조하는 경향이 있는데, 학생들에게 시험과 관련 없고 적어도 시험에 도움이 되지 않는 사고력을 강조하면서 가르치라는 것은 정말 말이 되지 않는다.

위에서도 말했듯이 이러한 주장은 잘못된 것이다. 성공지능으로 수업을 했을 때 어떤 과목이나 평가방법에 상관없이 평균적으로 학생들의 학업 성적이 올랐다는 연구 결과들이 있다(Grigorenko, Jarvin & Sternberg, 2000; Sternberg, Torff, & Grigorenko, 1998a, 1998b).

5. 성공지능을 가르치는 것은 수준 높은 과목에는 가능하지만 수준 낮은 과목에는 적절하지 않다.

이 생각은 잘못된 것이다. 학생들은 모든 수준에서 분석적으로, 창의적으로, 실용적으로 생각하는 것을 배워야만 한다. 성공지능은 기초단계의 수준을 비롯하여 모든 수준에 적용할 수 있다(Sternberg, 1995). 가장 기본적인 내용도 이 세 방법으로 가르칠 수 있다.

성공지능을 가르쳐야 할 또 다른 이유는 세상에서 필요한 사고의 종류와 성공지능에서 가르치는 사고의 종류가 매우 유사하므로 세상의 준비기관인 학교에서 이를 다루어야 한다는 것이다. 전통적인 과목에서 전통적인 기억학습법으로 수업을 하면 기억력이 좋지 않은 학생은 역사학자나 생물학자, 심리학자, 지리학자, 통역가 혹은 분야가 무엇이든 전문가가 되기에 필요한 기술이 부족하다고 평가받을 것이다. 하지만 실제로 학생에게 부족한 기술은 주로 기초 수준의 과목에만 적용된다. 실제로 어떤 직업에 성공할 수 있는 기술을 가지고 있는 학생이라도 그 직업을 준비하는 데 필요한 과목에서 초기단계에 성공적이지는 않다는 이유로 그 과목을 취소한다. 성공지능은 많은 학생들이 절망 속에서 포기하거나 자신이 무능력하다고 잘못 생각하지 않게 하고, 그들의 꿈을 추구할 수 있도록 도와준다.

6. 성공지능을 가르치는 것은 작은 과목뿐만 아니라 큰 과목에도 적용할 수 있다.

성공지능을 가르치는 것은 어떤 수준이든 어떤 크기의 과목에서든 가능하다. 만약 학생 수가 너무 많은데 학생들 과제를 채점할 수 있는 교사가 매우 적은 극단적 상황에서는 사지선다형이나 단답형 시험이 적절할 것이다. 하지만 학생들이 자신의 아이디어를 뽑아내고, 그 아이디어를 스스로 분석한 다음 어떻게 적용할 것인지를 가르치는 것은 어떤 과목에서든 가능하다. 교사는 학생들이 이런 방법으로 생각하도록 격려하고 이런 방식으로 사고하게 하는 역할모델이 될 수 있다.

학생 수가 많은 학급의 경우, 교사는 성공지능 수업의 특정 학습전략만을 사용할 수 있을 것이다. 만약 지금까지 사지선다 시험의 평가만을 실시해 왔다면, 단순한 사실의 회상이 필요한 질문 외에도 분석적, 창의적, 실용적 사고를 필요로 하는 문제를 기획하는 것도 고려해본다.

7. 성공지능은 오직 특정 교과목에만 적용할 수 있다.

앞선 예에서 보여준 바와 같이 성공지능을 가르치는 것은 모든 교과목에 다 적용할 수 있다. 교사에게는 효과적으로 가르치기보다 쉽게 가르칠 수 있도록 도와주고 있다. 문제는 학생들이 주로 기초과목들만을 선택한다는 것이다. 어쩌면 하나만 택할 수도 있다. 초등학교에서 학생들은 1년 동안 담임교사에게서 수업을 받지만, 중등교육에서는 한 학년 동안 한 과목에 대해서 한 사람의 교사에게서만 수업을 받는다. 그래서 학생들은 다른 교사들의 생각을 알 수 있는 기회가 전혀 없다. 만약 교사가 좋아하는 방식으로 수업을 받았을 때 학생이 뛰어난 성적을 낼 수 없다는 것을 알아도, 학생뿐만 아니라 교사도 학생의 성공과 실패가 교수와 학습 선호도 사이의 잘못된 조합 때문일 것이라는 생각은 하지 않는다. 그들은 실패의 원인을 단순히 무능으로 돌리고, 다른 교사나 다른 수업방법을 통하여 성공할지도 모른다는 생각조차 하지 않는다. 교사들은 자신의 수업방식과 잘 맞는 학생들만을 위하지 말고 모든 학생들에게 최적의 학습조건을 제공해야 할 책임이 있다는 것을 상기할 필요가 있다.

8. 교사로서 난 이미 이 모든 것을 다 해 왔고, 이런 기법들에 멋진 이름을 붙이지 않아도 내가 지금까지 해 왔던 일을 앞으로도 계속할 것이다.

교사로서 이미 이런 일들을 다 하고 있다면 정말 훌륭하게 잘하고 있다. 하지만 수업관찰에 관한 우리 연구는 교사들 자신이 하고 있다고 생각하는 일과 그들이 실제로 하는 일 사이에 괴리가 있다는 것을 보여주고 있다(Spear & Sternberg, 1987). 따라서 교사는 단지 그가 이런 일들을 하고 있다고 생각하기보다는 이런 일들을 진정으로 하고 있는지를 살펴볼 필요가 있다.

9. 학생들은 분석적으로, 창의적으로, 실제적으로 하는 학습을 좋아하지 않을 것이며 너무 어렵다고 말할 것이다.

특정 교수법을 좋아하지 않는 학생들은 항상 있다. 하지만 성공지능 교수법은 전체적으로 많은 학생들이 좋아할 것이다. 학생들은 교실 밖에서 이 방법을 배우게 되었을 것이다. 하지만 이제 학생들은 이 방법을 교실 안에서도 배우게 된다. 처음에는 적응이 필요하겠지만 제시된 교수법과 평가방법이 익숙해지면 학생들은 전통적인 방법보다 이 방법을 더 선호하게 된다고 연구들은 말하고 있다(Sternberg, Torff, & Grigorenko, 1998a).

수업 자료들

우리는 학급에 성공지능 이론을 적용해보았다. 연구 초기에는 창의적이고 실용적 능력이 뛰어난 학생들에게 전통적인 학교가 차별적으로 대하고 있지는 않은가에 대해 탐구하였다(Sternberg & Clinkenbeard, 1995; Sternberg, Ferrari, Clinkenbeard, & Grigorenko, 1996; Sternberg, Grigorenko, Ferrari, & Clinkenbeard, 1999a). 이 연구를 하게 된 계기는 대부분의 학교 시스템이 기억력과 분석력이 뛰어난 학생들에게 강한 선호를 가지고 있을 것이라는 생각 때문이었다. 하지만 학교는 여러 측면에서 조화를 제대로 이루지 못하고 있을지도 모른다. 우리가 2000년에 방문했던 러시아의 한 학교는 분석력과 실용적 능력보다 창의력 개발에 매우 중점을 두고 있었다. 그 여행에서 우리는 실용적 능력을 매우 강조하는 러시아 사업가의 자녀들이 다니는 어떤 학교에 대해서도 들었는데, 그 학교에 다니는 실용적이지 않는 학생들도 결국에는 실용적 능력을 강조하는 학급 친구들과 함께 공부를 하게 된다고 하였다.

학급에서 성공지능이론의 관련성을 타당화하기 위해서 우리는 여러 교수법에 대해 연구하였다.

적성 – 처치 상호작용(Aptitude – Treatment Interaction) 연구

한 연구(Sternberg, Ferrari, Clinkbeard, & Grigorenko, 1996)에서, 스턴버그 삼원능력검사(Sternberg Triarchic Abilities Test)를 실시한 적이 있다. 이 검사는 미국을 포함한 몇 개국에서 그 학교의 어떤 기준에 의해 영재로 판별된 326명의 어린이들을 대상으로 실시되었다. 예일대학에서 열리는 '심리학개론' 여름방학 프로그램에 선발된 이 학생들은 능력에 따라 모두 5개의 집단으로 나누어졌다. 이들은 분석력 상위집단, 창의력 상위집단, 실용능력 상위집단, 상위 조화집단(세 영역 모두에서 높은 능력을 나타내는 학생집단), 하위 조화집단(세 영역 모두에서 낮은 능력을 나타내는 학생집단)으로 나누었다. 마지막 집단을 제외한 모든 학생들은 영재로 판별된 학생들이다. 이 학생들은 모두 예일대학에 수업을 들으러 왔고 4개의 수업집단으로 나뉘었다.

네 집단의 학생들은 모두 기초심리학 교재를 사용하였고 같은 심리학 강의를 수강하였다. 그들에게 다른 하나는 반드시 들어야만 하는 오후 토론 수업의 형태였다. 이는 기억력, 분석력, 창의력, 실용 능력을 강조하는 수업 내용이 달랐다. 예를 들어, 기억력 토론에서 학생들은 우울증에 관한 주요 이론을 말해야 하며, 분석력 토론에서는, 우울증에 관한 두 이론을 비교하고 대조하여야 한다. 창의력 토론에서 학생들은 우울증에 대한 그들만의 이론을 새로이 구성하게 되고, 실용 능력 조건에서 학생들은 지금까지 우울증에 관해 배운 내용을 바탕으로 어떻게 우울증에 빠진 친구를 도울 수 있을지를 생각하게 된다.

학생들은 기억력, 분석력, 창의력, 실용 능력에 대한 숙제, 중간고사, 기말고사, 그리고 개별 프로젝트를 통해 모두 같은 방법으로 평가받게 된다. 연구 결과, 성공지능이론은 다음과 같은 활용 가능성이 제시되었다.

첫째, 예일대학교 여름학교에 참석한 학생들 중 높은 창의력과 높은 실용 능력을 지닌 집단의 학생들은 인종, 민족, 사회경제적 지위, 교육적 배경에 있어 높은 분석력을 가진 학생집단보다 더 다양한 분포를 나타내고 있었다. 이는 지능을 보다 넓은 개념으로 정의하여 사용하면 이러한 변인들과 지능 간의 상관관계를 낮출 수 있다는 것을 보여준다. 단지 분석력으로만 판별된 학생들과 비교해보면 이렇게 판별된 학생들이 매우 다르다는 것을 알 수 있다. 더욱 중요한 것은 능력 측정 범위를 더 확대하게 되면, 전통적 검사법으로는 나타나지 않는 지적인 장점도 알아낼 수 있다는 점이다.

둘째, 우리는 분석적, 창의적, 실용적 능력검사가 학생의 과목 수행 정도를 예측한다는 것을 알아냈다. 다중회귀분석을 사용하여 이 능력 중 적어도 2개는 성취 측정 각각의 예언도에 의미 있게 기여하고 있음도 알아냈다. 학교 수업에서 항상 분석력이 강조되어 온 것처럼 분석력은 중요한 예언자의 역할을 하고 있다.

가장 중요한 셋째는 자신에게 맞지 않는 교수법으로 수업을 하는 학생들보다 자신에게 맞는 수업조건에서 학습하는 학생들이 보다 높은 성취를 보인다는 것인데 이를 적성–처치 상호작용이라 한다. 다른 말로 하면, 학생들은 자신이 생각하는 방식에 맞게 배울 때 학교에서 뭐든 더 잘 하게 된다는 것이다. 창의직이고 실용적인 능력을 가진 학생들은 대체적으로 자신들의 능력에 맞게 학교에서 가르쳐지거나 평가되지 않았을 것이며, 아마도 여러 과목을 거치고 해가 지날수록 그들은 더욱 힘들었을 것이다.

사회와 과학 수업

후속 연구로 우리는 3학년과 8학년의 사회와 과학수업을 조사하였다(Sternberg, Torff, & Grigorenko, 1998a, 1998b). 연구에 참여한 학생 중 225명은 노스캐롤라이나의 랠레이 근교에 사는 저소득층 가정의 3학년 학생들이었고, 142명은 메릴 랜드주의 볼티모어와 캘리포니아주의 프레스노에 사는 중상층 이상의 8학년 학생들이었다. 이 연구에서 학생들은 세 가지 학습 조건 중 하나에 배정되었다. 첫 번째 조건은 기본적으로 아무런 중재 없이 원래대로 가르치는 것으로, 여기에서 강조하는 것은 기억력이다. 두 번째 조건에서 학생들은 비판적(분석적) 사고력을 강조하는 수업을 받았고, 세 번째 조건에서는 분석적, 창의적, 실제적 사고를 강조하여 가르쳤다. 모든 학생들의 수행은 수행평가 중심의 분석적, 창의적, 실용적 학습뿐만 아니라 사지선다형의 기억력에 의한 평가로 이루어졌다.

　예상했던 대로 분석적, 창의적, 실용적인 성공지능을 배운 학생들은 수행평가에서 일반 학생들보다 뛰어난 결과를 보여주었다. 이 결과를 보고 어떤 사람은 단지 그들이 배운 것이 평가에 반영되었기 때문이라고 할 수도 있다. 그렇다 하더라도 이러한 사고유형을 가르치는 수업은 성공적이라고 결론지을 수 있다. 하지만 더욱 중요한 것은 성공지능으로 가르친 학생들은 사지선다형의 기억 검사에서도 다른 학생들보다 훨씬 뛰어난 성적을 보였다는 것이다. 즉, 교육의 목표가 정보에 대한 아동의 기억을 최대화시키는 것에 있다 하더라도, 성공지능 수업은 여전히 성공적이라는 것이다. 이 수업은 학생들에게 그들의 장점을 강화시키고 그들의 약점을 교정하거나 보완하게 하기 때문이다. 그렇게 해서 학생들은 다양하고 재미있는 방식으로 학습자료를 이해한다.

읽기 수업

이러한 결과를 중학생과 고등학교의 읽기 수업시간에도 실시하여 보았다 (Sternberg, Grigorenko, Jarvin, 2001 ; Grigorenko, Jarvin, & Sternberg, 2002). 삼원 지능에 기초한 교육과정과 일반 수업에 기초한 교육과정으로 나눈 다음, 이를 871 명의 중학생과 432명의 고등학생에게 가르쳤다. 읽기는 중학교에서만 가르쳤다. 고등학교에서 읽기는 수학과 물리, 사회, 영어, 역사, 외국어, 미술과 융합하여 가르쳤다. 삼원지능에 기초하여 배운 학생들은 표준화된 방식으로 배운 학생들보다 모든 조건에서 실제적으로 우수한 성취 결과를 보여주었다.

초등 4학년 언어, 수학, 과학수업에 대한 성공지능 수업 연구

성공지능 수업의 장점이 가져오는 결과에 대해서는 지금까지도 여러 연구들에서 반복적으로 보여주고 있다(Sternberg, Grigorenko, & Zhang, 2008). 이 중 국가적 차원에서 수천 명의 4학년 학생들을 대상으로 실시한 연구가 있는데, 이에 대해 보다 자세히 설명하고자 한다.

이 연구에서 교육자와 심리학자들은 4학년 언어, 수학, 과학과목의 수업자료와 평가도구를 개발하고 개선하기 위해 힘을 합쳤다. 이 연구는 보수적인 실험설계를 특징으로 하고 있다. 특히 성공지능 수업 아이디어에 기초한 교육과정은 기억력과 비판적 사고를 다룬 현대적 이론에 기초한 교육과정과 비교되었다.

각 과목마다 우리는 12주의 수업안을 가진 여러 교육과정 단위들을 개발하였다. 수학이나 언어수업 단위보다는 과학수업 단위가 더 적었지만 이들 단위는 더 오랜 기간을 필요로 하는 것이다. 각 단위는 사전평가와 교사의 수업 및 학생을 위한 활동과 학습자료들, 수업 후 평가로 구성되어 있다. 각 수업들은 세 가지 유형으로 개발되었는데 이들은 성공지능, 비판적 사고와 기억의 세 가지 교육적 방법과 관련된 것이다. 이 세 가지 유형은 같은 지식 내용을 다루고 있지만, 그 내용을 가르치는 이론적 초점은 서로 다르다.

사전·사후 평가는 단위 내용과 관련되는 30개 문항(반은 사지선다이고 반은 개방형)으로 구성되었다. 이러한 평가들은 세 조건의 모든 학생들에게 똑같이 실시하였다. 단위중심 평가에 더하여, 일반적인 기초평가(예 : Woodcock-Johnson III 성취도 검사, 표준화된 학업성취 검사, 혹은 오하이오 교육부 학업성취도 검사 4학년용)도 프로그램에 참여하는 모든 학생들에게 실시하였다.

수업 교재는 내용 정보가 포함된 교사 가이드, 수업 가이드 라인과 학생용 활동지로 구성되었다. 활동들은 난이도 수준에 따라 도전성이 낮은 것부터 도전성이 높은 것까지 구분하였고, 교사들은 학생들의 활동에 가장 잘 맞는 활동들을 선택하였다. 세 가지 종류의 수업이 비슷하게 가르쳐지도록 내용을 구성하는 데 특별히 신경을 썼으며, 학습자료 내용은 국가표준과 함께 연구가 실시되는 주의 표준에 맞춰 주의 깊게 구성되었다.

전체적으로 196명의 교사와 7,702명의 학생들이 이 연구에 참여하였다. 연구는

4년 동안 9개의 주 14개의 교육부를 중심으로 110개의 학교에서 이루어졌다. 초기에는 4학년 학생들만을 대상으로 하였는데, 이후에 연구에 참여하는 선생님이 가르치던 3학년과 5학년 학생들도 연구에 포함되었다. 참여자 수는 모든 실험집단에 거의 비슷하게 분포하였다.

분석은 일반적으로 두 가지 방법으로 이루어졌다. 첫째, 검사지와 문항 특성, 내적평정자 신뢰도와 학생능력 측정을 위해 다면적 로샤(Rasch) 분석이 실시되었다. 둘째, 각 조건에 있는 개별 학생의 성취도를 비교하기 위해 위계선형 모형 분석을 활용하였다.

각 단위의 특정한 창의적, 실제적, 분석적 기억능력을 평가하기 위한 사전, 사후평가에는 사지선다형 문항과 개방형 문항이 포함되어 있다. 평정자는 검사 루브릭을 사용하여 개방형 문항을 점수화한다. 전체 검사 능력 점수에 **창의적-실제적, 분석적-기억력** 요소의 하위점수를 더한다. 첫 번째 점수는 성공지능이론에 의한 능력을 나타내고, 두 번째 점수는 전통적인 지능이론에 의한 능력을 나타낸다 (Sternberg 1997a).

다양한 단위들과 3개의 학문영역(언어, 수학, 과학)들에 대한 평가에서, 성공지능집단 학생들은 비판적 사고 집단과 기억력 집단보다 더 높은 **전체 검사** 점수를 보이는 것으로 나타났다. **창의적-실제적** 점수와 **분석적-기억력** 점수를 독립적으로 계산해보면 실험조건에 따라 다른 결과가 나타난다. 구체적으로 성공지능 집단 학생들은 비판적 사고와 기억력 집단 학생들보다 창의적 - 실제적 문항을 더 잘했다. 하지만 분석력과 기억력 항목 문항을 살펴보면, 성공지능집단은 비판적 사고 집단에 있는 학생들과는 달랐지만, 기억력 집단에 있는 학생들과는 의미 있는 차이를 보이지 않았다. 이러한 능력들은 능력 중심 스타일에 기반한 우리의 성공지능 정의와 다시 한번 맞아 떨어졌다.

전체적으로 사전·사후 검사를 통해 이 세 수업 조건은 실제적으로 도움이 있는 것으로 나타났다. 또한 성공지능집단의 학생들은 전체적으로 통제집단 학생들보다 꾸준히 높은 성적을 얻고 있음을 보여주었다. 이 연구 결과는 학생들이 서로 다른 자신의 능력 중심 스타일로 배우고 생각한다는 것을 보여준다. 이처럼 학생들의 개인적 차이를 인지하고 가르치게 되면, 학생들의 학습을 증진시킬 수 있다.

전체적으로 네 연구는 성공지능이론이 전반적으로 타당하다는 것을 보여주고 있다. 또한 이 이론은 실험 조건에서만 차이를 만드는 것이 아니라 실제 학급, 나아가서는 성인들의 일상생활에서도 차이를 만든다는 것을 보여주고 있다.

성공지능이 성공적인 이유

성공지능 수업은 왜 일반 수업(혹은 비판적 사고)에서 더 나은 결과를 보여주는 걸까? 심지어 기억력을 평가하는 시험에서조차 더 나은 결과를 가져오는 이유는 무엇일까? 거기에는 적어도 다음의 네 가지 이유가 있다. 첫째, 성공지능 수업은 전통적인 수업보다 학습자료를 더 깊고 정교하게 인식하게 하여, 학생들이 시험 시간에 기억 회상 가능성을 더 높이는 방향으로 배우게 한다. 둘째, 성공지능 수업은 학습자료를 기억하고 회상할 때 더 다양한 형태로 기억하고 회상하게 하여, 시험상황에 회상 가능성을 높인다. 셋째, 성공지능 수업은 학생들의 장점을 부각하고 약점을 수정하거나 보완한다. 넷째, 성공지능 수업은 교사에게 학생을 보다 효과적으로 가르칠 수 있게 하고, 학생에게는 보다 효과적으로 학습할 수 있도록 도와준다. 이상적인 평가방법이란 단지 학습내용의 정적인 기억만을 평가해서는 안 된다. 교사가 성공지능 수업을 어떻게 적용하고 조화롭게 활용할 수 있는지에 대한 가이드 라인과 예들은 Sternberg, Jarvin, Grigorenko(2009)의 책에서 찾을 수 있다.

지혜 가르치기

교육과 사회에서의 지혜의 역할

WICS는 성공지능(분석적, 창의적, 실제적)의 요소뿐만 아니라 지혜도 포함하고 있다. 몇 년 전 중요한 회의에 참석하러 가던 우리 연구진 중 한명은 심한 교통체증에 갇혀 버린 적이 있다. 느리고 울퉁불퉁하고 장애물이 많은 길을 따라가고 있던 그 연구원에게 고속도로로 빠지는 출구 표시가 보였다. 그 출구는 길이 잘 닦여 있었고 차들은 아무런 장애물 없이 빠르게 달리고 있는 것이 보였다. 그는 그 길로 가면 어떨까 하고 고민하기 시작했다. 하지만 한 가지 문제가 있었다. 그 고

속도로는 그가 가고자 하는 방향이 아니었고, 실제로 그 길을 한 번도 가본 적이 없었다. 하지만 그는 그곳으로 가고 싶다는 유혹을 느낀 것이다.

비록 그는 그 길을 선택하지는 않았지만, 미국 교육 시스템은 그 길을 선택했다. 우리는 매우 빠르고 부드럽게 가고 있다고 믿고 있다. 비록 잘못된 길이지만 말이다. 이 잘못된 방향은 전국을 지배하는 시험이라는 중대한 사안 때문이다. 시험 그 자체가 나쁘다는 것이 아니라, 시험은 대체적으로 장기적인 안목에서 학생을 측정하는 것이 아니라는 것이다. 시험은 학생이 얼마만큼의 지식을 가지고 있는지뿐만 아니라 그 지식을 어떻게 사용하는지도 살펴보아야 한다. 마하트마 간디나 마틴 루터 킹 주니어처럼 훌륭한 사람이 되는 좋은 결말을 가지고 올지, 아돌프 히틀러나 스탈린처럼 나쁜 결말을 가지고 올지를 살펴야 한다는 말이다. 현명한 지도자가 멍청한 지도자와 가장 다른 점은 그들이 얼마나 많은 지식을 가지고 있는지가 아니라, 그들이 알고 있는 것을 얼마나 잘 사용하느냐이다. 그들이 그것을 민주적 이상과 공동 선(善)을 강화하는 데 쓰는지, 독재자와 그들 무리를 위한 전체주의 사회적 선(善)에 사용하는지를 보아야 한다.

오늘날 많은 사회는 지식의 발달과 학생들의 기본적인 인지적 기술에 심취해 있다. 그러나 고전적으로 정의되는 지능의 중요한 요소인 지식과 기본 인지기술은 충분한가? 다음을 살펴보자.

앞에서 말한 바처럼, Flynn(1998)은 12개국 이상의 기록을 살펴보고 한 세대(30년)마다 IQ가 9점씩 상승한다고 보고하고 있다. 이런 현상은 적어도 몇 세대동안 지속되어 왔다(Neisser, 1998 참고). IQ가 상승함에 따라, 사회에서 IQ 관련 능력들은 성공에 더욱 중요해지고, 고등교육과 좋은 직장을 구하기에도 더욱 중요해졌다. 그래서 사회경제적 스펙트럼의 최상위에 있는 사람들의 IQ와 같은 능력들은 그 어느 때보다도 높으며, 이는 플린효과에 의해 예측된 것보다 훨씬 더 높다고 보여진다. 하지만 다시 한 번 강조하고 싶은 것은 높은 사회경제적 지위에 있는 사람들의 IQ가 상승하였다 하더라도 더 행복하고 더 조화로운 사회를 만들고 있는 것처럼 보이지는 않으며, 높은 IQ가 제대로 사용되고 있지 않음을 신문에서 매일 확인할 수 있다는 것이다. 글로벌 갈등의 양과 진지함, 단순한 크기만을 가지고 판단하자면, 아마도 IQ점수 상승의 대부분은 공동선을 건설하는 데 사용되지 않은 것 같다.

IQ의 상승이 사람들 간의 관계나 국가 간의 관계를 개선시키는 것으로는 보이지 않는다. 실제로 오늘날에는 이전보다 더 많은 테러가 발생하고 있는 것 같다. 1990년대에는 2차 세계대전 이후로 그 어느 때보다도 집단학살과 대학살이 많이 발생하였다. 어쩌면 사람들이 똑똑해질수록, 덜 현명해지고, 공동선의 추구에서 점점 더 멀어지고 있는 것 같다. 실제로 세상은 이전보다 더 많은 증오가 넘치는 것 같다(Sternberg, 2003a).

지능에 있어 매우 중요한 기억과 분석 기술은 학교와 인생의 성공에도 매우 중요한 것임에는 분명하지만, 충분한 것은 아니다. 사람은 똑똑할 수 있지만 바보스러울 수도 있다. 우리 모두는 바보스럽게 생각하기 쉽다. 실제로 우리는 더 '똑똑해'질수록 스스로를 더 면역되어 있다고 생각하기 쉽다. 그리고 우리가 면역되어 있다는 환상은 우리 모두를 더욱 쉽게 감염시킨다.

이는 마치 우리 지능이 상승한 것처럼 보인다. 물론 적어도 IQ 측정상으로는 상승하였다. 하지만 그게 지혜의 상승을 뜻하는 것은 아니다. 실제로 Herrnstein과 Murray(1994)가 말한 '인지적 엘리트'로의 진입 기회를 최대화하고 성공하는 데 IQ를 매우 강조하는 우리 사회는, IQ의 증가와 지혜의 하락을 동시에 발생시키고 있는지도 모른다. 지혜의 결핍과 함께 발생한 높은 IQ가 지속적으로 반복되면 아마도 세상이 끝나게 될지 모른다.

지혜는 세상에 살고 있는 우리들 자신의 양상과 지금보다 더 나은 세상을 가져다준다. 사회인으로서 우리는 어떤 점에서의 선택을 가지고 있다. 우리가 학교 교육을 통해서 극대화시키고 싶은 것은 무엇일까? 지식인가? 지능인가? 아니면 지식, 지능, 지혜 이 세 가지 모두인가? 만일 지혜도 이런 조건에 들어간다면, 우리는 학생들에게 아주 다른 과정들을 가르칠 필요가 있다. 우리는 학생들이 자신의 뛰어난 능력을 최대화할 수 있도록 도와주어야 할 뿐만 아니라 그들의 개별 능력을 활용하여 다른 사람들도 능력을 최대화할 수 있게 하는 데 가치를 둘 필요가 있다. 한마디로 말해 우리는 지혜에 가치를 두어야 한다.

지혜에 가치를 두는 교육이란 어떤 것인가? 지혜의 조화이론에서 파생된 지혜를 가르치는 원리들을 살펴보자(Sternberg, 1998b).

지혜를 가르치는 교사들은 전통적 능력들과 성취가 학생들의 삶을 만족시키기에 충분하지 않다는 것을 탐구하였다. 전통적인 의미에서 성공적인 삶을 가졌다

할지라도 많은 사람들은 자신들의 삶에 갇혀서 삶이 충만하지 않다고 느끼고 있다. 충만은 성공의 대체어가 아니라 대부분의 사람에게 돈, 승진, 큰 집 등을 넘어서는 어떤 것이다. 교사는 학생들이 자신의 삶에 만족감을 느끼는 데 지혜가 어떤 중요한 역할을 하는지를 보여주어야 한다. 현명한 선택은 사람들이 바보 같은 결정을 하지 않게 해준다. 교사는 학생들에게 상호의존의 중요성을 가르쳐야 한다. 파도가 차오르면 모든 배가 올라가고, 파도가 낮아지면 모든 배도 가라앉는 것처럼 말이다.

또한 지혜의 역할모델을 보여주는 것도 중요하다. 왜냐하면 말로 하는 것보다 직접 실천으로 보여주는 것이 더 중요하기 때문이다. 지혜는 말로 하는 것이 아니라, 직접 실천으로 보여주어야 한다. 따라서 학생들은 그들이 만드는 판단과 의사결정의 의미를 이해하고, 행동이 일어나는 맥락에서 판단과 의사결정을 제대로 할 수 있어야 한다. 교사는 학생들이 자신의 흥미와 다른 사람들의 흥미, 기관의 흥미를 제대로 인식할 수 있도록 가르쳐야 한다. 학생들에게 있어 목적은 단순히 끝이 아니라 그들이 얻게 되는 어떤 것의 '수단'임을 가르쳐야 한다. 학생들은 자신들의 생각에 가치를 부여하고 비판하고 통합할 수 있도록 배워야 한다. 살아가다 보면 가지게 되는 삶에 대한 질문과 대답을 찾아야 하는데, 결혼을 해야 할지 말아야 할지와 같은 중요한 삶의 질문에 대한 대답은 한 개인의 삶의 시간에 따라 달라질 수 있다는 것을 깨달을 수 있도록 문답식으로 생각하는 법도 배워야 한다(Hegel, 1931). 학생들은 다양한 견해에서 흥미와 아이디어를 이해할 수 있도록 문답식으로 생각하는 법을 배우면서 지혜를 쌓아 나가게 된다. 예를 들어, 어떤 사람은 '정착민'이라고 보는 집단을 다른 사람은 '침입자'로 볼 수 있다. 보다 중요한 것은 학생들이 공공의 선을 찾아낼 수 있는 사람이 되는 것뿐만 아니라 모든 사람에게 도움이 될 수 있도록 공공의 선을 찾고 도달하도록 배울 필요가 있다는 것이다.

교사가 지혜를 격려하고 칭송할 때에만 학생들에게 지혜를 가르칠 수 있다. 교사는 학생들의 삶을 위해 지혜를 가지도록 도와주어야 한다. 교사는 학생들이 삶에서 마주치는 여러 사건들과 이러한 사건들을 겪으면서 가지게 되는 사고의 과정을 살펴보도록 가르쳐야 한다. 타인의 관심을 인식하는 법을 배우는 한 가지 방법은 자신의 관심을 먼저 알아차리는 것이다. 교사는 또한 학생들의 개인적 관심과 소집단의 관심이 일치하지 않을 때 느끼게 되는 압력에 대해서도 이겨내는 것이 중요함을 이해하도록 도와야 한다.

학생들은 고전 작품들과 현대 작품들을 통하여 교훈을 알아보고, 이러한 교훈이 그들의 삶과 다른 사람들의 삶에 어떻게 접목될 수 있는지를 학급토론과 프로젝트, 에세이 쓰기 등에 참여하면서 지혜로 계발하도록 한다. 학생들은 '진실'뿐만 아니라 가치도 함께 배워서, 친사회적 태도를 계발하게 한다.

학생들에게 그들이 배우는 모든 지식이 현실에 어떤 좋은 결말과 나쁜 결말을 가져올지를 생각하고, 지식을 실제에 적용하면 어떤 결과가 나타날지를 생각해보게 한다. 교사는 스스로 지혜의 역할 모델이 되어야 학생들의 지혜를 발달시킬 수 있다는 것을 깨달아야 하며, 지혜의 역할모델을 위해 교사들은 관습적으로 수업을 하기보다는 소크라테스식 기법으로 가르치는 것이 필요하다. 학생들은 주로 많은 정보를 그냥 떠먹여주기를 원한다. 그 다음에 시험을 위해 이러한 정보들을 외우고는 곧 잊어버린다. 지혜중심의 수업법에서는 학생들이 자신의 학습을 구성하는 데 보다 활발한 역할을 해야 한다. 지혜중심의 수업법은 구성주의자가 말하는 학습과는 다르다. 학생들이 스스로 학습을 구성한다고 해서 지혜를 이루는 것이 아니다. 학생들은 자신의 관점에서 지식을 구성할 수 있어야 할 뿐만 아니라 때로는 다른 사람의 관점에서 지식을 구성하고 재구성할 수 있어야 한다. 한 관점만을 강조하는 구성주의는 조화로운 이해보다는 자기중심적 사고를 이끌게 될 것이다. 지혜를 강조하는 수업은 오늘날 그들이 받는 수업과는 다소 다른 특성을 가지고 있다. 다음 예들을 살펴보자.

지혜를 가르치는 수업

첫째, 사회과목, 특히 역사과목은 매우 다르다. 예를 들면 미국 고등학교 역사책은 전형적으로 새로운 미국인이라는 한 관점에서만 미국 역사를 가르친다. 미 대륙이 '발견되었을 때' 이미 살고 있었던 주민들의 관점으로는 이상한 개념이지만 콜럼버스는 미국을 '발견'한 사람으로 알려졌다. 남서부와 알라모의 정복은 그들 영토의 반을 잃은 멕시코인들의 관점이 아닌, 새로운 정착자의 관점에서 기술되었다. 이러한 자민족중심과 선전주의적 수업은 지혜를 개발하고 조화로운 이해관계의 필요성을 중요시하는 교육과정에서는 다루지 않는다.

둘째, 과학수업은 더 이상 사실들의 나열이 되어서는 안 된다. 과학수업은 여러 중간과정 중의 하나라기보다 마치 사고진화과정의 종착점인 것처럼 표현되고 있다(Sternberg, 1998d). 어제의 패러다임과 이론, 결과들의 대부분이 오늘날의 것으로 대체되었듯이 오늘날의 패러다임과 이론, 결과들도 결국은 다른 것으로 대체될 것이라는 것을 학생들은 거의 깨닫지 못한다. 학생들은 대부분의 교과서에 쓰여진 것과는 달리 고전적인 '과학적 방법'이 현실이라기보다 환상에 가깝고, 과학자들도 다른 집단 구성원들처럼 유행에 휩쓸리기 쉽다는 것을 알 필요가 있다.

셋째, 문학수업은 지금 많이 사라진 것들을 조화롭게 반영할 필요가 있다. 문학은 그 사건이 일어난 시간과 장소의 표준에 따르는 것이 아니라 주로 현재 사회의 표준과 맥락에 의해 가르쳐지고 있다. 문학연구는 어느 정도 역사연구의 문맥 속에서 이루어져야 한다. 과거의 작가는 결코 알지 못했던 현대의 기준을 적용해서는 안된다.

넷째, 외국어는 항상 그 언어가 사용되고 있는 문화적 문맥에서 가르쳐져야 한다. 미국 학생들에게 외국어를 가르치는 것은 유럽 학생들보다 어렵다고 하는데, 이는 그들의 능력이 부족해서가 아니라 동기가 부족하기 때문이다. 플라밍어와 프랑스어를 공용어로 사용하는 벨기에 어느 지역에 살고 있는, 플라밍어가 모국인 학생이 다른 외국어를 배우려는 동기가 미국 학생들에게는 없다. 미국인들은 다른 나라 사람들이 미국 문화를 이해하기를 기대하지만 말고, 그들이 다른 나라의 문화를 이해하려는 현명한 시도를 더 많이 하여야 한다. 문화를 통한 언어학습은 매우 중요하다. 미국 사람들이 다른 문화의 가치를 이해한다면 미국 문화적 가치를 다른 문화에 적용하려고 그렇게 서두르지 않을 것이다. 만국 공통어로 제작된 에스페란토어가 왜 실패했는지를 살펴보는 것은 흥미로운 일이다. 이는 에스페란토어가 어떠한 문화도 담고 있지 않는, 그 누구의 언어도 아니었기 때문이다. 지금처럼 실제 언어학습에서 문화가 배제되어 있는 외국어 학습 상황에서는 문화를 가르칠 수 없다. 언어는 그 언어가 사용되고 있는 원래의 문맥에서 통합적으로 가르쳐야 한다. 미국에서 스페인어를 사용하는 것이나 캐나다에서 프랑스어를 사용하는 것과 같은 이중언어 교육의 격렬한 싸움은 기본적으로 언어 때문에 싸우는 것이 아니다. 그들은 문화에 대해 싸우는 것이고, 이것들의 현명한 해결을 위해 싸우고 있는 것이다.

마지막으로, 이러한 보기들을 통해 알 수 있는 것처럼 교육과정은 통합되어 가르쳐져야 한다. 문학과 과학은 역사와 통합하고 사회정치 과목과 외국어는 문화와 함께 가르칠 필요가 있다. 과목 내에서의 통합도 필요하다.

이러한 새로운 접근의 길은 힘들어 보인다. 첫째, 깊게 뿌리박힌 구조들은 그것이 무엇이든 간에 변화하기 힘들고, 일반적으로 지혜는 학교에서 가르치거나 논의될 수 없는 것이다. 둘째, 많은 사람들은 시험 점수를 올려준다는 보장이 없는 내용들은 가르쳐야 할 가치가 없다고 생각한다. 이런 성적들은 처음에는 보다 흥미로운 준거를 위한 예언치의 역할을 했으나, 지금은 그 자체가 준거가 되거나 목적이 되버렸다. 우리 사회는 최고에 목을 매고, 자신의 경제적 성취를 다른 사람과 냉혹하게 비교하는 이들과 무미건조한 경쟁을 하면서 갈 길을 잃었다. 셋째, 내용 개발 후 사지선다형으로 쉽게 검사할 수 있도록 한 성취들보다 지혜가 개발하기에 훨씬 힘이 든다. 끝으로, 하나의 수단을 통해 사회에서 영향력과 힘을 얻어온 사람들은 그 힘을 포기하거나, 그들이 우호적인 위치를 차지하지 못할 것 같은 새로운 준거를 원하지 않는다.

지혜를 얻는 길에는 지름길이 없다. 지금까지도 그러하였고, 앞으로도 그럴 것이다. 교육적 체계는 평온한 길로 방향을 잡아야 하지만 잘못된 길로 가서는 안 된다. 다시 돌아오는 것은 언제나 결코 늦지 않다. '좋은 학생'에 대한 좁은 개념을 강조해오면서, 우리는 개인과 사회에 큰 변화를 만들 수 있는 큰 개념은 무시해 왔다. 단지 우리가 무엇을 아는가가 아니라, 그것을 어떻게 사용해야 하는지가 우리 사회와 사람들의 운명을 결정할 것이다. 우리의 지식이 모두가 원하는 긍정적인 결과를 만드는 데 사용되기 위해서는 학생들에게 WICS를 가르쳐야 한다.

참고문헌

Ackerman, P. L. (1996). A theory of adult intellectual development: Process, personality, interests, and knowledge. *Intelligence, 22,* 229–259.

Ackerman, P. L. (in press). Intelligence and expertise. In R. J. Sternberg & S. B. Kaufman (Eds.), *Cambridge handbook of intelligence.* New York: Cambridge University Press.

Adams, C. M. (2009). Myth 14: Waiting for Santa Claus. *Gifted Child Quarterly, 53,* 272–273.

Adams, J. L. (1974). *Conceptual blockbusting: A guide to better ideas.* San Francisco: Freeman.

Adams, J. L. (1986). *The care and feeding of ideas: A guide to encouraging creativity.* Reading, MA: Addison-Wesley.

Aging and life span. http://www.bookrags.com/research/aging-and-life-span-gen-01/, retrieved 8/23/09.

Airasian, P. W. (1997). *Classroom assessment* (3rd ed.). New York: McGraw-Hill.

Alcock, K. J., & Bundy, D. A. P. (2001). The impact of infectious disease on cognitive development. In R. J. Sternberg & E. L. Grigorenko (Eds.), *Environmental effects on cognitive abilities* (pp. 221–253). Mahwah, NJ: Erlbaum.

Amabile, T. M. (1983). *The social psychology of creativity.* New York: Springer.

Amabile, T. M. (1996). *Creativity in context.* Boulder, CO: Westview.

Anastasi, A., & Urbina, S. (1997). *Psychological testing* (7th ed.). Upper Saddle River, NJ: Prentice-Hall.

Anderson, B. J. (1998). *Development of wisdom-related knowledge in adolescence and young adulthood* (Doctoral dissertation, University of Toronto).

Andrews, F. M. (1975). Social and psychological factors which influence the creative process. In I. A. Taylor & J. W. Getzels (Eds.), *Perspectives in creativity* (pp. 117–145). Chicago: Aldine.

Ang, S., & Van Dyne, L. (in press). Cultural intelligence. In R. J. Sternberg & S. B. Kaufman (Eds.), *Cambridge handbook of intelligence.* New York: Cambridge University Press.

Anuruthwong, U. (2002, December). Gifted education policy in Thailand. *Sanpatiloop Magazine,* 102–104.

Anuruthwong, U. (2007). Thai conceptions of giftedness. In S. N. Phillipson & M. McCann (Eds.), *Conceptions of giftedness: Sociocultural perspectives* (pp. 99–126). Mahwah, NJ: Erlbaum.

Ardelt, M. (1997). Wisdom and life satisfaction in old age. *Journal of Gerontology, 52*, 15–27.

Ardelt, M. (2000a). Antecedents and effects of wisdom in old age. *Research on Aging, 22*(4), 360–394.

Ardelt, M. (2000b). Intellectual versus wisdom-related knowledge: The case for a different kind of learning in the later years of life. *Educational Gerontology, 26*, 771–789.

Arlin, P. K. (1990). Wisdom: The art of problem finding. In R. J. Sternberg (Ed.), *Wisdom: Its nature, origins, and development* (pp. 230–243). New York: Cambridge University Press.

Atlas, T. (2008, June 9). The cost of corruption. *US News & World Report, 144*, 8–9.

Atran, S. (1999). Itzaj Maya folkbiological taxonomy: Cognitive universals and cultural particulars. In D. L. Medin & S. Atran (Eds.), *Folkbiology* (pp. 119–213). Cambridge, MA: MIT Press.

Average life span at birth by race and sex, 1930–2005. http://www.infoplease.com/ipa/A0005148.html, retrieved August 23, 2009.

Azuma, H., & Kashiwagi, K. (1987). Descriptions for an intelligent person: A Japanese study. *Japanese Psychological Research, 29*, 17–26.

Baer, J. (in press). Is creativity domain specific? In J. C. Kaufman & R. J. Sternberg (Eds.), *Cambridge handbook of creativity*. New York: Cambridge University Press.

Baltes, P. B. (1997). *Wolfgang Edelstein: Über ein Wissenschaftlerleben in konstruktivistischer Melancholie [Wolfgang Edelstein: A scientific life in constructive melancholy]. Reden zur Emeritierung von Wolfgang Edelstein.* Berlin, Germany: Max Planck Institute for Human Development.

Baltes, P. B., Dittmann-Kohli, F., & Dixon, R. A. (1984). New perspectives on the development of intelligence in adulthood: Toward a dual-process conception and a model of selective optimization with compensation. In P. B. Baltes, & O. G. Brim, Jr. (Eds.), *Life-span development and behavior* (Vol. 6, pp. 33–76). New York: Academic Press.

Baltes, P. B., & Smith, J. (1987, August). *Toward a psychology of wisdom and its ontogenesis.* Paper presented at the Ninety-Fifth Annual Convention of the American Psychological Association, New York City.

Baltes, P., & Smith, J. (1990). Toward a psychology of wisdom and its ontogenesis. In R. Sternberg (Ed.), *Wisdom, its nature, origins and developmen* (pp. 87–120). Cambridge: Cambridge University Press.

Baltes, P. B., Smith, J., & Staudinger, U. M. (1992). Wisdom and successful aging. In T. Sonderegger (Ed.), *Nebraska Symposium on Motivation* (Vol. 39, pp. 123–167). Lincoln: University of Nebraska Press.

Baltes, P. B., & Staudinger, U. M. (1993). The search for a psychology of wisdom. *Current Directions in Psychological Science, 2*, 75–80.

Baltes, P. B., & Staudinger, U. M. (2000). Wisdom: A metaheuristic (pragmatic) to orchestrate mind and virtue toward excellence. *American Psychologist, 55*, 122–136.

Baltes, P. B., Staudinger, U. M., Maercker, A., & Smith, J. (1995). People nominated as wise: A comparative study of wisdom-related knowledge. *Psychology and Aging, 10*, 155–166.

Bandura, A. (1977). Self-efficacy: Toward a unifying theory of behavioral change. *Psychological Review, 84*, 181–215.

Bandura, A. (1996). *Self-efficacy: The exercise of control.* New York: Freeman.

Bandura, A. (1999). Moral disengagement in the perpetration of inhumanities. *Personality and Social Psychology Review, 3*, 193–209.

Baral, B. D., & Das, J. P. (2004). Intelligence: What is indigenous to India and what is shared? In R. J. Sternberg (Ed.), *International handbook of intelligence* (pp. 270–301). New York: Cambridge University Press.

Barnett, S. M., Rindermann, H., Williams, W. M., & Ceci, S. J. (in press). The relevance of intelligence for society: Predictiveness and relevance of IQ for societal outcomes. In R. J. Sternberg & S. J. Kaufman (Eds.), *Cambridge handbook of intelligence.* New York: Cambridge University Press.

Barnouw, V. (1985). *Culture and personality.* Chicago: Dorsey Press.

Barrett, P. T., & Eysenck, H. J. (1992). Brain evoked potentials and intelligence: The Hendrickson Paradigm. *Intelligence, 16*, 361–381.

Barron, F. (1963). *Creativity and psychological health.* Princeton, NJ: D. Van Nostrand.

Barron, F. (1968). *Creativity and personal freedom.* New York: Van Nostrand.

Barron, F. (1969). *Creative person and creative process.* New York: Holt, Rinehart & Winston.

Barron, F. (1988). Putting creativity to work. In R. J. Sternberg (Ed.), *The nature of creativity* (pp. 76–98). New York: Cambridge University Press.

Barron, F., & Harrington, D. M. (1981). Creativity, intelligence, and personality. *Annual Review of Psychology, 32*, 439–476.

Bashi, Y. (1976). *Verbal and nonverbal abilities of students in grades four, six, and eight in the Arab sector.* Jerusalem: School of Education, Hebrew University.

Basseches, M. (1984a). *Dialectical thinking and adult development.* Norwood, NJ: Ablex.

Basseches, M. A. (1984b). Dialectic thinking as a metasystematic form of cognitive orientation. In M. L. Commons, F. A. Richards, & C. Armon (Eds.), *Beyond formal operations* (pp. 216–328). New York: Praeger.

Bateson, G. (1979). *Mind and nature.* London: Wildwood House.

Begay, H., & Maker, C. J. (2007). When geniuses fail: Na-Dene' (Navajo) conception of giftedness in the eyes of the holy deities. In S. N. Phillipson & M. McCann (Eds.), *Conceptions of giftedness: Sociocultural perspectives* (pp. 127–168). Mahwah, NJ: Erlbaum.

Beghetto, R. A. (in press). Creativity in the classroom. In J. C. Kaufman & R. J. Sternberg (Eds.), *Cambridge handbook of creativity.* New York: Cambridge University Press.

Bellinger, D. C., & Adams, H. F. (2001). Environmental pollutant exposures and children's cognitive ability. In R. J. Sternberg & E. L. Grigorenko (Eds.), *Environmental effects on cognitive abilities* (pp. 157–188). Mahwah, NJ: Erlbaum.

Benbow, C. P., Lubinski, D., & Suchy, B. (1996). Impact of the SMPY model and programs from the perspective of the participant. In C. P. Benbow & D. Lubinski

(Eds.), *Intellectual talent: Psychometric and social issues* (pp. 206–300). Baltimore, MD: Johns Hopkins University Press.

Benedict, R. (1946). *The crysanthemum and the sword.* Boston: Houghton Mifflin.

Bennett, G. K., Seashore, H. G., & Wesman, A. G. (1990). *Differential aptitude tests* (5th ed.). Upper Saddle River, NJ: Pearson.

Berry, J. W. (1974). Radical cultural relativism and the concept of intelligence. In J. W. Berry, & P. R. Dasen (Eds.), *Culture and cognition: Readings in cross-cultural psychology* (pp. 225–229). London: Methuen.

Berry, J. W. (1991). Cultural variations in cognitive style. In S. Wapner (Ed.), *Biological, social and cultural factors in cognitive style* (pp. 289–308). Hillsdale, N.J.: Erlbaum.

Berry, J. W., & Irvine, S. H. (1986). Bricolage: Savages do it daily. In R. J. Sternberg & R. K. Wagner (Eds.), *Practical intelligence: Nature and origins of competence in the everyday world* (pp. 271–306). New York: Cambridge University Press.

Berry, J. W., Poortinga, Y. H., Segall, M. H., & Dasen, P. R. (1992). *Cross-cultural psychology: Research and applications.* New York: Cambridge University Press.

Binet, A., & Simon, T. (1905). Méthodes nouvelles pour le diagnostic du niveau intellectuel des anormaux. *L'Année Psychologique, 11,* 191–336.

Binet, A., & Simon, T. (1916). *The development of intelligence in children* (E. S. Kite, Trans.). Baltimore: Williams & Wilkins. (Original work published in 1905)

Birren, J. E., & Fisher, L. M. (1990). Conceptualizing wisdom: The primacy of affect-cognition relations. In R. J. Sternberg (Ed.), *Wisdom: Its nature, origins, and development* (pp. 317–332). New York: Cambridge University Press.

Birren, J. E., & Svensson, C. M. (2005). Wisdom in history. In R. J. Sternberg & J. Jordan (Eds.), *A handbook of wisdom: Psychological perspectives.* New York: Cambridge University Press.

Bjorklund, D. F., & Kipp, K. (2002). Social cognition, inhibition, and theory of mind: The evolution of human intelligence. In R. J. Sternberg & J. C. Kaufman (Eds.), *The evolution of intelligence* (pp. 27–54). Mahwah, NJ: Erlbaum.

Blanchard-Fields, F. C. (1986). Reasoning on social dilemmas varying in emotional saliency: An adult development perspective. *Psychology and Aging, 1,* 325–332

Bloom, B. S. (1964). *Stability and change in human characteristics.* New York: Wiley.

Bluck, S., & Glück, J. (2005). From the inside out: People's implicit theories of wisdom. In R. J. Sternberg & J. Jordan (Eds.), *A handbook of wisdom: Psychological perspectives.* New York: Cambridge University Press.

Boas, F. (1911). *The mind of primitive man.* New York: Macmillan.

Boden, M. (1992). *The creative mind: Myths and mechanisms.* New York: Basic Books.

Boden, M. A. (1999). Computer models of creativity. In R. J. Sternberg (Ed.), *Handbook of creativity* (pp. 351–372). New York: Cambridge University Press.

Boring, E. G. (1923, June 6). Intelligence as the tests test it. *New Republic,* 35–37.

Borland, J. H. (2003). The death of giftedness. In J. H. Borland (Ed.), *Rethinking gifted education* (pp. 105–124). New York: Teachers College Press.

Borland, J. H. (2005). Gifted education without gifted children. In R. J. Sternberg & J. E. Davidson (Eds.), *Conceptions of giftedness* (2nd ed., pp. 1–19). New York: Cambridge University Press.

Borland, J. H. (2009a). Gifted education without gifted programs or gifted students: An anti-model. In J. S. Renzulli, E. J. Gubbins, K. S. McMillen, R. D. Eckert, & C. A. Little (Eds.), *Systems and models for developing the gifted and talented* (2nd ed., pp. 105–118). Mansfield Center, CT: Creative Learning Press.

Borland, J. H. (2009b). Myth 2: The gifted constitute 3% to 5% of the population. Moreover, giftedness equals high IQ, which is a stable measure of aptitude: Spinal tap psychometrics in gifted education. *Gifted Child Quarterly, 53,* 236–238.

Borkowski, J. G., & Peck, V. A. (1986). Causes and consequences of metamemory in gifted children. In R. J. Sternberg & J. E. Davidson (Eds.), *Conceptions of giftedness* (pp. 182–200). New York: Cambridge University Press.

Bors, D. A., & Forrin, B. (1995). Age, speed of information processing, recall, and fluid intelligence. *Intelligence, 20*(3), 229–248.

Bors, D. A., MacLeod, C. M., & Forrin, B. (1993). Eliminating the IQ-RT correlation by eliminating an experimental confound. *Intelligence, 17*(4), 475–500.

Bowen, W. G., & Bok, D. (2000). *The shape of the river: Long-term consequences of considering race in college and university admissions.* Princeton, NJ: Princeton University Press.

Bowen, W. G., Kurzweil, M. A., & Tobin, E. M. (2006). *Equity and excellence in American higher education.* Charlottesville: University of Virginia Press.

Bowers, K. S., Regehr, G., Balthazard, C., & Parker, K. (1990). Intuition in the context of discovery. *Cognitive Psychology, 22,* 72–109.

Bradley, R. H., & Caldwell, B. M. (1984). 174 children: A study of the relationship between home environment and cognitive development during the first 5 years. In A. W. Gottfried (Ed.), *Home environment and early cognitive development: Longitudinal research.* San Diego, CA: Academic Press.

Bradshaw, J. L. (2002). The evolution of intellect: Cognitive, neurological, and primatological aspects and hominid culture. In R. J. Sternberg & J. C. Kaufman (Eds.), *The evolution of intelligence* (pp. 57–58). Mahwah, NJ: Erlbaum.

Bransford, J. D., & Stein, B. (1984). *The IDEAL problem solver.* New York: Freeman.

Brislin, R. W., Lonner, W. J., & Thorndike, R. M. (Eds.). (1973). *Cross-cultural research methods.* New York: Wiley.

Brody, L. E., & Stanley, J. C. (2005). Youths who reason exceptionally well mathematically and/or verbally: Using the MVT:D4 model to develop their talents. In R. J. Sternberg & J. E. Davidson (Eds.), *Conceptions of giftedness* (2nd ed., pp. 20–37). New York: Cambridge University Press.

Brody, N. (2000). History of theories and measurements of intelligence. In R. J. Sternberg (Ed.), *Handbook of intelligence* (pp. 16–33). New York: Cambridge University Press.

Brown, A. L., & DeLoache, J. S. (1978). Skills, plans, and self-regulation. In R. Siegler (Ed.), *Children's thinking: What develops?* Hillsdale, NJ: Erlbaum.

Brown, A. L., & Ferrara, R. A. (1985). Diagnosing zones of proximal development. In J. V. Wertsch (Ed.). *Culture, communication, and cognition: Vygotskian perspectives* (pp. 273–305). New York: Cambridge University Press.

Brugman, G. (2000). *Wisdom: Source of narrative coherence and eudaimonia.* Published doctoral dissertation, University of Utrecht. Delft, The Netherlands.

Bruner, J. S., Olver, R. R., & Greenfield, P. M. (1966). *Studies in cognitive growth.* New York: Wiley.

Byrne, R. W. (2002). The primate origins of human intelligence. In R. J. Sternberg & J. C. Kaufman (Eds.), *The evolution of intelligence* (pp. 79–96). Mahwah, NJ: Erlbaum.

Callahan, C. M. (2009). Myth 3: A family of identification myths: Your sample must be the same as the population. There is a "silver bullet" in identification. There must be "winners" and "losers" in identification and programming. *Gifted Child Quarterly, 53*(4), 239–241.

Calvin, W. H. (2002). Pumping up intelligence: Abrupt climate jumps and the evolution of higher intellectual functions during the Ice Ages. In R. J. Sternberg & J. C. Kaufman (Eds.), *The evolution of intelligence* (pp. 97–116). Mahwah, NJ: Erlbaum.

Camara, W. J., & Schmidt, A. E. (1999). Group differences in standardized testing and social stratification (College Board Research Rep. No. 99–5). New York: College Board. http://www.collegeboard.com/research/home/, retrieved 12/21/2006.

Campbell, D. T. (1960). Blind variation and selective retention in creative thought and other knowledge processes. *Psychological Review, 67*, 380–400.

Campbell, J., & Eyre, D. (2007). The English model of gifted and talented education: Policy, context, and challenges. In S. N. Phillipson & M. McCann (Eds.), *Conceptions of giftedness: Sociocultural perspectives* (pp. 459–475). Mahwah, NJ: Erlbaum.

Cantez, E., & Girgin, Y. (1992). *Istanbul'da yasayan 3–11 yas grubundaki kiz va erkek cocuklara Gesell Gelisim Testi'nin uygulanmiasindan elde edilen sonuclarin Gesell Gelisim Testi Normlari ile karsilastirilmasi ve normlara uygunlugunun arastirilmasi ile ilgili bir calisma. [A study about the comparison of the results obtained from the application of Gesell Development Schedules to 3–11-year-old male and female children living in Istanbul with the norms of the Gesell Developmental Schedules].* In *VIII. Ulusal Psikoloji Kongresi Bilimsel Calismalari.* Ankara, Turkey: Turkish Psychological Association.

Cantor, N., & Kihlstrom, J. F. (1987). *Personality and social intelligence.* Englewood Cliffs, NJ: Prentice-Hall.

Carlstedt, B., Gustafsson, J.-E., & Hautamäki, J. (2004). Intelligence–Theory, research, and testing in the Nordic countries. In R. J. Sternberg (Ed.), *International handbook of intelligence* (pp. 49–78). New York: Cambridge University Press.

Carr, P. B., & Dweck, C. S. (in press). Motivation and intelligence. In R. J. Sternberg & S. B. Kaufman (Eds.), *Cambridge handbook of intelligence.* New York: Cambridge University Press.

Carraher, T. N., Carraher, D., & Schliemann, A. D. (1985). Mathematics in the streets and in schools. *British Journal of Developmental Psychology, 3*, 21–29.

Carroll, J. B. (1993). *Human cognitive abilities: A survey of factor-analytic studies.* New York: Cambridge University Press.

Carstensen, L. L. (1995). Evidence for a life-span theory of socioemotional selectivity. *Current Directions in Psychological Science, 4*(5), 151–156.

Caruso, D. R., Mayer, J. D., & Salovey, P. (2002). Emotional intelligence and emotional leadership. In R. E. Riggio, S. E. Murphy, & F. J. Pirozzolo, *Multiple intelligences and leadership* (pp. 55–74). Mahwah, NJ: Erlbaum.

Cattell, R. B. (1971). *Abilities: Their structure, growth, and action.* Boston: Houghton Mifflin.

Ceci, S. J. (1996). *On intelligence: A bioecological treatise on intellectual development* (2nd ed.). Cambridge, MA: Harvard University Press.

Ceci, S. J., & Bronfenbrenner, U. (1985). Don't forget to take the cupcakes out of the oven: Strategic time-monitoring, prospective memory and context. *Child Development, 56*, 175–190.

Ceci, S. J., Nightingale, N. N., & Baker, J. G. (1992). The ecologies of intelligence: Challenges to traditional views. In D. K. Detterman (Ed.), *Current topics in human intelligence: Vol. 2. Is mind modular or unitary?* (pp. 61– 82). Norwood, NJ: Ablex.

Ceci, S. J., & Roazzi, A. (1994). The effects of context on cognition: Postcards from Brazil. In R. J. Sternberg & R. K. Wagner (Eds.), *Mind in context: Interactionist perspectives on human intelligence* (pp. 74–101). New York: Cambridge University Press.

Chan, J. (2007). Giftedness and China's Confucian heritage. In S. N., Phillipson & M. McCann (Eds.), *Conceptions of giftedness: Sociocultural perspectives* (pp. 35–64). Mahwah, NJ: Erlbaum.

Chart, H., Grigorenko, E. L., & Sternberg, R. J. (2008). Identification: The Aurora Battery. In J. A. Plucker & C. M. Callahan (Eds.), *Critical issues and practices in gifted education* (pp. 281–301). Waco, TX: Prufrock.

Chen, M. J. (1994). Chinese and Australian concepts of intelligence. *Psychology and Developing Societies, 6*, 101–117.

Chen, M. J., Braithwaite, V., & Huang, J. T. (1982). Attributes of intelligent behaviour: Perceived relevance and difficulty by Australian and Chinese students. *Journal of Cross-Cultural Psychology, 13*, 139–156.

Chen, M. J., & Chen, H-C. (1988). Concepts of intelligence: A comparison of Chinese graduates from Chinese and English schools in Hong Kong. *International Journal of Psychology*, 471–487.

Chi, M. T. H., Glaser, R., & Farr, M. J. (Eds.). (1988). *The nature of expertise.* Hillsdale, NJ: Erlbaum.

Chimhundu, H. (Ed.). (2001). *Dura manzwi guru rechiShona.* Harare, Zimbabwe: College Press.

Christian, K., Bachnan, H. J., & Morrison, F. J. (2001). Schooling and cognitive development. In R. J. Sternberg & E. L. Grigorenko (Eds.), *Environmental effects on cognitive abilities* (pp. 287–335). Mahwah, NJ: Erlbaum.

Cianciolo, A.T., Grigorenko, E. L., Jarvin, L., Gil, G., Drebot, M. E., & Sternberg, R. J. (2006). Practical intelligence and tacit knowledge: Advancements in the measurement of developing expertise. *Learning and Individual Differences, 16*(3), 235–253.

Ciarrochi, J., Forgas, J. P., & Mayer, J. D. (Eds.). (2001). *Emotional intelligence in everyday life: A scientific inquiry.* Philadelphia, PA: Psychology Press.

Clayton, V. P. (1975). Erikson's theory of human development as it applies to the aged: Wisdom as contradictory cognition. *Human Development, 18*, 119–128.

Clayton, V. P. (1976). *A multidimensional scaling analysis of the concept of wisdom* (Doctoral dissertation, University of Southern California, Los Angeles).

Clayton, V. P. (1982). Wisdom and intelligence: The nature and function of knowledge in the later years. *International Journal of Aging and Development, 15*, 315–321.

Clayton, V. P., & Birren, J. E. (1980). The development of wisdom across the lifespan: A reexamination of an ancient topic. In P. B. Baltes & O. G. Brim, Jr. (Eds.), *Life-span development and behavior* (pp. 103–135). New York: Academic Press.

Clement, J. (1989). Learning via model construction and criticism: Protocol evidence on sources of creativity in science. In G. Glover, R. Ronning, & C. Reynolds (Eds.), *Handbook of creativity* (pp. 341–381). New York: Plenum.

Cohen, R. J., & Swerdlik, M. (2001). *Psychological testing and assessment: An introduction to tests and measurements.* New York: McGraw-Hill.

Cole, M. (1998). *Cultural psychology: A once and future discipline.* Cambridge, MA: Harvard University Press.

Cole, M., Gay, J., Glick, J., & Sharp, D. W. (1971). *The cultural context of learning and thinking.* New York: Basic Books.

Cole, M., & Means, B. (1981). *Comparative studies of how people think.* Cambridge, MA: Harvard University Press.

Cole, M., & Scribner, S. (1974). *Culture and thought.* New York: Wiley.

Coles, R. (1998). *The moral intelligence of children: How to raise a moral child.* New York: Plume.

Coley, J. D., Medin, D. L., Proffitt, J. B., Lynch, E., & Atran, S. (1999). Inductive reasoning in folkbiological thought. In D. L. Medin & S. Atran (Eds.), *Folkbiology* (pp. 205–232). Cambridge, MA: MIT Press.

Collier, G. (1994). *Social origins of mental ability.* New York: Wiley.

Collins, M. A., & Amabile, T. M. (1999). Motivation and creativity. In R. J. Sternberg (Ed.), *Handbook of creativity* (pp. 297–312). New York: Cambridge University Press.

Connolly, H., & Bruner, J. (1974). Competence: Its nature and nurture. In K. Connolly & J. Bruner (Eds.), *The growth of competence.* New York: Academic Press.

Conway, A. R. A., Getz, S., Macnamara, B., & Engel, P. (in press). Working memory and fluid intelligence: A multi-mechanism view. In R. J. Sternberg & S. B. Kaufman (Eds.), *Cambridge handbook of intelligence.* New York: Cambridge University Press.

Cook, D. A., & Beckman, T. J. (2006). Current concepts in validity and reliability for psychometric instruments: Theory and application. *American Journal of Medicine, 119*(2), 166.e7–16.

Coon, H., Carey, G., & Fulker, D. W. (1992). Community influences on cognitive ability. *Intelligence, 16*(2), 169–188.

Corballis, M. C. (2002). Evolution of the generative mind. In R. J. Sternberg & J. C. Kaufman (Eds.), *The evolution of intelligence* (pp. 117–144). Mahwah, NJ: Erlbaum.

Cosmides, L., & Tooby, J. (2002). Unraveling the enigma of human intelligence: Evolutionary psychology and the multimodular mind. In R. J. Sternberg & J. C. Kaufman (Eds.), *The evolution of intelligence* (pp. 145–198). Mahwah, NJ: Erlbaum.

Cox, C. M. (1926). *The early mental traits of three hundred geniuses.* Stanford, CA: Stanford University Press.

Craik, F. I. M., & Lockhart R. S. (1972). Levels of processing: A framework for memory research. *Journal of Verbal Learning and Verbal Behavior, 11*, 671–684.

Cronbach, L. J. (1990). *Essentials of psychological testing* (5th ed.). New York: Harper-Collins.

Cropley, D., & Cropley, A. (in press). Functional creativity: "Products" and the generation of effective novelty. In J. C. Kaufman & R. J. Sternberg (Eds.), *Cambridge handbook of creativity*. New York: Cambridge University Press.

Crutchfield, R. (1962). Conformity and creative thinking. In H. Bruber, G. Terrell, & M. Wertheimer (Eds.), *Contemporary approaches of creative thinking* (pp. 120–140). New York: Atherton.

Csikszentmihalyi, M. (1988). Society, culture, and person: A systems view of creativity. In R. J. Sternberg (Ed.), *The nature of creativity* (pp. 325–339). New York: Cambridge University Press.

Csikszentmihalyi, M. (1996). *Creativity*. New York: HarperCollins.

Csikszentmihalyi, M. (1999). Implications of a systems perspective for the study of creativity. In R. J. Sternberg (Ed.), *Handbook of creativity* (pp. 313–335). New York: Cambridge University Press.

Czikszentmihalyi, M., & Nakamura, J. (2005). The role of emotions in the development of wisdom. In R. J. Sternberg & J. Jordan (Eds.). *A handbook of wisdom: Psychological perspectives*. New York: Cambridge University Press.

Csikszentmihalyi, M., & Rathunde, K. (1990). The psychology of wisdom: An evolutionary interpretation. In R. Sternberg (Ed.), *Wisdom: Its nature, origins, and development* (pp. 25–51). New York: Cambridge University Press.

Csikszentmihalyi, M., & Robinson, R. E. (1986). Culture, time, and the development of talent. In R. J. Sternberg & J. E. Davidson (Eds.), *Conceptions of giftedness* (pp. 264–284). New York: Cambridge University Press.

Cziko, G. A. (1998). From blind to creative: In defense of Donald Campbell's selectionist theory of human creativity. *Journal of Creative Behavior, 32*, 192–208.

Daneman, M., & Carpenter, P. A. (1983). Individual differences in integrating information between and within sentences. *Journal of Experimental Psychology: Learning, Memory, & Cognition, 9*(4), 561–584.

Daniel, M. (1997). Intelligence testing: Status and trends. *American Psychologist, 52*, 1038–1045.

Daniel, M. (2000). Interpretation of intelligence test scores. In R. J. Sternberg (Ed.), *Handbook of intelligence* (pp. 477–491). New York: Cambridge University Press.

Das, J. P. (1994). Eastern views of intelligence. In R. J. Sternberg (Ed.), *Encyclopedia of intelligence* (pp. 91 97). New York: Macmillan.

Dasen, P. (1984). The cross-cultural study of intelligence: Piaget and the Baoule. *International Journal of Psychology, 19*, 407–434.

Davidson, J. E., & Kemp, I. A. (in press). Contemporary models of intelligence. In R. J. Sternberg & S. B. Kaufman (Eds.), *Cambridge handbook of intelligence*. New York: Cambridge University Press.

Davies, M., Stankov, L., & Roberts, R. D. (1998). Emotional intelligence: In search of an elusive construct. *Journal of Personality & Social Psychology, 75*, 989–1015.

Davis, K., Christodoulou, J., Seider, S., & Gardner, H. (in press). The theory of multiple intelligences. In R. J. Sternberg & S. B. Kaufman (Eds.), *Cambridge handbook of intelligence*. New York: Cambridge University Press.

De Bono, E. (1971). *Lateral thinking for management*. New York: McGraw-Hill.

De Bono, E. (1985). *Six thinking hats*. Boston: Little, Brown.

De Bono, E. (1992). *Serious creativity: Using the power of lateral thinking to create new ideas*. New York: HarperCollins.

De Vise, D. (2008, December 16). Montgomery erasing gifted label. http://www.washingtonpost.com/wp-dyn/content/article/2008/12/15/AR2008121503114_pf.html, retrieved 1/2/09.

Deary, I. J. (2000). Simple information processing. In R. J. Sternberg (Ed.), *Handbook of intelligence* (pp. 267–284). New York: Cambridge University Press.

Deary, I. J. (2002). g and cognitive elements of information processing: An agnostic view. In R. J. Sternberg, & E. L. Grigorenko (Eds.), *The general factor of intelligence: How general is it?* (pp. 151–181). Mahwah, NJ: Erlbaum.

Deary, I. J., & Batty, G. D. (in press). Intelligence as a predictor of health, illness, and death: "Cognitive epidemiology." In R. J. Sternberg & S. B. Kaufman (Eds.), *Cambridge handbook of intelligence*. New York: Cambridge University Press.

Deary, I. J., & Smith, P. (2004). Intelligence research and assessment in the United Kingdom. In R. J. Sternberg (Ed.), *International handbook of intelligence* (pp. 1–48). New York: Cambridge University Press.

Deary, I. J., & Stough, C. (1996). Intelligence and inspection time: Achievements, prospects, and problems. *American Psychologist, 51*, 599–608.

Deary, I. J., Whalley, L. J., & Starr, J. M. (2008). *A lifetime of intelligence: Follow-up studies of the Scottish Mental Surveys of 1932 and 1947*. Washington, DC: American Psychological Association.

Demetriou, A. (2002). Tracing psychology's invisible giant and its visible guards. In R. J. Sternberg & E. L. Grigorenko (Eds.), *The general factor of intelligence: How general is it?* (pp. 3–18). Mahwah, NJ: Erlbaum.

Demetriou, A., & Papadopoulos, T. C. (2004). Human intelligence: From local models to universal theory. In R. J. Sternberg (Ed.), *International handbook of intelligence* (pp. 445–474). New York: Cambridge University Press.

Dempster, F. N. (1991). Inhibitory processes: A neglected dimension of intelligence. *Intelligence, 15*, 157–173.

Detterman, D. K., & Sternberg, R. J. (Eds.). (1982). *How and how much can intelligence be increased?* Norwood, NJ: Erlbaum.

Diagnostic and Statistical Manual of the American Psychiatric Association (1995, 4th ed.). Washington, DC: American Psychiatric Association.

DiStefano, C., & Dombrowski, S. C. (2006). Investigating the theoretical structure of the Stanford-Binet, Fifth edition. *Journal of Psychoeducational Assessment, 24*, 123–136.

Dochy, F., & McDowell, L. (1997). Assessment as a tool for learning. *Studies in Educational Evaluation, 23*, 279–298.

Dunbar, K., & Fugelsang, J. (2005). Scientific thinking and reasoning. In K. Holyoak & R. G. Morrison (Eds.), *Cambridge handbook of thinking and reasoning* (pp. 705–729). Cambridge: Cambridge University Press.

Duncker, K. (1945). On problem solving. *Psychological Monographs, 58*(5, Whole No. 270).

Durojaiye, M. O. A. (1993). Indigenous psychology in Africa. In U. Kim & J. W. Berry (Eds.), *Indigenous psychologies: Research and experience in cultural context*. Newbury Park, CA: Sage.

Dweck, C. S. (1999). *Self-theories: Their role in motivation, personality, and development.* Philadelphia: Psychology Press.

Dyer, W. (1998). *Wisdom of the ages.* New York: HarperCollins.

Embretson, S., & McCollam, K. (2000). Psychometric approaches to the understanding and measurement of intelligence. In R. J. Sternberg (Ed.), *Handbook of intelligence* (pp. 423–444). New York: Cambridge University Press.

Ericsson, K. A. (Ed.). (1996). *The road to excellence: The acquisition of expert performance in the arts and sciences, sports and games.* Hillsdale, NJ: Erlbaum.

Ericsson, K. A., Krampe, R. T., & Tesch-Roemer, C. (1993). The role of deliberate practice in the acquisition of expert performance. *Psychological Review, 100,* 363–406.

Ericsson, K. A., & Smith, J. (Eds.). (1991). *Toward a general theory of expertise: Prospects and limits.* New York: Cambridge University Press.

Erikson, E. (1950). *Childhood and society.* New York: Norton.

Erikson, E. H. (1959). Identity and the life cycle. *Psychological Issues, 1,* 1–173.

Estes, W. K. (1982). Similarity-related channel interactions in visual processing. *Journal of Experimental Psychology: Human Perception & Performance, 8*(3), 353–382.

Eysenck, H. J. (1986). A theory of intelligence and the psychophysiology of cognition. In R. J. Sternberg (Ed.), *Advances in the psychology of human intelligence* (Vol. 3, pp. 1–34). Hillsdale, NJ: Erlbaum.

Eysenck, H. J. (1993). Creativity and personality: A theoretical perspective. *Psychological Inquiry, 4,* 147–178.

Feist, G. J. (1999). The influence of personality on artistic and scientific creativity. In R. J. Sternberg (Ed.), *Handbook of creativity* (pp. 273–296). New York: Cambridge University Press.

Feist, G. J. (in press). The function of personality in creativity: The nature and nurture of the creativity personality. In J. C. Kaufman & R. J. Sternberg (Eds.), *Cambridge handbook of creativity.* New York: Cambridge University Press.

Fekken, G. C. (2000). *Reliability.* In A.E. Kazdin (Ed.), *Encyclopedia of psychology* (Vol. 7, pp. 30–34). Washington, DC: American Psychological Association.

Feldhusen, J. F. (1986). A conception of giftedness. In R. J. Sternberg & J. E. Davidson (Eds.), *Conceptions of giftedness* (pp. 112–127). New York: Cambridge University Press.

Feldhusen, J. F. (2005). Giftedness, talent, expertise, and creative achievement. In R. J. Sternberg & J. E. Davidson (Eds.), *Conceptions of giftedness* (2nd ed., pp. 64–79). New York: Cambridge University Press.

Feldman, D. H. (1986). Giftedness as the developmentalist sees it. In R. J. Sternberg & J. E. Davidson (Eds.), *Conceptions of giftedness* (pp. 285–305). New York: Cambridge University Press.

Feldman, D. H. (1999). The development of creativity. In R. J. Sternberg (Ed.), *Handbook of creativity* (pp. 169–186). New York: Cambridge University Press.

Feldman, D. H., Csikszentmihalyi, M., & Gardner, H. (1994). *Changing the world: A framework for the study of creativity.* Westport, CT: Praeger.

Feldman, D. H., with Goldsmith, L. T. (1991). *Nature's gambit: Child prodigies and the development of human potential.* New York: Teachers College Press.

Fernández-Ballesteros, R., & Colom, R. (2004). The psychology of human intelligence in Spain. In R. J. Sternberg (Ed.), *International handbook of intelligence* (pp. 79–103). New York: Cambridge University Press.

Feuerstein, R. (1979). *The dynamic assessment of retarded performers: The learning potential assessment device, theory, instrument, and techniques.* Baltimore, MD: University Park Press.

Feuerstein, R. (1980). *Instrumental enrichment: An intervention program for cognitive modifiability.* Baltimore, MD: University Park Press.

Fiese, B. H. (2001). Family matters: A systems view of family effects on children's cognitive health. In R. J. Sternberg & E. L. Grigorenko (Eds.), *Environmental effects on cognitive abilities* (pp. 39–57). Mahwah, NJ: Erlbaum.

Findlay, C. S., & Lumsden, C. J. (1988). The creative mind: Toward an evolutionary theory of discovery and invention. *Journal of Social and Biological Structures, 11,* 3–55.

Finke, R. (1990). *Creative imagery: Discoveries and inventions in visualization.* Hillsdale, NJ: Erlbaum.

Finke, R. (1995). A. Creative insight and preinventive forms. In R. J. Sternberg & J. E. Davidson (Eds.), *The nature of insight* (pp. 255–280). Cambridge, MA: MIT Press.

Finke, R. A., & Slayton, K. (1988). Explorations of creative visual synthesis in mental imagery. *Memory & Cognition, 16*(3), 252–257.

Finke, R. A., Ward T. B. & Smith, S. M. (1992). *Creative cognition: Theory, research, and applications.* Cambridge, MA: MIT Press.

Flanagan, O., Hardcastle, V. G., & Nahmias, E. (2002). Is human intelligence an adaptation? Cautionary observations from the philosophy of biology. In R. J. Sternberg & J. C. Kaufman (Eds.), *The evolution of intelligence* (pp. 199–222). Mahwah, NJ: Erlbaum.

Flavell, J. H. (1981). Cognitive monitoring. In W. P. Dickson (Ed.), *Children's oral communication skills* (pp. 35–60). New York: Academic Press.

Flescher, I. (1963). Anxiety and achievement of intellectually gifted and creatively gifted children. *Journal of Psychology, 56,* 251–268.

Flynn, J. R. (1984). The mean IQ of Americans: Massive gains 1932 to 1978. *Psychological Bulletin, 95,* 29–51.

Flynn, J. R. (1987). Massive IQ gains in 14 nations: What IQ tests really measure. *Psychological Bulletin, 101,* 171–191.

Flynn, J. R. (1998). IQ gains over time: Toward finding the causes. In U. Neisser (Ed.), *The rising curve: Long-term gains in IQ and related measures* (pp. 25–66). Washington, DC: American Psychological Association.

Flynn, J. R. (in press). Secular changes in intelligence. In R. J. Sternberg & S. B. Kaufman (Eds.), *Cambridge handbook of intelligence.* New York: Cambridge University Press.

Freeman, J. (2005). Permission to be gifted: How conceptions of giftedness can change lives. In R. J. Sternberg & J. E. Davidson (Eds.), *Conceptions of giftedness* (2nd ed., pp. 80–97). New York: Cambridge University Press.

Frensch, P. A., & Sternberg, R. J. (1989). Expertise and intelligent thinking: When is it worse to know better? In R. J. Sternberg (Ed.), *Advances in the psychology of human intelligence.* Hillsdale, NJ: Erlbaum.

Freud, S. (1908/1959). The relation of the poet to day-dreaming. In S. Freud (Ed.), *Collected papers* (Vol. 4, pp. 173–183). London: Hogarth Press.

Freud, S. (1910/1964). *Leonardo da Vinci and a memory of his childhood.* New York: Norton. (Original work published in 1910)

Frey, M. C., & Detterman, D. K. (2004). Scholastic assessment or g? The relationship between the Scholastic Assessment Test and general cognitive ability. *Psychological Science, 15*, 373–378.

Friedman-Nimz, R. (2009). Myth 6: Cosmetic use of multiple selection criteria. *Gifted Child Quarterly, 53*, 248–250.

Gabora, L., & Kaufman, S. B. (in press). Evolutionary approaches to creativity. In J. C. Kaufman & R. J. Sternberg (Eds.), *Cambridge handbook of creativity.* New York: Cambridge University Press.

Gabora, L., & Russon, A. (in press). The evolution of intelligence. In R. J. Sternberg & S. B. Kaufman (Eds.), *Cambridge handbook of intelligence.* New York: Cambridge University Press.

Gagné, F. (2000). Understanding the complex choreography of talent development through DMGT-based analysis. In K. A. Heller, F. J. Mönks, R. J. Sternberg, & R. Subotnik (Eds.), *International handbook for research on giftedness and talent* (2nd ed., pp. 67–79). Oxford, UK: Pergamon.

Gagné, F. (2005). From gifts to talents. In R. J. Sternberg & J. E. Davidson (Eds.), *Conceptions of giftedness* (2nd ed., pp. 98–119). New York: Cambridge University Press.

Gallagher, J. J. (1996). A critique of critiques of gifted education. *Journal for the Education of the Gifted, 19*, 234–249.

Gallagher, J. J. (2000). Changing paradigms for gifted education in the United States. In K. A. Heller, F. J. Mönks, R. J. Sternberg, & R. F. Subotnik (Eds.), *International handbook of giftedness and talent* (pp. 681–694). New York: Elsevier.

Gallagher, J. J., & Courtright, R. D. (1986). The educational definition of giftedness and its policy implications. In R. J. Sternberg & J. E. Davidson (Eds.), *Conceptions of giftedness* (pp. 93–111). New York: Cambridge University Press.

Gallagher, S. A. (2009). Myth 19: Is Advanced Placement an adequate program for gifted students? *Gifted Child Quarterly, 53*, 286–288.

Galton, F. (1869). *Hereditary genius.* New York: Macmillan.

Galton, F. (1883). *Inquiry into human faculty and its development.* London: Macmillan.

Gardner, H. (1983). *Frames of mind: The theory of multiple intelligences.* New York: Basic Books.

Gardner, H. (1993). *Multiple intelligences: The theory in practice.* New York: Basic Books.

Gardner, H. (1994). The stories of the right hemisphere. In W. D. Spaulding (Ed.), *Integrative views of motivation, cognition, and emotion. Nebraska symposium on motivation* (Vol. 41, pp. 57–69). Lincoln: University of Nebraska Press.

Gardner, H. (1995). *Leading minds.* New York: Basic Books.

Gardner, H. (1999a). Are there additional intelligences? The case for naturalist, spiritual, and existential intelligences. In J. Kane (Ed.), *Education, information, and transformation* (pp. 111–131). Upper Saddle River, NJ: Prentice-Hall.

Gardner, H. (1999b). *Intelligence reframed.* New York: Basic Books.

Gardner, H. (2000). The giftedness matrix: A developmental perspective. In R. C. Friedman & B. M. Shore (Eds.), *Talents unfolding: Cognition and development* (pp. 77–88). Washington, DC: American Psychological Association.

Gardner, H. (2006). *Multiple intelligences: New horizons in theory and practice.* New York: Basic.

Gardner, H., Feldman, D. H., Krechevsky, M., & Chen, J. Q. (1998). *Building on children's strengths: The experience of Project Spectrum (Project Zero Frameworks for Early Childhood Education),* Vol. 1. New York: Teachers College Press.

Garrison Keillor quotes (2009). http://www.brainyquote.com/quotes/quotes/g/garrisonke137097.html, retrieved 1/2/09.

Gentry, M. (2009). Myth 11: Comprehensive continuum of gifted education and talent development services: Discovering, developing, and enhancing young people's gifts and talents. *Gifted Child Quarterly, 53,* 262–265.

Getzels, J., & Csikszentmihalyi, M. (1976). *The creative vision: A longitudinal study of problem finding in art.* New York: Wiley-Interscience.

Getzels, J. W., & Jackson, P. W. (1962). *Creativity and intelligence: Explorations with gifted students.* New York: Wiley.

Ghiselin, B. (Ed.). (1985). *The creative process: A symposium.* Berkeley: University of California Press.

Gibson, K., & Vialle, W. (2007). The Australian Aboriginal view of giftedness. In S. N. Phillipson & M. McCann (Eds.), *Conceptions of giftedness: Sociocultural perspectives* (pp. 197–224). Mahwah, NJ: Erlbaum.

Gill, R., & Keats, D. M. (1980). Elements of intellectual competence: Judgments by Australian and Malay university students. *Journal of Cross-Cultural Psychology, 11,* 233–243.

Gladwin, T. (1970). *East is a big bird.* Cambridge, MA: Harvard University Press.

Gliner, J. A., & Morgan, G. A. (2000). *Research methods in applied settings: An integrated approach to design and analysis.* Mahwah, NJ: Erlbaum.

Glück, J., Bluck, S., Baron, J., & McAdams, D. P. (2005). The wisdom of experience: Autobiographical narratives across adulthood. *International Journal of Behavioral Development, 29*(3), 197–208.

Golann, S. E. (1962). The creativity motive. *Journal of Personality, 30,* 588–600.

Golden, D. (2006). *The price of admission.* New York: Crown.

Goleman, D. (1998a, November–December). What makes a good leader? *Harvard Business Review,* 93–102.

Goleman, D. (1998b). *Working with emotional intelligence.* New York: Bantam.

Goodman, D. P., & Hambleton, R. K. (2004). Student test score reports and interpretive guides: Review of current practices and suggestions for future research. *Applied Measurement in Education, 172,* 145–220.

Goodnow, J. J. (1962). A test of milieu effects with some of Piaget's tasks. *Psychological Monographs, 76,* Whole No. 555.

Goodnow, J. J. (1969). Cultural variations in cognition skills. In D. R. Price-Williams (Ed.), *Cross-cultural studies* (pp. 246–264). Hardmondsworth, England: Penguin.

Goodnow, J. J. (1976). The nature of intelligent behavior: Questions raised by cross-cultural studies. In L. Resnick (Ed.), *The nature of intelligence* (pp. 169–188). Hillsdale, NJ: Erlbaum.

Gordon, E. W., & Bridglall, B. L. (2005). Nurturing talent in gifted students of color. In R. J. Sternberg & J. E. Davidson (Eds.), *Conceptions of giftedness* (2nd ed., pp. 120–146). New York: Cambridge University Press.

Gordon, W. J. J. (1961). *Synectics: The development of creative capacity.* New York: Harper & Row.

Gough, H. G. (1979). A creativity scale for the adjective check list. *Journal of Personality and Social Psychology, 37,* 1398–1405.

Gourevitch, P. (1998). *We wish to inform you that tomorrow we will be killed with our families: Stories from Rwanda.* New York: Farrar, Straus & Giroux.

Grantham-McGregor, S., Ani, C., & Fernald, L. (2002). The role of nutrition in intellectual development. In R. J. Sternberg, & E. L. Grigorenko (Eds.), *Environmental effects on cognitive abilities* (pp. 119–155). Mahwah, NJ: Erlbaum.

Greenfield, P. M. (1997). You can't take it with you: Why abilities assessments don't cross cultures. *American Psychologist, 52,* 1115–1124.

Gregory, R. J. (2000). *Psychological testing: History, principles, and applications* (3rd ed.), Boston, MA: Allyn & Bacon.

Grigorenko, E. L. (2000). Heritability and intelligence. In R. J. Sternberg (Ed.), *Handbook of intelligence* (pp. 53–91). New York: Cambridge University Press.

Grigorenko, E. L. (2001). The invisible danger: The impact of ionizing radiation on cognitive development and functioning. In R. J. Sternberg & E. L. Grigorenko (Eds.), *Environmental effects on intellectual functioning* (pp. 255–286). Mahwah, NJ: Erlbaum.

Grigorenko, E. L. (2002). Other than g: The value of persistence. In R. J. Sternberg & E. L. Grigorenko (Eds.), *The general factor of intelligence: Fact or fiction* (pp. 299–327). Mahwah, NJ: Erlbaum.

Grigorenko, E. L. (2004). Is it possible to study intelligence without using the concept of intelligence? An example from Soviet/Russian psychology. In R. J. Sternberg (Ed.), *International handbook of intelligence* (pp. 170–211). New York: Cambridge University Press.

Grigorenko, E. L., Geissler, P. W., Prince, R., Okatcha, F., Nokes, C., Kenny, D. A., Bundy, D. A., & Sternberg, R. J. (2001). The organization of Luo conceptions of intelligence: A study of implicit theories in a Kenyan village. *International Journal of Behavior Development, 25,* 367–378.

Grigorenko, E. L., Jarvin, L., & Sternberg, R. J. (2002). School-based tests of the triarchic theory of intelligence: Three settings, three samples, three syllabi. *Contemporary Educational Psychology, 27,* 167–208.

Grigorenko, E. L., Meier, E., Lipka, J., Mohatt, G., Yanez, E., & Sternberg, R. J. (2004). Academic and practical intelligence: A case study of the Yup'ik in Alaska. *Learning and Individual Differences, 14,* 183–207.

Grigorenko, E. L., & Sternberg, R. J. (1998). Dynamic testing. *Psychological Bulletin, 124,* 75–111.

Grigorenko, E. L., & Sternberg, R. J. (2001a). Analytical, creative, and practical intelligence as predictors of self-reported adaptive functioning: A case study in Russia. *Intelligence, 29,* 57–73.

Grigorenko, E. L., & Sternberg, R. J. (Eds.). (2001b). *Family environment and intellectual functioning: A life-span perspective.* Mahwah, NJ: Erlbaum.

Grossman, J. B., & Kaufman, J. C. (2002). Evolutionary psychology: Promise and perils. In R. J. Sternberg & J. C. Kaufman (Eds.), *The evolution of intelligence* (pp. 9–25). Mahwah, NJ: Erlbaum.

Grotzer, T. A., & Perkins, D. A. (2000). Teaching of intelligence: A performance conception. In R. J. Sternberg (Ed.), *Handbook of intelligence* (pp. 492–515). New York: Cambridge University Press.

Gruber, H. E. (1981). *Darwin on man: A psychological study of scientific creativity* (2nd ed.). Chicago: University of Chicago Press. (Original work published in 1974)

Gruber, H. E. (1986). Self-construction of the extraordinary. In R. J. Sternberg & J. E. Davidson (Eds.), *Conceptions of giftedness* (pp. 247–263). New York: Cambridge University Press.

Gruber, H. E. (1989). The evolving systems approach to creative work. In D. B. Wallace & H. E. Gruber (Eds.), *Creative people at work: Twelve cognitive case studies* (pp. 3–24). New York: Oxford University Press.

Gruber, H. E., & Davis, S. N. (1988). Inching our way up Mount Olympus: The evolving-systems approach to creative thinking. In R. J. Sternberg (Ed.), *The nature of creativity* (pp. 243–270). New York: Cambridge University Press.

Gruber, H. E., & Wallace, D. B. (1999). The case study method and evolving systems approach for understanding unique creative people at work. In R. J. Sternberg (Ed.), *Handbook of creativity* (pp. 93–115). New York: Cambridge University Press.

Guidubaldi, J., & Duckworth, J. (2001). Divorce and children's cognitive ability. In E. L. Grigorenko & R. J. Sternberg (Eds.), *Family environment and intellectual functioning* (pp. 97–118). Mahwah, NJ: Erlbaum.

Guilford, J. P. (1950). Creativity. *American Psychologist, 5,* 444–454.

Guilford, J. P. (1967). *The nature of human intelligence.* New York: McGraw-Hill.

Guilford, J. P. (1968). Intelligence has three facets. *Science, 60*(3828), 615–620.

Guilford, J. P. (1982). Cognitive psychology's ambiguities: Some suggested remedies. *Psychological Review, 89,* 48–59.

Guilford, J. P. (1988). Some changes in the structure-of-intellect model. *Educational & Psychological Measurement, 48,* 1–4.

Gulgoz, S., & Kagitcibasi, C. (2004). Intelligence and intelligence testing in Turkey. In R. J. Sternberg (Ed.), *International handbook of intelligence* (pp. 248–269). New York: Cambridge University Press.

Guthke, J. (1993). Current trends in theories and assessment of intelligence. In J. H. M. Hamers, K. Sijtsma, & A. J. J. M. Ruijssenaars (Eds.), *Learning potential assessment* (pp. 13–20). Amsterdam: Swets & Zeitlinger.

Hadebe, S. (Ed.). (2001). *Isichamazwi.* Harare, Zimbabwe: College Press.

Haensly, P., Reynolds, C. R., & Nash, W. R. (1986). Giftedness: Coalescence, context, conflict, and commitment. In R. J. Sternberg & J. E. Davidson (Eds.), *Conceptions of giftedness* (pp. 128–148). New York: Cambridge University Press.

Haier, R. J. (in press). Biological basis of intelligence: What does brain imaging show? In R. J. Sternberg & S. B. Kaufman (Eds.), *Cambridge handbook of intelligence.* New York: Cambridge University Press.

Haier, R. J., Chueh, D., Touchette, R., Lott, I., et al. (1995). Brain size and cerebral glucose metabolic rate in nonspecific mental retardation and Down syndrome. *Intelligence, 20,* 191–210.

Haier, R. J., Siegel, B., Tang, C., Abel, L., & Buchsbaum, M. S. (1992). Intelligence and changes in regional cerebral glucose metabolic rate following learning. *Intelligence, 16,* 415–426.

Hartman, P. S. (2000). *Women developing wisdom: Antecedents and correlates in a longitudinal sample* (Doctoral dissertation, University of Michigan).

Hayes, J. R. (1989). Cognitive processes in creativity. In J. A. Glover, R. R. Ronning, & C. J. Reynolds (Eds.), *Handbook of creativity* (pp. 135–145). New York: Plenum

Haynes, S. N., & O'Brien, W. H. (2000). *Principles and practice of behavioral assessment.* New York: Springer.

Haywood, H. C., &. Tzuriel, D. (Eds.). (1992). *Interactive assessment.* New York: Springer-Verlag.

Heckhausen J., Dixon, R., & Baltes, P. (1989). Gains and losses in development throughout adulthood as perceived by different adult age groups. *Developmental Psychology, 25,* 109–121.

Hedlund, J., Forsythe, G. B., Horvath, J. A., Williams, W. M., Snook, S., & Sternberg, R. J. (2003). Identifying and assessing tacit knowledge: Understanding the practical intelligence of military leaders. *Leadership Quarterly, 14,* 117–140.

Hedlund, J., Wilt, J. M., Nebel, K. R., Ashford, S. J., & Sternberg, R. J. (2006). Assessing practical intelligence in business school admissions: A supplement to the Graduate Management Admissions Test. *Learning and Individual Differences, 16,* 101–127.

Hegel, G. W. F. (1931). *The phenomenology of the mind* (2nd ed.; J. D. Baillie, Trans.). London: Allen & Unwin. (Original work published 1807)

Heller, K., Monks, F., Sternberg, R. J., & Subotnik, R. (Eds.). (2000). *International handbook of giftedness and talent.* Amsterdam: Elsevier.

Helms-Lorenz, M., Van de Vijver, F. J. R., & Poortinga, Y. H. (2003). Cross-cultural differences in cognitive performance and Spearman's hypothesis: g or c? *Intelligence, 31,* 9–29.

Hennessey, B. A., & Amabile, T. M. (1988). The conditions of creativity. In R. J. Sternberg (Ed.), *The nature of creativity* (pp. 1–38). New York: Cambridge University Press.

Herr, E. L., Moore, G. D., & Hasen, J. S. (1965). Creativity, intelligence, and values: A study of relationships. *Exceptional Children, 32,* 114–115.

Herrnstein, R. J., & Murray, C. (1994). *The bell curve.* New York: Free Press.

Hertzberg-Davis, H. (2009). Myth 7: Differentiation in the regular classroom is equivalent to gifted programs and is sufficient: Classroom teachers have the time, the skill, and the will to differentiate adequately. *Gifted Child Quarterly, 53,* 251–253.

Hezlett, S., Kuncel, N., Vey, A., Ones, D., Campbell, J., & Camara, W. J. (2001). *The effectiveness of the SAT in predicting success early and late in college: A comprehensive meta-analysis.* Paper presented at the annual meeting of the National Council of Measurement in Education, Seattle, WA.

Hira, F. J., & Faulkender, P. J. (1997). Perceiving wisdom: Do age and gender play a part? *International Journal of Aging and Human Development, 44*(2), 85–101.

Hoffman, R. R. (Ed.). (1992). *The psychology of expertise: Cognitive research and empirical AI.* New York: Springer-Verlag.

Holliday, S. G., & Chandler, M. J. (1986). Wisdom: Explorations in adult competence. In J. A. Meacham (Ed.), *Contributions to human development* (Vol. 17, pp. 1–96). Basel, Switzerland: Karger.

Horn, J. L. (1994). Fluid and crystallized intelligence, theory of. In R. J. Sternberg (Ed.), *Encyclopedia of human intelligence* (Vol. 1, pp. 443–451). New York: Macmillan.

Horn, J. L., & Cattell, R. B. (1966). Refinement and test of the theory of fluid and crystallized intelligence. *Journal of Educational Psychology, 57*, 253–270.

Horn, J. L., & Knapp, J. R. (1973). On the subjective character of the empirical base of Guilford's structure-of-intellect model. *Psychological Bulletin, 80*, 33–43.

Hui, H. C., & Yee, C. (1994). The shortened individualism and collectivism scale: Its relationship to demographic and work related variables. *Journal of Research in Personality, 28*, 409–424.

Hunt, E. B. (1978). Mechanics of verbal ability. *Psychological Review, 85*, 109–130.

Hunt, E. B., & Lansman, M. (1982). Individual differences in attention. In R. J. Sternberg (Ed.), *Advances in the psychology of human intelligence* (Vol. 1, pp. 207–254). Hillsdale, NJ: Erlbaum.

Hunt, E., & Carlson, J. (2007). Considerations relating to the study of group differences in intelligence. *Perspectives on Psychological Science, 2*, 194–213.

Intelligence and its measurement: A symposium (1921). Journal of Educational Psychology, 12, 123–147, 195–216, 271–275.

Irvine, J. T. (1978). "Wolof magical thinking": Culture and conservation revisited. *Journal of Cross-Cultural Psychology, 9*, 300–310.

Irvine, S. H. (1979). The place of factor analysis in cross-cultural methodology and its contribution to cognitive theory. In L. Eckensberger, W. Lonner, & Y. Poortinga (Eds.), *Cross-cultural contributions to psychology.* Amsterdam, The Netherlands: Swets & Zeitlinger.

Irvine, S. H. (1988). Constructing the intellect of the Shona: A taxonomic approach. In J. W. Berry, S. H. Irvine, & E. B. Hunt (Eds.), *Indigenous cognitive functioning in a cultural context* (pp. 3–59). New York: Cambridge University Press.

Irvine, S. H., & Berry, J. W. (Eds.). (1983). *Human abilities in cultural context.* New York: Cambridge University Press.

Jackson, N. E., & Butterfield, E. C. (1986). A conception of giftedness designed to promote research. In R. J. Sternberg & J. E. Davidson (Eds.), *Conceptions of giftedness* (pp. 151–181). New York: Cambridge University Press.

Jarvin, L., & Sternberg, R. J. (2002). Alfred Binet's contributions to educational psychology. In B. J. Zimmerman & D. H. Schunk (Eds.), *Educational psychology: A century of contributions* (pp. 65–79). Mahwah, NJ: Erlbaum.

Jason, L. A., Reichler, A., King, C., Madsen, D., Camacho, J., & Marchese, W. (2001). The measurement of wisdom: A preliminary effort. *Journal of Community Psychology, 29*, 585–598.

Jenkins, J. J. (1979). Four points to remember: A tetrahedral model of memory experiments. In L. S. Cermak, & F. I. M. Craik (Eds.), *Levels of processing in human memory* (pp. 429–446). Hillsdale, NJ: Erlbaum.

Jensen, A. R. (1979). g: Outmoded theory or unconquered frontier? *Creative Science and Technology, 2,* 16–29.

Jensen, A. R. (1982a). The chronometry of intelligence. In R. J. Sternberg (Ed.), *Advances in the psychology of human intelligence* (Vol. 1, pp. 255–310). Hillsdale, NJ: Erlbaum.

Jensen, A. R. (1982b). Reaction time and psychometric g. In H. J. Eysenck (Ed.), *A model for intelligence.* Heidelberg: Springer-Verlag.

Jensen, A. R. (1998). *The g factor: The science of mental ability.* Westport, CT: Praeger/Greenwood.

Jensen, A. R. (2002). Psychometric g: Definition and substantiation. In R. J. Sternberg & E. L. Grigorenko (Eds.), *The general factor of intelligence: How general is it?* (pp. 39–53). Mahwah, NJ: Erlbaum.

Jerison, H. J. (2000). The evolution of intelligence. In R. J. Sternberg (Ed.), *Handbook of intelligence* (pp. 216–244). New York: Cambridge University Press.

Johnson-Laird, P. N. (1988). Freedom and constraint in creativity. In R. J. Sternberg (Ed.), *The nature of creativity* (pp. 202–219). New York: Cambridge University Press.

Johnson, R. B., & Christensen, L. B. (2007). *Educational research: Quantitative, qualitative, and mixed approaches.* Thousand Oaks, CA: Sage.

Jordan, J. (2005). The quest for wisdom in adulthood: A psychological perspective. In R. J. Sternberg & J. Jordan, *A handbook of wisdom: Psychological perspectives.* New York: Cambridge University Press.

Jung, C. (1964). *Man and his symbols.* London: Aldus Books.

Kabaservice, G. (2004). *The guardians: Kingman Brewster, his circle, and the rise of the liberal establishment.* New York: Henry Holt.

Kagitcibasi, C. (1996). *Family and human development across cultures: A view from the other side.* Mahwah, NJ: Erlbaum.

Kagitcibasi, C., Sunar, D., & Bekman, S. (2001). Long-term effects of early intervention: Turkish low-income mothers and children. *Journal of Applied Developmental Psychology, 22,* 333–361.

Kanevsky, L. S. (1992). The learning game. In P. S. Klein & A. J. Tannenbaum (Eds.), *To be young and gifted* (pp. 204–241). Norwood, NJ: Ablex.

Kaplan, C. A., & Simon, H. A. (1990). In search of insight. *Cognitive Psychology, 22,* 374–419.

Kaplan, K. (1997). Inteligencia, escuela y sociedad. Las categories del juicio magisterial sbore la inteligencia. [Intelligence, school, and society. The categories of the teachers' judgment about intelligence.] *Propuesta Educativa, 16,* 24–32.

Kaplan, S. N. (2009). Myth 9: There is a single curriculum for the gifted. *Gifted Child Quarterly, 53,* 257–258.

Karabel, J. (2006). *The chosen: The hidden history of admission and exclusion at Harvard, Yale, and Princeton.* New York: Mariner.

Kaufman, A. (2000). Tests of intelligence. In R. J. Sternberg (Ed.), *Handbook of intelligence* (pp. 445–476). New York: Cambridge University Press.

Kaufman, A. S., & Kaufman, N. L. (2004). *Kaufman Assessment Battery for Children* (2nd ed.). Circle Pines, MN: American Guidance Service.

Kaufman, A. S., & Lichtenberger, E. O. (1998). Intellectual assessment. In C. R. Reynolds (Ed.), *Comprehensive clinical psychology*. Vol. 4: Assessment (pp. 203–238). Tarrytown, NY: Elsevier Science.

Kaufman, A. S., Lichtenberger, E. O., Fletcher-Janzen, E., & Kaufman, N. L. (2005). *Assessing adolescent and adult intelligence*. New York: Wiley.

Kaufman, J. C. (2001a). Genius, lunatics, and poets: Mental illness in prize-winning authors. *Imagination, Cognition, and Personality, 20*(4), 305–314.

Kaufman, J. C. (2001b). The Sylvia Plath effect: Mental illness in eminent creative writers. *Journal of Creative Behavior, 35*(1), 37–50.

Kaufman, J. C. (2002). Creativity and confidence: Price of achievement? *American Psychologist, 57*, 375–376.

Kaufman, J. C., & Baer, J. (2002). I bask in dreams of suicide: Mental illness and poetry. *Review of General Psychology, 6*(3), 271–286.

Kaufman, J. C., & Sternberg, R. J. (2000). Are there mental costs to creativity? *Bulletin of Psychology and the Arts, 1*(2), 38.

Kaufman, J. C., & Sternberg, R. J. (Eds.). (2006). *The international handbook of creativity*. New York: Cambridge University Press.

Kaufman, S. B., & Sternberg, R. J. (2007). Giftedness in the Euro-American culture. In S. N. Phillipson & M. McCann (Eds.), *Conceptions of giftedness: Sociocultural perspectives* (pp. 377–411). Mahwah, NJ: Erlbaum.

Kearins, J. M. (1981). Visual spatial memory in Australian Aboriginal children of desert regions. *Cognitive Psychology, 13*, 434–460.

Keating, D. P. (1984). The emperor's new clothes: The "new look" in intelligence research. In R. J. Sternberg (Ed.), *Advances in the psychology of human intelligence* (Vol. 2, pp. 1–45). Hillsdale, NJ: Erlbaum.

Kihlstrom, J., & Cantor, N. (2000). Social intelligence. In R. J. Sternberg (Ed.), *Handbook of intelligence* (pp. 359–379). New York: Cambridge University Press.

Kipling, R. (1985). Working-tools. In B. Ghiselin (Ed.), *The creative process: A symposium* (pp. 161–163). Berkeley: University of California Press. (Original work published in 1937)

Kim, K. H., Cramond, B., & VanTassel-Baska, J. (in press). The relationship between creativity and intelligence. In J. C. Kaufman & R. J. Sternberg (Eds.), *Cambridge handbook of creativity*. New York: Cambridge University Press.

Kitchener, K. S. (1986). Formal reasoning in adults: A review and critique. In R. A. Mines & K. S. Kitchener (Eds.), *Adult cognitive development*. New York: Praeger.

Kitchener, K. S., & Kitchener, R. F. (1981). The development of natural rationality: Can formal operations account for it? In J. Meacham & N. R. Santilli (Eds.), *Social development in youth: Structure and content*. Basel, Switzerland: Karger.

Kitchener, R. F. (1983). Changing conceptions of the philosophy of science and the foundations of developmental psychology. *Human Development, 8*, 1–30.

Kitchener, R. F., & Brenner, H. G. (1990). Wisdom and reflective judgment: Knowing in the face of uncertainty. In R. J. Sternberg (Ed.), *Wisdom: Its nature, origins, and development* (pp. 212–229). New York: Cambridge University Press.

Knight, A., & Parr, W. (1999). Age as a factor in judgements of wisdom and creativity. *New Zealand Journal of Psychology, 28*(1), 37–47.

Kobrin, J. L., Camara, W. J., & Milewski, G. B. (2002). *The utility of the SAT I and SAT II for admissions decisions in California and the nation*. (College Board Report No. 2002–6). New York: College Entrance Examination Board.

Koestler, A. (1964). *The act of creation*. New York: Dell.

Kohlberg, L. (1984). *The psychology of moral development: The nature and validity of moral stages*. New York: HarperCollins.

Kozbelt, A., Beghetto, R. A., & Runco, M. A. (in press). Theories of creativity. In J. C. Kaufman & R. J. Sternberg (Eds.), *Cambridge handbook of creativity*. New York: Cambridge University Press.

Kramer, D. A. (1990). Conceptualizing wisdom: The primacy of affect-cognition relations. In R. J. Sternberg (Ed.), *Wisdom: Its nature, origins, and development* (pp. 279–313). New York: Cambridge University Press.

Kramer, D. A. (2000). Wisdom as a classical source of human strength: Conceptualizing and empirical inquiry. *Journal of Social and Clinical Psychology, 19*, 83–101.

Kramer, D. A., Kahlbaugh, P. E., & Goldston, R. B. (1992). A measure of paradigm beliefs about the social world. *Journal of Gerontology, 47*(3), 180–189.

Kris, E. (1952). *Psychoanalytic exploration in art*. New York: International Universities Press.

Kroeber, A. L., & Kluckhohn, C. (1952). *Culture: A critical review of concepts and definitions*. Cambridge, MA: Peabody Museum.

Krueger, R. F. & Kling, K. C. (2000). Validity. In A. E. Kadzin (Ed.), *Encyclopedia of psychology* (Vol. *8*, pp. 149–153). New York: Oxford University Press.

Kubie, L. S. (1958). *The neurotic distortion of the creative process*. Lawrence: University of Kansas Press.

Kugelmass, S., & Lieblich, A. (1975). *A developmental study of the Arab child in Israel*. Scientific Report. Ford Foundation Grant 015.1261.

Kugelmass, S., Lieblich, A., & Bossik, D. (1974). Patterns of intellectual ability in Jewish and Arab children in Israel. *Journal of Cross-Cultural Psychology, 5*, 184–198.

Kuhn, T. S. (1970). *The structure of scientific revolutions* (2nd ed.). Chicago: University of Chicago Press.

Kunzmann, U., & Baltes, P. B. (2005). The psychology of wisdom: Theoretical and empirical challenges. In R. J. Sternberg, & J. Jordan (Eds.), *A handbook of wisdom: Psychological perspectives*. New York: Cambridge University Press.

Kupperman, J. J. (2005). Morality, ethics, and wisdom. In R. J. Sternberg & J. Jordan (Eds.), *A handbook of wisdom: Psychological perspectives*. New York: Cambridge University Press.

Kyllonen, P. C. (2002). g: Knowledge, speed, strategies, or working-memory capacity? A systems perspective. In R. J. Sternberg & E. L. Grigorenko (Eds.), *The general factor of intelligence: How general is it?* (pp. 415–445). Mahwah, NJ: Erlbaum.

Kyllonen, P., & Christal, R. (1990). Reasoning ability is (little more than) working-memory capacity? *Intelligence, 14*, 389–433.

Laboratory of Comparative Human Cognition. (1982). Culture and intelligence. In R. J. Sternberg (Ed.), *Handbook of human intelligence* (pp. 642–719). New York: Cambridge University Press.

Labouvie-Vief, G. (1980). Beyond formal operations: uses and limits of pure logic in life span development. *Human Development, 23*, 141–161.

Labouvie-Vief, G. (1982). Dynamic development and mature autonomy: A theoretical prologue. *Human Development, 25*, 161–191.

Labouvie-Vief, G. (1990). Wisdom as integrated thought: Historical and developmental perspectives. In R. J. Sternberg (Ed.), *Wisdom: Its nature origins, and development* (pp. 52–86). New York: Cambridge University Press.

Labouvie-Vief, G., Hakim-Larson, J., DeVoe, M., & Schoeberlein, S. (1989). Emotions and self-regulation: A life-span view. *Human Development, 32,* 279–299.

Langley, P., Simon, H. A., Bradshaw, G. L., & Zytkow, J. M. (1987). *Scientific discovery: Computational explorations of the creative processes.* Cambridge, MA: MIT Press.

Lapsley, D. K., & Murphy, M. N. (1985). Another look at the theoretical assumptions of adolescent egocentrism. *Developmental Review, 5,* 201–217.

Larkin, J. H., McDermott, J., Simon, D. P., & Simon, H. A. (1980). Expert and novice performance in solving physics problems. *Science, 208,* 1335–1342.

Larson, G. E., Haier, R. J., LaCasse, L., & Hazen, K. (1995). Evaluation of a "mental effort" hypothesis for correlation between cortical metabolism and intelligence. *Intelligence, 21,* 267–278.

Latané, B., & Darley, J. M. (1970). *Unresponsive bystander: Why doesn't he help?* Englewood Cliffs, NJ: Prentice-Hall.

Lautrey, J., & De Ribaupierre, A. (2004). Intelligence in France and French-speaking Switzerland. In R. J. Sternberg (Ed.), *International handbook of intelligence* (pp. 104–134). New York: Cambridge University Press.

Lave, J. (1988). *Cognition in practice.* New York: Cambridge University Press.

Lazar, I., & Darlington, R. (1982). Lasting effects of early education: A report from the consortium for longitudinal studies. *Monographs of the Society for Research in Child Development, 47* (Serial No. 195, 2–3).

Lemann, N. (1999). *The big test: The secret history of the American meritocracy.* New York: Farrar, Straus & Giroux.

Levy, B. R., Slade, M. D., Kunkel, S. R., & Kasl, S. V. (2002). Longevity increased by positive self-perceptions of aging. *Journal of Personality and Social Psychology, 83*(2), 261–270.

Lidz, C. S. (1991). *Practitioner's guide to dynamic assessment.* New York: Guilford Press.

Lidz, C. S. (Ed.). (1987). *Dynamic assessment: An interactional approach to evaluating learning potential.* New York: Guilford Press.

Lieblich, A. (1983). Intelligence patterns among ethnic and minority groups in Israel. In M. Nisan & U. Last (Eds.), *Between education and psychology* (pp. 335–357). Jerusalem: Magnes Press. (In Hebrew)

Lieblich, A., & Kugelmass, S. (1981). Patterns of intellectual ability of Arab school children in Israel. *Intelligence, 5,* 311–320.

Lin, C. T. (1980). A sketch on the methods of mental testing in ancient China. *Acta Psychological Sinica, 1,* 75–80. (In Chinese)

Locher, P. J. (in press). How does a visual artist create an artwork? In J. C. Kaufman & R. J. Sternberg (Eds.), *Cambridge handbook of creativity.* New York: Cambridge University Press.

Loehlin, J. C. (2000). Group differences in intelligence. In R. J. Sternberg (Ed.), *Handbook of intelligence* (pp. 176–193). New York: Cambridge University Press.

Loehlin, J. C., Horn, J. M., & Willerman, L. (1997). Heredity, environment, and IQ in the Texas adoption project. In R. J. Sternberg & E. L. Grigorenko (Eds.),

Intelligence, heredity, and environment (pp. 105–125). New York: Cambridge University Press.

Loehlin, J. C., Lindzey, G., & Spuhler, J. N. (1975). *Race differences in intelligence.* New York: Freeman.

Lohman, D. F. (2000). Complex information processing and intelligence. In R. J. Sternberg (Ed.), *Handbook of intelligence* (pp. 285–340). New York: Cambridge University Press.

Lohman, D. F., & Lakin, J. M. (in press). Reasoning and intelligence. In R. J. Sternberg & S. B. Kaufman (Eds.), *Cambridge handbook of intelligence*. New York: Cambridge University Press.

Lubart, T. I. (1990). Creativity and cross-cultural variation. *International Journal of Psychology, 25,* 39–59.

Lubart, T. I. (1994). Creativity. In R. J. Sternberg (Ed.), *Thinking and problem solving* (pp. 290–332). San Diego: Academic Press.

Lubart, T. I. (1999). Componential models of creativity. In M. A. Runco & S. Pritzer (Eds.), *Encyclopedia of creativity* (pp. 295–300). New York: Academic Press.

Lubart, T. I. (2000–2001). Models of the creative process: Past, present and future. *Creativity Research Journal, 13*(3–4), 295–308.

Lubart, T. I. (2003). In search of creative intelligence. In R. J. Sternberg, J. Lautrey, & T. I. Lubart (Eds.), *Models of intelligence for the next millennium* (pp. 279–292). Washington, DC: American Psychological Association.

Lubart, T. I., Mouchiroud, C., Tordjman, S., & Zenasni, F. (2003). Psychologie de la créativité [*Psychology of creativity*]. Paris: Colin.

Lubart, T. I., & Runco, M. A. (1999). Economic perspective on creativity. In M. A. Runco & S. Pritzer (Eds.), *Encyclopedia of creativity* (pp. 623–627). New York: Academic Press.

Lubart, T. I., & Sternberg, R. J. (1995). An investment approach to creativity: Theory and data. In S. M. Smith, T. B. Ward, & R.A. Finke (Eds.), *The creative cognition approach* (pp. 269–302). Cambridge, MA: MIT Press.

Ludwig, A. M. (1995). *Price of greatness.* New York: Guilford Press.

Luria, A. R. (1931). Psychological expedition to central Asia. *Science, 74,* 383–384.

Luria, A. R. (1966). *The human brain and psychological processes.* New York: Harper & Row.

Luria, A. R. (1976). *Cognitive development: Its cultural and social foundations.* Cambridge, MA: Harvard University Press.

Lutz, C. (1985). Ethnopsychology compared to what? Explaining behaviour and consciousness among the Ifaluk. In G. M. White & J. Kirkpatrick (Eds.), *Person, self, and experience: Exploring Pacific ethnopsychologies* (pp. 35–79). Berkeley: University of California Press.

Lynn, R. (2002). *IQ and the wealth of nations.* Santa Barbara, CA: Praeger.

Lynn, R. (2006). *Race differences in intelligence: An evolutionary analysis.* Augusta, GA: Washington Summit.

Lynn, R. (2008). *The global bell curve: Race, IQ, and inequality worldwide.* Augusta, GA: Washington Summit Publishers.

Mackintosh, N. (in press). History of theories and measurement of intelligence. In R. J. Sternberg & S. B. Kaufman (Eds.), *Cambridge handbook of intelligence.* New York: Cambridge University Press.

MacKinnon, D. W. (1965). Personality and the realization of creative potential. *American Psychologist, 20,* 273–281.

Maduro, R. (1976). Artistic creativity in a Brahmin painter community. *Research monograph 14.* Berkeley: Center for South and Southeast Asia Studies, University of California.

Mandelman, S. D., & Grigorenko, E. L. (in press). Intelligence: Genes, environment, and everything in between. In R. J. Sternberg & S. B. Kaufman (Eds.), *Cambridge handbook of intelligence.* New York: Cambridge University Press.

Markus, H. R., & Kitayama, S. (1991). Culture and the self: Implications for cognition, emotion, and motivation. *Psychological Review, 98,* 224–253.

Marsella, A. J., Tharp, R., & Ciborowski, T. (Eds.). *Perspectives on cross-cultural psychology.* New York: Academic Press.

Maslow, A. (1967). The creative attitude. In R. L. Mooney & T. A. Rasik (Eds.), *Explorations in creativity* (pp. 43–57). New York: Harper & Row.

Maslow, A. (1968). *Toward a psychology of being.* New York: Van Nostrand.

Matarazzo, J. D. (1992). Psychological testing and assessment in the 21st century. *American Psychologist, 47*(8), 1007–1018.

Matsumoto, D. (1994). *People: Psychology from a cultural perspective.* Pacific Grove, CA: Brooks-Cole.

Matsumoto, D. (1996). *Culture and psychology.* Pacific Grove, CA: Brooks-Cole.

Matsumura, N. (2007). Giftedness in the culture of Japan. In S. N. Phillipson & M. McCann (Eds.), *Conceptions of giftedness: Sociocultural perspectives* (pp. 349–376). Mahwah, NJ: Erlbaum.

Mayer, J. D., Brackett, M. A., & Salovey, P. (Eds.) (2004). *Emotional intelligence: Key readings on the Mayer and Salovey model.* Portchester, NY: Dude Publishing.

Mayer, J. D., & Salovey, P. (1997). What is emotional intelligence? In P. Salovey & D. J. Sluyter (Eds.), *Emotional development and emotional intelligence: Educational implications* (pp. 3–34). New York: Basic Books.

Mayer, J. D., Salovey, P., & Caruso, D. (2000). Emotional intelligence. In R. J. Sternberg (Ed.), *Handbook of intelligence* (pp. 396–421). New York: Cambridge University Press.

Mayer, J. D., Salovey, P., Caruso, D., & Cherkasskiy, L. (in press). Emotional intelligence at 20 years. In R. J. Sternberg & S. B. Kaufman (Eds.), *Cambridge handbook of intelligence.* New York: Cambridge University Press.

Mayer, R. E. (2000). Intelligence and education. In R. J. Sternberg (Ed.), *Handbook of intelligence* (pp. 519–533). New York: Cambridge University Press.

Mayer, R. E. (in press). Intelligence and achievement. In R. J. Sternberg & S. K. Kaufman (Eds.), *Cambridge handbook of intelligence.* New York: Cambridge University Press.

Mayes, L. C., & Fahy, T. (2001). Prenatal drug exposure and cognitive development. In R. J. Sternberg, & E. L. Grigorenko (Eds.), *Environmental effects on cognitive abilities* (pp. 189–219). Mahwah, NJ: Erlbaum.

McAdams, D. P., & de St. Aubin, E. (1992). A theory of generativity and its assessment through self-report, behavioral acts, and narrative themes in autobiography. *Journal of Personality & Social Psychology, 62,* 1003–1015.

McCann, M. (2007). Such is life – in the land down under: Conceptions of giftedness in Australia. In S. N. Phillipson & M. McCann (Eds.), *Conceptions of giftedness: Sociocultural perspectives* (pp. 413–458). Mahwah, NJ: Erlbaum.

McClellan, S. (2008). *What happened: Inside the Bush White House and Washington's culture of deception*. New York: PublicAffairs.

McClelland, D. C. (1973). Testing for competence rather than for intelligence. *American Psychologist, 28*, 1–14.

McClelland, D. C. (1985). *Human motivation*. New York: Scott Foresman.

McClelland, D. C., Atkinson, J. W., Clark, R. A., & Lowell, E. L. (1953). *The achievement motive*. New York: Irvington.

McCrae, R. R., & Costa, P. T. (1997). Personality trait structure as a human universal. *American Psychologist, 5*, 509–516.

McDonough, P. M. (1997). *Choosing colleges: How social class and schools structure opportunity*. Albany: State University of New York Press.

McGarry-Roberts, P. A., Stelmack, R. M., & Campbell, K. B. (1992). Intelligence, reaction time, and event-related potentials. *Intelligence, 16*(3, 4), 289–313.

McKee, P., & Barber, C. (1999). On defining wisdom. *International Journal of Aging and Human Development, 49*, 149–164.

McNemar, Q. (1964). Lost: Our intelligence? Why? *American Psychologist, 19*, 871–882.

Meacham, J. (1990). The loss of wisdom. In R. Sternberg (Ed.), *Wisdom: Its nature, origins, and development* (pp. 181–211). New York: Cambridge University Press.

Mead, M. (1928). *Coming of age in Samoa*. New York: Morrow.

Medin, D. L., & Atran, S. (Eds.). (1999). *Folkbiology*. Cambridge, MA: MIT Press.

Mednick, M. T., & Andrews, F. M. (1967). Creative thinking and level of intelligence. *Journal of Creative Behavior, 1*, 428–431.

Mednick, S. A. (1962). The associative basis of the creative process. *Psychological Review, 69*, 220–232.

Megargee, E. I. (2000). Testing. In A. E. Kazdin (Ed.), *Encyclopedia of psychology* (Vol. 8, pp. 47–52). New York: Macmillan.

Minkowitch, A., Davis, D., & Bashi, Y. (1982). *Success and failure in Israeli elementary education*. New Brunswick, NJ: Transaction Books.

Miyamoto, M. (1985). Parents' and children's beliefs and children's achievement and development. In R. Diaz-Guerrero (Ed.), *Cross-cultural and national studies in social psychology* (pp. 209–223). Amsterdam: Elsevier Science.

Mönks, F. J., & Katzko, M. W. (2005). Giftedness and gifted education. In R. J. Sternberg & J. E. Davidson (Eds.), *Conceptions of giftedness* (2nd ed., pp. 187–200). New York: Cambridge University Press.

Montgomery, A., Barber, C., & McKee, P. (2002). A phenomenological study of wisdom in later life. *International Journal of Aging and Human Development, 52*, 139–157.

Moon, S. M. (2009). Myth 15: High-ability students don't face problems and challenges. *Gifted Child Quarterly, 53*, 274–276.

Moon, T. R. (2009). Myth 16: High-stakes tests are synonymous with rigor and difficulty. *Gifted Child Quarterly, 53*, 277–279.

Moran, S. (in press). The roles of creativity in society. In J. C. Kaufman & R. J. Sternberg (Eds.), *Cambridge handbook of creativity*. New York: Cambridge University Press.

Morelock, M. J. (2000). A sociohistorical perspective on exceptionally high-IQ children. In R. C. Friedman & B. M. Shore (Eds.), *Talents unfolding: Cognition and development* (pp. 55–75). Washington, DC: American Psychological Association.

Morrison, R. G., & Wallace, B. (2002). Imagery vividness, creativity, and the visual arts. *Journal of Mental Imagery, 25*, 135–152.

Mpofu, E. (1993). The context of mental testing and implications for psychoeducational practice in modern Zimbabwe. In W. Su (Ed), *Proceedings of the second Afro-Asian psychological conference* (pp. 17–25). Beijing: University of Peking Press.

Mpofu, E. (2004). Intelligence in Zimbabwe. In R. J. Sternberg (Ed.), *International handbook of intelligence* (pp. 364–390). New York: Cambridge University Press.

Mpofu, E., Ngara, C., & Gudyanga, E. (2007). Constructions of giftedness among the Shona of Central-Southern Africa. In S. N. Phillipson & M. McCann (Eds.), *Conceptions of giftedness: Sociocultural perspectives* (pp. 225–252). Mahwah, NJ: Erlbaum.

Mumford, M. D., & Gustafson, S. B. (1988). Creativity syndrome: Integration, application, and innovation. *Psychological Bulletin, 103*, 27–43.

Mundy-Castle, A. C. (1974). Social and technological intelligence in Western or nonwestern cultures. *Universitas, 4*, 46–52.

Neisser, U. (1979). The concept of intelligence. In R. J. Sternberg & D. K. Detterman (Eds.), *Human intelligence: Perspectives on its theory and measurement* (pp. 179–189). Norwood, NJ: Ablex.

Neisser, U. (Ed.). (1998). *The rising curve.* Washington, DC: American Psychological Association.

Neisser, U., Boodoo, G., Bouchard T. J., Boykin, W. A., Brody, N., Ceci, S. J., et al. (1996). Intelligence: Knowns and unknowns. *American Psychologist, 51*(2), 77–101.

Nettelbeck, T. (1987). Inspection time and intelligence. In P. A. Vernon (Ed.), *Speed of information-processing and intelligence* (pp. 295–346). Norwood, New Jersey: Ablex.

Nettelbeck, T. (in press). Basic processes of intelligence. In R. J. Sternberg & S. B. Kaufman (Eds.), *Cambridge handbook of intelligence.* New York: Cambridge University Press.

Nettelbeck, T., & Lally, M. (1976). Inspection time and measured intelligence. *British Journal of Psychology, 67*(1), 17–22.

Nettelbeck, T., & Rabbitt, P. M. (1992). Aging, cognitive performance, and mental speed. *Intelligence, 16*(2), 189–205.

Nettelbeck, T., Rabbitt, P. M. A., Wilson, C., & Batt, R. (1996). Uncoupling learning from initial recall: The relationship between speed and memory deficits in old age. *British Journal of Psychology, 87*, 593–607.

Nettelbeck, T., & Young, R. (1996). Intelligence and savant syndrome: Is the whole greater than the sum of the fragments? *Intelligence, 22*, 49–67.

Newell, A., & Simon, H. A. (1972). *Human problem solving.* Englewood Cliffs, NJ: Prentice-Hall.

Newman, T. M., & Sternberg, R. J. (Eds.). (2004). *Students with both gifts and learning disabilities.* Boston: Kluwer Academic.

Newman, T. M., Brown, W., Hart, L., Macomber, D., Doyle, N., Kornilov, S. A., Jarvin, L., Sternberg, R. J., & Grigorenko, E. L. (2009). The Leonardo Laboratory: Developing targeted programs for academic underachievers with visual-spatial gifts. *Talent Development & Excellence, 1*, 67–78.

Nisbett, R. E. (2003). *The geography of thought: Why we think the way we do.* New York: Free Press.

Nisbett, R. E. (2009). *Intelligence and how to get it: Why schools and cultures count.* New York: Norton.

Niu, W., & Sternberg, R. J. (2001). Cultural influences on artistic creativity and its evaluation. *International Journal of Psychology, 36*(4), 225–241.

Noy, P. (1969). A revision of the psychoanalytic theory of the primary process. *International Journal of Psychoanalysis, 50,* 155–178.

Nuñes, T. (1994). Street intelligence. In R. J. Sternberg (Ed.), *Encyclopedia of human intelligence* (Vol. 2, pp. 1045–1049). New York: Macmillan.

Ochse, R. (1990). *Before the gates of excellence.* New York: Cambridge University Press.

Ogbu, J. U. (1986). The consequences of the American caste system. In U. Neisser (Ed.), *The school achievement of minority children.* Hillsdale, NJ: Erlbaum.

Ogbu, J. U., & Stern, P. (2001). Caste status and intellectual development. In R. S. Sternberg, & E. L. Grigorenko (Eds.), *Environmental effects on intellectual functioning.* Hillsdale, NJ: Erlbaum.

Okagaki, L., & Sternberg, R. J. (1993). Parental beliefs and children's school performance. *Child Development, 64,* 36–56.

Olson, H. C. (1994). Fetal alcohol syndrome. In R. J. Sternberg (Ed.), *Encyclopedia of human intelligence* (Vol. 1, pp. 439–443). New York: Macmillan.

Orwoll, L., & Perlmutter, M. (1990). The study of wise persons: Integrating a personality perspective. In R. J. Sternberg (Ed.), *Wisdom: Its nature, origins, and development* (pp.160–180). New York: Cambridge University Press.

Osbeck, L. M., & Robinson, D. N. (2005). Philosophical theories of wisdom. In R. J. Sternberg, & J. Jordan, *A handbook of wisdom: Psychological perspectives.* New York: Cambridge University Press.

Osborn, A. F. (1953). *Applied imagination* (rev. ed.). New York: Charles Scribner's Sons.

Oswald, F. L., Schmitt, N., Kim, B. H., Ramsay, L. J., & Gillespie, M. A. (2004). Developing a biodata measure and situational judgment inventory as predictors of college student performance. *Journal of Applied Psychology, 89,* 187–207.

Pascual-Leone, J. (1990). An essay on wisdom: toward organismic processes that make it possible. In R. J. Sternberg (Ed.), *Wisdom: Its nature, origins, and development* (pp. 244–278). New York: Cambridge University Press.

Pasupathi, M., & Staudinger, U. M. (2001). Do advanced moral reasoners also show wisdom? Linking moral reasoning and wisdom-related knowledge and judgment. *International Journal of Behavioral Development, 25,* 401–415.

Pasupathi, M., Staudinger, U. M., & Baltes, P. B. (2001). Seeds of wisdom: Adolescents' knowledge and judgment about difficult life problems. *Developmental Psychology, 37,* 351–361.

Paulhus, D. L., Wehr, P., Harms, P. D., & Strausser, D. I. (2002). Use of exemplar surveys to reveal implicit types of intelligence. *Personality and Social Psychology Bulletin, 28,* 1051–1062.

Perkins, D. N. (1981). *The mind's best work.* Cambridge, MA: Harvard University Press.

Perkins, D. N. (1995). Insight in minds and genes. In R. J. Sternberg, & J. E. Davidson (Eds.), *The nature of insight* (pp. 495–534). Cambridge, MA: MIT Press.

Perkins, D. N. (1998). In the country of the blind: An appreciation of Donald Campbell's vision of creative thought. *Journal of Creative Behavior, 32*(3), 177–191.

Perkins, D. N., & Grotzer, T. A. (1997). Teaching intelligence. *American Psychologist, 52*, 1125–1133.

Perlmutter, M., Adams, C., Nyquist, L., & Kaplan, C. (1988). *Beliefs about wisdom*. Unpublished data. (Cited in Orwoll & Perlmutter, 1990.)

"*Person of the Week: 'Enron Whistleblower' Sherron Wilson*" (2002). http://www.time.com/time/pow/article/0,8599,194927,00.html, retrieved June 5, 2008.

Peterson, J. S. (2009). Myth 17: Gifted and talented individuals do not have unique social and emotional needs. *Gifted Child Quarterly, 53*, 280–282.

Phillipson, S. (2007). Toward an understanding of a Malay conception of giftedness. In S. N. Phillipson & M. McCann (Eds.), *Conceptions of giftedness: Sociocultural perspectives* (pp. 253–282). Mahwah, NJ: Erlbaum.

Phillipson, S. N., & McCann, M. (Eds.). (2007). *Conceptions of giftedness: Sociocultural perspectives*. Mahwah, NJ: Erlbaum.

Piaget, J. (1972). Intellectual evolution from adolescence to adulthood. *Human Development, 15*, 1–12.

Pianta, R. C., & Egeland, B. (1994). Predictors of instability in children's mental test performance at 24, 48, and 96 months. *Intelligence, 18*(2), 145–163.

Pinker, S. (1997). *How the mind works*. New York: Norton.

Plomin, R. (1997). Identifying genes for cognitive abilities and disabilities. In R. J. Sternberg & E. L. Grigorenko (Eds.), *Intelligence, heredity, and environment* (pp. 89–104). New York: Cambridge University Press.

Plucker, J. A., & Makel, M. C. (in press). Assessment of creativity. In J. C. Kaufman & R. J. Sternberg (Eds.), *Cambridge handbook of creativity*. New York: Cambridge University Press.

Policastro, E., & Gardner, H. (1999). From case studies to robust generalizations: An approach to the study of creativity. In R. J. Sternberg (Ed.), *Handbook of creativity* (pp. 213–225). New York: Cambridge University Press.

Poole, F. J. P. (1985). Coming into social being: Cultural images of infants in Bimin-Kuskusmin folk psychology. In G. M. White & J. Kirkpatrick (Eds.), *Person, self, and experience: Exploring Pacific ethnopsychologies* (pp. 183–244). Berkeley: University of California Press.

Posner, M. I., & Mitchell, R. F. (1967). Chronometric analysis of classification. *Psychological Review, 74*, 392–409.

Postlethwaite, B., Robbins, S., Rickerson, J., & McKinniss, T. (2009). The moderation of conscientiousness by cognitive ability when predicting workplace safety behavior. *Personality and Individual Differences, 47*, 711–716.

Prince R. J. & Geissler P. W. (2001). Becoming "one who treats": A case study of a Luo healer and her grandson in western Kenya. *Educational Anthropology Quarterly, 32*, 447–471.

Puccio, G. J., & Cabra, J. F. (in press). Organizational creativity: A systems approach. In J. C. Kaufman & R. J. Sternberg (Eds.), *Cambridge handbook of creativity*. New York: Cambridge University Press.

Putnam, D. B., & Kilbride, P. L. (1980). *A relativistic understanding of social intelligence among the Songhay of Mali and Smaia of Kenya.* Paper presented at the meeting of the Society for Cross-Cultural Research, Philadelphia, PA.

Ramey, C. T., & Ramey, S. L. (2000). Intelligence and public policy. R. J. Sternberg (Ed.), *Handbook of intelligence* (pp. 534–548). New York: Cambridge University Press.

Raven, J. C., Court, J. H., & Raven, J. (1992). *Manual for Raven's Progressive Matrices and Mill Hill Vocabulary Scales.* Oxford: Oxford Psychologists Press.

Reed, T. E. (1993). Effect of enriched (complex) environment on nerve conduction velocity: New data and review of implications for the speed of information processing. *Intelligence, 17*(4), 533–540.

Reed, T. E., & Jensen, A. R. (1991). Arm nerve conduction velocity (NCV), brain NCV, reaction time, and intelligence. *Intelligence, 15,* 33–47.

Reed, T. E., & Jensen, R. (1993). A somatosensory latency between the thalamus and cortex also correlates with level of intelligence. *Intelligence, 17,* 443–450.

Reis, S. M. (2005). Feminist perspectives on talent development: A research-based conception of giftedness in women. In R. J. Sternberg & J. E. Davidson (Eds.), *Conceptions of giftedness* (2nd ed., pp. 217–245). New York: Cambridge University Press.

Reis, S. M., & Renzulli, J. S. (2009a). Myth 1: The gifted and talented constitute one single homogeneous group and giftedness is a way of being that stays in the person over time and experiences. *Gifted Child Quarterly, 53,* 229–232.

Reis, S. M., & Renzulli, J. S. (2009b). The schoolwide enrichment model: A focus on student strengths and interests. In J. S. Renzulli, E. J. Gubbins, K. S. McMillen, R. D. Eckert, & C. A. Little (Eds.), *Systems and models for developing the gifted and talented* (2nd ed., pp. 323–352). Mansfield Center, CT: Creative Learning Press.

Reis, S. M., & Renzulli, J. S. (in press). The development of intellectual giftedness: Searching for what remains after everything else has been explained. In R. J. Sternberg & S. B. Kaufman (Eds.), *Cambridge handbook of intelligence.* New York: Cambridge University Press.

Renzulli, J. S. (1977). *The enrichment triad model: A guide for developing defensible programs for the gifted and talented.* Mansfield Center, CT: Creative Learning Press.

Renzulli, J. S. (1978). What makes giftedness? Reexamining a definition. *Phi Delta Kappan, 60,* 18–24.

Renzulli, J. S. (1984). The triad/revolving door system: A research based approach to identification and programming for the gifted and talented. *Gifted Child Quarterly, 28,* 163–171.

Renzulli, J. S. (1986). The three-ring conception of giftedness: A developmental model for creative productivity. In R. J. Sternberg & J. E. Davidson (Eds.), *Conceptions of giftedness* (pp. 53–92). New York: Cambridge University Press.

Renzulli, J. S. (2005). The three-ring conception of giftedness: A developmental model for promoting creative productivity. In R. J. Sternberg & J. E. Davidson (Eds.), *Conceptions of giftedness* (2nd ed., pp. 246–279). New York: Cambridge University Press.

Renzulli, J. S. (2009). The multiple menu model for developing differentiated curriculum. In J. S. Renzulli, E. J. Gubbins, K. S. McMillen, R. D. Eckert, & C. A.

Little (Eds.), *Systems and models for developing the gifted and talented* (2nd ed., pp. 353–381). Mansfield Center, CT: Creative Learning Press.

Renzulli, J. S., Gubbins, E. J., McMillen, K. S., Eckert, R. D., & Little, C. A. (2009). *Systems and models for developing programs for the gifted and talented* (2nd ed.). Mansfield Center, CT: Creative Learning Press.

Richards, R. (in press). Everyday creativity: Process and way of life – five key issues. In J. C. Kaufman & R. J. Sternberg (Eds.), *Cambridge handbook of creativity.* New York: Cambridge University Press.

Richardson, M. J., & Pasupathi, M. (2005) Young and growing wiser: Wisdom during adolescence and young adulthood. In R. J. Sternberg & J. Jordan (Eds.), *A handbook of wisdom: Psychological perspectives.* New York: Cambridge University Press.

Riegel, K. F. (1973). Dialectic operation: The final period of cognitive development. *Human development, 16,* 346–370.

Ritchhart, R., & Perkins, D. N. (2005). Learning to think: The challenges of teaching thinking. In K. Holyoak & R. G. Morrison (Eds.), *Cambridge handbook of thinking and reasoning* (pp. 775–801). Cambridge, UK: Cambridge University Press.

Robinson, A. (2009). Myth 10: Examining the ostrich: Gifted services do not cure a sick regular program. *Gifted Child Quarterly, 53,* 259–261.

Robinson, D. N. (1989). *Aristotle's psychology.* New York: Columbia University Press.

Robinson, D. N. (1990). Wisdom through the ages. In R. J. Sternberg (Ed.), *Wisdom: Its nature, origins, and development* (pp. 13–24). New York: Cambridge University Press.

Robinson, F. (1992). *Love's story told: A life of Henry A. Murray.* Cambridge, MA: Harvard University Press.

Robinson, N. M. (2005). In defense of a psychometric approach to the definition of academic giftedness: A conservative view from a die-hard liberal. In R. J. Sternberg & J. E. Davidson (Eds.), *Conceptions of giftedness* (Vol. 2, pp. 280–294). New York: Cambridge University Press.

Roe, A. (1953). *The making of a scientist.* New York: Dodd, Mead.

Roe, A. (1972). Patterns of productivity of scientists. *Science, 176,* 940–941.

Rogers, C. R. (1954). Toward a theory of creativity. *ETC: A Review of General Semantics, 11,* 249–260.

Rogoff, B. (1990). *Apprenticeship in thinking: Cognitive development in social context.* New York: Oxford University Press.

Rogoff, B. (2003). *The cultural nature of human development.* London: Oxford University Press.

Roid, G. (2003). *Stanford-Binet Intelligence Scales* (5th ed.). Itasca, IL: Riverside.

Rosas, R. (2004). Intelligence research in Latin America. In R. J. Sternberg (Ed.), *International handbook of intelligence* (pp. 391–410). New York: Cambridge University Press.

Rosch, E. (1975). Cognitive representations of semantic categories. *Journal of Experimental Psychology: General, 104,* 192–233.

Rosnow, R. L., & Rosenthal, R. (1999). *Beginning behavioral research: A conceptual primer* (4th ed.). Englewood Cliffs, NJ: Prentice-Hall

Rothenberg, A. (1979). *The emerging goddess.* Chicago: University of Chicago Press.

Rothenberg, A., & Hausman, C. R. (Eds.). (1976). *The creativity question.* Durham, NC: Duke University Press.

Rowe, D. C. (2005). Under the skin: On the impartial treatment of genetic and environmental hypotheses of racial differences. *American Psychologist, 60*(1), 60–70.

Royer, J. M., Carlo, M. S., Dufresne, R., & Mestre, J. (1996). The assessment of levels of domain expertise while reading. *Cognition and Instruction, 14,* 373–408.

Rubenson, D. L., & Runco, M. A. (1992). The psychoeconomic approach to creativity. *New Ideas in Psychology, 10,* 131–147.

Rubin, D. C., & Schulkind, M. D. (1997). Distribution of important and word-cued autobiographical memories in 20-, 35-, and 70-year-old adults. *Psychology and Aging, 12,* 524–535.

Runco, M. A. (Ed.). (1994). *Problem finding, problem solving, and creativity.* Norwood, NJ: Ablex.

Runco, M. A. (2005). Creative giftedness. In R. J. Sternberg & J. E. Davidson (Eds.), *Conceptions of giftedness* (2nd ed., pp. 280–294). New York: Cambridge University Press.

Runco, M. A. (in press). Divergent thinking, creativity, and ideation. In J. C. Kaufman & R. J. Sternberg (Eds.), *Cambridge handbook of creativity.* New York: Cambridge University Press.

Rushton, J. P. (2000). *Race, evolution, and behavior: A life history perspective* (2nd abridged ed.). Port Huron, MI: Charles Darwin Research Institute.

Rushton, J. P., & Jensen, A. R. (2005). Thirty years of research on race differences in cognitive ability. *Psychology, Public Policy, and Law, 11,* 235–294.

Ruzgis, P. M., & Grigorenko, E. L. (1994). Cultural meaning systems, intelligence, and personality. In R. J. Sternberg and P. Ruzgis (Eds.), *Personality and intelligence* (pp. 248–270). New York: Cambridge.

Ryff, C. D. (1989). Happiness is everything, or is it? Explorations on the meaning of psychological well-being. *Journal of Personality and Social Psychology, 57,* 1069–1081.

Sak, U. (2007). Giftedness and the Turkish culture. In S. N. Phillipson & M. McCann (Eds.), *Conceptions of giftedness: Sociocultural perspectives* (pp. 283–310). Mahwah, NJ: Erlbaum.

Salovey, P., & Sluyter, D. J. (Eds.) (1997). *Emotional development and emotional intelligence: Educational implications.* New York: Basic Books.

Sarason, S. B., & Doris, J. (1979). *Educational handicap, public policy, and social history.* New York: Free Press.

Sato, T., Namiki, H., Ando, J., & Hatano, G. (2004). Japanese conception of and research on intelligence. In R. J. Sternberg (Ed.), *International handbook of intelligence* (pp. 302–324). New York: Cambridge University Press.

Savasir, L., & Sahin, N. (1995). *Wechsler Cocuklar icin Zeka Olcegi [Wechsler Intelligence Scale for Children].* Ankara, Turkey: Turkish Psychological Association.

Sawyer, R. K. (in press). Individual and group creativity. In J. C. Kaufman & R. J. Sternberg (Eds.), *Cambridge handbook of creativity.* New York: Cambridge University Press.

Saxe, G. B. (1990). *Culture and cognitive development: Studies in mathematical understanding.* Mahwah, NJ: Erlbaum.

Schaie, K.W. (1996). *Intellectual development in adulthood: The Seattle longitudinal study*. New York: Cambridge University Press.

Schliemann, A. D., & Magalhües, V. P. (1990). *Proportional reasoning: From shops, to kitchens, laboratories, and, hopefully, schools*. Proceedings of the Fourteenth International Conference for the Psychology of Mathematics Education, Oaxtepec, Mexico.

Schmidt, F. L., & Hunter, J. E. (1998). The validity and utility of selection methods in personnel psychology: Practical and theoretical implications of 85 years of research findings. *Psychological Bulletin, 124*, 262–274.

Schon, D. A. (1983). *The reflective practitioner*. New York: Basic Books.

Seashore, C.E. (1960). *Seashore Measures of Musical Talents*. New York: Psychological Corporation.

Sedlacek, W. E. (2004). *Beyond the big test: Noncognitive assessment in higher education*. San Francisco: Jossey-Bass.

Šefer, J. (2007). Slavic conceptions of giftedness and creativity. In S. N. Phillipson & M. McCann (Eds.), *Conceptions of giftedness: Sociocultural perspectives* (pp. 311–347). Mahwah, NJ: Erlbaum.

Seifer, R. (2001). Socioeconomic status, multiple risks, and development of intelligence. In R. J. Sternberg, & E. L. Grigorenko (Eds.), *Environmental effects on cognitive abilities* (pp. 59–81). Mahwah, NJ: Erlbaum.

"Senator faces list of assault allegations" (2008). http://www.boston.com/news/local/massachusetts/articles/2008/06/05/senator_faces_list_of_assault_allegations/, retrieved June 5, 2008.

Serpell, R. (1974). Aspects of intelligence in a developing country. *African Social Research, 17*, 576–96.

Serpell, R. (1996). Cultural models of childhood in indigenous socialization and formal schooling in Zambia. In C. P. Hwang & M. E. Lamb (Eds.), *Images of childhood*. (pp. 129–142). Mahwah, NJ: Erlbaum.

Serpell, R. (2000). Intelligence and culture. In R. J. Sternberg (Ed.), *Handbook of intelligence* (pp. 549–577). New York: Cambridge University Press.

Shi, J. (2004). Diligence makes people smart: Chinese perspectives on intelligence. In R. J. Sternberg (Ed.), *International handbook of intelligence* (pp. 325–343). New York: Cambridge University Press.

Shore, B. M. (2000). Metacognition and flexibility. In R. C. Friedman & B. M. Shore (Eds.), *Talents unfolding: Cognition and development* (pp. 167–187). Washington, DC: American Psychological Association.

Shweder, R. A. (1991). *Thinking through cultures: Expeditions in cultural psychology*. Cambridge, MA: Harvard University Press.

Silver, H. R. (1981). Calculating risks: The socioeconomic foundations of aesthetic innovation in an Ashanti carving community. *Ethnology, 20*(2), 101–114.

Simon, H. A. (1976). Identifying basic abilities underlying intelligent performance of complex tasks. In L. B. Resnick (Ed.), *The nature of intelligence* (pp. 65–98). Hillsdale, NJ: Erlbaum.

Simonton, D. K. (1984). *Genius, creativity, and leadership*. Cambridge, MA: Harvard University Press.

Simonton, D. K. (1988a). Creativity, leadership, and chance. In R. J. Sternberg (Ed.), *The nature of creativity* (pp. 386–426). New York: Cambridge University Press.

Simonton, D. K. (1988b). *Scientific genius.* New York: Cambridge University Press.

Simonton, D. K. (1994). *Greatness: Who makes history and why.* New York: Guilford Press.

Simonton, D. K. (1995). Foresight in insight: A Darwinian answer. In R. J. Sternberg & J. E. Davidson (Eds.), *The nature of insight* (pp. 495–534). Cambridge, MA: MIT Press.

Simonton, D. K. (1996). Creative expertise: A life-span developmental perspective. In K. A. Ericsson (Ed.), *The road to excellence* (pp. 227–253). Mahwah, NJ: Erlbaum.

Simonton, D. K. (1997). Creative productivity: A predictive and explanatory model of career trajectories and landmarks. *Psychological Review, 104,* 66–89.

Simonton, D. K. (1998). Donald Campbell's model of the creative process: Creativity as blind variation and selective retention. *Journal of Creative Behavior, 32,* 153–158.

Simonton, D. K. (1999). Talent and its development: An emergenic and epigenetic mode. *Psychological Review, 106,* 435–457.

Simonton, D. K. (in press). Creativity in highly eminent individuals. In J. C. Kaufman & R. J. Sternberg (Eds.), *Cambridge handbook of creativity.* New York: Cambridge University Press.

Sisk, D. (2009). Myth 13: The regular classroom teacher can "go it alone." *Gifted Child Quarterly, 53,* 269–271.

Slavin, R. E. (1990). Achievement effects of ability grouping in secondary schools: A best-evidence synthesis. *Review of Educational Research, 60,* 471–499.

Smith, J., & Baltes, P. B. (1990). Wisdom-related knowledge: Age/Cohort differences in response to life-planning problems. *Developmental Psychology, 26,* 494–505.

Smith, J. K., & Smith, L. F. (in press). Educational creativity. In J. C. Kaufman & R. J. Sternberg (Eds.), *Cambridge handbook of creativity.* New York: Cambridge University Press.

Smith, J., Staudinger, U. M., & Baltes, P. B. (1994). Occupational settings facilitative of wisdom-related knowledge: The sample case of clinical psychologists. *Journal of Consulting and Clinical Psychology, 64,* 989–1000.

Smith, S. M., Ward, T. B., & Finke, R. A. (Eds.). (1995). *The creative cognition approach.* Cambridge, MA: MIT Press.

Solomon, J. L., Marshall, P., & Gardner, H. (2005). Crossing boundaries to generative wisdom: An analysis of professional work. In R.J. Sternberg & J. Jordan (Eds.), *A handbook of wisdom: Psychological perspectives.* New York: Cambridge University Press.

Sowarka, D. (1989). Weisheit und weise Personen: Common-Sense-Konzepte älterer Menschen. [Wisdom and wise persons: Common-sense conceptions of older people.] *Zeitschrift für Entwicklungspsychologie und Paedagogische Psychologie, 21,* 87–109.

Spear, L. C., & Sternberg, R. J. (1987). Teaching styles: Staff development for teaching thinking. *Journal of Staff Development, 8*(3), 35–39.

Spearman, C. (1923). *The nature of intelligence and the principles of cognition.* London: Macmillan.

Spearman, C. (1927). *The abilities of man.* London: Macmillan.

"*Spitzer is linked to prostitution ring,*" 2008; http://www.nytimes.com/2008/03/10/nyregion/10cnd-spitzer.html?_r=1&oref=slogin, retrieved June 5, 2008.

Srivastava, S., & Misra, G. (1996). Changing perspectives on understanding intelligence: An appraisal. *Indian Psychological Abstracts and Reviews, 3.* New Delhi: Sage.

Srivastava, S., & Misra, G. (2000). *Culture and conceptualization of intelligence.* New Delhi: National Council of Educational Research and Training.

Stabley, M. (2008, December 16). *Montgomery County schools try scrapping the "gifted" label.* http://www.nbcwashington.com/news/local/Montgomery-County-Schools-Try-Scrapping-Gifted-Label.html, retrieved 1/2/09.

Stange, A., Kunzmann, U., & Baltes, P. B. (2003). *Perceived wisdom: The interplay of age, wisdom-related knowledge, and social behavior.* Poster presented at the Annual Convention of the American Psychological Association, Toronto, Canada.

Stankov, L. (2004). Similar thoughts under different stars: Conceptions of intelligence in Australia. In R. J. Sternberg (Ed.), *International handbook of intelligence* (pp. 344–363). New York: Cambridge University Press.

Stanley, J. C., & Benbow, C. P. (1986). Youths who reason exceptionally well mathematically. In R. J. Sternberg & J. E. Davidson (Eds.), *Conceptions of giftedness* (pp. 361–387). New York: Cambridge University Press.

Stanley, J. C., & Brody, L. E. (2001). History and philosophy of the talent search model. *Gifted and Talented International, 16,* 94–96.

Staudinger, U. M. (1999). Older and wiser? Integrating results on the relationship between age and wisdom-related performance. *International Journal of Behavioral Development, 23,* 641–664.

Staudinger, U. M., & Baltes, P. B. (1996). Interactive minds: A facilitative setting for wisdom-related performance? *Journal of Personality and Social Psychology, 71,* 746–762.

Staudinger, U. M., Dörner, J., & Mickler, C. (2003). *Self-insight: Operationalizations and plasticity.* Unpublished manuscript, International University Bremen, Bremen, Germany.

Staudinger, U. M., Dörner, J., & Mickler, C. (2005). Wisdom and personality. In R. J. Sternberg & J. Jordan (Eds.). *A handbook of wisdom: Psychological perspectives.* New York: Cambridge University Press.

Staudinger, U. M., & Glueck, J. (in press). Wisdom and intelligence. In R. J. Sternberg & S. B. Kaufman (Eds.), *Cambridge handbook of intelligence.* New York: Cambridge University Press.

Staudinger, U. M., Lopez, D. F., & Baltes, P. B. (1997). The psychometric location of wisdom-related performance: Intelligence, personality, and more? *Personality & Social Psychology Bulletin, 23,* 1200–1214.

Staudinger, U. M., Maciel, A. G., Smith, J., & Baltes, P. B. (1998). What predicts wisdom-related performance? A first look at personality, intelligence, and facilitative experiential contexts. *European Journal of Personality, 12,* 1–17.

Staudinger, U. M., Smith, J., & Baltes, P. B. (1992). Wisdom-related knowledge in life review task: Age differences and the role of professional specialization. *Psychology and Aging, 7,* 271–281.

Steele, C. (1990, May). A conversation with Claude Steele. *APS Observer,* pp. 1–17.

Stemler, S. E., Grigorenko, E. L., Jarvin, L., & Sternberg, R. J. (2006). Using the theory of successful intelligence as a basis for augmenting AP exams in psychology and statistics. *Contemporary Educational Psychology, 31*(2), 344–376.

Stern, W. (1912). *Psychologische Methoden der Intelligenz-Prüfung.* Leipzig, Germany: Barth.

Sternberg, R. J. (1977). *Intelligence, information processing, and analogical reasoning: The componential analysis of human abilities.* Hillsdale, NJ: Erlbaum.

Sternberg, R. J. (1979). Is absolute time relatively interesting? *Behavioral and Brain Sciences, 2,* 281–282.

Sternberg, R. J. (1981). Intelligence and nonentrenchment. *Journal of Educational Psychology, 73,* 1–16.

Sternberg, R. J. (1982). Natural, unnatural, and supernatural concepts. *Cognitive Psychology, 14,* 451–488.

Sternberg, R. J. (1983). Components of human intelligence. *Cognition, 15,* 1–48.

Sternberg, R. J. (1985a). *Beyond IQ: A triarchic theory of human intelligence.* New York: Cambridge University Press.

Sternberg, R. J. (1985b). Implicit theories of intelligence, creativity, and wisdom. *Journal of Personality and Social Psychology, 49,* 607–627.

Sternberg, R. J. (1986). *Intelligence applied.* Orlando, FL: Harcourt Brace College.

Sternberg, R. J. (1987). Teaching intelligence: The application of cognitive psychology to the improvement of intellectual skills. In J. B. Baron & R. J. Sternberg (Eds.), *Teaching thinking skills: Theory and practice* (pp. 182–218). New York: Freeman.

Sternberg, R. J. (1988a). *The triangle of love.* New York: Basic

Sternberg, R. J. (1988b). *The triarchic mind: A new theory of human intelligence.* New York: Viking.

Sternberg, R. J. (1988c). A triarchic view of intelligence in cross–cultural perspective. In S. H. Irvine & J. W. Berry (Eds.), *Human abilities in cultural context* (pp. 60–85). New York: Cambridge University Press.

Sternberg, R. J. (1988d). What's love got to do with it? *Omni, 10,* p. 27.

Sternberg, R. J. (1990a). Wisdom and its relations to intelligence and creativity. In R. J. Sternberg (Ed.), *Wisdom: Its nature, origins, and development* (pp. 142–159). New York: Cambridge University Press.

Sternberg, R. J. (Ed.). (1990b). *Wisdom: Its nature, origins, and development.* New York: Cambridge University Press.

Sternberg, R. J. (1993). The concept of "giftedness": A pentagonal implicit theory. *The origins and development of high ability* (pp. 5–21). United Kingdom: CIBA Foundation.

Sternberg, R. J. (1994). Cognitive conceptions of expertise. *International Journal of Expert Systems: Research and Application, 7,* 1–12.

Sternberg, R. J. (1995). *In search of the human mind.* Ft. Worth, TX: Harcourt.

Sternberg, R. J. (1996a). For whom does the bell curve toll? It tolls for you. *Journal of Quality Learning, 6*(1), 9–27.

Sternberg, R. J. (1996b). *Successful Intelligence.* New York: Simon & Schuster.

Sternberg, R. J. (1997a). *Successful intelligence.* New York: Plume.

Sternberg, R. J. (1997b). *Thinking styles.* New York: Cambridge University Press.

Sternberg, R. J. (1998a). Abilities are forms of developing expertise. *Educational Researcher, 27,* 11–20.

Sternberg, R. J. (1998b). A balance theory of wisdom. *Review of General Psychology, 2*(4), 347–365.

Sternberg, R. J. (1998c). Principles of teaching for successful intelligence. *Educational Psychologist, 33*, 65–72.

Sternberg, R. J. (1999a). Intelligence as developing expertise. *Contemporary Educational Psychology, 24*, 259–375.

Sternberg, R. J. (1999b). A propulsion model of types of creative contributions. *Review of General Psychology, 3*, 83–100.

Sternberg, R. J. (1999c). The theory of successful intelligence. *Review of General Psychology, 3*, 292–316.

Sternberg, R. J. (2000a). Creativity is a decision. In B. Z. Presseisen (Ed.), *Teaching for intelligence II: A collection of articles* (pp. 83–103). Arlington Heights, IL: Skylight Training.

Sternberg, R.J. (Ed.). (2000b). *Handbook of intelligence.* New York: Cambridge University Press.

Sternberg, R. J. (2000c). Intelligence and wisdom. In R. J. Sternberg (Ed.), *Handbook of intelligence* (pp. 629–647). New York: Cambridge University Press.

Sternberg, R. J. (2001a). Giftedness as developing expertise: A theory of the interface between high abilities and achieved excellence. *High Ability Studies, 12*(2), 159–179.

Sternberg, R. J. (2001b). Why schools should teach for wisdom: The balance theory of wisdom in educational settings. *Educational Psychologist, 36*(4), 227–245.

Sternberg, R. J. (2002a). Smart people are not stupid, but they sure can be foolish: The imbalance theory of foolishness. In R. J. Sternberg (Ed.), *Why smart people can be so stupid* (pp. 232–242). New Haven, CT: Yale University Press.

Sternberg, R. J. (2002b). Successful intelligence: A new approach to leadership. In R. E. Riggio, S. E. Murphy, & F. J. Pirozzolo (Eds.), *Multiple intelligences and leadership* (pp. 9–28). Mahwah, NJ: Erlbaum.

Sternberg, R. J. (2003a). A duplex theory of hate: Development and application to terrorism, massacres, and genocide. *Review of General Psychology, 7*(3), 299–328.

Sternberg, R. J. (2003b). What is an expert student? *Educational Researcher, 32*(8), 5–9.

Sternberg, R. J. (2003c). *WICS: A model of leadership in organizations.* Academy of Management Learning and Education.

Sternberg, R. J. (2003d). *Wisdom, intelligence, and creativity synthesized.* New York: Cambridge University Press.

Sternberg, R. J. (2004a). Culture and intelligence. *American Psychologist, 59*(5), 325–338.

Sternberg, R. J. (Ed.). (2004b). *International handbook of intelligence.* New York: Cambridge University Press.

Sternberg, R. J. (2005a). Accomplishing the goals of affirmative action – with or without affirmative action. *Change, 37*(1), 6–13.

Sternberg, R. J. (2005b). The theory of successful intelligence. *Interamerican Journal of Psychology, 39*(2), 189–202.

Sternberg, R. J. (2005c). WICS: A model of giftedness in leadership. *Roeper Review, 28*(1), 37–44.

Sternberg, R. J. (2005d). The WICS model of giftedness. In R. J. Sternberg & J. E. Davidson (Eds.), *Conceptions of giftedness* (2nd ed., pp. 327–342). New York: Cambridge University Press.

Sternberg, R. J. (2006). How can we simultaneously enhance both academic excellence and diversity? *College and University, 81*(1), 17–23.

Sternberg, R. J. (2007a). Culture, instruction, and assessment. *Comparative Education, 43*(1), 5–22.

Sternberg, R. J. (2007b). Finding students who are wise, practical, and creative. *Chronicle of Higher Education, 53*(44), B11.

Sternberg, R. J. (2007c). How higher education can produce the next generation of positive leaders. In M. E. Devlin (Ed.), *Futures Forum 2007* (pp. 33–36). Cambridge, MA: Forum for the Future of Higher Education.

Sternberg, R. J. (2008a, September/October). It's the foolishness, stupid. *American Interest*, 19–23.

Sternberg, R. J. (2008b). The WICS approach to leadership: Stories of leadership and the structures and processes that support them. *Leadership Quarterly, 19*(3), 360–371.

Sternberg, R. J. (2009a). The Rainbow and Kaleidoscope projects: A new psychological approach to undergraduate admissions. *European Psychologist, 14*, 279–287.

Sternberg, R. J. (2009b). Reflections on ethical leadership. In D. Ambrose & T. L. Cross (Eds.), *Morality, ethics, and gifted minds*. New York: Springer.

Sternberg, R. J. (2010). *College admissions for the 21st century*. Cambridge, MA: Harvard University Press.

Sternberg, R. J., & Arroyo, C. G. (2006). Beyond expectations: A new view of the gifted disadvantaged. In B. Wallace & G. Eriksson (Eds.), *Diversity in gifted education: International perspectives on global issues* (pp. 110–124). London: Routledge.

Sternberg, R. J., Bonney, C. R., Gabora, L., Jarvin, L., Karelitz, T. M., & Coffin, L. A. (in press). Broadening the spectrum of undergraduate admissions. *College and University*.

Sternberg, R. J., Castejón, J. L., Prieto, M. D., Hautamäki, J., & Grigorenko, E. L. (2001). Confirmatory factor analysis of the Sternberg triarchic abilities test in three international samples: An empirical test of the triarchic theory of intelligence. *European Journal of Psychological Assessment, 17*(1) 1–16.

Sternberg, R. J., & Clinkenbeard, P. R. (1995). The triarchic model applied to identifying, teaching, and assessing gifted children. *Roeper Review, 17*(4), 255–260.

Sternberg, R. J., & Coffin L. A. (2010). Admitting and developing "new leaders for a changing world." *New England Journal of Higher Education*.

Sternberg, R. J., Conway, B. E., Ketron, J. L., & Bernstein, M. (1981). People's conceptions of intelligence. *Journal of Personality and Social Psychology, 41*, 37–55.

Sternberg, R. J., & Davidson, J. E. (Eds.). (1986). *Conceptions of giftedness*. New York: Cambridge University Press.

Sternberg, R. J., & Davidson, J. E. (Eds.). (1994). *The nature of insight*. Cambridge, MA: MIT Press.

Sternberg, R. J., & Davidson, J. E. (Eds.). (2005). *Conceptions of giftedness* (2nd ed.). New York: Cambridge University Press.

Sternberg, R. J., & Detterman, D. K. (Eds.). (1986). *What is intelligence?* Norwood, NJ: Ablex.

Sternberg, R. J., Ferrari, M., Clinkenbeard, P. R., & Grigorenko, E. L. (1996). Iden-
tification, instruction, and assessment of gifted children: A construct validation
of a triarchic model. *Gifted Child Quarterly, 40*(3), 129–137.

Sternberg, R. J., Forsythe, G. B., Hedlund, J., Horvath, J., Snook, S., Williams, W.
M., Wagner, R. K., & Grigorenko, E. L. (2000). *Practical intelligence in everyday
life.* New York: Cambridge University Press.

Sternberg, R. J., & Gastel, J. (1989a). Coping with novelty in human intelligence:
An empirical investigation. *Intelligence, 13,* 187–197.

Sternberg, R. J., & Gastel, J. (1989b). If dancers ate their shoes: Inductive reasoning
with factual and counterfactual premises. *Memory and Cognition, 17,* 1–10.

Sternberg, R. J., & Grigorenko, E. L. (1997a). The cognitive costs of physical and
mental ill health: Applying the psychology of the developed world to the problems
of the developing world. *Eye on Psi Chi, 2,* 20–27.

Sternberg, R. J., & Grigorenko, E. L. (Eds.). (1997b). *Intelligence, heredity, and
environment.* New York: Cambridge University Press.

Sternberg, R. J., & Grigorenko, E. L. (1999a). Myths in psychology and educa-
tion regarding the gene environment debate. *Teachers College Record, 100,* 536–
553.

Sternberg, R. J., & Grigorenko, E. L. (1999b). *Our labeled children: What every parent
and teacher needs to know about learning disabilities.* Cambridge, MA: Perseus.

Sternberg, R. J., & Grigorenko, E. L. (2000). *Teaching for successful intelligence.*
Arlington Heights, IL: Skylight Training.

Sternberg, R. J., & Grigorenko, E. L. (2001a). All testing is dynamic testing. *Issues in
Education, 7*(2), 137–170.

Sternberg, R. J., & Grigorenko, E. L. (Eds.). (2001b). *Environmental effects on cogni-
tive abilities.* Mahwah, NJ: Erlbaum.

Sternberg, R. J., & Grigorenko, E. L. (2002a). *Dynamic testing.* New York: Cambridge
University Press.

Sternberg, R. J., & Grigorenko E. L. (Eds.). (2002b). *The general factor of intelligence:
How general is it?* Mahwah, NJ: Erlbaum.

Sternberg, R. J., & Grigorenko, E. L. (2007a). Ability testing across cultures. In L.
Suzuki (Ed.), *Handbook of multicultural assessment* (3rd ed., pp. 449–470). New
York: Jossey-Bass.

Sternberg, R. J., & Grigorenko, E. L. (2007b). *Teaching for successful intelligence* (2nd
ed.). Thousand Oaks, CA: Corwin.

Sternberg, R. J., Grigorenko, E. L., Ferrari, M., & Clinkenbeard, P. (1999a). A triarchic
analysis of an aptitude–treatment interaction. *European Journal of Psychological
Assessment, 15*(1), 1–11.

Sternberg, R. J., Grigorenko, E. L., Ferrari, M., & Clinkenbeard, P. (1999b). The
triarchic model applied to gifted identification, instruction, and assessment. In
N. Colangelo & S. G. Assouline (Eds.), *Talent development III: Proceedings from
the 1995 Henry B. and Jocelyn Wallace National Research Symposium on Talent
Development* (pp. 71–80). Scottsdale, AZ: Gifted Psychology Press.

Sternberg, R. J., Grigorenko, E. L., & Jarvin, L. (2001). Improving reading instruc-
tion: The triarchic model. *Educational Leadership, 58*(6), 48–52.

Sternberg, R. J., Grigorenko, E. L., & Kidd, K. K. (2005). Intelligence, race, and
genetics. *American Psychologist, 60*(1), 46–59.

Sternberg, R. J., Grigorenko, E. L., Ngorosho, D., Tantufuye, E., Mbise, A., Nokes, C., Jukes, M., & Bundy, D. A. (2002). Assessing intellectual potential in rural Tanzanian school children. *Intelligence, 30*, 141–162.

Sternberg, R. J., Grigorenko, E. L., & Zhang, L.-F. (2008). Styles of learning and thinking matter in instruction and assessment. *Perspectives on Psychological Science, 3*(6), 486–506.

Sternberg, R. J., & Hedlund, J. (2002). Practical intelligence, g, and work psychology. *Human Performance, 15*, 143–160.

Sternberg, R. J., Jarvin, L., & Grigorenko, E. L. (2009). *Teaching for wisdom, intelligence, creativity, and success.* Thousand Oaks, CA: Sage.

Sternberg, R. J., & Jordan, J. (Eds.). (2005). *A handbook of wisdom: Psychological perspectives.* New York: Cambridge University Press.

Sternberg, R. J., & Kaufman J. C. (1998). Human abilities. *Annual Review of Psychology, 49*, 479–502.

Sternberg, R. J., & Kaufman, S. (Eds.). (in press). *Cambridge handbook of intelligence.* New York: Cambridge University Press.

Sternberg, R. J., Kaufman, J. C., & Grigorenko, E. L. (2008). *Applied intelligence.* New York: Cambridge University Press.

Sternberg, R. J., Kaufman, J. C., & Pretz, J. E. (2002). *The creativity conundrum: A propulsion model of kinds of creative contributions.* Philadelphia: Psychology Press.

Sternberg, R. J., Kaufman, J. C., & Pretz, J. E. (2003). A propulsion model of creative leadership. *Leadership Quarterly, 14*, 453–473.

Sternberg, R. J., & Lubart, T. I. (1991). An investment theory of creativity and its development. *Human Development, 34*(1), 1–31.

Sternberg, R. J., & Lubart, T. I. (1995). *Defying the crowd: Cultivating creativity in a culture of conformity.* New York: Free Press.

Sternberg, R. J., & Lubart, T. I. (1996). Investing in creativity. *American Psychologist, 51*(7), 677–688.

Sternberg, R. J., & Lubart, T. I. (2001). Wisdom and creativity. In J. E. Birren, & K. W. Schaie (Eds.), *Handbook of the psychology of aging* (5th ed., pp. 500–522). San Diego, CA: Academic Press.

Sternberg, R. J., Nokes, K., Geissler, P. W., Prince, R., Okatcha, F., Bundy, D. A., & Grigorenko, E. L. (2001a). The relationship between academic and practical intelligence: A case study in Kenya. *Intelligence, 29*, 401–418.

Sternberg, R. J., & O'Hara, L. (1999). Creativity and intelligence. In R. J. Sternberg (Ed.), *Handbook of creativity* (pp. 251–272). New York: Cambridge University Press.

Sternberg, R. J., & O'Hara, L. A. (2000). Intelligence and creativity. In R. J. Sternberg (Ed.), *Handbook of intelligence* (pp. 609–628). New York: Cambridge University Press.

Sternberg, R. J., Powell, C., McGrane, P. A., & McGregor, S. (1997). Effects of a parasitic infection on cognitive functioning. *Journal of Experimental Psychology: Applied, 3*, 67–76.

Sternberg, R. J., & Rifkin, B. (1979). The development of analogical reasoning processes. *Journal of Experimental Child Psychology, 27*, 195–232.

Sternberg, R. J., & Ruzgis, P. (Eds.). (1994). *Personality and intelligence.* New York: Cambridge University Press.

Sternberg, R. J., & Spear-Swerling, L. (1996). *Teaching for thinking.* Washington, DC: APA Books.

Sternberg, R. J., & Sternberg, K. (2008). *The nature of hate.* New York: Cambridge University Press.

Sternberg, R. J., & The Rainbow Project Collaborators. (2005). Augmenting the SAT through assessments of analytical, practical, and creative skills. In W. Camara & E. Kimmel (Eds.), *Choosing students: Higher education admission tools for the 21st century* (pp. 159–176). Mahwah, NJ: Erlbaum.

Sternberg, R. J., & The Rainbow Project Collaborators. (2006). The Rainbow Project: Enhancing the SAT through assessments of analytical, practical, and creative skills. *Intelligence, 34*(4), 321–350.

Sternberg, R. J., The Rainbow Project Collaborators, & University of Michigan Business School Project Collaborators. (2004). Theory based university admissions testing for a new millennium. *Educational Psychologist, 39*(3), 185–198.

Sternberg, R. J., Torff, B., & Grigorenko, E. L. (1998a). Teaching for successful intelligence raises school achievement. *Phi Delta Kappan, 79,* 667–669.

Sternberg, R. J., Torff, B., & Grigorenko, E. L. (1998b). Teaching triarchically improves school achievement. *Journal of Educational Psychology, 90,* 1–11.

Sternberg, R. J., & Wagner, R. K. (1993). The g-ocentric view of intelligence and job performance is wrong. *Current Directions in Psychological Science, 2*(1), 1–4.

Sternberg, R. J., & Wagner, R. K. (Eds.). (1994). *Mind in context.* New York: Cambridge University Press.

Sternberg, R. J., Wagner, R. K., & Okagaki, L. (1993). Practical intelligence: The nature and role of tacit knowledge in work and at school. In H. Reese & J. Puckett (Eds.), *Advances in lifespan development* (pp. 205–227). Hillsdale, NJ: Erlbaum.

Sternberg, R. J., Wagner, R. K., Williams, W. M., & Horvath, J. A. (1995). Testing common sense. *American Psychologist, 50*(11), 912–927.

Sternberg, R. J., & Williams, W. M. (1996). *How to develop student creativity.* Alexandria, VA: Association for Supervision and Curriculum Development.

Sternberg, R. J., & Zhang, L. F. (1995). What do we mean by "giftedness"? A pentagonal implicit theory. *Gifted Child Quarterly, 39*(2), 88–94.

Stevenson, H. W., & Stigler, J. W. (1994). *The learning gap: Why our schools are failing and what we can learn from Japanese and Chinese education.* New York: Simon & Schuster.

Stigler, J. W., Lee, S., Lucker, G. W., & Stevenson, H. W. (1982). Curriculum and achievement in mathematics: A study of elementary school children in Japan, Taiwan, and the United States. *Journal of Educational Psychology, 74,* 315–322.

Subotnik, R. F., & Arnold, K. D. (Eds.) (1993). *Beyond Terman: Longitudinal studies in contemporary gifted education.* Norwood, NJ: Ablex

Subotnik, R. F., & Jarvin, L. (2005). Beyond expertise: Conceptions of giftedness as great performance. In R. J. Sternberg & J. E. Davidson (Eds.), *Conceptions of giftedness* (2nd ed., pp. 343–357). New York: Cambridge University Press.

Subotnik, R. F., Jarvin, L., Moga, E., & Sternberg, R. J. (2003) Wisdom from gatekeepers: Secrets of success in music performance. *Bulletin of Psychology and the Arts, 4*(1), 5–9.

Suler, J. R. (1980). Primary process thinking and creativity. *Psychological Bulletin, 88,* 555–578.

Super, C. M. (1976). Environmental effects on motor development: The case of "African infant precocity." *Developmental Medicine and Child Neurology, 8*(5), 561–567.

Super C. M., & Harkness, S. (1982). The development of affect in infancy and early childhood. In D. Wagner & H. Stevenson (Eds.), *Cultural perspectives on child development* (pp. 1–19). San Francisco: W. H. Freeman.

Super, C. M., & Harkness, S. (1986). The developmental niche: A conceptualization at the interface of child and culture. *International Journal of Behavioral Development, 9,* 545–569.

Super, C. M., & Harkness, S. (1993). The developmental niche: A conceptualization at the interface of child and culture. In R. A. Pierce & M. A. Black (Eds.), *Life-span development: A diversity reader* (pp. 61–77). Dubuque, IA: Kendall/Hunt.

Takahashi, M., & Bordia, P. (2000). The concept of wisdom: A cross cultural comparison. *International Journal of Psychology, 35*(1), 1–9.

Takahashi, M., & Overton, W. F. (2005). Cultural foundations of wisdom: An integrated developmental approach. In R. J. Sternberg & J. Jordan (Eds.). *A handbook of wisdom: Psychological perspectives.* New York: Cambridge University Press.

Takayama, M. (2002). *The concept of wisdom and wise people in Japan* (Doctoral dissertation, Tokyo University, Japan).

Tannenbaum, A. J. (1986). Giftedness: A psychosocial approach. In R. J. Sternberg & J. E. Davidson (Eds.), *Conceptions of giftedness* (pp. 21–52). New York: Cambridge University Press.

Taranto, M. A. (1989). Facets of wisdom: A theoretical synthesis. *International Journal of Aging and Human Development, 29,* 1–21.

Terman, L. M. (1925). *Genetic studies of genius: Mental and physical traits of a thousand gifted children* (Vol. 1). Stanford, CA: Stanford University Press.

Terman, L. M., & Merrill, M. A. (1937). *Measuring intelligence.* Boston: Houghton Mifflin.

Terman, L. M., & Merrill, M. A. (1973). *Stanford–Binet Intelligence Scale: Manual for the third revision.* Boston: Houghton Mifflin.

Terman, L. M., & Oden, M. H. (1959). *Genetic studies of genius: The gifted group at midlife* (Vol. 4). Stanford, CA: Stanford University Press.

Tetewsky, S. J., & Sternberg, R. J. (1986). Conceptual and lexical determinants of nonentrenched thinking. *Journal of Memory and Language, 25,* 202–225.

Therivel, W. A. (1999). Why Mozart and not Salieri? *Creativity Research Journal, 12,* 67–76.

Thomason, T. C., & Qiong, X. (2008). Counseling psychology in China: Past and present. *International Journal for the Advancement of Counselling, 30,* 213–219.

Thorndike, R. L., Hagen, E. P., & Sattler, J. M. (1986). *Technical manual for the Stanford-Binet Intelligence Scale: Fourth edition.* Chicago: Riverside.

Thurstone, L. L. (1924/1973). *The nature of intelligence.* London: Routledge.

Thurstone, L. L. (1938). *Primary mental abilities.* Chicago, IL: University of Chicago Press.

"Timeline of the Tyco International Scandal," 2005; http://www.usatoday.com/money/industries/manufacturing/2005–06–17-tyco-timeline_x.htm, retrieved June 5, 2008.

Tomasello, M. (2001). *The cultural origins of human cognition.* Cambridge, MA: Harvard University Press.

Tomlinson, C. A. (2009). Myth 8: The "patch-on" approach to programming is effective. *Gifted Child Quarterly, 53,* 254–256.

Torrance, E. P. (1962). *Guiding creative talent.* Englewood Cliffs, NJ: Prentice-Hall.

Torrance, E. P. (1974). *Torrance tests of creative thinking.* Lexington, MA: Personnel Press.

Torrance, E. P., & Wu, T. H. (1981). A comparative longitudinal study of the adult creative achievements of elementary school children identified as highly intelligent and as highly creative. *Creative Child and Adult Quarterly, 6,* 71–76.

Totten, S., Parsons, W. S., & Charny, I. W. (Eds.). (2004). *Century of genocide: Critical essays and eyewitness accounts* (2nd ed.). New York: Routledge.

Treffinger, D. J. (2009). Myth 5: Creativity is too difficult to measure. *Gifted Child Quarterly, 53,* 245–247.

Turkheimer, E., Haley, A., Waldron, M., D'Onofrio, B., & Gottesman, I. I. (2003). Socioeconomic status modifies heritability of IQ in young children. *Psychological Science, 14*(6), 623–628.

Turner, M. L., & Engle, R. W. (1989). Is working memory capacity task dependent? *Journal of Memory & Language, 28*(2), 127–154.

Tzuriel, D. (1995). *Dynamic-interactive assessment: The legacy of L. S. Vygotsky and current developments.* Unpublished manuscript.

VanTassel-Baska, J. (1998). *Excellence in educating the gifted* (3rd ed.). Denver: Love.

VanTassel-Baska, J. (2005). Domain-specific giftedness. In R. J. Sternberg & J. E. Davidson (Eds.), *Conceptions of giftedness* (pp. 358–376). New York: Cambridge University Press.

VanTassel-Baska, J. (2009). Myth 12: Gifted programs should stick out like a sore thumb. *Gifted Child Quarterly, 53,* 266–268.

Vernon, P. A., & Mori, M. (1992). Intelligence, reaction times, and peripheral nerve conduction velocity. *Intelligence, 8,* 273–288.

Vernon, P. A., Wickett, J. C., Bazana, P. G., & Stelmack, R. M. (2000). The neuropsychology and psychophysiology of human intelligence. In R. J. Sternberg (Ed.), *Handbook of intelligence* (pp. 245–264). New York: Cambridge University Press.

Vernon, P. E. (Ed.). (1970). *Creativity: Selected readings* (pp. 126–136). Baltimore: Penguin Books.

Vernon, P. E. (1971). *The structure of human abilities.* London: Methuen.

Von Károlyi, C., & Winner, E. (2005). Extreme giftedness. In R. J. Sternberg & J. E. Davidson (Eds.), *Conceptions of giftedness* (2nd ed., pp. 377–394). New York: Cambridge University Press.

von Oech, R. (1983). *A whack on the side of the head.* New York: Warner.

von Oech, R. (1986). *A kick in the seat of the pants.* New York: Harper & Row.

Vygotsky, L. S. (1978). *Mind in society: The development of higher psychological processes.* Cambridge, MA: Harvard University Press.

Wagner, D. A. (1978). Memories of Morocco: The influence of age, schooling, and environment on memory. *Cognitive Psychology, 10*, 1–28.

Wagner, R. K. (1987). Tacit knowledge in everyday intelligent behavior. *Journal of Personality and Social Psychology, 52*, 1236–1247.

Wagner, R. K. (2000). Practical intelligence. In R. J. Sternberg (Ed.), *Handbook of human intelligence* (pp. 380–395). New York: Cambridge University Press.

Wagner, D. A., & Sternberg, R. J. (1985). Practical intelligence in real-world pursuits: The role of tacit knowledge. *Journal of Personality and Social Psychology, 49*, 436–458.

Wahlsten, D., & Gottlieb, G. (1997). The invalid separation of effects of nature and nurture: Lessons from animal experimentation. In R. J. Sternberg & E. L. Grigorenko (Eds.), *Intelligence, heredity, and environment* (pp. 163–192). New York: Cambridge University Press.

Wallach, M., & Kogan, N. (1965). *Modes of thinking in young children.* New York: Holt, Rinehart, & Winston.

Walters, J., & Gardner, H. (1986). The crystallizing experience: Discovering an intellectual gift. In R. J. Sternberg & J. E. Davidson (Eds.), *Conceptions of giftedness* (pp. 306–331). New York: Cambridge University Press.

Ward, T. B. (1994). Structured imagination: The role of conceptual structure in exemplar generation. *Cognitive Psychology, 27*, 1–40.

Ward, T. B., & Kolomyts, Y. (in press). Cognition and creativity. In J. C. Kaufman & R. J. Sternberg (Eds.), *Cambridge handbook of creativity.* New York: Cambridge University Press.

Ward, T. B., Smith, S. M., & Finke, R. A. (1999). Creative cognition. In R. J. Sternberg (Ed.), *Handbook of creativity* (pp. 189–212). New York: Cambridge University Press.

Wechsler, D. (1939). *The measurement of adult intelligence.* Baltimore: Williams & Wilkins.

Wechsler, D. (1974/1991). *Manual for the Wechsler Intelligence Scales for Children* (3rd ed.). San Antonio, TX: Psychological Corporation.

Wechsler, D. (1967/2002). *Wechsler Primary and Preschool Scale of Intelligence* (3rd ed.). San Antonio, TX: Harcourt Brace.

Wechsler, D. (2003). *WISC-IV: Administration and scoring manual.* San Antonio: Psychological Corporation.

Wehner, L., Csikszentmihalyi, M., & Magyari-Beck, I. (1991). Current approaches used in studying creativity: An exploratory investigation. *Creativity Research Journal, 4*(3), 261–271.

Weisberg, R. W. (1986). *Creativity, genius and other myths.* New York: Freeman.

Weisberg, R. W. (1988). Problem solving and creativity. In R. J. Sternberg (Ed.), *The nature of creativity* (pp. 148–176). New York: Cambridge University Press.

Weisberg, R. W. (1993). *Creativity: Beyond the myth of genius.* New York: Freeman.

Weisberg, R. W. (1999). Creativity and knowledge: A challenge to theories. In R. J. Sternberg (Ed.), *Handbook of creativity* (pp. 226–250). New York: Cambridge University.

Weisberg, R. W., & Alba, J. W. (1981). An examination of the alleged role of "fixation" in the solution of several "insight" problems. *Journal of Experimental Psychology: General, 110*, 169–192.

Werner, H., & Kaplan, B. (1963). *Symbol formation.* Hillsdale, NJ: Erlbaum.

Westen, D., & Rosenthal, R. (2003). Quantifying construct validity: Two simple measures. *Journal of Personality and Social Psychology, 84,* 608–618.

White, G. M. (1985). Premises and purposes in a Solomon Islands ethnopsychology. In G. M. White & J. Kirkpatrick (Eds.), *Person, self, and experience: Exploring Pacific ethnopsychologies* (pp. 328–366). Berkeley: University of California Press.

Wickett, J. C., & Vernon, P. A. (1994). Peripheral nerve conduction velocity, reaction time, and intelligence: An attempt to replicate Vernon and Mori. *Intelligence, 18,* 127–132.

Williams, W. M., Blythe, T., White, N., Li, J., Gardner, H., & Sternberg, R. J. (2002). Practical intelligence for school: Developing metacognitive sources of achievement in adolescence. *Developmental Review, 22*(2), 162–210.

Willis, J. O., Dumont, R., & Kaufman, A. S. (in press). Factor-analytic models of intelligence. In R. J. Sternberg & S. B. Kaufman (Eds.), *Cambridge handbook of intelligence.* New York: Cambridge University Press.

Wink, P., & Helson, R. (1997). Practical and transcendent wisdom: Their nature and some longitudinal findings. *Journal of Adult Development, 4,* 1–16.

Winner, E. (1996). *Gifted children: Myths and realities.* New York: Basic Books.

Wissler, C. (1901). The correlation of mental and physical tests. *Psychological Review, Monograph Supplement, 3*(6).

Wong-Fernandez, B., & Bustos-Orosa, Ma. A. (2007). Conceptions of giftedness among Tagalog-speaking Filipinos. In S. N. Phillipson & M. McCann (Eds.), *Conceptions of giftedness: Sociocultural perspectives* (pp. 169–196). Mahwah, NJ: Erlbaum.

Woodman, R. W., & Schoenfeldt, L. F. (1989). Individual differences in creativity: An interactionist perspective. In J. A. Glover, R. R. Ronning, & C. R. Reynolds (Eds.), *Handbook of creativity* (pp. 77–91). New York: Plenum.

Worrell, F. C. (2009). Myth 4: A single test score or indicator tells us all we need to know about giftedness. *Gifted Child Quarterly, 53,* 242–244.

Yamamoto, K. (1964). Creativity and sociometric choice among adolescents. *Journal of Social Psychology, 64,* 249–261.

Yan, Z. (2001). Yan's family rules – Piece of conduct. In *Chinese classic books series (multimedia version).* Beijing: Beijing Yinguan Electronic Publishing. (In Chinese)

Yang, S. (2001). Conceptions of wisdom among Taiwanese Chinese. *Journal of Cross-Cultural Psychology, 32*(6), 662–680.

Yang, S. Y., & Sternberg, R. J. (1997a). Conceptions of intelligence in ancient Chinese philosophy. *Journal of Theoretical and Philosophical Psychology, 17,* 101–119.

Yang, S. Y., & Sternberg, R. J. (1997b). Taiwanese Chinese people's conceptions of intelligence. *Intelligence, 25,* 21–36.

Zeidner, M. (1985). A cross-cultural test of the situational bias hypothesis – the Israeli scene. *Evaluation and Program Planning, 8,* 367–376.

Zeidner, M. (1990). Perceptions of ethnic group modal intelligence: Reflections of cultural stereotypes or intelligence test scores? *Journal of Cross-Cultural Psychology, 21*(2), 214–231.

Zeidner, M., Matthews G., & Roberts, R. (2004). Emotional intelligence in the workplace: A critical review. *Applied Psychology: An International Review, 53,* 371–399.

Zentall, T. R. (2000). Animal intelligence. In R. J. Sternberg (Ed.), *Handbook of intelligence* (pp. 197–215). New York: Cambridge University Press.

Ziegler, A. (2005). The Actiotype model of giftedness. In R. J. Sternberg & J. E. Davidson (Eds.), *Conceptions of giftedness* (pp. 411–436). New York: Cambridge University Press.

Ziegler, A., & Stoeger, H. (2007). The Germanic view of giftedness. In S. N. Phillipson & M. McCann (Eds.), *Conceptions of giftedness: Sociocultural perspectives* (pp. 65–98). Mahwah, NJ: Erlbaum.

Zigler, E., & Berman, W. (1983). Discerning the future of early childhood intervention. *American Psychologist, 38,* 894–906.

찾아보기

역자 소개

박경빈

미국 아이오와대학교 철학박사

가천대학교 유아교육학과 교수

한국영재학회 회장

한국인간발달학회 부회장

前 Asia Pacific Federation for Giftedness 회장

역서 및 저서 : 남다른 아이 특별한 여자(2005), 교육 선진화를 꿈꾸며(2007), 아동 발달(2008), 영재교육개론(2013), 한눈에 보는 영재교육(2014)

문정화

미국 오클라호마주립대학교 철학박사

인천재능대학교 아동보육과 교수

前 재단법인 한국영재교육연구소 소장

前 (주)재능교육부설 한국창의성개발연구소 소장

역서 및 저서 : 영재학생을 위한 교육(2004), 또 하나의 교육 창의성(2005), 내 아이를 위한 창의성 코칭(2011), 내 아이를 위한 의사결정능력 코칭 (2013)

류지영

미국 컬럼비아대학교 교육학박사

KAIST 과학영재교육연구원 연구교수

前 한국정보통신대학교 연구교수

前 미국 터프츠대학교 객원 연구원

역서 및 저서 : 지능과 영재교육 (2009), 영재아동의 이해(2011), 영재교육개론 (2012), 영재교육의 새로운 이해(2013), 영재교육 (2014), 한눈에 보는 영재교육(2014)